普通高等教育应用型本科规划教材

公路养护与维修

董吉福　朱　峰　主　编

杨　洁　王春生　王志辉　副主编

朱　霞　主　审

人民交通出版社股份有限公司

北　京

内 容 提 要

本书共十四章，内容包括绪论、公路技术状况评定、公路路基养护与维修、公路沥青路面养护与维修、公路水泥混凝土路面养护与维修、桥涵构造物养护与维修、公路防灾与突发事件处置、公路隧道养护与维修、公路沿线设施养护、公路绿化及其管护、公路养护安全作业、公路养护管理组织机构与工作内容、高速公路改扩建技术与管理、公路管理系统简介等。

本书可作为土木工程专业（道路桥梁方向）、道路桥梁与渡河工程专业本科生教材，亦可供从事公路养护与维修的工程技术人员参考。

图书在版编目（CIP）数据

公路养护与维修/董吉福，朱峰主编．—北京：人民交通出版社股份有限公司，2021.4

ISBN 978-7-114-17029-4

Ⅰ.①公… Ⅱ.①董…②朱… Ⅲ.①公路养护—高等学校—教材 Ⅳ.①U418

中国版本图书馆 CIP 数据核字（2021）第 019610 号

普通高等教育应用型本科规划教材

书　　名：公路养护与维修
著 作 者：董吉福　朱　峰
责任编辑：崔　建
责任校对：刘　芹
责任印制：张　凯
出版发行：人民交通出版社股份有限公司
地　　址：（100011）北京市朝阳区安定门外外馆斜街 3 号
网　　址：http://www.ccpcl.com.cn
销售电话：（010）59757973
总 经 销：人民交通出版社股份有限公司发行部
经　　销：各地新华书店
印　　刷：北京鑫正大印刷有限公司
开　　本：787 × 1092　1/16
印　　张：22.25
字　　数：558 千
版　　次：2021 年 4 月　第 1 版
印　　次：2021 年 4 月　第 1 次印刷
书　　号：ISBN 978-7-114-17029-4
定　　价：49.00 元

前言

QIANYAN

“公路养护与维修”是高等学校土木工程专业的一门专业课。课程涉及的内容广泛,综合性和实践性强。本课程的任务是通过课程教学使学生掌握公路养护与维修的基本内容和基本方法,为学生毕业后从事相关工作打下良好的基础。

公路投入使用之后,受到行车荷载、自然因素、人为因素等的影响,导致公路基础设施各方面的性能发生改变,公路服务水平降低。为了保持或恢复公路基础设施各方面的使用品质,保持要求的服务水平,满足广大人民群众的交通出行需求,使公路网安全、畅通和运营经济,必须对其进行养护和维修。随着经济的发展和技术的进步,公路养护与维修的技术水平也在不断提高。新材料、新技术、新工艺、新方法的应用大大提高了公路养护和管理的效率和水平,为我国经济建设和社会发展作出了应有的贡献。

本教材依据《中华人民共和国公路法》《公路养护技术规范》(JTG H10—2009)、《公路技术状况评定标准》(JTG 5210—2018)、《公路沥青路面养护技术规范》(JTG 5142—2019)、《公路水泥混凝土路面养护技术规范》(JTJ 073.1—2001)、《公路桥涵养护规范》(JTG H11—2004)、《路政管理规定》等有关法律、法规及规范,并吸收国内外公路养护方面最新研究成果编写而成,力求反映当前公路养护与维修的技术现状与发展方向。

本课程是“路基路面工程”“桥梁工程”“交通工程”等课程之后的一门专业课,其内容与诸多专业课和专业基础课密切相关,因此,在教学过程中应突出重点,以掌握基本概念和应用为主。不同类型的学校可根据对学生培养的特点,侧重不同的内容,采用不同的教学手段进行教学,有条件的应安排实践环节,提升教学效果。

本书共十四章,第一、三、七章由山东交通学院董吉福编写,第二、十一、十三章由山东交通学院杨洁编写,第五、六章由山东交通学院王春生编写,第四、十二章由山东交通学院朱峰编写,第八章由山东交通学院王志辉编写,第九、十、十四章由山东交通学院尹文君、董吉福编写。全书由山东交通学院董吉福、朱峰主编，并担任全书统稿工作，由山东交通学院朱霞主审。

本教材在编写过程中，参考了有关标准、规范、教材和论著，在此谨向有关编著者表示衷心的感谢！由于作者水平有限，书中难免有不妥之处，请读者批评指正。

编　者

2020 年 10 月

目录

MULU

第一章 绪　论

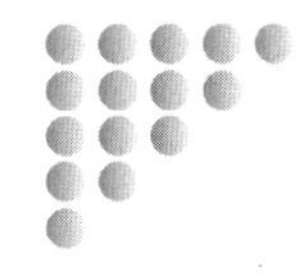

【学习目的与要求】

通过本章的学习,了解我国公路养护概况及公路养护与管理的必要性和重要性,掌握公路养护与管理的任务、公路养护工程的分类,了解公路养护的技术政策与组织模式、公路养护管理的发展方向。

第一节　我国公路养护概况

一、我国公路网现状及发展规划

1. 我国公路网现状

随着我国国民经济的快速发展,对交通运输的需求也在不断增加,公路建设随之得到了迅猛的发展。公路建设和管理水平的现代化代表着现代化交通的发展方向,也是衡量一个国家现代化水平的重要标志。实现公路管理的现代化、科学化、规范化和系统化,对于充分发挥公路快速、安全、经济、舒适的功能和特点具有十分重要的意义。

改革开放以来,我国的公路建设得到了快速发展。截至 2019 年底,全国公路总里程 501.25 万 km,包括国道 36.61 万 km,省道 37.48 万 km,农村公路里程 420.05 万 km(其中县道 58.03 万 km,乡道 119.82 万 km,村道 242.20 万 km)。

2015—2019 年全国公路总里程及公路密度如图 1-1 所示。

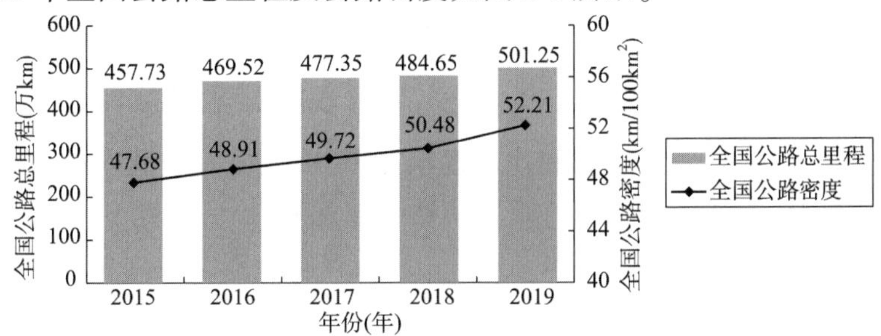

图 1-1　2015—2019 年全国公路总里程及公路密度

2. 我国公路发展规划

2013 年 5 月 24 日,国家发展和改革委员会印发了《国家公路网规划(2013—2030 年)》。规划国家公路网总规模 40.1 万 km,由普通国道和国家高速公路两个层次构成。

普通国道的规模由 10.9 万 km 增加到 26.5 万 km,国家高速公路的规模由 8.5 万 km 增加到 11.8 万 km。

普通国道提供普遍的、非收费的交通基本公共服务,国家高速公路提供高效、快捷的运输服务。普通国道全面连接县级及以上行政区、交通枢纽、边境口岸和国防设施。

普通国道由 12 条首都放射线、47 条北南纵线、60 条东西横线和 81 条联络线组成,总规模约 26.5 万 km,新增里程 15.6 万 km。新增连接县级行政区域 900 多个,实现全国所有县级及以上行政区域都有普通国道连接。

国家高速公路全面连接地级行政中心、城镇人口超过 20 万的中等及以上城市、重要交通枢纽和重要边境口岸。

国家高速公路由 7 条首都放射线、11 条北南纵线、18 条东西横线及地区环线、并行线、联络线等组成,总规模约 11.8 万 km,新增里程 3.3 万 km。

总目标:未来我国公路网总规模约 580 万 km,其中国家公路 40.1 万 km,占总规模的 7%;省道占总规模的 9%;县、乡道路占总规模的 84%。

《国家公路网规划(2013—2030 年)》是我国公路交通基础设施的中长期布局规划,充分体现了新时期国家发展综合交通运输的战略方针,是指导国家公路长远发展的纲领性文件,必将对我国公路交通发展产生深远影响。

为保证庞大的公路网具有较高的服务水平,其后期的养护管理任务十分艰巨。公路投入使用之后,在行车荷载和自然因素等的作用下,公路基础设施各方面的性能会发生改变。为了保持或恢复公路基础设施各方面的使用品质,必须对其进行养护和管理。

二、我国公路养护现状

1. 路网结构显著优化

截至 2019 年底,公路养护里程 495.31 万 km,占公路总里程的 98.8%。全国四级及以上等级公路里程 469.87 万 km,占公路总里程的 93.7%;二级及以上等级公路里程 67.20 万 km,占公路总里程的 13.4%;高速公路里程 14.96 万 km,高速公路车道里程 66.94 万 km,国家高速公路里程 10.86 万 km。

2019 年全国公路里程技术等级构成如图 1-2 所示。

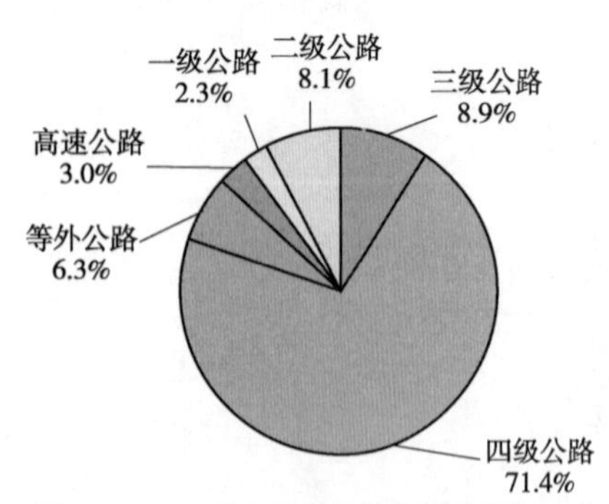

图 1-2　2019 年全国公路里程技术等级构成

2. 养护管理、安全保障能力显著提升

国省道新增危桥处治率达到 100%,四、五类桥梁总数和比例逐年下降,普通公路交通事故起数、死亡人数和特大道路交通事故起数逐年减少,公路安全水平、通行能力显著提高,公路设施和服务软环境得到较大改善。低碳、循环、环保技术在公路养护工程中得到推广应用,养护管理信息化技术逐年提升。

3. 应急保障能力显著增强

路网监测与应急机构及处置体系基本建立，实现对国家公路网40%的重点路段、特大桥梁、特长隧道运行状况和运行环境的动态监测。全面启动13个国家区域性公路交通应急物资储备中心建设，初步建立以武警交通部队为专业力量、养护路政队伍为主体力量、施工企业为后备力量的应急抢险保通队伍，应急保障体系基本形成。

4. 依法行政能力显著提高

颁布实施《公路安全保护条例》，出台《交通运输部关于加强公路路政执法规范化建设的若干意见》（交公路发〔2014〕106号）等规章，形成较为完善的法规体系。持续开展全国性治超工作，严重违法超限、超载运输现象得到有效遏制。

5. 行业服务和文明建设成效显著

全国基本实现高速公路电子不停车收费（ETC）联网，有序取消22个省（自治区、直辖市）13.4万km政府还贷二级公路收费，公路通行效率明显提升；利用高速公路广播、移动终端等新媒体平台为公众提供及时、准确的公路出行信息；选树100对全国百家示范服务区、400对优秀服务区，带动高速公路服务水平提升。开展了弘扬“两路”精神、“寻找最美养路工”“最美乡村路”等系列文明创建活动，行业凝聚力、号召力、影响力进一步提升，行业管理水平、服务形象显著提升，队伍建设得到加强。

面对经济社会发展的新形势和广大人民群众出行的新需求，公路养护管理还存在一些短板和问题：一是公路出行服务水平有待提升，养护工程市场机制尚不健全；二是公路事权主体责任不清晰、管理主体分散多元等体制性问题有待破解；三是普通国省道、农村公路养护管理资金保障机制尚不健全，资金供需矛盾突出；四是养护精细化程度不高，公路管理信息化、智能化水平偏低，高素质技术型、复合型人才缺乏。这些矛盾和问题，有的是历史遗留的，有的是发展过程中新形成的，影响和制约了公路可持续发展，亟须通过改革创新、转型发展来解决。

三、公路养护的形势要求

随着国家行政体制改革、财税体制改革进一步深化，公路交通将面临新的发展形势和环境，这对公路养护管理工作提出新的更高要求。

1. 适应经济发展新常态，需要加强公路养护管理有效供给

经济发展新常态下，我国经济结构将向中高端迈进，交通运输总体需求旺盛，公路交通作为经济社会发展先行官的作用凸显，提高公共服务供给水平的要求更加紧迫，高效畅通、安全便捷、服务周到成为新时期社会公众的新期待。亟待加快推进公路结构性调整和优化重构，增强对公路运输结构变化和公众出行需求的适应性和灵活性，提高出行服务供给品质，更加适应经济社会发展的实际需要。

2. 适应全面深化改革新形势，需要完善公路养护管理顶层设计

围绕推进国家治理体系和治理能力现代化的总体发展目标，经济体制、行政管理体制等改

革全面展开。公路养护管理应按照全面深化改革的部署和要求，抢抓改革机遇，深化体制机制改革，完善顶层架构，破除管理体制不顺、机制不活、权责不清、资金难保障等障碍，建立事权清晰、权则匹配、运行高效的养护管理体制机制。

3. 适应依法治国新要求，需要提高公路养护管理治理能力和水平

全面推进依法治国，要求深化行政执法体制改革，深入推进依法行政，健全依法决策体制。适应依法行政和法治管理要求，应将法治思维和法治方法贯穿公路养护管理各环节，加快制度体系建设"立改废"工作，完善法律法规、规章、制度及标准规范体系，厘清政府和市场的边界，深化公路行政执法改革，提高行业治理能力，推进依法治国。

4. 适应践行"五大发展理念"，需要转变公路养护管理发展方式

公路养护管理必须以"五大发展理念"为引领，推动养护管理从传统模式向现代模式转变。应强化创新驱动，增强发展后劲和动力，提高软实力；推进协调发展，形成不同区域、不同领域协调共进局面；推进绿色养护，实现公路养护与生态环境和谐共促；实施开放包容型管理，形成行业内外开放、交互联动；强化公共服务供给，使公路养护管理发展成果普惠共享。

5. 适应公路发展新趋势，需要突出公路养护管理

随着布局合理、功能完善的公路网基本形成，公路发展重点应逐步转向加强养护、规范管理、提升服务、完善路网支撑系统等方面。随着经济社会快速发展，我国公路发展的主要矛盾由基础设施供给不足的供需矛盾，转向公共服务能力与社会要求不适应的新矛盾。适应公路发展新趋势，必须由过去以基础设施建设为主向建设、养护、管理、服务并重转变，更加突出养护、管理、服务工作。

第二节　公路养护的分类及养护质量标准

一、公路养护管理的目的、要求与任务

1. 公路养护的目的与要求

公路养护是保证汽车高速、安全、舒适行驶不可缺少的经常性工作。公路养护的目的是：经常保持公路及其设施的完好状态，及时修复损坏部分，保证行车安全、舒适、畅通，提高运输经济效益。

公路养护的基本要求是：采取正确的技术措施，提高养护工作质量，延长公路的使用年限，以节省资金；防治结合，治理公路的病害和隐患，逐步提高公路的抗灾能力；对原有技术标准过低的路线和构造物及沿线设施进行分期改善和增建，逐步提高公路的使用质量和服务水平。

2. 公路养护管理的任务

公路是一种综合设施，其在投入使用之后需要不断地进行养护和管理。公路养护主要有以下任务：

(1)公路养护工作必须贯彻“预防为主、防治结合”的方针。加强预防性养护，提高公路的抗灾能力。

根据积累的技术经济资料和当地具体情况，通过科学分析，做好预测和防范工作，减少或消除导致公路损毁的因素，保证公路设施的耐久性和抗灾能力。特别应做好雨季的防护工作，避免或减少水毁损失。

(2)加强公路及其沿线设施的基本技术状况调查，及时发现和消除隐患。

按照现行《公路技术状况评定标准》(JTG 5210)规定的方法，进行公路技术状况调查，掌握公路技术现况，发现问题及时解决。

(3)保持公路及其沿线设施良好的技术状况，及时修复损坏部分，保证公路行车安全、畅通、舒适。

(4)吸收和采用新技术、新工艺、新材料、新设备，采取科学的技术措施，不断提高公路养护工程质量，有效延长公路的使用寿命，降低公路设施的寿命周期成本，提高养护资金使用效率。

通过在公路养护过程中采用新技术、新工艺、新材料、新设备，不断提高养护技术水平和养护工程质量，推进技术进步；在养护决策中逐步树立全寿命周期成本的理念，采用科学的决策方法，最大限度地发挥资金的使用效率。

(5)加强公路的技术改造，以适应公路交通事业的不断发展。

随着我国经济的发展和人民生活水平的不断提高，对公路交通的要求也在不断提高，进行公路技术改造是一项重要的任务。

二、公路养护的分类

公路养护作业应包括日常养护和各类养护工程作业。

1. 日常养护

日常养护是对管养范围内的公路基础设施进行的日常巡查、保养、小修和养护系统管理等工作。日常养护应符合下列规定。

(1)在公路全长范围内，应全年度对各项基础设施进行日常巡查和保养。

(2)当公路基础设施出现局部轻微损坏时，应实施小修工程予以修复。修复时限应符合下列规定：

①可能危及安全的损坏，应限时修复。

②可能迅速发展的损坏，应限期修复。

③对安全无明显影响且发展缓慢的损坏，可选择适宜施工的季节限期修复。

(3)系统管理应包括对公路养护信息化管理系统和监测系统等的运行管理和维护，实时录入动态数据，监控基础设施运行状况，定期进行数据分析，为养护决策提供依据。

(4)应及时做好公路日常养护相关记录。

2. 养护工程

根据养护目的和养护对象不同，养护工程分为预防养护、修复养护、专项养护和应急养护。

公路养护工程分类细目见表1-1。

公路养护工程分类细目 表 1-1

类　别	定　义	具体作业内容
预防养护	公路整体性能良好但有轻微病害,为延缓性能过快衰减、延长使用寿命而预先采取的主动防护工程	路基:增设或完善路基防护,如柔性防护网、生态防护、网格防护等;增设或完善排水系,如边沟、截水沟、排水沟、拦水带、泄水槽等;集中清理路基两侧山体危石等;其他。 路面:针对整段沥青路面面层轻微病害采取的防损、防水、抗滑、抗老化等表面处治;整段水泥混凝土路面防滑处治、防剥落表面处理、板底脱空处治、接缝材料集中清理更换等;其他。 桥梁涵洞:桥梁涵洞周期性预防处治,如防腐、防锈、防侵蚀处理等;桥梁构件的集中维护或更换,如伸缩缝、支座等;其他。 隧道:隧道周期性预防处治,如防腐、防侵蚀处理、防火阻燃处理等;针对隧道渗水、剥落等的预防处治;其他
修复养护	公路出现明显病害或因丧失服务功能,为恢复技术状况而进行的功能性结构性修复或定期更换工程	路基:处治路堤路床病害,如沉降、桥头跳车、翻浆、开裂滑移等;增设或修复支挡结构物,如挡土墙、抗滑桩等;维修加固失稳边坡;集中更换安装路缘石、硬化路肩、修复排水设施等;局部路基加高、加宽、裁弯取直等;防雪、防石、防风沙设施的修复养护等;其他。 路面:改善沥青路面结强度,如直接加铺、铣刨加铺、翻修加铺或其他各类集中修复等;水泥路面结构形式改造、破碎板或其他路面病害修复等;整路段砂石、块石、条石路面的结构修复及改善等;配套路面修复完善相关附属设施,如调整标志标线、护栏、路缘石,路口及分隔带开口等;其他。 桥梁涵洞:桥梁涵洞加固、病害修复,如墩台(基础)、锥坡翼墙、护栏、拉索、调治结构物、径流系统等的维修完善;桥梁加宽、加高,重建、增设、接长涵洞等;其他。 隧道:对隧道结构加固、病害修复,如洞口、衬砌、顶板、斜井、侧墙等的修复;其他。 机电:对通信、监控、通风、照明、消防、收费、供配电设施、健康监测系统等进行增设、维修或更新;其他。 交通安全设施:集中更换或新设标志标牌、防眩板、隔音屏、隔离栅、中央活动门、限高架等;整段路面标线的施划;集中维修、更换或新设公路护栏、警示桩、道口桩、减速带等;其他。 管理服务设施:公路养护、管理、服务等的房屋、场地和设施设备的维修、改造、扩建或增设;其他。 绿化景观:更换、新植行道树及花草,开辟苗圃等;公路景观提升、路域环境治理等
专项养护	为恢复、保持或提升公路服务功能而集中实施的完善增设、加固改造或拆除重建等工程	针对阶段性重点工作实施的专项公路养护治理项目

续上表

类　别	定　义	具体作业内容
应急养护	在突发情况下造成公路损毁、中断、产生重大安全隐患等，为较快恢复公路安全通行能力而实施的应急性抢通、保通、抢修	对自然灾害或其他突发事件造成的障碍物的清理；公路突发损毁的抢通、保通、抢修；突发的经判定可能危及公路通行安全的重大风险的处治

注：1. 修复工程大修、中修、小修由各地结合自身管理需要，按照项目规模自行划分。

2. 专项养护具体作业内容由各省（自治区、直辖市）结合阶段性重点工作自行确定，如灾害防治工程、灾毁修复工程、畅安舒美创建工程等。

组织实施各类养护工程所涉及的技术服务与工程施工等相关作业，应当依照有关法律、法规、规定，通过公开招标投标、政府采购等方式选择具备相应技术能力和资格条件的单位承担。

应急养护可以根据应急处置工作需要，直接委托具备相应能力的专业队伍实施。

养护工程应当按照前期工作、计划编制、工程设计、工程施工、工程验收等程序组织实施，应急养护除外。

三、公路养护工程质量标准与要求

1. 公路技术状况

(1)公路技术状况应采用技术状况指数表示，值域为 0 ~ 100。

(2)公路技术状况指数(MQI)由路基、路面、桥隧构造物和沿线设施 4 项技术状况指数组成(图 1-3)。各技术状况指数，可根据其工程组成和工程特征，分别按分部工程、分项工程、部件、构件或路况指数等逐级向下划分，形成多级技术状况指数体系。

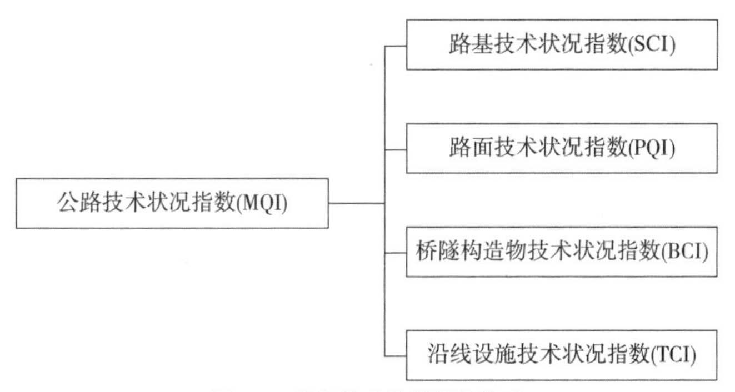

图 1-3　公路技术状况指数体系

(3)公路技术状况可按优、良、中、次、差划分为 5 个等级，其中桥梁和隧道可表征为 1 类、2 类、3 类、4 类、5 类。技术状况等级评定应采用评定指标与控制指标相结合的方法，并应符合下列规定：

①评定指标应采用技术状况指数。根据评定指标大小，公路总体、各单位工程及其各分项技术状况等级评定标准应符合表 1-2 和表 1-3 的规定。

②技术状况等级的最终评定，应同时符合标准有关控制指标的规定。

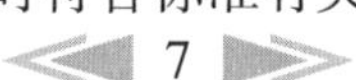

公路总体、路基、路面和沿线设施技术状况等级评定标准　　表1-2

技术状况等级	优	良	中	次	差
技术状况评定指标	≥90	≥80,<90	≥70,<80	≥60,<70	<60

桥梁和隧道技术状况等级评定标准　　表1-3

技术状况等级		1类	2类	3类	4类	5类
技术状况评定指标	桥梁	≥95	≥80,<95	≥60,<80	≥40,<60	<40
	隧道土建工程	≥85	≥70,<95	≥55,<70	≥40,<55	<40
	隧道机电设施	≥97	≥92,<97	≥84,<92	<84	—

2. 养护等级

(1)桥梁养护等级可划分为3级,划分标准应符合表1-4的规定。特别重要或技术状况等级为4类的桥梁应采用一级;技术状况等级为3类的大、中、小桥应提高一级。

公路桥梁养护等级划分标准　　表1-4

桥梁规模	特大桥	大桥	中、小桥
高速公路,一级、二级公路	一级	二级	三级
三级、四级公路	一级	二级	三级

(2)隧道养护等级可划分为3级,划分标准应符合表1-5的规定。

公路隧道养护等级划分标准　　表1-5

隧道长度 L(m)			$L>3000$	$3000\geq L>1000$	$1000\geq L>500$	$L\leq500$
高速公路,一级、二级公路	每车道年平均日交通量[pcu/(d·ln)]	≥10001	一级	一级	一级	一级
		5001~10000	一级	一级	二级	二级
		≤5000	一级	二级	二级	三级
三级、四级公路	双向年平均日交通量(pcu/d)	≥10001	一级	二级	二级	三级
		5001~10000	二级	二级	三级	三级
		≤5000	二级	三级	三级	三级

(3)路基、路面、交通工程及沿线设施等,应根据公路技术等级及相关技术要求实施差异化养护。

3. 养护质量标准

(1)公路养护应经常保持各项基础设施处于良好技术状况。各类养护工程应达到的技术质量标准应符合表1-6的规定。

养护工程技术质量标准　　表1-6

总体及单位工程		公路总体	路基	路面	桥梁、隧道	沿线设施
技术状况等级	高速公路	优	优	优	不低于2类	优
	一级、二级、三级、四级公路	不低于良	不低于良	不低于良	不低于2类	不低于良

(2)公路养护应保持各项基础设施满足服务功能和使用功能的要求,并应符合下列规定:

①高速公路和一级公路基本路段的服务水平不应低于三级服务水平下限;一级公路用作集散公路时,基本路段的服务水平不应低于四级服务水平下限。

②二级、三级公路基本路段的服务水平不应低于四级服务水平下限。

③服务设施和管理设施应按照设计服务功能和使用功能的要求正常运行。

④当不能满足上述要求时,应提出实施公路改扩建工程的建议。

(3)公路养护应及时排查和消除交通安全隐患,保持各项基础设施具有安全的交通运行条件。

4. 公路养护管理的基本要求

(1)加快完善公路养护管理制度与体系规范。研究制定公路养护作业单位市场准入、招投标、公路技术状况监督、长大桥梁安全运营管理和监测等方面的管理制度,制(修)订公路养护工程管理办法、养护定额和标准规范,规范路况检测、养护施工作业流程,形成一套公路养护科学决策机制、规范化管理标准及技术指南。

(2)加大公路养护工程实施力度。结合国省干线公路改造、文明样板路创建和标准化美化工程(GBM)的实施,在全国组织开展以"畅、安、舒、美"为主题的公路养护示范工程创建活动。加大预防性养护力度,树立全寿命周期养护成本理念,制定适合我国国情的预防性养护指导政策、技术标准,探索形成一系列预防性养护技术,列出一定比例的专项资金,全面实施预防性养护。在保证公路日常养护的基础上,进一步加大公路养护工程资金投入,及时组织实施公路大、中修工程,保持公路设施良好的技术状况,确保路网的通行能力和服务水平。

(3)重点加强桥隧养护管理工作。严格执行《公路桥梁养护管理工作制度》,全面落实桥隧养护的技术政策和管理制度。加强长大桥隧安全运营管理,强化健康监测和实时监控系统建设,逐步建立部、省两级桥梁安全监管机制,对部分跨越大江大河及跨海通道等特大型桥梁、隧道要进行重点监控,对结构状况和养护运营要进行抽检。要以特大和大型桥梁、特殊结构桥梁、双曲拱桥、系杆拱桥以及有一定使用年限的老旧桥梁为重点,加强养护、巡查、检测和隐患排查等工作,并及时采取现场监管和交通管制等措施,确保桥梁安全。加大桥梁养护从业人员的培训力度,研究建立桥梁养护从业人员资格制度。

(4)全面加强农村公路养护。完善农村公路养护管理工作机制,继续推进农村公路养护管理体制改革,分清事权,分级管理。进一步完善指标体系和考核体系,落实农村公路养护责任主体。加大政府财政投入,建立长期稳定可靠的农村公路养护资金渠道,着力解决农村公路缺桥少涵、安全防护设施不足、危病桥数量多、抗灾能力弱等突出问题,实现农村公路"有路必养"的目标。

(5)加强公路养护装备与能力建设。推进公路养护大道班建设,逐步为公路养护施工及作业人员配备必要的专业养护机械装备,以及专用的通勤车辆和安全防护设施等,不断改善基层养护单位和人员的生产、生活条件,保障养护施工作业人员的人身安全,同时提升基层养护单位和道班的专业化、机械化养护水平以及应急保障能力和公共服务能力。

(6)提高养护施工安全保障水平。严格执行《公路养护安全作业规程》(JTG H30—2015),加强对公路特别是高速公路养护施工作业的现场监管,督促养护施工企业按规定设置明显的施工及安全警示标志,切实做好养护施工路段交通组织、管理工作,保障施工作业现场安全和车辆有序通行。

相关行业主管部门、公路管理机构及运营单位要加大监督检查和省际沟通协调工作力度，统筹安排省际相邻路段以及同一通道不同公路的养护施工计划，避免集中进行养护作业施工造成交通堵塞。

第三节 公路养护管理的发展方向

随着我国国民经济快速发展、公路网规模迅速扩大、公众出行需求提升，公路养护工程的内涵和外延都发生新变化。加快构建现代公路养护体系，推行养护决策科学化、养护管理制度化、检测技术智能化、养护工程精准化、养护生产绿色化，是公路养护事业的发展方向，也是公路交通转型升级、服务交通强国的必由之路。

一、养护决策科学化

公路网的养护与管理是一个工作范围大、项目繁多、技术对策多样、需要持续投入资金的多层次决策的系统工程。为了保持公路网应有的服务水平，就需要加快建立公路养护科学决策机制和技术要求，建成国省道养护科学决策体系，全面建立以技术状况为依据的国省道养护预算申请和决策机制，并逐步向农村公路推广。推动自动化快速检测技术应用，探索建立以公路病害为导向的回溯机制，分析性能衰减规律和病害成因，逐步完善行业监管制度和技术措施。推进养护决策支撑信息系统建设，推广普及科学决策技术，科学制订养护投资计划，合理选用养护技术方案。加强公路养护统计工作，开展养护成效分析。

二、养护管理制度化

一是健全养护工程管理制度体系。根据养护工程的特点，合理划分养护工程分类，规范管理程序，简化审批环节。二是完善养护预算管理制度。按照《公路工程养护预算编制导则》要求，各地根据实际情况出台编制办法、指标、定额等。三是建立养护监管与考核制度。制定收费公路服务质量评价标准、服务等级评定制度，对收费经营管理单位进行严格考核；研究出台收费公路运行支出定额，通过严格控制运行成本降本增效；探索收费公路养护质量保证制度，通过定期质量评定，督促经营主体保证养护投入和养护质量；制定《农村公路养护管理考核办法》，落实农村公路养护责任。

三、检测技术智能化

公路交通基础设施的各个组成部分，如路基路面桥涵构造物、交通工程及沿线设施、公路绿化等技术状况的检查、监测、检测与评定，虽然目前还没有完全实现自动化，但随着技术的不断创新和进步，涌现了一大批具有自动检测功能和数据自动处理功能的检测装备。

（1）多功能道路综合检测车的开发与应用，已基本实现了路面技术状况（路面表面损坏、路面平整度、沥青路面车辙、路面抗滑性能）的自动检测与数据处理。

（2）落锤式弯沉仪（FWD）、自动弯沉车、摩擦系数测定车等实现了路面弯沉、摩擦系数的快速检测、数据自动处理。

（3）桥梁检测车的开发与应用，已实现了桥梁结构和表面损坏的快速检测和数据存储。

（4）3D 雷达、超声波检测技术的应用，已实现了各类结构的厚度、内部缺陷及材料等技术参数的快速检测。

(5)通过预埋高精度、长寿命传感器,并建立数据自动采集、远程实时传输与分析系统,已逐步实现大型桥梁、特大型桥梁、重要道路边坡、隧道等的实时健康监测和灾害预警。

(6)通过前方数字图像获取模式识别等技术的应用,已实现了对交通工程及沿线设施状况、公路绿化等进行快速检查与分析。

四、养护工程精准化

一是加大普通国省道改造力度。加快低等级路段、车流量饱和路段升级改造,提高普通干线公路二级及以上公路比重,实现普通国道网基本贯通,干线公路服务功能进一步拓展。二是全面开展预防性养护。加快制定预防性养护政策和技术标准,明确预防性养护决策依据、技术要求和质量标准,推行桥隧预防性养护,加大桥隧检测投入;安排预防性养护专项资金并纳入公路养护年度支出计划。三是强化干线公路综合养护。定期开展养护巡查,及时修复公路设施病害,保持良好技术状况;科学安排养护工程,建立普通国省道养护工程省级统筹安排制度。四是开展公路安全提升工程。继续实施公路安全生命防护工程、危桥(隧)改造工程和灾害防治工程,加强农村公路临水临崖、坡陡弯急等重点路段整治,完成乡道及以上行政等级公路高风险路段治理。五是加强农村公路养护管理。健全"县为主体、行业指导、部门协作、社会参与"的农村公路养护机制;加快推进乡镇和建制村通硬化路建设,逐步推进撤并建制村通硬化路改造;突出交通运输扶贫路建设,重点建设好"幸福小康路""康庄大道路""特色致富路""对外开放路",推进农村旅游路、资源路、产业路、新型村镇出口路等改造,重点实施影响通客运班车安全的3.5m及以下窄路面公路、"油返砂"等老旧油路改造。

五、养护生产绿色化

大力提高养护生产效率,合理配备养护机械设备,积极应用快速养护及修复技术,缩短养护作业时间。积极推广废旧路面材料循环利用、公路和桥隧隐蔽工程无损检测、全寿命周期成本养护设计技术和施工工艺,加快淘汰落后工艺。不断加强公路低成本养护技术研发,打造适合公路发展特点的养护材料和技术。

第四节　公路养护的技术政策与组织管理

一、公路养护应遵循的技术政策

1.公路养护应遵循的技术政策

(1)公路养护工作应切实贯彻"科技兴交、科学养路"的方针,大力推广和应用先进的养护技术、机械装备和科学的管理方法。

(2)公路养护工作应重视资源节约和环境保护。

(3)公路养护工作应注重养护生产作业安全及减少对通行车辆的影响。

2.公路养护工程技术措施应遵循的原则

(1)认真开展路况调查和技术状况评定,针对病害产生的原因和后果,采取有效、先进、经济的技术措施。

(2)加强养护工程的前期工作、各种材料试验及施工质量检验和监理,确保工程质量。

(3)推广路面、桥梁管理系统,逐步建立公路数据库,实行病害监控,实现决策科学化,使有限的资金发挥最大的经济效益。

(4)实施公路的科学养护与规范化管理,改变现有公路面貌,提高公路的整体服务水平。

(5)认真做好公路交通状况调查工作,积极开发、采用自动化观测和计算机处理技术,为公路规划、设计、养护、管理、科研及社会各方面提供全面、准确、连续、可靠的交通情况信息资料。

(6)改善养护生产组织形式,管好、用好现有的养护机具、设备;积极引进、改造、研制养护机械,逐步实现养护机械装备标准化、系列化,以保障养护工程质量,提高养护生产效率,降低劳动强度,改善劳动环境。

(7)加强对交通工程设施(包括标志、标线、通信、监控等)、收费设施、服务管理设施等的设置、维护、更新工作,保障公路应有的服务水平。

二、公路养护管理组织模式

我国公路养护管理组织模式一般如下:

一级及一级以下公路,一般设省(自治区、直辖市)公路管理局、地(市)公路管理处、县(区)公路管理站(段)三级管理组织。每级管理部门分设不同的处、科、室,各自完成相应的工作。

高速公路,一般设省(自治区、直辖市)高速公路管理局,在每条或几条高速公路下设管理处。每级管理部门分设不同的处、科、室。

各级管理部门组成技术管理体系,负责管辖范围内公路养护与管理工作,主要包括以下工作:

(1)贯彻执行国家有关公路技术法规和公路养护、修建的技术政策和规章制度,负责制定本地区公路养护技术管理的相关规定和办法。

(2)定期组织检查公路各项工程设施的技术状况,提出或审定各类养护工程的技术措施和方案。

(3)依据法律法规要求,负责组织履行养护工程建设程序,监督养护工程实施及其竣工验收,以及参与组织新、改建工程的竣工验收。

(4)负责组织公路交通状况调查,系统地观测公路使用情况,掌握各项技术经济指标,充实和修订公路路况技术档案,逐步建立数据库系统。

(5)掌握国内外公路科技发展动态,积极引进、开发、推广公路养护新技术、新材料、新工艺,组织科技交流和培训专业人才。

(6)地(市)级以下管理机构配备足够数量的专职养护工程技术人员。

(7)为实现公路养护机械化的目标,对公路养护机械的配备标准及其相应的技术指标提出意见和建议。

复习思考题

1. 简述公路养护管理的任务。

2. 简述公路养护工程的分类。

3. 简述公路养护管理的基本要求。

第二章 公路技术状况评定

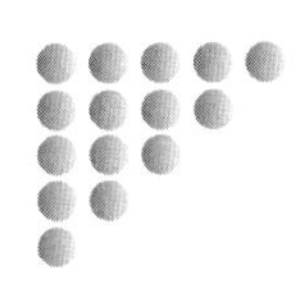

【学习目的与要求】

通过本章的学习，掌握路基、路面、沿线设施的损坏类型及识别方法，掌握路基、路面、桥隧、沿线设施技术状况评定的主要内容与评价方法和评价指标，掌握公路技术状况的评价指标与评价体系，了解国内外检测设备的使用以及检测技术的发展概况；通过案例分析了解公路技术状况评定过程和评定方法。

第一节 公路技术状况检测与调查

公路技术状况评定工作，应遵循客观、科学和高效的原则，积极采用先进的检测和评价手段，保证检测与评定结果准确可靠。各级交通运输主管部门和公路管理机构，应加强对公路技术状况评定工作的监督，建立和完善相关规章制度，提高公路养护管理工作技术水平。各地应根据公路技术状况评定结果，科学编制公路养护规划和计划，积极实施预防性养护，保证公路良好的工作状况。

公路技术状况检测与调查应包括路基、路面、桥隧构造物和沿线设施4部分内容。其中，沥青路面检测与调查应包括路面损坏、路平整度、路面车辙、路面跳车、路面磨耗、路面抗滑性能和路面结构强度7项内容；水泥混凝土路面的检测与调查包含路面损坏、路平整度、路面跳车、路面磨耗和路面抗滑性能5项内容。公路技术状况检测与调查应以1000m路段长度为基本检测（或调查）单元。在路面类型、交通量、路面宽度和管养单位等变化处，检测（或调查）单的长度可不受此规定限制。公路技术状况检测与调查应按上行（桩号递增方向和下行（桩号递减方向）两个方向分别实施，二级、三级、四级公路可不分上下行检测与调查。公路技术状况检测和调查的频率应按表2-1的规定执行。不具备自动化检测条件的路线或路段可采用人工调查方式，人工调查宜采用便携设备。

公路技术状况检测与调查频率 表2-1

检测内容			检测频率						
			路面损坏	路面平整度	路面车辙	路面跳车	路面磨耗	路面抗滑性能	路面结构强度
路面PQI	沥青路面	高速公路、一级公路	1年1次	1年1次	1年1次	1年1次	1年1次	2年1次	抽样检测

续上表

检测内容			检测频率						
			路面损坏	路面平整度	路面车辙	路面跳车	路面磨耗	路面抗滑性能	路面结构强度
路面 PQI	沥青路面	二级、三级、四级公路	1年1次	1年1次	—	—	—	—	抽样检测
	水泥路面	高速公路、一级公路	1年1次	1年1次	—	1年1次	1年1次	2年1次	—
		二级、三级、四级公路	1年1次	1年1次	—	—	—	—	—
路基 SCI			1年1次						
桥隧构造物 BCI			按现行标准、规范的有关规定执行						
沿线设施 TCI			1年1次						

注:1. 路面结构强度为抽样检测指标,抽样检测的路线或路段应按路面养护管理需要确定,最低抽样比例不得低于公路网列养里程的20%。

2. 路面磨耗和路面抗滑性能为二选一指标,在检测与调查中可二选一。

第二节　路基技术状况评定

《公路技术状况评定标准》(JTG 5210—2018)(以下简称《标准》)规定,路基技术状况用路基技术状况指数(Subgrade Condition Index,简称 SCI)表示,根据路基损坏状况进行计算。

一、路基的损坏类型

《公路路基养护技术规范》(JTG 5150—2020)将路基损坏类型分为5类:路肩病害、路堤与路床病害、边坡病害、既有防护及支挡结构物病害、排水设施病害。

1. 路肩病害

路肩病害可分为路肩或路缘石缺损、阻挡路面排水、路肩不洁3类。

(1)路肩或路缘石缺损,指路肩一侧宽度小于设计宽度10cm及10cm以上,路肩出现20cm×10cm(长度×宽度)以上的缺口,路缘石丢失、损坏、倾倒或路缘石与路面脱离透水等。

(2)阻挡路面排水,指路肩高于路面,造成路面排水不畅。

(3)路肩不洁,指路肩有堆积杂物、未经修剪且高于15cm的杂草。

2. 路堤与路床病害

路堤与路床病害可分为杂物堆积、不均匀沉降、开裂滑移、冻胀翻浆4类。

(1)杂物堆积,指人为倾倒的垃圾和秸秆等杂物的堆积。

(2)不均匀沉降,指路基出现大于4cm的差异沉降,或大于5cm/m的局部沉陷。

(3)开裂滑移,指沿路基纵向出现弧形开裂,路基产生侧向滑动趋势。

(4)冻胀翻浆,指季节性冰冻引起的路面隆起、变形,春融或多雨地区的路基在行车荷载作用下造成路面变形、破裂、冒浆等。

3. 边坡病害

边坡病害可分为坡面冲刷、碎落崩塌、局部坍塌、滑坡4类。

(1)坡面冲刷,指由雨水冲刷坡面形成深度10cm以上的沟槽(含坡脚缺口)。

(2)碎落崩塌,指路堑边坡因表层风化等产生的碎石滚落、局部崩塌等。

(3)局部坍塌,指因边坡表面松散破碎或雨水冲刷而引起的坡面滑塌。

(4)滑坡,指边坡发生整体剪切破坏引起的坡体下滑,或有明显水平位移。

4. 既有防护及支挡结构物病害

既有防护及支挡结构物病害可分为表观破损、排(泄)水孔淤塞、局部损坏、结构失稳4类。

(1)表观破损,指勾缝或沉降缝损坏、表面破损、钢筋外露和锈蚀等。

(2)排(泄)水孔淤塞,指排(泄)水孔被杂物堵塞,造成排水不畅。

(3)局部损坏,指局部出现的基础淘空、墙体脱空、脱落、鼓肚、轻度裂缝、下沉等。

(4)结构失稳,指结构物整体出现的开裂、倾斜、滑移、倒塌等。

5. 排水设施病害

排水设施病害可分为排水设施堵塞、排水设施损坏、排水设施不完善3类。

(1)排水设施堵塞,指排水设施内有杂物、垃圾、淤积等,造成排水不畅或设施堵塞。

(2)排水设施损坏,指排水设施出现勾缝严重脱落,排水沟、截水沟、急流槽等设施破损。

(3)排水设施不完善,指排水设施缺失、未与外部排水系统有效衔接,造成排水不畅通。

二、路基病害调查

(1)路基病害调查应以1000m路段长度为一个基本单元,不足1000m按一个基本单元计,并对上、下行方向分别调查,与路面病害调查的基本单元划分相一致。

(2)路基病害调查可采用人工调查与设备检测相结合的方式,采集路基病害信息。

(3)应根据路基病害调查结果,按表2-2的规定进行扣分。

路基损坏扣分标准表 表2-2

序号	分项	病害名称	扣分标准	备注
1	路肩	路肩或路缘石缺损	5	每20m为一处,不足20m按一处计
2		阻挡路面排水	10	
3		路肩不洁	2	
4	路堤与路床	杂物堆积	5	每20m为一处,不足20m按一处计
5		不均匀沉降	20	
6		开裂滑移*	50	
7		冻胀翻浆	20	

续上表

序号	分　项	病害名称	扣分标准	备　注
8	边坡	坡面冲刷	5	每20m为一处，不足20m按一处计，当边坡高度超过20m时，扣分加倍。当岩质边坡或黄土路基边坡出现局部碎落崩塌后，坡面形成坑洞、缺陷等，但不影响路基边坡整体稳定和通行安全的，可不扣分
9		碎落崩塌	20	
10		局部坍塌*	50	有滑塌或有明显安全隐患的计为一处，当边坡高度超过20m时，扣分加倍
11		滑坡*	100	—
12	既有防护及支挡结构物	表观破损	10	每20m为一处，不足20m按一处计
13		排(泄)水孔淤塞	20	以构造物伸缩缝(含沉降缝)为自然段落，30%及以上排水孔出现排水不畅计为一处
14		局部损坏	20	每20m为一处，不足20m按一处计
15		结构失稳*	100	按既有防护及支挡结构物单独评价
16	排水设施	排水设施堵塞(含涵洞)	5	每20m为一处，不足20m按一处计，独立涵洞计为一处
17		排水设施损坏(不含涵洞)	10	
18		排水设施不完善	0	—

注：1. 按照表中每种病害的单项扣分，扣完100分为止。

2. 若路基结构物缺少分项，不扣分。

3. 表中长度是指沿路线方向的长度，“每20m为一处，不足20m按一处计”是指若某种病害在一处计量单元中存在若干不连续的现象，统一按一处计。

4. 同一位置同时存在两种及两种以上病害时，按各自病害分项分别扣分。

5. 对于标“*”的病害，应根据实际情况进行分析判断。该病害影响正常通行或威胁交通安全时，该评定单元的路基技术状况指数(SCI)按0分计。

6. 病害为排水设施不完善，在进行路基技术状况评定时不扣分，仅作为安排路基养护计划的依据。

三、路基技术状况评价

路基技术状况指数(SCI)是表征路基完好程度的指数。

路基技术状况指数(SCI)分别由路肩技术状况指数(VSCI)、路堤与路床技术状况指数(ESCI)、边坡技术状况指数(SSCI)、既有防护及支挡结构物技术状况指数(RSCI)、排水设施技术状况指数(DSCI)5个分项指标组成。

(1)路基技术状况指数(SCI)应按式(2-1)计算：

$$SCI = VSCI \times \omega_V + ESCI \times \omega_E + SSCI \times \omega_S + RSCI \times \omega_R + DSCI \times \omega_D \tag{2-1}$$

式中：VSCI——路肩技术状况指数；

ESCI——路堤与路床技术状况指数；

SSCI——边坡技术状况指数；

RSCI——既有防护及支挡结构物技术状况指数；

DSCI——排水设施技术状况指数；

ω_V——VSCI 在 SCI 中的权重，取值为 0.1；

ω_E——ESCI 在 SCI 中的权重，取值为 0.2；

ω_S——SSCI 在 SCI 中的权重，取值为 0.25；

ω_R——RSCI 在 SCI 中的权重，取值为 0.25；

ω_D——DSCI 在 SCI 中的权重，取值为 0.2。

（2）路肩技术状况指数（VSCI）应按式（2-2）计算：

$$VSCI = 100 - \sum (GD_{iV} \times \omega_{iV}) \tag{2-2}$$

式中：GD_{iV}——第 i 类路肩病害的总扣分，按表 2-2 的规定执行；

ω_{iV}——第 i 类路肩病害的权重，按表 2-3 的规定取值。

路肩病害权重 表 2-3

病害名称	路肩或路缘石缺损	阻挡路面排水	路肩不洁
权重	0.4	0.4	0.2

（3）路堤与路床技术状况指数（ESCI）应按式（2-3）计算：

$$ESCI = 100 - \sum (GD_{iE} \times \omega_{iE}) \tag{2-3}$$

式中：GD_{iE}——第 i 类路堤与路床病害的总扣分，按表 2-2 的规定执行；

ω_{iE}——第 i 类路堤与路床病害的权重，按表 2-4 取值。

路堤与路床病害权重 表 2-4

病害名称	杂物堆积	不均匀沉降	开裂滑移	冻胀翻浆
权重	0.2	0.3	0.3	0.2

（4）边坡技术状况指数（SSCI）应按式（2-4）计算：

$$SSCI = 100 - \sum (GD_{iS} \times \omega_{iS}) \tag{2-4}$$

式中：GD_{iS}——第 i 类边坡病害的总扣分，按表 2-2 的规定执行；

ω_{iS}——第 i 类边坡病害的权重，按表 2-5 取值。

边坡病害权重 表 2-5

病害名称	坡面冲刷	碎落崩塌	局部坍塌	滑坡
权重	0.2	0.25	0.25	0.3

（5）既有防护及支挡结构物技术状况指数（RSCI）应按式（2-5）计算：

$$RSCI = 100 - \sum (GD_{iR} \times \omega_{iR}) \tag{2-5}$$

式中：GD_{iR}——第 i 类既有防护及支挡结构物病害的总扣分，按表 2-2 的规定执行；

ω_{iR}——第 i 类既有防护及支挡结构物病害的权重，按表 2-6 取值。

既有防护及支挡结构物病害权重 表 2-6

病害名称	表观破损	排（泄）孔淤塞	局部损坏	结构失稳
权重	0.1	0.2	0.3	0.4

（6）排水设施技术状况指数（DSCI）应按式（2-6）计算：

$$DSCI = 100 - \sum (GD_{iD} \times \omega_{iD}) \tag{2-6}$$

式中：GD_{iD}——第 i 类排水设施病害的总扣分，按表2-2的规定执行；

ω_{iD}——第 i 类排水设施病害的权重，按表2-7取值。

排水设施病害权重 表2-7

病害名称	排水设施不完善	排水设施堵塞	排水设施损坏
权重	0	0.5	0.5

高速公路、一级公路应按上、下行方向分别计算路基技术状况指数；二级及二级以下公路应按上、下行方向分别计算路基技术状况指数，并以较低路基技术状况指数作为该评定单元的评定结果；分离式路基应按两条独立路线分别计算路基技术状况指数。

需要注意的是：出现表2-2中标有"*"的路基病害时，应根据实际情况进行分析判断。该病害影响正常通行或威胁交通安全时，该评定单元的路基技术状况指数按0分计。

【例2-1】 对某段1000m高速公路上行方向的路基状况进行检测。经检测知该段路基状况有如下问题：

(1)路缘石缺损20m；

(2)路堤有杂物堆积10m；

(3)边坡高度7m，有20m坡面冲刷。

其他无问题，计算该段路基技术状况指数。

解：

$$
\begin{aligned}
SCI &= VSCI \times \omega_V + ESCI \times \omega_E + SSCI \times \omega_S + RSCI \times \omega_R + DSCI \times \omega_D \\
&= 0.1 \times (100 - 5 \times 1 \times 0.4) + 0.2 \times (100 - 5 \times 1 \times 0.3) + 0.25 \times (100 - 5 \times 1 \times 0.2) + \\
&\quad (0.25 + 0.2) \times 100 \\
&= 99.35
\end{aligned}
$$

答：该段公路的路基技术状况指数为99.35。

四、路基技术状况评定结果应用

公路网级的路基养护规划与年度计划，应根据公路网级的路基技术状况指数的评定结果进行编制。具体路段的路基养护对策、日常养护生产计划和养护工程计划，应根据路基技术状况指数各分项指标的评价结果进行制定。

路基养护对策应根据路基技术状况评定结果、养护工作对象与内容，以及病害处治类型，按表2-8进行选择。对于路基某一养护工作对象与内容，存在两个或两个以上对策可供选择时，应根据实际情况选择其一。

路 基 养 护 对 策 表2-8

养护工作对象与内容		日常养护		养护工程			
		日常保养	日常维修	预防养护	修复养护	应急养护	
						抢通保通	应急修复
路肩	路肩清扫	√	—	—	—	—	—
	路肩整修	√	√	—	√	—	—
	路缘石维修	√	√	—	√	—	—
路堤与路床	沉降处治	—	—	√	√	√	√
	开裂滑移处治	—	—	√	√	√	√

续上表

养护工作对象与内容		日常养护		养护工程			
		日常保养	日常维修	预防养护	修复养护	应急养护	
						抢通保通	应急修复
路堤与路床	冻胀翻浆处治	—	√	—	√	—	—
	桥头跳车处治	—	—	√	√	—	—
边坡	坡面防护	√	√	√	√	—	—
	碎落崩塌处治	√	√	√	√	√	—
	局部坍塌处治	—	√	√	√	√	—
	滑坡处治	—	—	—	√	√	√
既有防护及支挡结构物	表观破损处治	—	√	—	√	—	—
	排(泄)水孔淤塞处治	√	√	—	√	—	—
	局部损坏修复	—	√	√	√	—	—
	结构失稳加固	—	—	—	√	—	√
排水设施	排水设施疏通	√	√	—	√	—	—
	排水设施修复	—	√	√	√	—	—
	排水设施增设	—	—	√	√	—	—

对路基技术状况指数为0的路段,应及时采取应急养护措施。实施应急养护时,应设置交通安全设施;需中断交通的,应合理采取分流措施。

第三节　沥青路面技术状况评定

沥青路面的技术状况用路面技术状况指数(Pavement Maintenance Quality Index,简称PQI)评价,主要包括路面损坏、道路平整度、路面车辙、路面跳车、路面磨耗、路面抗滑性能以及路面结构强度7项内容。其中需要注意的是:高速公路、一级公路需要对路面车辙进行单独评定,对于其他各等级公路,车辙损坏作为一种损坏类型包含在路面损坏当中,不需要对其进行单独评定。实际上,各项内容均需要经过调查得到调查指标,经过相应计算得到评价指标,而各项评价指标经过计算后可以得到路面的综合评价指标PQI,具体关系如图2-1所示。

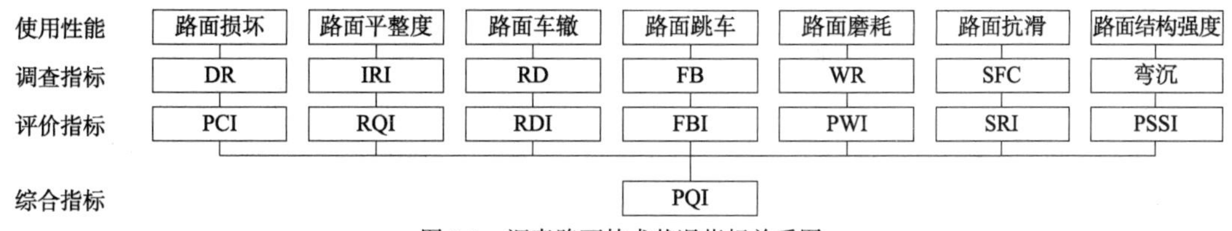

图2-1　沥青路面技术状况指标关系图

路面使用性能检测与调查以1km路段为基本单元,高速公路和一级公路按上行方向(桩号递增方向)和下行方向(桩号递减方向)分别检测,二级、三级、四级公路可不分上下行。使用快速检测方法和设备采集路面技术状况评定所需数据时,每个检测方向至少要检测一个主要行车道。

一、沥青路面损坏状况的评定

1. 沥青路面损坏状况检测指标

路面损坏状况一般采用损坏类型、严重程度和损坏范围来表征。通过路面损坏数据的检测，根据路面的折合损坏面积和调查面积，可以计算路面破损率（Pavement Distress Ratio，简称DR）和路面损坏状况指数（Pavement Surface Condition Index，简称PCI）。高速公路和一级公路，路面车辙是作为独立的检测和评价指标，用路面车辙深度指数（Rutting Depth Index，简称RDI）表示。同时，在计算PCI指标时，路面车辙损坏不再重复考虑。

《标准》中将沥青路面的破损分为11类21种，分别为：龟裂，分轻、中、重三级；块状裂缝，分轻、重两级；纵向裂缝，分轻、重两级；横向裂缝，分轻、重两级；坑槽，分轻、重两级；松散，分轻、重两级；沉陷、车辙、波浪拥包，均分轻、重两级；泛油和修补，不分级。不同损坏类型及不同损坏程度的权重见表2-9。下面分别介绍各种损坏类型识别方法以及进行路面损坏评价时的统计方法。

沥青路面损坏类型和权重　　表2-9

类型(i)	损坏名称	损坏程度	权重(ω_i)	计量单位	换算系数ω_i(自动化检测)
1	龟裂	轻	0.6	面积，m^2	0.6
2		中	0.8		0.8
3		重	1.0		1.0
4	块状裂缝	轻	0.6	面积，m^2	0.6
5		重	0.8		0.8
6	纵向裂缝	轻	0.6	长度，m (影响宽度：0.2m)	0.6
7		重	1.0		1.0
8	横向裂缝	轻	0.6	长度，m (影响宽度：0.2m)	0.6
9		重	1.0		1.0
10	坑槽	轻	0.8	面积，m^2	0.8
11		重	1.0		1.0
12	松散	轻	0.6	面积，m^2	0.6
13		重	1.0		1.0
14	沉陷	轻	0.6	面积，m^2	0.6
15		重	1.0		1.0
16	车辙	轻	0.6	长度，m (影响宽度：0.4m)	0.6
17		重	1.0		1.0
18	波浪拥包	轻	0.6	面积，m^2	0.6
19		重	1.0		1.0
20	泛油	—	0.2	面积，m^2	0.2
21	修补	—	0.1	面积，m^2	0.1

(1)龟裂。

龟裂是沥青路面最为严重的一种裂缝形式,在路面上呈相互交错的小网格状裂缝,因形状类似乌龟背壳而被称为龟裂(图2-2)。龟裂发生的程度及密度(范围)是判断路面是否存在结构性损坏及承载能力是否满足要求的重要依据。

图2-2　龟裂

疲劳损坏是产生龟裂的最主要原因。在行车荷载的反复作用下,沥青面层和其下的半刚性基层等整体性材料逐渐失去承载能力,疲劳破坏就会产生。对于渠化交通比较明显的道路,一开始是沿轮迹带出现单条或多条不规则的小裂缝,而后在裂缝间出现横向和斜向连接缝,形成裂缝网。遇到路面结构局部软弱的情况,在少量重复荷载甚至一次荷载作用下,也会产生局部小面积的龟裂。由于承载能力不足产生的龟裂在路面结构中都是自下而上产生的,裂缝贯穿整个路面结构。龟裂继续发展往往就会产生坑槽,影响路面行驶舒适性和安全性。

有时,由于沥青材料的原因,如低温时沥青混合料脆硬、严重的沥青老化等,也可能在沥青路面表面形成相互交错的小网格状、块度很小的裂缝即龟裂。但这种龟裂病害仅限于沥青路面的表面,不会产生路面的变形,对路面的承载能力和功能性能并没有多大影响。由于材料原因产生的龟裂一般发生在较低级的表处、贯入式等沥青路面中,发生的位置不限于轮迹处,往往会分布在整个路面宽度内。

龟裂是沥青路面最主要的结构性病害之一,其发生的程度及密度(范围)是养护工程师用于判断路面是否存在结构性损坏及承载能力是否足够的重要依据。

按裂缝块度、缝宽及裂缝有无变形,龟裂分为轻度、中度和重度三种,损坏程度应按下列标准判断:

①轻度龟裂应为主要裂缝块度在0.2～0.5m,平均裂缝宽度小于2mm。

②中度龟裂应为主要裂缝块度小于0.2m,平均裂缝宽度在2～5m。

③重度龟裂应为主要裂缝块度小于0.2m.平均裂缝宽度大于5mm。

(2)块状裂缝。

块状裂缝表现为纵向和横向裂缝的交错而使路面分裂成近似成直角的多边形大块(图2-3),块状裂缝的网格在形状和尺寸上都有别于龟裂。按照裂缝块度和裂缝宽度的大小,将块状裂缝分为轻、重两种等级。损坏程度应按下列标准判断:

①轻度块状裂缝应为主要裂缝块度大于1.0m,平均裂缝宽度在1～2mm。

②重度块状裂缝应为主要裂缝块度在0.5～1.0m,平均裂缝宽度大于2mm。

损坏的计量按块状裂缝涉及的路面面积计算。

损坏的统计按块状裂缝外接矩形面积计量,测量时分别实地丈量并记录块状裂缝的外接矩形长和宽,然后计算损坏面积。如同一片区域中存在不同严重程度的块状裂缝损坏且无法进行分块区分时,应按其中最重的严重程度记录和统计。

块状裂缝产生的主因是材料问题,同行车荷载作用关系不大,它主要是由面层材料的低温收缩和沥青老化所引起。不同于龟裂主要出现在荷载作用的轮迹处,块状裂缝可能出现在整个路面宽度内,范围较大。块状裂缝的裂缝深度一般仅限于路面表面,对路面承载能力和功能性能都没有太大影响。

(3)纵向裂缝。

纵向裂缝(图 2-4)是路面上与行车方向基本平行的裂缝,应按长度(m)计算,检测结果应乘以影响宽度(0.2m)换算成损坏面积。损坏程度应按下列标准判断:

①轻度纵向裂缝应为主要裂缝宽度小于或等于 3mm。

②重度纵向裂缝应为主要裂缝宽度大于 3mm。

图 2-3　块裂

图 2-4　纵向裂缝

纵向裂缝长度按裂缝在行车方向的投影长度实地丈量或目测估计,如同一条裂缝的不同部分损坏程度不同,应根据不同的损坏程度分段测量和统计。

纵向裂缝产生的主要原因之一是疲劳损坏。在重复荷载作用下,路面承载能力逐渐不足,就会在经常承受荷载的路面轮迹带处首先产生多条平行的小纵向裂缝,逐渐发展就会成为龟裂。

不均匀沉降和裂缝的反射作用也会导致路表产生纵向裂缝。在半填半挖路基的分界处、新旧路结合部或路面加宽处,由于路基压实不够,发生不均匀沉降,就会这些位置产生纵向裂缝。

图 2-5　横向裂缝

混合料摊铺时纵向施工搭接质量不好,或者由于老路面层纵向裂缝的反射作用,往往会导致路面的中线处产生纵向裂缝。可以根据纵向裂缝发生的位置、严重程度,帮助判断纵向裂缝发生的原因。

(4)横向裂缝。

横向裂缝应是路面上与行车方向基本垂直的裂缝,如图 2-5 所示,应按长度(m)计算,检测结果应乘以影响宽度(0.2m)换算成损坏面积。损坏程度应按下列标准判断:

①轻度横向裂缝应为主要裂缝宽度小于或等于3mm。

②重度横向裂缝应为主要裂缝宽度大于3mm。

横向裂缝长度按裂缝在垂直于行车方向的投影长度实地丈量或目测估计,如同一条裂缝的不同部分损坏程度不同,应根据不同的损坏程度分段测量和统计。

横向裂缝产生的主因是温度变化。如果沥青劲度过大或沥青变硬,在气温下降的时候就容易在垂直于行车方向形成间距大致相同的横向裂缝。因此在气候寒冷地区,横向裂缝是一种较为常见的裂缝形式。由低温收缩产生的横向裂缝是自上往下发展的,初期裂缝一般细且浅。

横向裂缝也有可能是一种反射裂缝。半刚性基层裂缝或旧路面裂缝的反射裂缝也是沥青路面产生横向裂缝的一个重要原因。由于反射裂缝产生的横向裂缝是一种自下而上发展的裂缝,因此反映到路面表面时裂缝已经贯穿了整个路面结构。沥青路面与构造物连接处填土压实不足、固结沉陷等也易在相应的位置产生横向裂缝。

根据裂缝发生的位置、深度及是否等间距发生,可以大致判断横裂发生的具体原因。

(5)坑槽。

坑槽是局部集料丧失而在路表面形成的坑洞,可深及不同的路面结构层,如图2-6所示。坑槽应按面积计算,损坏程度应按下列标准列断:

①轻度坑槽应为坑槽深度小于25mm,或面积小于0.1m²。

②重度坑槽应为坑槽深度大于或等于25mm,或面积大于或等于0.1m²。

坑槽通常是其他病害如龟裂、松散等未及时处理而逐渐发展形成的。当车轮驶过龟裂、松散等病害区域时,有时会带走其中已经碎裂的小块面层材料,坑槽就会出现。坑槽的深度可深可浅,浅的坑洞仅限于路面表层,往往是表面松散发展的结果。深的坑洞可深至整个面层结构,一般是由龟裂发展而成。随着水分的进入,在行车荷载的作用下,坑槽的面积和深度都会不断扩大。

单独发生的坑槽可能是由于路面施工质量不好如压实不足、上面层厚度不够引起的,也可能是由水损坏引起。这种类型的坑槽多发生在面层较厚的高等级沥青公路上。坑槽是严重影响路面行驶质量和威胁路面行驶安全性的一种病害,因此一般出现坑槽后需要立即进行修补。

(6)松散。

松散是一种从路面表面向下不断发展的集料颗粒流失和沥青结合料流失而造成的路面破坏(图2-7)。松散按损坏严重程度的不同分为轻、重两个等级,按面积计量。

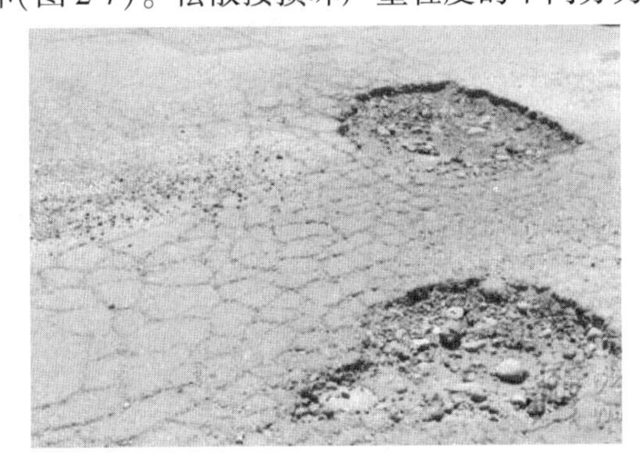

图2-6 坑槽

图2-7 松散

①轻度松散:路面表面细集料散失,脱皮、麻面等。

②重度松散:路面表面粗集料散失,脱皮、麻面、露骨、表面剥落。

松散是由于沥青和集料之间失去黏结而产生的。沥青混合料中沥青用量偏少、低温施工或沥青和集料黏结性差、沥青老化变硬、压实不足或局部集料级配不均匀,都有可能在沥青路面表面形成松散。

沥青路面的松散不仅造成面层磨耗、厚度降低,而且松散路面的积水、散落的集料对路面安全性有潜在的威胁。

(7)沉陷。

沉陷是路面表面产生的大于10mm的局部凹陷变形,是沥青路面主要结构性破坏形式之一,如图2-8所示。沉陷损坏程度应按下列标准判断:

①轻度沉陷应为沉陷深度在10~25mm,行车无明显颠簸感;

②重度沉陷应为沉陷深度大于25mm,行车有明显颠簸感。

沉陷损坏按面积计量。不太严重的路面沉陷有时不易发现,有经验的调查人员往往会通过观察路面标线是否发生扭曲来判断是否有路面沉陷发生。雨后调查也有助于发现路面沉陷损坏,因为在雨后沉陷处一般会产生积水。沉陷产生的主要原因是路基不均匀沉降、路面局部开挖回填压实不足或桥涵台背填土不实。路面基层结构损坏或不稳定也会产生路面的局部沉陷变形。路面沉陷直接影响道路行车舒适性及安全性,因此出现后必须及时进行修复。

(8)车辙。

车辙是在沥青路面表面形成的沿轮迹方向深度大于10mm的纵向凹陷,如图2-9所示。车辙可分为结构性车辙、流动性车辙、压实性车辙及磨损性车辙。结构性车辙是指路面结构层及土基在行车荷载重复作用下,材料压缩产生的永久累积变形,车辙断面一般呈两边高中间低的V形,同时常伴有网裂、龟裂和坑槽发生。流动性车辙是指炎热季节仅在沥青混凝土层内产生的侧向流动变形而形成的车辙,车辙断面一般呈W形,轮迹带处下陷,周边隆起。压实性车辙是指由于路面施工缺陷如混合料温度过低、压实次数过少等造成沥青层压实度不足,而在行车荷载作用下进一步压密产生的车辙,其断面一般也呈W形。磨耗性车辙是指由于重载渠化交通对路面的磨耗作用形成的车辙。

图2-8　沉陷

图2-9　车辙

根据深度不同,车辙分为轻度、重度两个等级,按长度进行计量,并按0.4m的影响宽度换算为损坏面积。

①轻度车辙:辙槽浅,深度在10~15mm。

②重度车辙:辙槽深,深度在15mm以上。

车辙长度可实地丈量或目测估计,车辙深度可按用直尺架在车道上测定直尺与车辙底部

的距离。一般来说直尺长度应不短于车道宽度。

车辙也是沥青路面的结构性破坏形式之一,多见于分道行驶、面层结构较厚的高等级公路,而在普通公路上较为少见。车辙会导致行车舒适性降低,雨天车辙的积水对行车安全也有极大的威胁。

高速公路和一级公路有单独的车辙指标,因此在损坏调查时专项调查此类损坏。

(9)波浪拥包。

波浪拥包是指由于局部沥青面层材料移动而在路表面形成的纵向起伏,波峰和波谷间隔很近,如图2-10所示。此类病害对路面行驶质量影响较大,按波峰波谷的大小不同将其分为轻度、重度两个等级,按涉及的面积进行计量。

图2-10　波浪拥包

①轻度波浪拥包:波峰波谷高差小,高差在10~25mm。

②重度波浪拥包:波峰波谷高差大,高差大于25mm。

波浪拥包产生的首要原因是路面材料及设计与施工缺陷。材料组成设计质量差,如油石比过大、细料过多、施工质量差,使面层材料不足以抵抗车轮水平力的作用;或者是面层与基层之间存在不稳定夹层,面层在行车荷载作用下推移变形就会形成波浪拥包。有时路基冻胀也会在路面局部形成拥包。

(10)泛油。

沥青混合料中的沥青向上迁移到路表面,形成一层有光泽的沥青膜,被称为泛油(图2-11)。泛油损坏不分严重程度等级,按泛油涉及的面积计量。

图2-11　泛油

泛油是影响道路行驶安全性的主要病害之一,主要是由沥青材料或设计缺陷造成的。沥青含量过多,混合料中空隙过少、拌和控制不严,沥青高温稳定性差,是泛油产生的主要原因。施工时黏层油用量不当,或雨水渗入使下层沥青与石料剥离,在动水作用下,沥青膜剥落上浮也会形成路面表面的泛油。

泛油一般发生在天气炎热时,天冷时又不存在逆过程,因而沥青会永久地积聚在路表面,造成路面抗滑能力降低。

(11)修补。

修补应为裂缝、坑槽、松散,沉陷、车辙等损坏的修复,如图2-12、图2-13所示。块状修补应按面积计算,条状修补应按长度(m)乘以0.2m影响宽度计算,长度大于5m的整车道修复不计为路面修补损坏。修补范围内再次发生的损坏,应按新的损坏类型计算。

图2-12　块状修补

图2-13　条状修补

2. 路面损坏状况评定方法

路面损坏状况采用路面损坏状况指数进行评价,沥青路面的路面损坏状况指数由路面破损率(DR)计算得出。

沥青路面路面损坏状况指数(PCI)及路面破损率(DR)分别按式(2-7)、式(2-8)计算:

$$\mathrm{PCI} = 100 - a_0 \cdot \mathrm{DR}^{a_1} \tag{2-7}$$

$$\mathrm{DR} = 100 \times \frac{\sum_{i=1}^{i_0} w_i A_i}{A} \tag{2-8}$$

式中:DR——路面破损率,为各种损坏的折合损坏面积之和与路面调查面积之百分比,%;

A_i——第i类路面损坏的面积,m^2;

A——调查的路面面积(调查长度与有效路面宽度之积),m^2;

w_i——第i类路面损坏的权重,按表2-3选取;

a_0——系数,沥青路面采用15.00;

a_1——系数,沥青路面采用0.412;

i——考虑损坏程度(轻、中、重)的第i项路面损坏类型;

i_0——包含损坏程度(轻、中、重)的损坏类型总数,沥青路面取21。

进行自动化检测时,A_i应按式(2-9)计算:

$$A_i = 0.01 \times \mathrm{GN}_i \tag{2-9}$$

式中:GN_i——含有第i类路面损坏的网格数;

0.01——面积换算系数,一个网格的标准尺寸为0.1m×0.1m。

《标准》中将沥青路面质量分为优、良、中、次、差5个等级,要求评价标准符合表2-10的规定。

沥青路面损坏状况评价标准　　表2-10

评价等级	优	良	中	次	差
路面损坏状况指数(PCI)	≥90	[80,90)	[70,80)	[60,70)	<60

注:高速公路路面损坏状况指数等级划分标准,"优"应为PCI≥92,"良"应为80≤PCI<92,其他保持不变。

二、道路平整度的评定方法

1. 道路平整度检测指标

道路平整度描述的是道路路面纵向的高程变化情况，它从行车舒适性、安全性和车辆运营经济性等方面影响路面行驶质量和服务水平。道路平整度是一个涉及人、车、路三方面的指标，不只作为路面施工验收控制指标，而且是设计阶段的控制指标。

道路平整度的检测指标采用世界银行于 1982 年在巴西制定的国际平整度指数（IRI）表示。IRI 由一条单向纵断面计算得到，采用 1/4 车模型（有固定的弹簧体质量与非弹簧体质量以及弹簧和阻尼组成），以 80km/h 的速度在已知断面上行驶，计算一定行驶距离内悬挂系统的累计位移作为 IRI。

2. 道路平整度的评定

我国道路平整度的评价指标采用路面行驶质量指数（Pavement Riding Quality Index，简称 RQI），评价标准见表 2-11。

路面行驶质量评价标准 表 2-11

评价等级	优	良	中	次	差
路面行驶质量指数 RQI	≥90	[80,90)	[70,80)	[60,70)	<60

路面行驶质量指数（RQI）与国际平整度指数（IRI）的关系见式（2-10）：

$$RQI = \frac{100}{1 + a_0 e^{a_1 \cdot IRI}} \tag{2-10}$$

式中：RQI——行驶质量指数，数值范围为 0 ~ 100；

a_0——系数，高速公路和一级公路采用 0.026，其他等级公路采用 0.0185；

a_1——系数，高速公路和一级公路采用 0.65，其他等级公路采用 0.58。

不同的仪器测得的平整度指标不同，因此，进行道路平整度评定时，应进行试验，以建立平整度指标与国际平整度之间的关系。

三、沥青路面车辙的评价方法

1. 路面车辙检测指标

高速公路和一级公路的路面车辙检测方法，将路面车辙深度 RD 作为独立的检测指标，据此计算路面车辙深度指数。其他等级公路，由于路面车辙问题并不突出，沿用传统做法，在调查路面损坏状况时量取车辙长度，通过影响宽度（0.4m）换算成路面车辙的损坏面积。

2. 路面车辙深度计算

大多数车辙检测设备并不是直接测量路面的最大车辙深度，而是首先确定横断面上一些离散点的相对高程或者连续的横断面形状，再用一定的方法计算得到路面车辙深度指标。基

于连续的横断面形状,可以采用模拟直尺车辙深度和包络线车辙深度计算路面车辙深度指标。后者可以用于人工检测,也可用于自动化检测,是国外进行横断面分析和车辙深度计算的标准方法。

模拟直尺车辙深度(图 2-14)是模拟人工直尺检测方法,利用虚构的直尺沿车道横断面曲线进行测量,直尺的长度可以根据实际情况自行定义。取直尺与路面表面之间的最大垂直距离作为相应轮迹处的车辙深度。

包络线车辙深度(图 2-15)是两侧轮迹处横断面包络线与路面表面之间的最大垂直距离,横断面包络线的定义为沿车道横断面逐点连接凸出的路面峰值点,并且连线在峰值点处的外转折角应该不小于180°。直观的描述是,虚构一条线横跨整个车道横断面(即包络线),拉线两端与横断面的端点重合,线落在路面最高点或凸出点上。

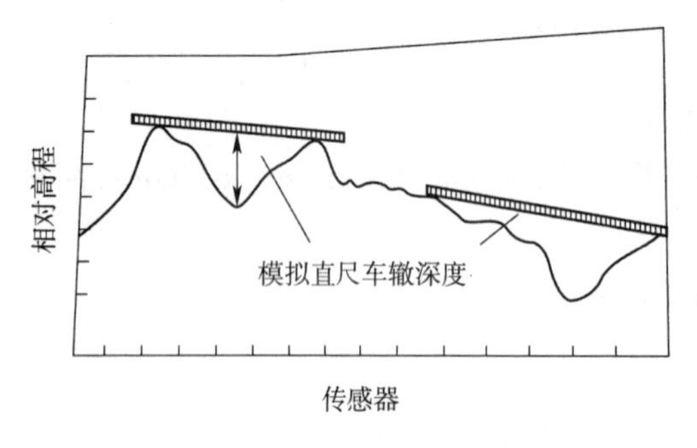

图 2-14　模拟直尺车辙深度

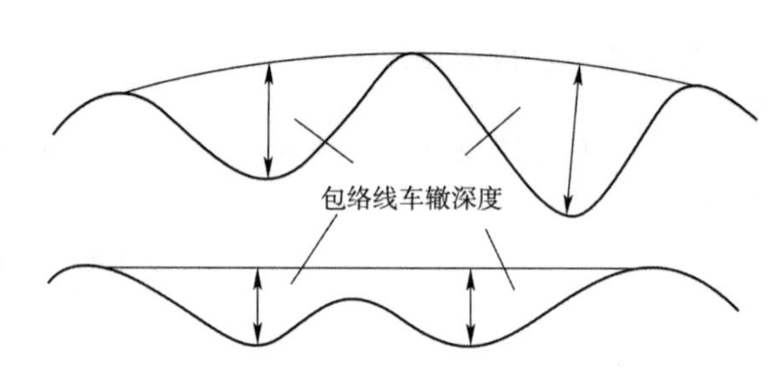

图 2-15　包络线车辙深度

虽然《标准》中规定只将10mm以上的车辙计入PCI的评价之中,但是,在单独进行车辙检测和评价时应计入5mm以上的车辙。

3. 路面车辙评定

我国路面车辙的评价指标现采用路面车辙深度指数(RDI),其计算公式如下:

$$RDI=\begin{cases}100-a_0\cdot RD & (RD\leqslant RD_a)\\ 90-a_1\cdot(RD-RD_a) & (RD_a<RD\leqslant RD_b)\\ 0 & (RD>RD_b)\end{cases} \tag{2-11}$$

式中:RD——车辙深度,mm;

RD_a——车辙深度参数,采用10.0;

RD_b——车辙深度参数,采用40.0;

a_0——模型参数,采用1.0;

a_1——模型参数,采用3.0。

路面车辙深度评价标准见表 2-12。

路面车辙深度评价标准　　表 2-12

评价等级	优	良	中	次	差
车辙深度 RD(mm)	≤5	(5,10]	(10,15]	(15,20]	>20
路面车辙深度指数(RDI)	≥90	[80,90)	[70,80)	[60,70)	<60

四、沥青路面抗滑性能的评定方法

1. 路面抗滑性能检测指标

路面抗滑性能直接影响公路行车的安全性。路面的抗滑性能可以用路面摩擦系数来表征，它体现了路面能否提供防止车辆轮胎滑动和减小制动距离的能力。根据测试方法不同，摩擦系数分为制动力系数和横向力系数两种。制动力系数只能表明车辆制动距离的长短，横向力系数既能体现车辆制动距离的长短，又能表征路面防止车辆侧滑的能力。《标准》建议采用横向力系数（Side-way Force Coefficient，简称 SFC）作为检测指标，并通过 SFC 计算路面抗滑性能指数（Pavement Skidding Resistance Index，简称 SRI）。

2. 横向力系数的检测

横向力系数测试系统的工作原理是设定测试轮与行车方向成一定偏角，当车辆前进时就会产生一个同测试轮平面垂直的横向摩擦阻力，横向力由压力传感器量测，大小与路面和轮胎之间的摩擦系数成正比，该横向力与测试轮承受垂直荷载的比值即为横向力系数。为模拟实际路面上的最不利状态，利用水箱喷头在测试轮前喷洒一定量的水，使路面保持一定厚度的水膜。在实际应用中，有的装备采用的是单轮偏角的形式，如图 2-16 所示，有的装备采用双轮合角的形式。横向力系数是路面纵横向摩擦系数的综合反映，能够很好地表征车辆制动时路面阻止其发生侧滑的抗力。

国内使用的横向力系数检测系统主要有英式装备和国产装备两种。图 2-17 所示为交通运输部公路科学研究院研制开发的路面横向力系数测试车（RiCS），它由承载车辆、横向力测试装置、供水装置和主控制系统组成。主控制系统实施对测试装置和供水装置的操作控制，同时由微机控制数据的传输、转换、存储与计算过程。RiCS 为高效自动化检测装备，能够对路面进行长距离连续测试，结果可直接导入路面管理系统数据库。

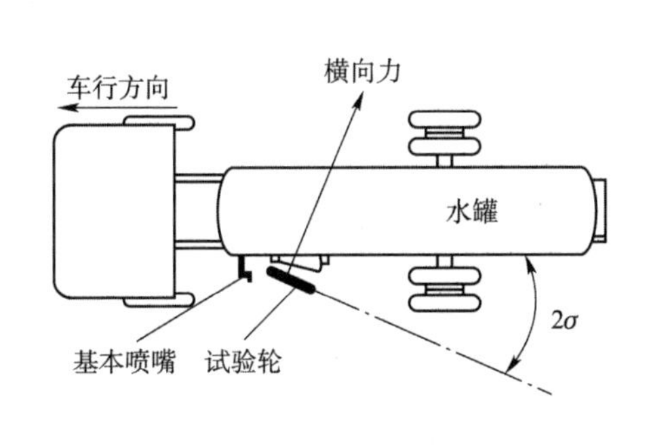

图 2-16　横向力系数测试系统工作原理

图 2-17　路面横向力系数测试车（RiCS）

3. 路面抗滑性能的评价

路面的抗滑性能直接影响公路车辆的行车安全性。路面抗滑性能用路面抗滑性能指数（SRI）评价，按式（2-12）计算：

$$SRI = \frac{100 - SRI_{min}}{1 + a_0 e^{a_1 \cdot SFC}} + SRI_{min} \tag{2-12}$$

式中:SFC——横向力系数;

SRI_{min}——标定参数,采用35.0;

a_0——模型参数,采用28.6;

a_1——模型参数,采用-0.105。

路面抗滑性能指数(SRI)与横向力系数(SFC)的特征数据对应关系见表2-13。

路面抗滑性能评价标准 表2-13

评价等级	优	良	中	次	差
横向力系数(SFC)	≥48	[40,48)	[33.5,40)	[27.5,33.5)	<27.5
路面抗滑性能指数(SDI)	≥90	[80,90)	[70,80)	[60,70)	<60

五、路面跳车指数

路面跳车是指由路面异常突起或沉陷等损坏引起的车辆突然颠簸。

1. 路面跳车计算方法

(1)路面跳车应根据路面纵断面高差确定,路面纵断面高差应按式(2-13)计算:

$$\Delta h = \max\{h_1, h_2, \cdots, h_i, \cdots, h_{100}\} - \min\{h_1, h_2, \cdots, h_i, \cdots, h_{100}\} \tag{2-13}$$

式中:Δh——路面纵断面高差,cm,应为10m路面纵断面最大高程和最小高程之差;

h_i——第i点的路面纵断面高程;

i——第i个路面纵断面高程数据,应为自动化设备检测数据,每0.1m计1个高程,10m路面纵断面共计100个高程数据。

(2)路面跳车应按表2-14的规定划分跳车程度。

路面跳车程度划分标准 表2-14

检测指标	轻度	中度	重度
路面纵断面高差 Δh(cm)	[2,5)	[5,8)	≥8

(3)路面跳车应按处计算,若10m路面纵断面存在轻度、中度或重度的路面跳车,则该10m路面纵断面应计为1处路面跳车。

2. 路面跳车指数

路面跳车指数(Pavement Bumping Index,简称PBI)应按式(2-14)计算:

$$PBI = 100 - \sum_{i=1}^{i_0} a_i PBI_i \tag{2-14}$$

式中:PBI_i——第i类程度的路面跳车;

a_i——第i类程度的路面跳车单位扣分,按表2-15的规定取值;

i——路面跳车类型;

i_0——路面跳车类型总数,取3。

路面跳车扣分标准　　表 2-15

类型(i)	跳车程度	计量单位	单位扣分
1	轻度	处	0
2	中度		25
3	重度		50

六、路面磨耗指数

路面磨耗是指路面表面构造磨损状况,用路面磨耗指数(Pavement Surface Wearing Index,简称 PWI)表征,按式(2-15)和式(2-16)计算:

$$PWI = 100 - a_0 \cdot WR^{a_1} \tag{2-15}$$

$$WR = 100 \times \frac{MPD_C - \min(MPD_L, MPD_R)}{MPD_C} \tag{2-16}$$

式中:WR——路面磨耗率,%;

a_0——模型参数,采用 1.696;

a_1——模型参数,采用 0.785;

MPD_C——路面构造深度基准值,采用无磨损的车道中心线路面构造深度,mm;

MPD_L——左轮迹带的路面构造深度,mm;

MPD_R——右轮迹带的路面构造深度,mm。

七、路面结构强度评价

沥青路面结构强度可通过路面回弹弯沉值表征,用路面结构强度指数 PSSI(Pavement Structure Strength Index)评价,计算公式见式(2-17)、式(2-18)。

$$PSSI = \frac{100}{1 + a_0 e^{a_1 SSR}} \tag{2-17}$$

$$SSR = \frac{l_0}{l} \tag{2-18}$$

式中:SSR——路面结构强度系数,路面弯沉标准值与实测代表弯沉值之比;

l_0——路面弯沉标准值,0.01mm;

l——路面实测代表弯沉,0.01mm;

a_0——模型参数,采用 15.71;

a_1——模型参数,采用 −5.19。

八、沥青路面技术状况综合评价

沥青路面技术状况的综合评价采用路面技术状况指数(PQI)按式(2-19)计算。沥青路面使用性能评价包含路面损坏、路面行驶质量、路面车辙、路面跳车、路面磨耗、路面抗滑性能、路面结构强度 7 项内容。其中,路面结构强度为抽样评定指标,单独计算与评定,评定的范围根据路面养护需求、路基的地质条件等自行确定。

$$PQI = w_{PCI}PCI + w_{RQI}RQI + w_{RDI}RDI + w_{PBI}PBI + w_{PWI}PWI + w_{SRI}SRI + w_{PSSI}PSSI \tag{2-19}$$

式中：w_{PCI}——路面损坏状况指数(PCI)在 PQI 中的权重，见表 2-16；

w_{RQI}——路面行驶质量指数(RQI)在 PQI 中的权重，见表 2-16；

w_{RDI}——路面车辙深度指数(RDI)在 PQI 中的权重，见表 2-16；

w_{SRI}——路面抗滑性能指数(SRI)在 PQI 中的权重，见表 2-16；

w_{PBI}——路面跳车指数(PBI)在 PQI 中的权重，见表 2-16；

w_{PWI}——路面磨耗指数(PWI)在 PQI 中的权重，见表 2-16；

w_{PSSI}——路面结构强度指数(PSSI)在 PQI 中的权重，见表 2-16。

PQI 分项指标权重 表 2-16

路面类型	权重	高速公路、一级公路	二级、三级、四级公路
沥青路面	w_{PCI}	0.35	0.6
	w_{RQI}	0.30	0.4
	w_{RDI}	0.15	—
	w_{PBI}	0.10	—
	w_{SRI} 或 w_{PWI}	0.10	—
	w_{PSSI}	—	—

注：采用式(2-19)计算 PQI 时，路面抗滑性能指数和路面磨耗指数应二者取其一。

【例 2-2】 对某二级公路的沥青路面进行路面进行破损情况检测。检测范围桩号 K18 + 000 ~ K19 + 000 路段，车道宽为 3.5m，双车道，其检测结果汇总见表 2-17。试进行该路段路面损坏状况评价。

某二级公路沥青路面检测结果 表 2-17

损坏名称	块状裂缝(m^2)	块状裂缝(m^2)	纵向裂缝(m)	横向裂缝(m)	横向裂缝(m)	坑槽(m^2)
检测结果	12	8	68	105	90	78
损坏程度	轻	重	轻	轻	重	轻
损坏名称	沉陷(m^2)	车辙(m)	车辙(m)	波浪拥包(m^2)	泛油(m^2)	修补(m^2)
检测结果	33	30	75	120	50	115
损坏程度	轻	轻	重	轻	—	—

解：

(1)综合破损率计算：

$$\mathrm{DR}=100\times\frac{\sum_{i=1}^{12}w_iA_i}{A}=100\times$$

$$\frac{0.6\times12+0.8\times35+0.6\times68\times0.2+0.6\times105\times0.2+1\times90\times0.2+0.8\times78+0.6\times33+0.6\times30\times0.4+1\times75\times0.4+0.6\times120+0.2\times50+0.1\times115}{3.5\times2\times1000}$$

$=4.098(\%)$

(2)路面损坏状况指数：

$$\mathrm{PCI}=100-a_0\mathrm{DR}^{a_1}=100-15\times4.098^{0.412}=73.18$$

(3)路面损坏状况评价为中。

【例 2-3】 对某一级公路的沥青路面进行路况检测，检测范围桩号 K109 + 000 ~

K110 + 000。数据汇总见表 2-18。计算该段一级公路的路面技术状况指数，并对其进行评价。

某一级公路沥青路面检测结果　　表 2-18

检 测 项 目	综合破损率 DR（%）	国际平整度指数 IRI（mm/km）	横向力系数 SFC	路面跳车 PB	车辙深度 RD（mm）
检测结果	3.78	4.25	33.8	中度 1 处	18.2

解：

（1）路面损坏状况指数：

$$PCI = 100 - a_0 DR^{a_1} = 100 - 15 \times 3.78^{0.412} = 74.06$$

（2）路面行驶质量指数：

$$RQI = \frac{100}{1 + a_0 e^{a_1 \cdot IRI}} = \frac{100}{1 + 0.026\ e^{0.65 \times 4.25}} = 70.83$$

（3）路面车辙深度指数：

$$RDI = 90 - 3.0 \times (RD - 10) = 90 - 3 \times 8.2 = 65.4$$

（4）路面抗滑性能指数：

$$\begin{aligned} SRI &= \frac{100 - SRI_{min}}{1 + a_0 e^{a_1 \cdot SFC}} + SRI_{min} \\ &= \frac{100 - 35}{1 + 28.6\ e^{-0.105 \times 33.8}} + 35 = 70.67 \end{aligned}$$

（5）路面跳车指数：

$$PBI = 100 - 25 = 75$$

（6）路面技术状况指数：

$$\begin{aligned} PQI &= w_{PCI} PCI + w_{RQI} RQI + w_{RDI} RDI + w_{PBI} PBI + w_{SRI} SRI \\ &= 0.35 \times 74.06 + 0.3 \times 70.83 + 0.15 \times 65.4 + 0.1 \times 75 + 0.1 \times 70.67 \\ &= 71.55 \end{aligned}$$

（7）该段路面技术状况评价为中。

第四节　水泥混凝土路面技术状况评定

一、水泥混凝土路面损坏类型

水泥混凝土路面从构造形式、结构受力及损坏形态等方面都与沥青路面不大相同。水泥混凝土路面因其面层板的刚度高、脆性大，又有接缝，因此，在行车和环境因素的不断作用下，常表现出多种损坏模式，可归纳为混凝土板的断裂、接缝损坏、变形和表面损坏 4 大类。《标准》中细分为 11 类 20 种损坏，分别为破碎板损坏，分轻、重两级；裂缝损坏，分轻、中、重三级；板角断裂，分轻、中、重三级；错台，分轻、重两级；边角剥落，分轻、中、重三级；接缝料损坏，分轻、重两级；坑洞、拱起、露骨、唧泥和修补不分级。具体损坏类型和权重见表 2-19。

表 2-19

水泥混凝土路面损坏类型和权重

类型（i）	损坏名称	损坏程度	计量单位（m^2）	权重 w_i（人工调查）	换算系数 w_i（自动化检测）
1	破碎板	轻	面积	0.8	1.0
2		重		1.0	
3	裂缝	轻	长度×1.0m	0.6	10
4		中		0.8	
5		重		1.0	
6	板角断裂	轻	面积	0.6	1.0
7		中		0.8	
8		重		1.0	
9	错台	轻	长度×1.0m	0.6	10
10		重		1.0	
11	边角剥落	轻	长度×1.0m	0.6	10
12		中		0.8	
13		重		1.0	
14	接缝料损坏	轻	长度×1.0m	0.4	6
15		重		0.6	
16	坑洞	—	面积	1.0	1.0
17	拱起	—	面积	1.0	1.0
18	露骨	—	面积	0.3	0.3
19	唧泥	—	长度×1.0m	1.0	10
20	修补	—	面积或长度×0.2m	0.1	0.1(0.2)

注:1. 人工调查时,应将条状修补的调查长度(m)乘以影响宽度 0.2m 换算成面积。
2. 自动化检测时,块状修补的换算系数为 0.1,条状修补的换算系数为 0.2。

1. 破碎板

破碎板(图 2-18)指混凝土板被多条裂缝分为 3 个以上板块,损坏按水泥板整块面积计量。损坏程度应按下列标准判断:

(1)轻度损坏应为板块被裂缝分为 3 块及以上,破碎板未发生松动和沉陷。

(2)重度损坏应为板块被裂缝分为 3 块及以上,破碎板有松动、沉陷和唧泥等现象。

破碎板是较为严重的一种损坏形式,通常是在重载作用下裂缝进一步发展的结果。在荷载的作用下,破碎板会进一步破碎直至完全失去整体性。

2. 裂缝

板块上只有一条裂缝(图 2-19),可以为横向、纵向或不规则的斜裂缝,按裂缝长度计量,用 1.0m 的影响宽度换算成损坏面积。按裂缝缝宽及边缘碎裂情况分为轻度、中度和重度 3 个等级。

图 2-18　破碎板

图 2-19　裂缝

(1)轻度裂缝应为主要裂缝宽度小于 3mm,一般为未贯通裂缝。

(2)中度裂缝应为主要裂缝宽度在 3～10mm。

(3)重度裂缝应为主要裂缝宽度大于 10mm。

裂缝通常由于收缩应力、重载反复作用、温度或湿度翘曲应力、丧失地基支撑等因素单独或多种因素综合作用而产生。施工时切缝不及时也会导致水泥混凝土裂缝出现。

3. 板角断裂

板角断裂(图 2-20)为裂缝与纵横接缝相交,且交点距板角小于或等于板边长度一半的损坏。损坏应按断裂板角的面积计算,损坏程度应按下列标准判断:

(1)轻度损坏应为主要裂缝宽度小于 3mm。

(2)中度损坏应为主要裂缝宽度在 3～10mm。

(3)重度损坏应为主要裂缝宽度大于 10mm。

板角断裂需和斜向裂缝区分开来,主要看裂缝与纵横缝交点的距离是否小于板边长度的一半。板角是水泥路面较薄弱的部位,由于施工的原因,板角相对于其他部位来说强度稍低,但却处于不利的受力位置,因此在重载反复作用及温度和湿度翘曲应力作用下,再加上地基软弱、唧泥和传荷能力差等因素作用,就会出现板角断裂损坏。

4. 错台

错台指水泥混凝土路面板的纵向或横向接缝两边板块出现大于 5mm 的高差(图 2-21)。损坏按发生错台的接缝长度计量,换算成损坏面积时乘以 1m 的影响宽度。根据错台两边高差的大小不同,分为轻度和重度两个等级。

图 2-20　板角断裂

图 2-21　错台

(1)轻度错台:高差小于10mm。

(2)重度错台:高差在10mm以上。

在唧泥发生和发展的过程中,带有基层被冲蚀材料的高压水把这些材料冲积进板的脱空区域内,使该板升高,而驶离板由于板下基层材料被冲蚀而下沉,由此产生错台。此外,在施工时胀缝的填缝板未予牢固固定,在振捣时被振歪致使缝壁倾斜,或接缝的上部填缝料同下部接缝板未能对齐,两板在伸胀挤压过程中也会导致错台。错台是水泥路面最为常见的损坏之一,也是造成水泥路面行驶舒适性下降的主要原因之一。

5. 边角剥落

边角剥落(图2-22)指沿接缝方向的板边出现裂缝、破碎或脱落现象,裂缝面一般不是垂直贯穿板厚,而是与板面成一定角度。损坏按发生剥落的接缝长度计量,换算成损坏面积时乘以1m的影响宽度。损坏程度应按下列标准判断:

(1)轻度应为板边上的碎裂和脱落。

(2)中度应为板边上的碎裂和脱落,接缝附近水泥混凝土有开裂。

(3)重度应为板边上的碎裂和脱落,接缝附近水泥混凝土多处开裂,开裂深度超过接缝槽底部。

边角剥落是由于接缝内进入坚硬材料而妨碍了板的膨胀变形、接缝处混凝土强度不足、传荷设施(传力杆)设计或设置不当(未正确定位、锈蚀等)、接缝施工质量差、重载反复作用等造成的。

6. 接缝料损坏

由于接缝的填缝料老化、剥落等原因,填料不密水或接缝内已无填料,接缝被砂、石、土等填塞(图2-23)。接缝料损坏按出现的接缝长度计量,换算成损坏面积时乘以1m的影响宽度。按接缝料剥落的程度不同,可分为轻度损坏、重度损坏两个等级。

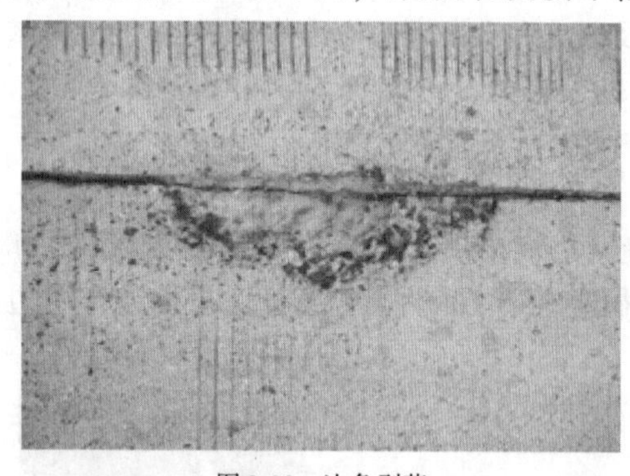

图2-22　边角剥落

图2-23　接缝料损坏

(1)轻度损坏:填料老化,不密水,但尚未剥落脱空,未被砂、石、泥土等填塞;

(2)重度损坏:三分之一以上接缝出现空缝或被砂、石、土填塞。

接缝料被挤出、老化、腐蚀及杂草生长是导致填缝料损坏的主要原因。填缝料损坏可能使水或坚硬材料进入而导致唧泥、碎裂和拱起等损坏出现。

7. 坑洞

坑洞是指板面出现有效直径大于30mm、深度大于10mm的局部坑洞(图2-24)。损坏应按坑洞或坑洞群的包络面积计算，损坏不分轻重。

施工质量差或浇筑的混凝土砂石材料含泥量过大，夹带朽木、纸张、泥块等杂物，以及行驶的某些车辆、机械的金属硬轮对路面产生撞击都可引发坑洞产生。

8. 拱起

拱起(图2-25)是指横缝两侧的板体发生明显抬高，高度大于10mm。损坏按拱起所涉及的板块面积计算，损坏不分轻重。

图2-24　坑洞

图2-25　拱起

在春季或炎热夏季，横缝处板块出现突发性的向上隆起，有时往往伴随出现板块横向断裂。缝隙内落入坚硬材料，板块受阻而产生很大压应力，促使板块失稳而出现拱起现象。

9. 露骨

露骨(图2-26)指板块表面细集料散失、粗集料暴露或表层疏松剥落等现象。露骨损坏按面积计量，损坏不分轻重。

图2-26　露骨

露骨主要是由于混凝土表面灰浆不足，水胶比太大，或者洒水提浆造成混凝土路面表层强度不足引起的，养生不良也会造成水泥混凝土路面露骨。

10. 唧泥

唧泥(图2-27)指水泥板块在车辆驶过后，接缝处有基层泥浆涌出的现象。损坏按唧泥处接缝的长度计量，换算成损坏面积时乘以1m的影响宽度。损坏不分严重程度。唧泥的明显标志是接缝附近的路面表面有污渍或基层材料沉积物。

图 2-27 唧泥

唧泥通常是由于板下基层材料受到有压水的冲蚀，导致泥浆在荷载作用下随之从接缝或裂缝中唧出。唧泥的出现是由于接缝填封的失效而引起水下渗、板底面与基层顶面脱空、基层材料不耐冲刷和重载反复作用引起的。唧泥会使板边缘的基础部分失去支撑能力，在轮载重复作用下最终将导致板的断裂。

11. 修补

修补(图 2-28)应为裂缝、板角断裂、边角剥落和坑洞等损坏的修复。块状修补应按面积计算，裂缝类的条状修补应按长度(m)乘以 0.2m 影响宽度计算。长度大于 5m 的整车道修复不计为路面修补损坏。修补范围内再次发生的损坏，应按新的损坏类型计算。

图 2-28 修补

二、水泥混凝土路面损坏状况评定

水泥混凝土路面路面破损率的计算方法与沥青路面相同，只是病害形式不同，权重不同，权重按表 2-18 选取。路面损坏状况指数的计算及与沥青路面类似，主要区别在于回归系数 a_0、a_1 取值与沥青路面不同，分别如式(2-20)及式(2-21)所示：

$$PCI = 100 - a_0 \cdot DR^{a_1} \tag{2-20}$$

$$DR = 100 \times \frac{\sum_{i=1}^{i_0} w_i A_i}{A} \tag{2-21}$$

式中：DR——路面破损率，为各种损坏的折合损坏面积之和与路面调查面积之百分比，%；

A_i——第 i 类路面损坏的面积，m^2；

A——调查的路面面积(调查长度与有效路面宽度之积)，m^2；

w_i——第 i 类路面损坏的权重，按表 2-16 选取；

a_0——系数，水泥混凝土路面采用 10.66；

a_1——系数，水泥混凝土路面采用 0.461；

i——考虑损坏程度(轻、中、重)的第 i 项路面损坏类型；

i_0——包含损坏程度(轻、中、重)的损坏类型总数，水泥混凝土路面取 20。

《标准》中将水泥混凝土路面质量分为优、良、中、次、差5个等级，要求评价标准符合表2-20的规定。

水泥混凝土路面损坏状况评价标准　表2-20

评价等级	优	良	中	次	差
路面损坏状况指数PCI	≥90	[80,90)	[70,80)	[60,70)	<60

注：高速公路路面损坏状况指数等级划分标准，“优”应为PCI≥92，“良”应为80≤PCI<92，其他保持不变。

三、水泥混凝土路面技术状况评定

水泥混凝土路面的行驶质量指数、路面跳车指数、路面磨耗指数和抗滑性能指数评价方法与沥青路面相同。需要注意的是，水泥混凝土路面行驶质量指数等级划分标准，“优”应为RQI≥88，“良”应为80≤RQI<88，其他保持不变。由于水泥混凝土路面不会出现车辙，水泥混凝土路面在计算路面技术状况指数时，包括路面损坏、路面行驶质量、路面跳车、路面磨耗和路面抗滑性能5项内容，按式(2-22)计算。有刻槽的水泥混凝土路面不应作路面磨耗评定。

$$PQI = w_{PCI}PCI + w_{RQI}RQI + w_{PBI}PBI + w_{PWI}PWI + w_{SRI}SRI \tag{2-22}$$

式中：w_{PCI}——路面损坏状况指数(PCI)在PQI中的权重，见表2-21；

w_{RQI}——路面行驶质量指数(RQI)在PQI中的权重，见表2-21；

w_{SRI}——路面抗滑性能指数(SRI)在PQI中的权重，见表2-21；

w_{PBI}——道路跳车指数(PBI)在PQI中的权重，见表2-21；

w_{PWI}——路面磨耗指数(PWI)在PQI中的权重，见表2-21。

PQI分项指标权重　表2-21

路面类型	权重	高速公路、一级公路	二级、三级、四级公路
水泥混凝土路面	w_{PCI}	0.50	0.60
	w_{RQI}	0.30	0.40
	w_{PBI}	0.10	—
	$w_{SRI(PWI)}$	0.10	—

注：计算PQI时，SRI和PWI应二者取其一。

【例2-4】 对某双向六车道高速公路水泥混凝土路面进行破损情况检测。桩号K105+000～K105+798路段，车道宽均为3.75m，检测结果见表2-22。试分别对该路段上、下行方向进行路面损坏状况评价。

某高速公路水泥混凝土路面破损状况检测结果　表2-22

上行	损坏名称	裂缝(m)	裂缝(m)	错台(m)	接缝料损坏(m)	露骨(m^2)	坑洞(m^2)
	检测结果	24	35	68	105	90	78
	损坏程度	轻	中	轻	轻	—	—
下行	损坏名称	裂缝(m)	裂缝(m)	错台(m)	接缝料损坏(m)	边角剥落(m)	边角剥落(m)
	检测结果	33	30	89	120	50	30
	损坏程度	中	重	轻	重	轻	中

解：

(1)上行方向。

综合破损率：

$$DR = 100 \times \frac{\sum_{i=1}^{6} w_i A_i}{A}$$

$$= 100 \times \frac{0.6 \times 24 + 0.8 \times 35 + 0.6 \times 68 + 0.4 \times 105 + 0.3 \times 90 + 1 \times 98}{3.75 \times 3 \times 798}$$

$$= 2.56(\%)$$

路面损坏状况指数：

$$PCI = 100 - a_0 \cdot DR^{a_1} = 100 - 10.66 \times 2.56^{0.461} = 83.56$$

上行方向的路面状况评价等级为良。

(2)下行方向。

综合破损率：

$$DR = 100 \times \frac{\sum_{i=1}^{6} w_i A_i}{A}$$

$$= 100 \times \frac{0.8 \times 33 + 30 + 0.6 \times 89 + 0.6 \times 120 + 0.6 \times 50 + 0.8 \times 30}{3.75 \times 3 \times 798}$$

$$= 2.63(\%)$$

路面损坏状况指数：

$$PCI = 100 - a_0 DR^{a_1} = 100 - 10.66 \times 2.63^{0.461} = 83.48$$

下行方向的路面状况评价等级为良。

第五节　桥隧技术状况评定

一、公路桥梁技术状况评定流程

公路桥梁的技术状况评定按现行《公路桥梁技术状况评定标准》(JTG/T H21)进行评定，其评定流程如图2-29所示。

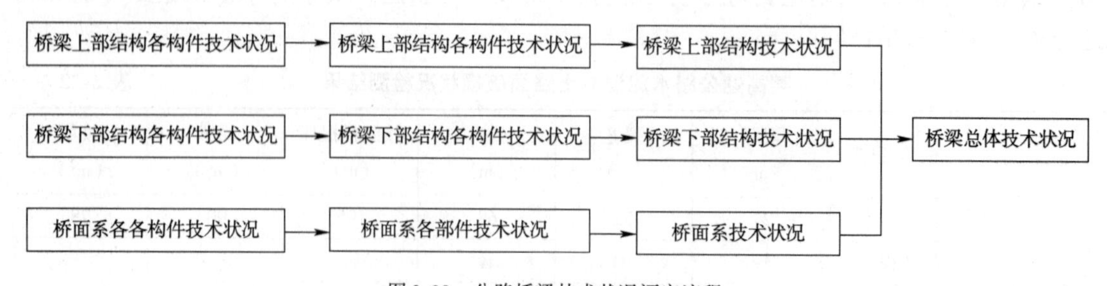

图2-29　公路桥梁技术状况评定流程

二、桥隧构造物状况评价

桥梁、隧道和涵洞技术状况用桥隧构造物技术状况指数(BCI)评价，按式(2-23)计算：

$$BCI = \min(100 - GD_{iBCI}) \tag{2-23}$$

式中：GD_{iBCI}——第 i 类构造物损坏的总扣分，最高分值 100，按表 2-23 计算；

i——构造物类型，桥梁、隧道或涵洞桥隧构造物技术状况评定内容包括桥梁、隧道和涵洞，所需数据为现行《公路桥涵养护规范》(JTG H11) 和《公路隧道养护技术规范》(JTG H12) 评定的技术等级。

桥隧构造物扣分标准 表 2-23

<table>
<tr><th>类型(i)</th><th>项　目</th><th>技术状况评定等级</th><th>计量单位</th><th>单位扣分</th><th>备　注</th></tr>
<tr><td rowspan="5">1</td><td rowspan="5">桥梁</td><td>1</td><td rowspan="5">座</td><td>0</td><td rowspan="5">采用《公路桥梁技术状况评定标准》(JTG/T H21) 的评定方法，五类桥梁所属评定单元的 MQI = 0</td></tr>
<tr><td>2</td><td>10</td></tr>
<tr><td>3</td><td>40</td></tr>
<tr><td>4</td><td>70</td></tr>
<tr><td>5</td><td>100</td></tr>
<tr><td rowspan="5">2</td><td rowspan="5">隧道</td><td>1</td><td rowspan="5">座</td><td>0</td><td rowspan="5">采用《公路隧道养护技术规范》(JTG H12) 的评定方法，危险隧道所属路段的 MQI = 0</td></tr>
<tr><td>2</td><td>10</td></tr>
<tr><td>3</td><td>40</td></tr>
<tr><td>4</td><td>70</td></tr>
<tr><td>5</td><td>100</td></tr>
<tr><td rowspan="5">3</td><td rowspan="5">涵洞</td><td>好</td><td rowspan="5">道</td><td>0</td><td rowspan="5">采用《公路桥涵养护规范》(JTG H11) 的评定方法，危险涵洞所属路段的 MQI = 0</td></tr>
<tr><td>较好</td><td>10</td></tr>
<tr><td>较差</td><td>40</td></tr>
<tr><td>差</td><td>70</td></tr>
<tr><td>危险</td><td>100</td></tr>
</table>

进行桥隧构造物技术状况评定的前提是桥梁、隧道和涵洞技术等级评定数据有效且准确。如果桥梁、隧道和涵洞技术等级评定结果与实际情况有明显差别，或定期检测数据(1～3 年)不能反映当前的技术状况，BCI 评定数据应按现行《公路桥涵养护规范》(JTG H11) 和《公路隧道养护技术规范》(JTG H12) 规定方法，重新检测，更新评定结果，然后再作 BCI 评定。

不含桥隧构造物的评定单元，BCI 值应取 100。

第六节　沿线设施技术状况评定

公路沿线设施包含的内容很多，如交通安全设施、公路标志、路面标线、监控和通信设施、收费设施、养护房屋以及其他设施。但在公路技术状况评定中一般只考虑对公路使用性能直接有影响的部分设施的损坏情况。沿线设施养护质量标准应符合《标准》中的相关规定。

《标准》将沿线设施破损类型定义为 5 类，其识别方法如下所述。

一、沿线设施损坏类型

1. 防护设施缺损

图 2-30　防护设施损坏

防护设施缺损是指防撞护栏、防落网、声屏障、中央分隔带活动护栏和防炫板等缺少、损坏或损坏修复后部件尺寸和安置质量达不到规范的技术要求(图 2-30)。

损坏按处计量,按损坏长度分为轻度损坏和重度损坏两个等级。

(1)轻度损坏:损坏长度小于或等于 4m。

(2)重度损坏:损坏长度大于 4m。

防护设施是保障公路行车安全的重要设施,其损坏多为汽车撞击或人为因素造成。

2. 隔离栅损坏

隔离栅损坏是指隔离栅缺口或损坏后修复质量达不到规范的技术要求,损坏按处计算。损坏不分轻重。

隔离栅是高速公路特有的安全防护设施,它的作用主要是封闭高速公路,防止行人进入高速公路范围内。

3. 标志缺损

标志缺损是指各种交通标志(指示标志、警告标志、禁令标志、里程牌、轮廓标、百米标等)残缺、位置不当或尺寸不规范、颜色不鲜明、污染,可变信息标志故障等。损坏按处计算。

其中轮廓标和百米标每 3 个损坏算 1 处,同一路段累计不足 3 个按 1 处统计。损坏不分轻重。

4. 标线缺损

标线缺损是指标线缺少或损坏。损坏按长度计量,同一路段累计长度不足 10m 按 10m 计。

行车对标线的磨损、污染是造成标线缺损的主要原因。

5. 绿化管护不善

绿化管护不善是指树木或花草枯萎,路段缺树,虫害未及时防治,或绿化带未及时修剪或有杂物,或存在应绿化而未绿化的路段。损坏按沿行车方向的长度计算,同一路段累计长度不足 10m 按 10m 计。

二、沿线设施技术状况评价

沿线设施技术状况用沿线设施技术状况指数(TCI)评价,按式(2-24)计算:

$$TCI = \sum_{i=1}^{5} w_i (100 - GD_{iTCI}) \tag{2-24}$$

式中：GD_{iTCI}——第 i 类设施损坏的总扣分，最高分值为 100，按表 2-22 的规定计算；

w_i——第 i 类设施损坏的权重，按表 2-24 取值；

i——设施的损坏类型。

沿线设施扣分标准 表 2-24

类型(i)	损坏名称	损坏程度	计量单位	单位扣分	权重(w_i)	备注
1	防护设施缺损	轻度	处	10	0.25	—
		重度		30		
2	隔离栅损坏	—	处	20	0.10	—
3	标志缺损	—	处	20	0.25	—
4	标线缺损	—	m	0.1	0.20	每 10m 扣 1 分，不足 10m，以 10m 计
5	绿化管护不善	—	m	0.1	0.20	

第七节　公路技术状况评价

公路技术状况用公路技术状况指数(Highway Maintenance Quality Indicator，简称 MQI)描述和表示。公路技术状况指数包含路面使用性能、路基技术状况、桥隧构造物技术状况和沿线设施技术状况 4 部分内容。上述 4 部分无论在内容还是在属性上都有本质的差别，将属性不同的 4 部分内容结合在一起用一个指标表示，完全出于管理上对公路技术状况整体评价的需要。公路技术状况指标体系如图 2-31 所示。

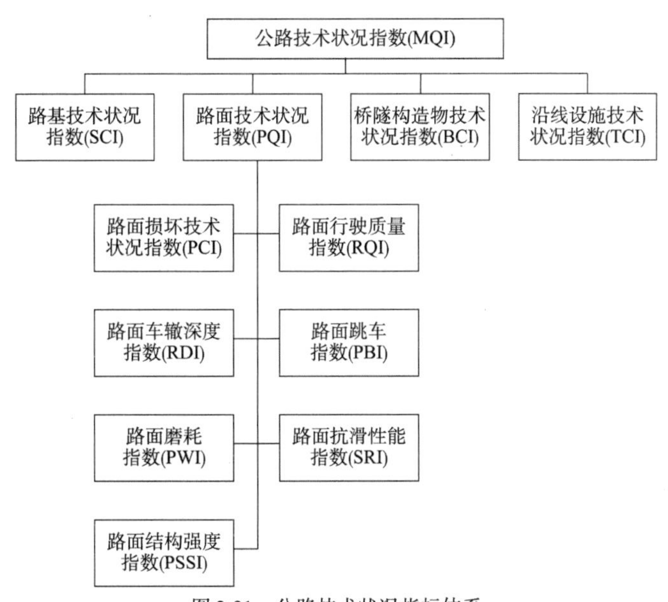

图 2-31　公路技术状况指标体系

公路技术状况指数按式(2-25)计算：

$$MQI = w_{SCI}SCI + w_{PQI}PQI + w_{BCI}BCI + w_{TCI}TCI \tag{2-25}$$

式中：MQI——公路技术状况指数；

w_{SCI}——路基技术状况指数(SCI)在 MQI 中的权重,取值为 0.08;

w_{PQI}——路面技术状况指数(PQI)在 MQI 中的权重,取值为 0.70;

w_{BCI}——桥隧构造物技术状况指数(BCI)在 MQI 中的权重,取值为 0.12;

w_{TCI}——沿线设施技术状况指数(TCI)在 MQI 中的权重,取值为 0.10;

SCI——路基技术状况指数;

PQI——路面技术状况指数;

BCI——桥隧构造物技术状况指数;

TCI——沿线设施技术状况指数。

从式(2-25)中可以看出,公路技术状况指数(MQI)包括路面技术状况指数(PQI)、路基技术状况指数(SCI)、桥隧构造物技术状况指数(BCI)、沿线设施技术状况指数(TCI)4 项指标,其中路面技术状况指数(PQI)包含路面损坏状况指数(PCI)、路面行驶质量指数(RQI)、路面车辙深度指数(RDI)、路面抗滑性能指数(SRI)、路面跳车指数(PBI)、路面磨耗指数(PWI)、路面结构强度指数(PSSI)7 个分项指标,各项指标的值域均为(0,100),分别代表理论上的最差和最好的路面使用性能或技术状况。

利用 MQI 评价公路技术状况的基础是基本评定单元(路段)。《标准》规定 MQI 的基本评定单元为 1000m,取 1000m 是为了将公路技术状况评定与我国各级公路较为完善的里程桩系统结合起来,充分利用已有公路养护与管理的定位资源,使 MQI 的数据检测与技术状况评定有可靠的参照系统。有条件的省(自治区、直辖市),也可以将线性里程桩参照系统与全球定位系统(GPS)结合起来,使 MQI 评定路段的位置更精确。

我国许多省(自治区、直辖市)的国省道,尤其是高速公路已经使用了路面管理系统(CPMS)。为了节省管理资源,把公路技术状况评定工作与 CPMS 公路养护决策工作有效衔接,应将 MQI 评定路段的长度与 CPMS 管理路段划分结合起来。在确定 MQI 评定路段长度时,应处理好路面类型、交通量、路面宽度和养管单位变化处的非整桩号路段,在上述因素的变化处,MQI 基本评定单元的长度不受 1000m 限制,但路段长度应遵守一般不小于 100m、不大于 2000m 的管理规定。

路面是公路技术状况评价的核心内容,而且也只有路面部分的各项技术指标能被快速、准确和自动化地采集。

【例 2-5】 对某段 1km 一级公路的下行方向技术状况进行评定(该路面为水泥混凝土路面)。经检测知:路面破损率 DR = 1.5%,国际平整度指数 IRI = 3.1m/km,路面横向力系数 SFC = 45,路面跳车指数 PBI = 85。该路段有一座小桥,其技术状况等级为二类;涵洞的技术状况较好;沿线设施养护状况指数 TCI = 95;无隧道;路基技术状况指数 SCI = 90。试对该段公路的下行方向技术状况进行评定。

解:

(1) $\mathrm{PCI} = 100 - 10.66\mathrm{DR}^{0.461} = 100 - 10.66 \times 1.5^{0.461} = 87.15$

(2) $\mathrm{RQI} = \dfrac{100}{1 + 0.026e^{0.65IRI}} = \dfrac{100}{1 + 0.026e^{0.65 \times 3.1}} = 83.68$

(3) $\mathrm{SRI} = \dfrac{100 - 35}{1 + 28.6e^{-0.105SFC}} + 35 = \dfrac{100 - 35}{1 + 28.6e^{-0.105 \times 45}} + 35 = 86.85$

(4) 路面使用质量指数 $\mathrm{PQI} = w_{PCI}\mathrm{PCI} + w_{RQI}\mathrm{RQI} + w_{PBI}\mathrm{PBI} + w_{SRI}\mathrm{SRI}$

$= 0.5 \times 87.15 + 0.3 \times 83.68 + 0.1 \times 85 + 0.1 \times 86.85 = 85.86$

(5)桥隧构造物技术状况指数 BCI = 100 - 10 = 90

(6)路基技术状况指数 SCI = 90

(7)公路技术状况指数 MQI $= w_{SCI}\text{SCI} + w_{PQI}\text{PQI} + w_{BCI}\text{BCI} + w_{TCI}\text{TCI}$

$= 0.08 \times 90 + 0.7 \times 85.86 + 0.12 \times 90 + 0.10 \times 95 = 87.6$

(8)该路段公路技术状况评价为良。

复习思考题

1. 简述路基病害的分类。

2. 简述沥青路面病害分类。

3. 简述沥青路面的使用性能评价内容、评价方法及评价指标。

4. 简述水泥混凝土路面的使用性能评价内容、评价方法及评价指标。

5. 什么是公路技术状况指数？包括哪些内容？

第三章 公路路基养护与维修

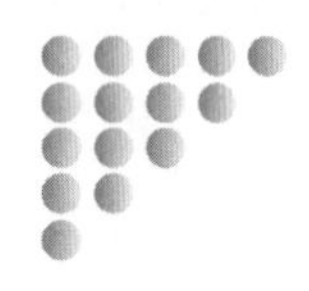

【学习目的与要求】

通过本章的学习,了解路基病害对路面工程的影响,了解路基养护工作的主要内容、基本要求,掌握路基常见病害的主要类型、产生原因及处治措施,了解特殊地区路基养护的基本方法。

路基是公路的重要组成部分,也是路面的基础。路基与路面共同承担汽车荷载的作用,抵御各种自然因素的不利影响。路基的强度和稳定性是保证路面强度、稳定性和路用性能良好的基本条件。路基病害的隐蔽性较强,其与路面病害的产生和发展相辅相成,因此,为了保证公路的正常使用品质,必须对路基进行周期性、预防性、科学合理的养护,使其经常处于良好的技术状态。

本章主要介绍路基养护的内容与要求、路基的日常养护与维修、路基附属设施养护与维修及特殊地区路基养护与维修,并对路基典型病害的产生原因、影响因素以及主要防治要点进行讲解。

第一节 路基养护的内容和要求

一、路基养护的内容

为了使路基满足坚实、稳定、耐久的基本要求,必须采取措施保证路基各组成部分处于完好的技术状态,保持排水系统完好、路基各部分尺寸和坡度符合规定,并及时消除不稳定因素。做好路基养护是保证公路汽车安全、舒适、快速经济运行的重要工作。

路基养护范围包括地基、路堤、边坡及结构物、排水设施等。

1. 路基养护的基本要求

公路路基养护应遵循规范管理、安全运行、预防为主、防治结合、因地制宜、经济适用、节约资源、保护环境的原则,并应符合下列要求:

(1)应逐步建立路基管理系统,加强路基运行的动态管理,建立健全安全运行保障制度。

(2)应加强路基技术状况的检测与评定,推进预防养护工作,及时对路基病害进行养护处治。

(3)结合各地区实际情况及路基病害特点,应选用安全、耐久、经济、适用的养护技术,并积极稳妥采用新技术、新材料、新工艺和新设备。

(4)宜充分考虑自然环境和地质条件,采取工程防治、植物防护及两者相结合的措施,并注重节能环保技术应用和材料循环利用。

二、路基养护的质量要求

1. 路肩养护质量要求

路肩养护应满足下列质量要求:

(1)表面密实平整、清洁、无杂物、无杂草;

(2)路肩宽度符合设计要求,边缘顺直、无缺损;

(3)横坡符合设计要求,与路面衔接平顺,不阻挡路面排水;

(4)路缘石完好、无缺损。

2. 路堤与路床养护质量要求

路堤与路床养护应满足下列质量要求:

(1)无明显不均匀沉陷;

(2)无开裂滑移;

(3)无冻胀、无翻浆。

3. 边坡养护质量要求

边坡养护应满足下列质量要求:

(1)坡面平整,无冲沟、无松散、无杂物;

(2)坡度符合设计要求;

(3)边坡稳定。

4. 既有防护及支挡结构物养护质量要求

既有防护及支挡结构物养护应满足下列质量要求:

(1)无沉陷、无开裂、无移位,沉降缝、伸缩缝完好;

(2)表面平整、无脱空;

(3)排水孔无堵塞、无损坏。

5. 排水设施养护质量要求

排水设施养护应满足下列质量要求:

(1)无杂物、无淤塞、无冲刷;

(2)纵坡适度、排水畅通;

(3)进出口状况完好、无积水。

第二节　路基的日常养护与维修

路基养护包括日常养护和养护工程。其中,日常养护包括日常巡查、日常保养和日常维修;养护工程包括预防养护、修复养护、专项养护和应急养护。

路基养护工作对象包括公路用地范围内的路肩、路堤与路床、边坡、既有防护及支挡结构物、排水设施、特殊路基等。

一、日常巡查

(1)应在公路养护日常巡查工作制度中明确路基日常巡查工作内容。

(2)路基的日常巡查可分为一般巡查和专项巡查。

(3)路基的一般巡查频率每周不宜少于一次,遇特殊气候、突发灾害等情况,应适当增加巡查频率。一般巡查可用目测方式,也可用目测与量测相结合的方式,应包括下列主要工作内容:

①检查路肩是否存在缺损、阻挡排水,是否存在杂草、杂物。

②检查路堤是否存在杂物堆积,是否存在沉陷、冻胀翻浆。

③目测边坡是否存在冲刷、缺口,坡面是否存在杂草、杂物,坡体是否存在松动、碎落崩塌、局部坍塌。

④检查既有防护及支挡结构物是否存在表面破损、勾缝脱落、杂草、杂物,是否存在排(泄)水孔堵塞,是否存在局部损坏。

⑤查看排水设施是否存在堵塞、破损等。

(4)路基的专项巡查应主要对高边坡、既有防护及支挡结构物、排水设施等的病害进行实地察看与量测,做好路基专项巡查记录,并应符合下列规定:

①路基的专项巡查应在年度公路网级的路基技术状况调查基础上,每半年进行一次。

②对最近一次路基技术状况指数或任一分项指标评定为"次""差"的路段,其专项巡查频率每月不得少于一次。

(5)路基专项巡查应包括下列主要工作内容:

①查看边坡坡顶和坡面是否存在裂缝以及裂缝的发展情况;边坡坡面是否存在岩体风化松散、局部坍塌、滑坡。

②检查既有防护及支挡结构物是否存在结构变形、滑移、开裂;基础是否存在积水、冲刷、空洞等。

③查看排水设施的排水是否通畅、有效,是否损坏、不完善。

二、日常保养

路基日常保养包括下列主要工作内容:

(1)整理路肩,修剪路肩杂草,清除路肩杂物。

(2)整理坡面,缺口培土,修剪坡面杂草,清除坡面杂物。

(3)清除护坡、支挡结构物上的杂物,疏通排(泄)水孔。

(4)清理绿化平台、碎落台上的杂物。

(5)疏通边沟、截水沟、集水井、泄水槽等排水设施。

(6)修整中央分隔带路缘石,清除杂物、杂草,清理排水通道。

三、日常维修

公路路基的日常维修应根据路基技术状况评定与日常巡查记录结果,按月度或季度编制

日常维修工作计划。路基的日常维修包括下列主要工作内容:

(1)修补路基缺口,整修路缘石,修整路肩坡度,处理路肩的轻微病害。

(2)清理边坡零星塌方,修补坡面冲沟,修理砌石护坡、防护网、绿植等坡面防护工程的局部损坏。

(3)修理既有防护及支挡结构物的表观破损和轻微的局部损坏。

(4)整修绿化平台、碎落台。

(5)局部开挖边沟、截水沟等,铺砌、修复排水设施等。

第三节　路基常见病害及处治

路基是路面的基础,其强度和稳定性是保证路面结构稳定、路用性能良好的基本条件。路基的各种病害及破损是由路基的强度和稳定性不足引起的。影响路基强度和稳定性的因素有两个方面:一方面是自然因素与地质条件,其中最主要的影响因素是温度和湿度;另一方面是人为因素,包括设计、施工和养护。路基工程一经完成,路基的质量主要取决于路基的养护水平,可见路基的养护十分重要。

路基病害可分为路肩病害、路堤与路床病害、边坡病害、既有防护及支挡结构物病害、排水设施病害5类,以下对各类病害处治分别作一介绍。

一、路肩维护与加固

各级公路都要设置路肩。路肩具有以下作用:为发生故障的车辆提供临时停车位置;由于路肩紧靠在路面的两侧设置,可以保护行车道等主要结构的稳定;增加行车道宽度,能提高驾驶安全和舒适感,增加挖方路段弯道视距;为设于路上的设施提供位置,也可作为埋设地下设施的位置;公路未设人行道的,可以供行人及非机动车等使用;还可以作为养护道路的工作场地。

路肩分硬路肩和土路肩。硬路肩是指进行了铺装的路肩,它可以承受汽车荷载的作用力,在混合交通的公路上便于非机动车、行人通行。土路肩是指不加铺装的土质路肩,它起保护路面和路基的作用,并提供侧向余宽。

1. 路肩养护基本要求

路肩养护应满足以下基本要求:

(1)路肩应保持干净、清洁、无杂物。

(2)路肩应保持适当的横坡,坡度顺适,以迅速排除路面范围内的地面水。硬路肩横坡与同类型路面横坡相同,土路肩或草皮路肩的横坡应比路面横坡大1% ~2%,以利排水。

(3)路肩应经常保持平整、坚实。对车辙、坑槽、与路面产生错台以及高出路面的堆积物,必须及时整修或清除;及时排出和清除土路肩的积水和淤泥,并用与原路肩相同的土填平压实,保持原有状态。硬路肩产生病害应参照同类型路面病害处治。

(4)路肩上不应堆放有任何杂物或养护材料。

(5)路肩应尽量与环境协调,尽可能使之美观。

2. 土路肩的维修与加固

土路肩上出现车辙、坑洼以及因行车道罩面、加铺保护层而造成的错台现象,必须及时整修,并用与原路基相同的土填平夯实,使其顺适。

土路肩过高妨碍路面排水时,应铲削整平。宜在雨后土质湿润状态下,结合清理边沟同时进行。土路肩横坡度过大时,宜采用良好的砂土以及其他合适的材料填补压实,不得使用清沟挖出的淤泥或含有草根的土质填补。填补厚度大于 15cm 时,应分层夯压密实。砂性土或粉性土地段,应掺拌黏性土加固表面,以提高路肩的稳定性。土路肩横坡过小时,应削高补低整修至规定坡度,以利排水。

公路上的路肩通常不用于行车,但功能上要求其能承受汽车荷载。因此,为减少路肩养护工作量,对于行车密度大的路线,应该有计划地将土路肩改铺成硬路肩。

3. 陡坡路肩防排水

陡坡路段的路肩,易被暴雨冲成纵向横向沟槽,甚至冲坏路堤边坡,可根据路基排水系统的情况采取下列防护措施:

(1)设置截水明槽。

自纵坡坡顶起,每隔 15 ~ 20m 在公路两侧交叉设置 30 ~ 50cm 宽的斜截水明槽,并用碎(砾)石填平,同时在路边缘处设置高 10cm、顶宽 10cm、底宽 20cm 的拦水土埂,在每条截水明槽处留一淌口,其下边的边坡用草皮或砌石加固,雨水集中在截水明槽内排出,如图 3-1 所示。

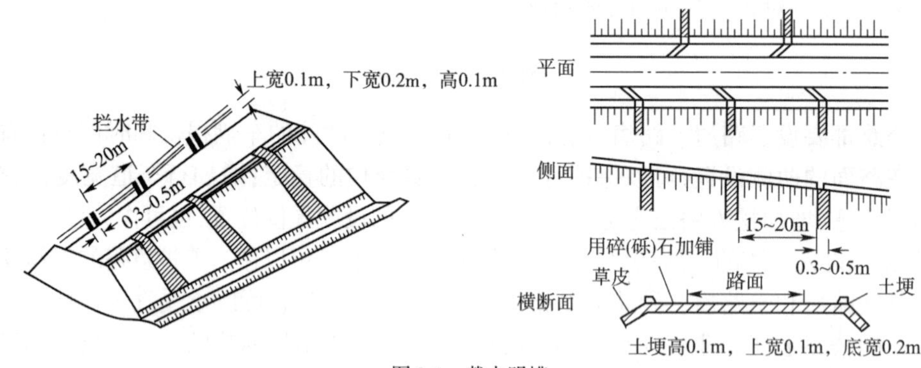

图 3-1　截水明槽

(2)用粒料加固土路肩或有计划地铺筑硬路肩。

(3)在陡坡路段的路肩和边坡上全范围人工植草,以防冲刷。

4. 硬路肩的维修

硬路肩如出现沉陷、缺口、车辙、坑槽、横坡不够等病害,应尽快组织维修。高速公路路肩应根据设计要求铺沥青混凝土或水泥混凝土面层,并铺砌路肩边缘带,此时路肩的养护工作将转变成同类型路面的养护工作。

在铺筑硬路肩有困难的路线或路段,可种植草皮或利用天然草来加固路肩。种植草皮应选择适宜于当地土质、易于成活和生长的草种,成活生长后定期进行维护和修剪,草高不得超过 15cm,并随时清除杂草和草丛中积存的泥沙杂物,以利排水,保持路容美观。

5. 路肩清理

路肩清扫包括机械清扫和人工清扫。进行路面清扫、保洁时,必须将硬路肩同时进行清扫和人工保洁;雨后路肩如有积水,应及时排除。

路肩上严禁种植农作物和堆放任何杂物。对于养路材料，应在公路以外相连路肩之处，根据地形情况，选择适宜地点，设置堆料台，堆料台的间距以200～500m为宜，堆料台长5～8m，宽约2m。硬路肩不得堆放养护材料。机械化养路或较高级路面，可以不设堆料台。

二、边坡病害

公路特别是山区公路的边坡病害是路基最常见病害之一，通常有坡面冲刷、碎落崩塌、局部坍塌、滑坡4类。

边坡病害处治应保证坡面与坡体稳定，并应根据实际情况计算确定原支护结构的有效抗力。当出现坡面冲刷、岩体碎落崩塌、边坡局部滑塌、滑坡等病害时，应及时采取相应的技术措施进行维修加固。

边坡病害处治时应根据边坡岩土体条件、病害类型及严重程度、地下水类型及埋藏深度、降水量、施工可行性，经比选后确定合理的养护技术。常用处治措施见表3-1。

边坡养护处治措施 表3-1

边坡病害类型	处治措施							
	坡面防护	沿河路基冲刷防护	挡土墙	锚固	抗滑桩	削方减载	堆载反压	棚洞
冲刷	√	√	×	×	×	×	×	×
碎落崩塌	√	×	△	×	×	×	×	√
局部崩塌	△	△	√	×	×	√	×	×
滑坡	△	×	√	√	√	△	△	×

注：√-推荐；△-可选；×-不推荐。

1. 坡面防护

坡面防护可用于处治边坡坡面冲刷、风化、碎落崩塌等病害，其主要类型及适用条件宜符合表3-2的规定。

坡面防护主要类型及适用条件 表3-2

防护类型	亚　类	适用条件
植物防护	植草或喷播植草	可同于坡率不陡于1:1的土质边坡防护。当边坡较高时，植草可与土工网、土工网垫结合防护
	铺草皮	可用于坡率不陡于1:1的土质边坡或全风化、强风化的岩石边坡防护
	种植灌木	可用于坡率不陡于1:0.75的土质、软质岩石和全风化岩石边坡防护
	喷混植生	可用于坡率不陡于1:0.75的砂土、碎石土、粗粒土、巨粒土及风化岩石边坡防护，边坡高度不宜大于10m
工程防护	喷护	可用于坡率不陡于1:0.5的易风化但未遭强风化的岩石边坡防护
	挂网喷护	可用于坡率不陡于1:0.5的易风化、破碎的岩石边坡防护，高速公路、一级公路和环境景观要求高的公路不宜采用
	干砌片石护坡	可用于坡率不陡于1:1.25的土质边坡或岩石边坡防护
	浆砌片石护坡	可用于坡率不陡于1:1的易风化的岩石和土质边坡防护
	护面墙	可用于坡率不陡于1:0.5的土质和易风化剥落的岩石边坡防护
综合防护	骨架植物防护	可用于坡率不陡于1:0.75的土质和全风化、强风化的岩石边坡防护

2. 沿河路基防护

沿河路基防护可用于防护水流对沿河、沿溪等路堤坡脚的冲刷与淘刷。沿河地段路基受水流冲刷时,应根据河流特性、水流性质、河道地貌、地质等因素,结合路基位置选用适宜的防护工程、导流或改河工程。沿河路基冲刷防护主要类型及适用条件宜符合表3-3的规定。

冲刷防护主要类型及适用条件 表3-3

防护类型		适用条件
植物防护		可用于允许流速在1.2~1.8m/s、水流方向与公路路线近似平行、不受洪水主流冲刷的季节性水流冲刷地段防护。经常浸水或长期浸水的路堤边坡不宜采用
砌石或混凝土护坡		可用于允许流速为2~8m/s的路堤边坡防护
土工织物软体沉排、土工模袋		可用于允许流速为2~3m/s的沿河路基冲刷防护
石笼防护		可用于允许流速为4~5m/s的沿河路堤坡脚或河岸防护
浸水挡土墙		可用于允许流速为5~8m/s的峡谷急流和水流冲刷严重的河段
护坦防护		可用于沿河路基挡土墙或护坡的局部冲刷深度过大、深基础施工不便的路段
抛石防护		可用于经常浸水且水深较大的路基边坡或坡脚,以及挡土墙、护坡的基础防护
排桩防护		可用于局部冲刷深度过大的河湾或宽浅型河流的防滑
导流	丁坝	可用于宽浅型河段,保护河岸或路基不受水流直接冲蚀而产生破坏
	顺坝	可用于河床断面较窄、基础地质条件较差的河岸或沿河路基防护,以调整流水曲度和改善流态

3. 挡土墙

挡土墙可用于支承路基填土或山坡土体,防止填土或土体变形失稳,其主要类型及适用条件宜符合表3-4的规定。

挡土墙主要类型及适用条件 表3-4

挡土墙类型	适用条件
重力式挡土墙	一般地区、浸水地区和地震地区的路肩、路堤与路堑边坡坡脚等支挡工程
锚杆挡土墙	墙高较大的岩石路堑地段,可采用肋柱式或板壁式单级墙或多级墙,每级墙高不宜大于8m,多级墙的上、下级墙体之间应设置宽度不小于2m的平台
桩板式挡土墙	表土及强风化层较薄的均质岩石地基,也可用于地震区的路堑、路堤支挡或滑坡等特殊地段的治理

4. 锚固

锚固分为预应力锚固和非预应力锚固,适用于岩层、稳定土层或可提供足够锚固力的构筑层的边坡加固治理。

预应力锚固在土层中应用时,应进行特殊工艺处理以提供足够锚固力。

预应力锚索(杆)宜采用易于调整预应力值的精轧螺纹钢筋、无黏结钢绞线等;非预应力锚杆宜采用HRB400钢筋,钢筋直径宜为16~32mm。

锚索(杆)锚固段应穿过已有滑裂面或潜在滑裂面不小于2m,且满足边坡稳定性验算要求。

锚固法施工应符合下列规定:

(1)钻孔清孔宜采用高压空气反循环工艺,严禁使用泥浆循环清孔。

(2)锚索(杆)长度应符合设计要求,以保证锚固段和张拉段有足够的长度。

(3)锚索(杆)安装应沿杆身每隔1.5m设置对中定位支架,以保证钢筋有足够的混凝土保护层厚度。

(4)锚索(杆)张拉待锚固砂浆强度达到设计强度的80%后方可进行。锚杆正式张拉前应采用0.10~0.20倍的轴向拉力设计值(N_t)进行预张拉。

(5)锚杆预应力施加时应分级张拉,并进行位移观测,做好记录。锚杆张拉至(1.05~1.10)N_t时,对岩层、砂土层保持10min,对黏土层保持15min,然后卸荷至锁定荷载设计值进行锁定。锚杆张拉荷载的分级和位移观测时间应符合表3-5的规定。

锚杆张拉荷载分级和位移观测时间 表3-5

荷载分级	位移观测时间(min)		加荷速率(kN/min)
	岩层、砂土层	黏土层	
(0.10~0.20)N_t	2	2	不大于100
0.50N_t	5	5	
0.75N_t	5	5	
1.00N_t	5	10	不大于50
(1.05~1.10)N_t	10	15	

(6)锚索(杆)张拉采用张拉力和伸长值进行控制,用伸长值校核应力,当实际伸长值大于计算伸长值的10%或小于计算伸长值的5%时,应暂停张拉,待查明原因并处理后,可继续张拉。

5.钢筋混凝土抗滑桩

钢筋混凝土抗滑桩适用于稳定边坡或滑坡、加固不稳定山体以及其他特殊路基。抗滑桩宜选择设置在滑坡厚度较薄、推力较小、锚固段地基强度较高的位置。抗滑桩宜与预应力锚索(杆)联合使用。对易发生局部塌方的破碎岩体段,宜设置挡土板。

对已采用抗滑桩加固的边坡进行补桩时,其设计计算应考虑原抗滑桩有效抗力;桩排距宜不小于2倍桩截面宽度,桩的横向间距应根据边坡的地质,以及桩的结构、承载能力等技术条件和经济因素进行比较后确定。

抗滑桩设计时应考虑滑坡沿既有滑面或潜在滑面滑动时作用在支护结构上的荷载,抗滑桩材料及构造要求应符合现行《公路路基设计规范》(JTG D30)的有关规定。

6.削方减载

削方减载可用于地下水位较低的山区公路滑坡后缘减载,且不应引起次生病害的发生。

采用削方减载措施时应注意:

(1)削方应与邻近建筑物基础有一定的安全间距,不得危及邻近建筑物、管线和道路等的安全及正常使用。

(2)削方减载施工应做好工程防护及交通引导措施,减少对交通的干扰。

(3)削方减载后应根据实际需要设置防护工程。

削方减载施工应符合下列规定:

(1)削方减载施工应根据现场情况,确定分段施工长度,做好临时排水措施,保证施工作业面不积水,并进行隔段施工。

(2)开挖应先上后下、先高后低、均匀减载。开挖后的坡面应及时进行防护及排水处理。开挖的土体应及时运出,不得对邻近边坡形成堆载或因临时堆载造成新的不稳定边坡。

(3)坡顶应设置截水沟,坡面应增设急流槽,坡脚宜设置护脚墙并设置排水沟。

7. 堆载反压

堆载反压可用于软土地区路基护坡道,以及应急抢险时的滑坡前缘反压。在采用堆载反压措施中不应危及邻近建筑物、管线和道路等的安全及正常使用,不应对邻近的边坡带来不利影响。

堆载反压施工应符合下列规定:

(1)应根据拟加固边坡的整体稳定性,验算确定堆载反压量。

(2)反压位置应设置在阻滑段。

(3)堆载反压加固材料宜就地取材、便于施工,不得阻塞滑坡前缘的地下排水通道。

(4)堆载反压体应设置在滑坡体前缘,以保证能提供有效的抗力;当进行软土地基护坡道堆载反压施工时,土体应堆填密实,密实度不宜低于90%。

三、既有防护及支挡结构物病害处治

既有防护及支挡结构物维修加固前,应对病害及其严重程度、既有结构物的功能有效性进行评估。然后根据既有结构物的评估结果,合理利用原结构与材料,确定维修加固方案。

1. 既有防护工程

(1)坡面防护工程出现局部松动、脱落、损坏、隆起、裂缝等病害时,应按原防护形式及时修复。

(2)坡面防护工程出现大面积脱落、严重变形时,应及时拆除重建。

(3)植物防护工程出现缺损时,应及时补栽修复。

(4)当锚杆挂网喷浆防护工程出现破损、裂缝、掉块露筋时,应及时喷浆修补;出现局部脱落、坍塌、鼓胀时,应清理坡面,重新挂网喷浆处治。

(5)当主动式柔性防护网的锚钉出现锈蚀时,应进行防腐处理;网内出现落石汇集时,应及时清理;网出现破损时,应及时修补;对于被动式柔性防护网,当出现紧固部位锚栓松动或立网变形时,应及时更换或增设。

(6)冲刷防护工程受到洪水、波浪或流水冲击,坡脚发生局部破坏时,应及时采取抛压片石防护、石笼压盖等措施进行处治。

(7)冲刷防护工程发生冲毁时,应调查冲毁的原因,对既有构造物进行评估,根据受损情况及时进行维修加固或重建。

2. 既有挡土墙

(1)挡土墙出现表观损坏时,可结合日常养护进行处治。

(2)挡土墙维修加固措施可参照表3-6选用。

挡土墙病害处治措施　表3-6

挡土墙类型	处治措施	
	局部损坏(含墙身开裂、滑移、墙身鼓肚、承载力不足等)	结构失稳(含整体失稳、倾覆、倒塌、严重开裂等)
重力式挡土墙	支撑墙、锚固、加大截面	支撑墙、抗滑桩加固、拆除重建
悬臂式、扶壁式挡土墙	加大截面、支撑墙	支撑墙、抗滑桩加固、拆除重建
锚定板、加筋土挡土墙	支撑墙、锚固	支撑墙、抗滑桩加固、拆除重建
桩板式挡土墙	锚固	抗滑桩加固
锚杆挡土墙	锚固	抗滑桩加固

(3)发生倾覆、坍塌等结构失效情况时,应查明原因,及时进行加固或拆除重建。

(4)挡土墙基础尺寸或地基承载力不满足要求时,宜采用加大截面法、注浆加固法、截排水加固法等措施。

(5)挡土墙基础嵌固段外侧岩土体的水平抗力不满足要求时,可采用增设锚杆、抗滑桩以及注浆加固等措施。

(6)挡土墙的泄水孔堵塞时,应及时疏通;无法疏通时,应选择适当位置增设泄水孔,或在挡土墙背后增设排水设施。

(7)采用锚固法加固时,挡土墙应符合下列规定:

①应合理确定新增锚杆的位置及预应力值,使挡土墙和加固构件受力合理。

②进行新增锚杆预应力设计时,应考虑原支护体系锚杆锚固力值;新增锚杆锁定预应力值宜与既有锚杆预应力一致,以利于新旧锚杆共同发挥锚固作用。

③锚杆外锚固部分与原支护结构间应设传力构件;当已有挡土墙挡板不满足加固锚杆的传力时,可设格构梁、肋或增厚挡板;格构梁应设置伸缩缝,设置间距为10~25m,缝宽2~3cm,并填塞沥青麻筋、沥青木板或其他新材料。

④钻孔时应合理选择钻孔机具,维持挡土墙整体稳定,并采取措施减少钻孔对原挡土墙的扰动。

⑤在锚固条件较差的岩土层中,锚固法注浆宜采用分层多次高压注浆。

(8)采用加大截面法加固挡土墙时,应符合下列规定:

①应考虑墙身加大截面后对地基基础的不利影响;为土质地基时,加大截面部分基础宜采用钢筋混凝土板式基础。

②加固后的支护结构应按复合结构进行整体计算。

③新增墙体应采用分段跳槽的实施方案,稳定性较高的部位应优先施工,必要时可采用削方减载等措施,保证施工安全。

④挡土墙或基础采用钢筋混凝土时,加大截面部分浇筑混凝土前,应采取凿毛、植入连接钢筋等措施,保证新、旧混凝土结合为整体。植筋锚固长度宜为$10d \sim 20d$(d为钢筋直径)。

⑤挡土墙为砌体材料时,应先剔除原结构表面疏松部分,对不饱满的灰缝进行处理,加固

部位采取设水平齿槽或锚筋等措施，保证新加混凝土与挡土墙结合为整体。

(9)采用抗滑桩加固挡土墙时，应符合下列规定：

①抗滑桩宜设置在挡土墙的外侧。

②抗滑桩加固锚杆挡土墙宜设于肋柱中间。

③抗滑桩加固桩板式挡土墙宜设于桩的中间，等距布置，且新增抗滑桩与原有桩中心距不宜小于二者桩径较大者的2倍。

④抗滑桩宜紧贴挡土墙现浇，或在抗滑桩与挡土墙面之间增设传力构件。

⑤抗滑桩护壁设计时应考虑挡土墙传来的土压力作用。

⑥边坡稳定性较差时，抗滑桩施工应间隔开挖、及时浇筑混凝土，并应防止抗滑桩施工对原支护结构安全造成不利影响。

(10)挡土墙拆除重建施工应符合下列规定：

①挡土墙应分段拆除，拆除时应采取措施保证墙后填土的稳定。

②应处理好新旧墙的结合，保证新墙与原挡土墙结合成为整体。

③墙背回填时，应恢复原排水设施。

3. 既有锚固结构

锚固结构发生严重应力松弛时，宜采用预应力锚索(杆)二次补张拉或新增锚索(杆)补强法进行维修加固；发生锚固结构断裂或内锚固端失效滑移时，应在邻近位置增设新的锚固结构。

(1)新增锚固结构应符合下列规定：

①锚索(杆)应结合原支护体系中的锚索(杆)间距错开布置，且应合理布置内锚固段位置，必要时改变锚索(杆)的倾角。

②锚索(杆)锚固段应穿过已有滑裂面或潜在滑裂面不小于2m，且满足边坡稳定性要求。

(2)锚固结构发生锚头严重锈蚀、封锚混凝土破坏时，应及时进行锚头防腐处理，修复封锚混凝土。

(3)发生地梁、框架脱空、开裂时，宜采用浅层注浆法、加大截面法、新增框架结构或预应力锚索(杆)进行维修加固。

4. 既有抗滑桩

(1)抗滑桩表面出现蜂窝、麻面、露筋、裂缝等表观破损以及混凝土局部压溃造成钢筋保护层剥落等病害时，应根据具体情况采用填充修补、注浆、表面封闭等方法进行养护处治。

(2)抗滑桩发生结构性拉裂、侧向稳定性不足时，可采用增加预应力锚索方法进行补强。

(3)出现抗滑桩倾斜、滑移时，应及时增设预应力锚索框架或补桩。

(4)发生混凝土或钢筋被剪断或折断等结构性破坏，或对原有的抗滑桩采用结构补强后不能恢复至设计要求的抗滑能力时，可采用增设钢筋混凝土抗滑桩或钢管抗滑桩、注浆、增设预应力锚索(杆)等措施进行加固处治。

四、路基翻浆

水文地质条件不良路段的路基在冰冻过程中，土中的水分不断向上移动，使路基上部的含水量大大增加，春融期间由于土基含水过多，强度急剧降低，再加上重复行车的作用，路面就会发生弹簧、裂缝、鼓包、冒泥等现象，称为翻浆，如图 3-2 所示。

图 3-2　路基翻浆

翻浆不仅破坏路面，妨碍行车，严重的还会中断交通，对国民经济建设、国防战备产生一定的影响，并会增加道路养护工作量。

防治翻浆的基本途径是：防止地面水、地下水或其他水分在冻结前或冻结过程中进入路基上部；在化冻期，可将聚冻层中的水分及时排除或暂时蓄积在透水性好的路面结构层中；改善土基及路面结构；采用综合措施防治。

1. 常用的防治措施

1）做好路基排水，提高路基高度

良好的路基排水可以防止地面水或地下水浸入路基，使路基土体保持干燥，从而减轻冻结时水分聚流的来源，这是预防和处理地面水类和地下水类翻浆的首要措施。

提高路基是一种效果显著、简便易行、比较经济的常用措施。增大路基边缘至地下水或地面水位间距离，可使路基上部土层保持干燥，在冻结过程中不致因过分聚冰而失稳。

提高路基的措施适用于取土方便的路段，并宜采用透水性良好的土填筑路基。路线通过农田地区，为了少占耕地，应与路面设计综合考虑，以确定合理的填土高度。在重冰冻地区及粉性土地段，在提高路基时还要与其他措施，如砂垫层、石灰土等配合使用。

2）铺设隔离层

隔离层设在路基顶下 0.5 ~ 0.8m 处，其目的在于阻断毛细水上升通道，保持上部土基干燥，防止翻浆发生。当地下水位或地面积水较高，又不宜提高路基时，可铺设隔离层。隔离层按使用材料不同可分为以下两类：

（1）透水性隔离层。透水性隔离层采用碎石、砾石、粗砂或炉渣等做成，其厚度一般为 10 ~ 20cm。为了防止淤塞，应在隔离层上面和下面铺设 1 ~ 2cm 泥炭、草皮防淤层。隔离层底部应高出地面水 20cm 以上，并向路基两侧做 3% ~ 4% 的横坡。和边坡接头的地方，应用大块碎砾石铺进 50cm，如图 3-3 所示。

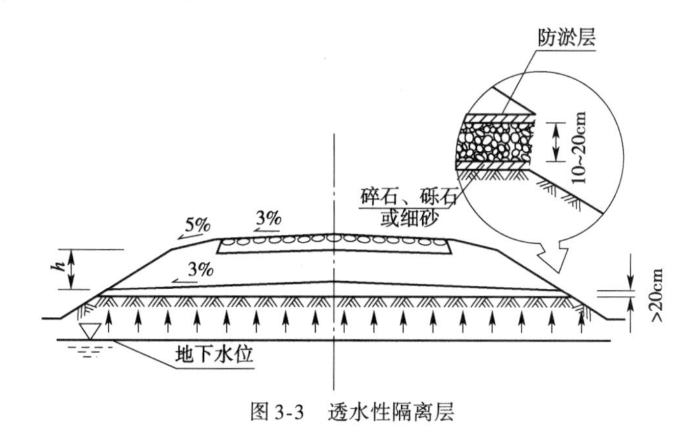

图 3-3　透水性隔离层

（2）不透水隔离层。不透水隔离层分不封闭式和封闭式两种，分别如图 3-4、图 3-5 所示。前者适用于一般路段，用以隔断毛细水；后者适用于地面排水有困难或地下水位高的路段，用以隔断毛细水和横向渗水。不透水隔离层所用的材料可有以下几种：

①直接喷洒厚度为 2 ~5mm 的沥青；

②沥青含量为 8% ~10% 的沥青土或 6% ~8% 的沥青砂,厚度一般为 2.5 ~3cm；

③2 ~3 层油毡或塑料薄膜(在盐渍土地段不能使用)；

④复合土工布,一布一膜或两布一膜。

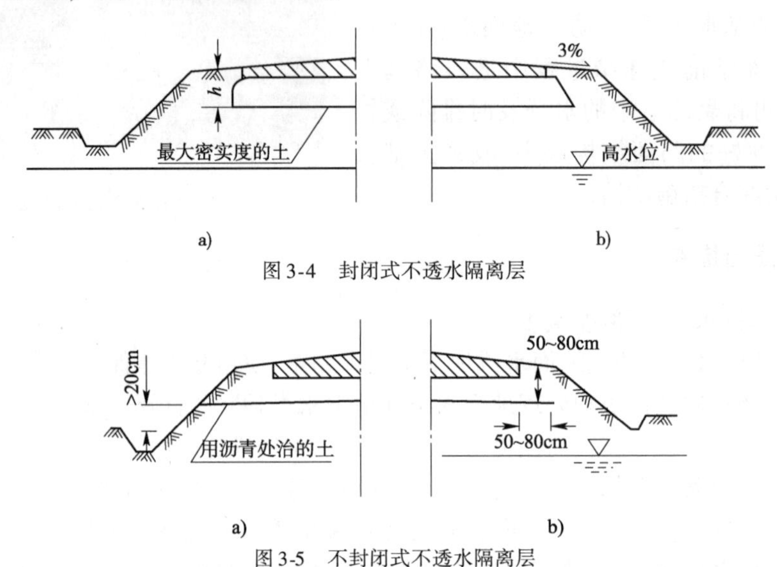

图 3-4 封闭式不透水隔离层

图 3-5 不封闭式不透水隔离层

(3)隔离层的适用条件及注意事项。

隔离层对新旧路翻浆均可采用,特别适用于新路;不透水隔离层适用于不透水路基中,在透水路面下只能设透水隔离层。

3)设置路肩盲沟或渗沟

(1)路肩盲沟。

为及时排除春融期间路基中的自由水,达到疏干路基上部土体的目的,可在路肩上设置横向盲沟,如图 3-6 所示。盲沟适用于路基土透水性较好的地下水类翻浆路段。

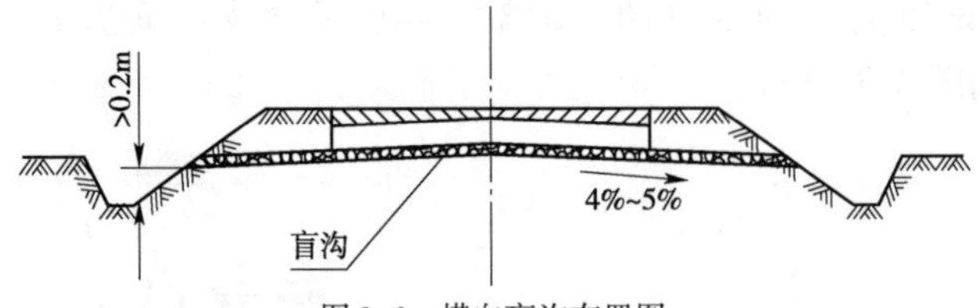

图 3-6 横向盲沟布置图

盲沟布置应与路中心线垂直。如路段纵坡大于 1% 时,则宜与路中心线成 60° ~70°的交角(顺下坡方向),两边交错排列,一般 5 ~6m 设置一道,深 20 ~40cm,宽 40cm 左右。

(2)排水渗沟。

为了降低路基的地下水值,可在边沟下设置盲沟或有管渗沟。为了拦截并排除流向路基的层间水,可采用截水渗沟,如图 3-7 所示。

近年来,研究人员开发了一种新型的加筋软式透水管(图 3-8)。透水管内衬经磷酸防腐处理,并涂敷 PVC(聚氯乙烯)的高强度弹簧硬钢丝,在钢丝圈外紧接纺织三层高强尼龙和特殊纤维制成的滤布和透水层。管体坚固耐用,具有较好的透水、过滤与排水性能,耐酸碱,施工方便,尤其适用于各种复杂地形。用其替代传统的盲沟和渗沟施工,可取得较好效果。

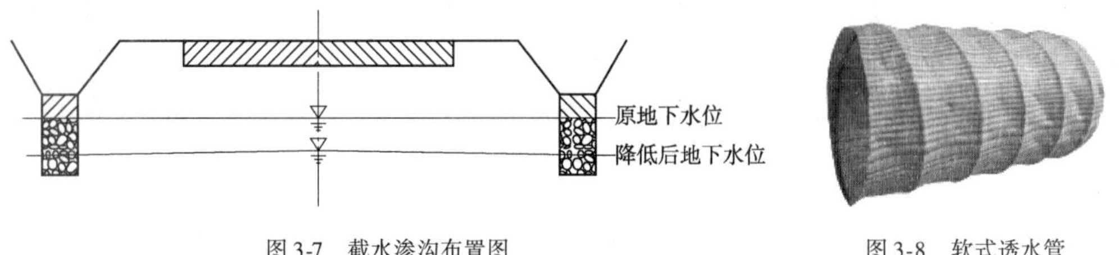

图3-7　截水渗沟布置图　　图3-8　软式透水管

4)换土

对因土质不良造成翻浆的路段,可在路基上部换填水稳性好、冰冻稳定性好、强度高的粗颗粒土,以提高土的强度和稳定性。

用换土法治理翻浆路段,应突出抓一个"早"字,一经发现翻浆苗头,立即进行开挖,用较小的工作量即可取得较好的效果。换土适合于路基高程受到限制,不能加高路基,且附近有砂性土的路段。

5)路面结构设计

(1)铺设砂(砾)垫层。砂(砾)垫层是用砂砾、粗砂或中砂做成的垫层,具有较大的空隙,能隔断毛细水上升;化冻时能蓄水。排水、冻融过程中体积变化小,可减小路面的冻胀和变形。而且还具有一定的强度,能将荷载进一步扩散,减小路基的应力和应变。

砂(砾)垫层的厚度可按蓄水原则或排水原则设置。蓄水原则是春融期间,路基化冻后的过量水分能全部集中于砂垫层中,根据蓄水的需要并考虑砂(砾)垫层被污染后降低蓄水能力的情况。经调查研究得出:中湿路段砂(砾)层垫的经验厚度为0.15~0.20m;潮湿路段为0.2~0.3m。排水原则是将春融期汇集于砂垫层中的水分通过路肩盲沟排走。砂垫层厚度应由路面强度及砂(砾)垫层构造和施工要求决定,一般为0.1~0.2m。

(2)铺设水泥稳定类、石灰稳定类或石灰工业废渣类基(垫)层。这类基(垫)层具有较好的板体性、水稳性和冻稳性,可以提高路面的整体强度,起到减缓和防止路基冻胀及翻浆的作用。但在重冰冻地区潮湿路段,不宜直接采用石灰土,须与其他措施配合应用,如在石灰土下铺设砂垫层等。有关材料的要求及施工规定,可参考《公路路面基层施工技术细则》(JTG/T F20—2015)。

(3)设置防冻层。对于高级和次高级路面,结构层的总厚度除满足强度要求外,还应满足防冻层厚度要求,避免路基内出现较厚的聚冰带,防止产生导致路面开裂的不均匀冻胀。防冻层厚度可分别按相应路面设计规范的有关规定确定。

2. 翻浆路段的养护

翻浆现象是一个四季都发生变化的过程。秋季,水分开始聚积;冬季,水分在路基中重新分布,水分使路基上部过分潮湿;夏季,水分蒸发、下渗,路基处于干燥状态。因此,在各个季节,应根据各自不同的现象,采取适当的养护措施,加强预防性的防治工作,以防止或减轻翻浆病害。

1)秋季养护

秋季养护的中心内容是排水,尽可能防止水分进入路基,保持路基处于干燥状态,以减少冬季冻结过程中由于温差作用向路面下土层聚流的水分,这是一项最根本的措施。所以,秋季养护要做好下列工作:

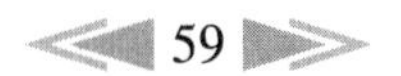

(1)随时整修路面、路肩、边坡。路面应维护好路拱和平整度,如有裂纹、松散、车辙、坑槽、搓板等病害,都应及时处理,避免积水。路肩应保持规定的排水横坡,边坡要保持规定坡度,要拍压密实,防止冲刷和坍塌阻塞边沟,造成积水。

(2)修整地面排水设施,保证地面排水通畅。

(3)检查地下排水设施,保证地下水能及时排出。

2)冬季养护

冬季养护的中心内容是采取措施减轻路基水分在温差作用下向路基上层聚积的程度,同时要防止水分渗入路基。所以,冬季养护要做好下列工作:

(1)及时清除翻浆路段的积雪。积雪层导温性能差,具有保温作用,将减缓路基土冻结深度,使冻结线长期停留在路面下很近地方,路基下层水分有机会大量聚积到路基上层,致使翻浆加重,所以应十分注意除雪工作。

(2)经常上路检查,发现路面出现裂缝、坑槽等要及时修补,对融化雪水要及时予以排除。

(3)在往年发现有翻浆而尚未根治的路段以及发现翻浆苗头的路段,应在翻浆前做好准备工作,包括准备好抢防用料。

3)春季养护

春季是翻浆的暴露时期,在天气转暖的情况下翻浆发展很快,养护工作中心内容是抢防。当路面出现潮湿斑点、松散、龟裂,表明翻浆已开始露头。对鼓包、车辙或大片裂缝、行车颠簸、路基发软等现象,应采取以下抢防措施:

路面坑洼严重的路段,除横向外,还应顺路面边缘加修纵向小盲沟或渗水井。渗水井大小以不超过40cm为宜,间距应根据实际情况确定,盲沟或渗水井的深度应至路面底层以下。

4)夏季养护

夏季是翻浆的恢复期,这时养护的中心内容是修复翻浆破坏的路基、路面,采取根治翻浆的措施。要查明翻浆的原因,对损坏路段的长度、起始时间、气温变化、表面特征、养护情况等进行调查分析,做好记录,确定治理方法和措施。

五、路堤与路床病害处治

路堤与路床病害可分为杂物堆积、不均匀沉降、开裂滑移、冻胀翻浆4类。路堤与路床病害处治范围应包括填方和半填半挖路基、挖方段的路床区及地基。当出现不均匀沉降、开裂滑移、冻胀翻浆等病害时,应及时采取相应的技术措施进行维修加固。

应根据路堤与路床的土质条件、地下水类型及埋藏深度、降水量、加固材料来源、施工可行性等,经比选后确定合理的养护技术。常用处治措施可参照表3-7选用。

路堤与路床病害处治措施 表3-7

病害类型	处治措施						
	换填改良	注浆	复合地基	钢管抗滑桩	增加综合排水设施	设置土工合成材料	加铺罩面
不均匀沉降	△	√	√	×	△	△	△
开裂滑移	×	√	△	√	△	△	×
冻胀翻浆	√	×	×	×	√	×	△

注:√-推荐;△-可选;×-不推荐。

1. 换填改良

(1)换填改良适用于填料不良引起的强度不足、沉陷、翻浆等病害处治或地基沉降路段的局部处理。

(2)换填材料宜采用级配较好的砾类土、砂类土等粗粒土,填料最大粒径应小于100mm,填料的CBR(加州承载比)值应符合现行《公路路基施工技术规范》(JTG/T 3610)的相关要求。不得采用含草皮、生活垃圾、树根、腐殖质的土,以及泥炭、淤泥、冻土、强膨胀土、有机质土和易溶盐超过允许含量的土。

(3)换填改良材料的配合比应通过试验确定。

(4)换填区与相邻路基衔接处应开挖成台阶状,换填施工应符合现行《公路路基施工技术规范》(JTG/T 3610)的有关规定。

(5)换填施工应减少对老路基的扰动,及时做好开挖回填及防排水工作;采用透水性材料作为回填材料时,应做好与既有排水设施的衔接。

2. 注浆

注浆技术可用于路堤或路床压实度不足、局部稳定性不满足要求或桥头跳车等路段。

(1)进行注浆加固前,除应收集现行《公路路基养护技术规范》(JTG 5150)规定的资料外,还应补充收集路面弯沉或回弹模量等检测资料,用于评价注浆加固的效果。

(2)应根据处治目的和要求,以及材料的性能、适用范围和固结体的特性,选用水泥浆液、水泥-粉煤灰浆液或其他注浆材料。当早期强度要求较高时,可掺入适量水玻璃以达到速凝效果。

(3)注浆施工前应进行浆液配合比设计,并进行现场试验性注浆,验证浆液配合比,确定注浆压力。

(4)应对袖阀管注浆的套壳料进行配合比试验。

注浆施工应符合下列规定:

(1)注浆时应控制好浆液的搅拌时间及注浆压力,连续注浆,中途不得中断。

(2)注浆应遵循逐渐加密的原则,多排孔注浆时,宜先注边排后注中间排。边排孔宜限制注浆量,中排孔注至不吃浆为止。

(3)应加强注浆过程控制,做好注浆记录,动态调整注浆压力、注浆量及注浆时间,防止对路面结构及周边土体或结构物造成破坏。

(4)注浆完成后,应及时做好封孔处理,并进行跟踪观测评价注浆效果。注浆效果的检验宜在注浆结束后28日进行,对检验不合格的注浆区应进行重复注浆。

注浆施工应做好施工组织设计,减少行车对注浆质量的影响。注浆养护时间不宜少于3日。

3. 钢管抗滑桩

钢管抗滑桩可用于处治或预防路堤浅层滑移,也可作为削坡减载、支挡结构物的基础施工或抗滑桩施工的一种辅助性加固措施。

钢管抗滑桩的基本要求如下:

(1)钢管抗滑桩宜采用钻孔植入法施工,路基钻孔应采取干钻方式。

(2)钢管抗滑桩宜布置在路基边坡顶部或坡脚,间距不宜大于3m,钻孔直径宜为250~320mm,抗滑桩应穿过滑移面不少于2m且其深度满足路基边坡稳定性验算要求,坡脚位置处宜适当增大穿过滑移面的深度。

(3)钢管宜采用无缝普通钢管,直径宜为180~250mm。管内灌注材料宜采用强度等级不低于C25的自密实混凝土,管外注浆材料应采用强度等级不低于M30的水泥砂浆,砂浆宜采用细砂配制。

(4)宜在路基边坡组合设置斜向注浆锚杆,并辅以水平横梁或锚墩连接。抗滑桩顶部宜设置联系梁,联系梁的高度不宜小于300mm,宽度不宜小于抗滑桩管径,混凝土的强度等级不应低于C25,纵向钢筋的截面积不应少于联系梁截面积的0.15%;箍筋直径不应小于8mm,其间距不应大于400mm。抗滑桩伸入联系梁内不应少于50mm,并与联系梁主筋焊接。

钢管抗滑桩施工应符合下列规定:

(1)钻孔孔径不得小于设计值,且应大于钢管外径70mm以上。

(2)无缝钢管应垂直插入钻孔并对中,钢管的连接宜采用套管焊接方式。

(3)当管外充填注浆难以达到要求时,可采用压力注浆。

(4)应保证管外和管内桩长范围内完全注满。

(5)注浆泵与注浆孔口距离不宜大于30m,以减小注浆管路系统阻力,保证实际的注浆压力。

4. 复合地基

复合地基可用于处治地基沉降变形大、承载力低的软弱路基,以及差异变形大的拓宽路段。复合地基常用技术及适用条件见表3-8。

复合地基法常用技术类型及适用条件 表3-8

适用条件	养护处治技术			
	碎石桩	水泥搅拌桩	CFG桩(水泥粉煤灰碎石桩)	预制管桩
地基沉降变形大的路基	△	√	√	△
承载力低的软弱路基	△	√	√	×
开裂滑移的路基	×	△	△	√

注:√-推荐;△-可选;×-不推荐。

碎石桩、加固土桩、CFG桩施工前应做成桩试验,并对复合地基承载力进行检测。检测方法可采用平板载荷试验。

复合地基施工应符合下列规定:

(1)成孔桩长允许偏差小于100mm,桩径允许偏差小于20mm,垂直度允许偏差小于1%。

(2)路堤部分宜采取振动小的干钻方式进行预成孔,并及时清运钻孔取土。钻孔过程中应避免多台设备在同一断面同时施工,以减少对老路基的振动扰动。

(3)碎石桩和预制管桩施工时应进行间隔跳打。

(4)对桩顶高程以上的路基内桩孔,应进行封孔回填处理。

(5)应对单桩桩体质量进行检测,检测方法可参照表3-9选用。

被检体与检测方法对应关系　　表3-9

被检体	钻芯法	标准贯入试验	圆锥动力触探	低应变法	高应变法
碎石桩	×	×	√	×	×
水泥搅拌桩	√	√	√	△	×
CFG桩	√	×	×	△	△
管桩	×	×	×	△	△

注:√-推荐;△-可选;×-不推荐。

六、排水设施养护

路基排水设施为地表排水设施和地下排水设施。路基地表排水设施包括边沟、截水沟、排水沟、跌水与急流槽、蒸发池、油水分离池、排水泵站等;路基地下排水设施包括暗沟(管)、渗沟、渗水隧洞、渗井、仰斜式排水孔、检查疏通井等。路基排水的主要作用,是将路基周围内的土基湿度降低到一定限度以内,保持路基常年处于干燥状态,确保路面具有足够的强度和稳定性。

1.排水设施养护与维修的基本要求

(1)应及时疏通、修复既有排水设施,保证其功能完好、排水畅通。

(2)应根据实际情况,做好路基排水设施与路面、桥隧等排水设施的衔接,形成较完善的排水体系。排水设施不能满足使用要求时,应适时增设完善。

(3)在保证边沟排水的前提下,可采取改进断面形式、增设盖板等措施提高路侧安全性。

(4)沿河路段应增设导水、拦水设施,减小河水对路基的影响。在有路面水集中冲刷边坡的路段,可增设集中排水设施。

(5)低填、浅挖路基以及排水困难地段,应采取防、排、截相结合的综合排水措施,拦截进入路界的地表水,排除路基内自由水。

2.地表排水设施养护

(1)对各类地表排水沟渠,应保证设计断面形状、尺寸和纵坡满足排水要求。沟内有淤积、沟壁损坏、边坡松散滑塌,造成沟渠断面形状改变时,应及时清淤和修复。

(2)对边沟、截水沟、排水沟等进行冲刷防护、防渗加固时,应符合下列规定:

①土质边沟受水流冲刷造成纵坡大于3%时,宜采用混凝土、浆砌或干砌片(块)石铺砌;冰冻较轻地区可采用稳定土加固。边沟连续长度过长时,宜分段设置横向排水沟将水流引离路基,其分段长度在一般地区不超过500m,在多雨地区不超过300m。

②对滑坡、膨胀土、高液限土、湿陷性黄土地段,截水沟、边沟、排水沟等产生渗漏时,应采取铺设防渗土工布、浆砌石等防渗措施。

③雨季前应及时清理盖板边沟、更换破损的盖板,盖板设置不得影响路面的排水功能。

④对于地下水丰富路段,由于路面加铺导致边沟加深时,应保证原沟底高程不变。

(3)涵洞的养护应符合现行《公路桥涵养护规范》(JTG H11)的有关规定。

(4)泄水槽损坏时应及时修复,防止水集中冲刷涵洞。

(5)超高路段排水设施应及时疏通,避免水下渗至路基。

(6)跌水和急流槽病害处治应符合下列规定：

①进出口冲刷现象严重时，进水口应进行防护加固，出水口应进行加固或设置消力池。

②基底不稳定时，急流槽底可设置防滑平台，或设置凸榫嵌入基底中。

③急流槽较长时，应分段铺砌，且每段长度不宜超过10m。连接处应用防水材料填塞，密实无空隙。

(7)蒸发池的隔离栅或安全警示牌出现缺失或破损时，应及时修复。积雪融化造成的蒸发池积水应及时排出。

(8)油水分离池、检查井出入口出现淤塞时，应及时进行清掏。安全警示设施缺失时，应及时补设。

(9)应定期检查维修排水泵站，及时排除设备故障。检查维修时，应采取相应措施，保证维修作业人员的安全。

3. 地下排水设施养护

(1)当地下排水设施堵塞、淤积、损坏时，应及时清理维修。

(2)对排水暗管进行疏通、改建时，应符合下列规定：

①暗管堵塞时，宜采用刮擦法、冲洗法、真空吸附法等方法进行疏通。

②暗管排水进出口应定期清除杂草和淤积物。检查井和竖井式暗管门应盖严，发现损坏或丢失应及时换补。

③暗管排水量达不到排水要求时，应进行改建，暗管的直径应根据排水量确定。

④边沟排水暗管由于边坡位移等原因发生变形开裂时，应及时采取加固或更换措施。

(3)反滤层和顶部封闭层失效时，应及时翻修。

(4)渗井、渗水隧洞病害处治应符合下列规定：

①应加强渗井、渗水隧洞出水口的除草、清淤和坑洼填平等工作。寒冷地区保温设施失效时，应及时更换或维修。

②渗井周围路基发生渗漏时，应进行防渗处理，井内的淤泥应及时清除。发现渗井设置不合理或功能失效时，应及时改造。

③宜对渗水隧洞内部进行人工检查，及时排除淤堵，保证排水畅通。

第四节　特殊地区路基养护

特殊路基包括特殊土(岩)路基、不良地质路基和特殊条件下路基。

特殊土(岩)路基指位于软土、膨胀土(岩)、湿陷性黄土、盐渍土等特殊土(岩)地段的路基；不良地质路基指位于滑坡、崩塌与岩堆、岩溶区地段的路基；特殊条件下路基指受水、气候等自然因素影响强烈的路基，包括冻土、雪害、风沙及沙漠、涎流冰等区域的路基。特殊路基在建设过程中，由于地质勘察遗漏、处治方案不合理、施工质量缺陷等原因，易造成特殊路基路段在运营过程中病害频发，影响路面使用性能与安全。因此，需要加强特殊路基的养护管理与病害处治。

一、湿陷性黄土路基养护与维修

黄土因沉积的地质年代不同而在性质上有很大差别，晚更新世以后的黄土，又因成因不同而有明显差别。原生黄土是风成沉积物,具有黄土的全部特征。黄土沉积后,经后期其他地质作用改造后再沉积的类似黄土的沉积物,称为次生黄土。工程上常把原生黄土和次生黄土(亦称黄土类土)统称为黄土。其中,湿陷性黄土的分布面积占黄土分布总面积的60%左右,而且大部分分布于黄河中游地区,其主要特征为:颜色以黄色为主,有灰黄、褐黄等色;含有大量粉粒,一般在55%以上;具有肉眼可见的大空隙,空隙比在1左右;富含碳酸钙成分及其结核;无层理,垂直节理发育;具有湿陷性和易溶蚀、易冲刷、各向异性等工程特性。上述特征和特性,导致黄土地区的路基容易产生多种特有的问题和病害。

1. 黄土路堑边坡变形及影响因素

黄土路堑边坡变形的类型有剥落、冲刷、滑塌、坍塌、泥流5种,前2种属于坡面破坏,后3种属于坡体破坏。

剥落破坏形态有片状、层状、鱼鳞状等。剥落与边坡所处的位置、土质、易溶盐含量有关。一般阳坡比阴坡剥落严重;黏粒含量多的土易剥落;易溶盐含量在0.12%以下时,边坡剥落现象较少。

冲刷破坏形态为沟状、洞穴状等,产生冲刷的原因有:①土质。土质松散,多为层次明显的冲积黄土。②降雨量。降雨量大,暴雨集中。③微地貌。坡顶有倾向路线的斜坡,易于形成地表径流的低洼地,汇集面积在150m^{2}以上。④边坡坡度。边坡坡度缓于1:0.75时,最易引起冲刷,当缓于1:1时,边坡冲刷又减少。⑤边坡形式。设有台阶的边坡,其排水处理不当。

产生坍塌的原因有:①由于不正确的开挖边坡,破坏坡面的极限平衡条件,使土体沿构造面下降。②水文地质原因。降水渗入坡体,使黄土的碳酸盐及可溶岩溶失,导致强度降低;黄土与下卧黏土层、软质岩层的接触面,经层间水浸湿,很容易产生滑塌。③地面水。由于降水下渗,并不断往下冲蚀,使黄土裂缝加深扩大,致使边坡发生突然破坏。其破坏机理为上部沿着垂直裂缝断,下部受到附加推力而滑动。

产生泥流的原因有:斜坡上的黄土,当土质松散且有渗水性较小的下卧层时,土体在地下水或在地下水与地面水的浸湿下,使土体饱和,形成塑性,产生坑洞。

2. 黄土地区的路基常见病害及养护防治方法

(1)湿陷性黄土路基应加强防排水设施的日常养护与维修加固,并应符合下列规定:

①应加强冲沟地段上下游的衔接以及填挖交界处边沟出水口的加固。

②路堑顶出现裂缝和积水洼地时,应及时填平夯实。

③现有排水设施出现破损、渗漏、淤塞等病害时,应及时维修处理,排水设施接缝处应坚固不渗漏。

(2)当既有防排水设施不满足使用要求时,应增设防排水设施,并应符合下列规定:

①农田灌溉可能造成黄土地基湿陷时,可对路堤两侧坡脚外5~10m做表层加固防渗处理或设侧向防渗墙。

②湿陷性黄土路基防排水设施不完整或缺乏时,应根据需要增设防冲刷、防渗漏等措施拦截、排除地表水。地下排水构造物与地面排水沟渠必须采取防渗措施,路侧严禁积水。

(3)湿陷性黄土路基沉陷变形处治可选用夯实法、桩挤密法等方法。

(4)采用夯实法处理湿陷性黄土地基时,应符合下列规定:

①土的天然含水率宜低于塑限1%~3%。

②在夯实过程中应加强夯沉量检测。

③强夯结束后30日左右,可采用静力触探或静载试验等方法测定地基承载力。

(5)采用桩挤密法处理湿陷性黄土地基时,应符合下列规定:

①桩挤密法可选用沉管、冲击成孔等方法。

②成孔应间隔分批进行,成孔后应及时夯填。当做局部处理时,应由外向里施工。

③若土层含水率过大,拔桩时应随拔随填。

二、膨胀土路基养护与维修

膨胀土是由强亲水矿物(蒙脱石、伊利石等)组成的,具有显著湿胀干缩和反复湿胀干缩性质的特殊黏性土。膨胀土分布十分广泛,在全世界五大洲中的40多个国家都有分布。我国已有20多个省(自治区、直辖市)发现了膨胀土的分布,分布面积达100000km^{2}左右。

膨胀土一般呈黄、褐、棕及灰绿、灰白等色,土体发育有各种特定形态的裂隙;膨胀土分布地区,地形平缓,无明显自然陡坡,具典型的垄岗式地貌。

膨胀土具有显著湿胀干缩和反复湿胀干缩性质的原因在于:一是土中含有较多的黏粒,而黏粒中又含有较多亲水性较强的蒙脱石或伊利石;二是具有特殊的膨胀结构。膨胀土不仅具有显著的湿胀干缩和反复湿胀干缩的性质,而且具有多裂隙性、超固结性及强度衰减性等特殊性质,因此,其有别于一般黏性土。

膨胀土对工程建筑的危害几乎是无所不在的,而且变形破坏具有多次反复性。在膨胀土地区,房屋建筑常普遍出现开裂变形;路基边坡常出现大量塌方、滑坡,有"逢堑必滑,无堤不坍"之说;公路路面常大段出现很大幅度的、随季节变化的波浪变形。

(1)膨胀土路基应注重防排水设施的日常养护和维修加固,防水保湿,消除膨胀土湿胀干缩的有害影响,并应符合下列规定:路基边沟出现积水、向路基渗透现象时,应适当加宽、加深;排水沟渠衬砌发生砂浆脱落、缺损时,应及时进行养护维修。

(2)当既有防排水设施不满足使用要求时,应增设防排水设施,并应符合下列规定:

①所有地面排水沟渠,特别是近路沟渠,均应铺砌和加固。

②膨胀土路堑应设截水沟。对于台阶式膨胀土高边坡,应在每一级平台内侧设截水沟。

③零填和低填方路段,当公路路界内地形低于路界外的地面时,应设置截水沟。

④地下水位较高的低路堤路段,若路堤底部未设置防渗隔离层和排水垫层,宜在路基两侧增设地下排水渗沟。

⑤土质潮湿或地下水发育的挖方路段,若边坡排水性能不良或缺乏排水设施,宜在边坡上增设支撑渗沟或仰斜式排水孔,边沟下应增设纵向排水渗沟,填挖交界处应增设横向排水渗沟。

⑥路堑坡顶之外3~5m范围的表层膨胀土若未进行处理或防渗措施失效时,应采取换填非膨胀土、铺设防渗土工膜等防渗封闭处理措施。

(3)膨胀土路基的边坡失稳、胀缩变形等病害处治措施应参照表3-10选用。

膨胀土路基病害处治措施 表3-10

病害类型	处治措施			
	换填改良	坡面封闭	坡面防护	支挡防护
边坡失稳	×	√	△	√
胀缩变形	√	△	√	×

注:√-推荐;△-可选;×-不推荐。

(4)用于膨胀土路堑边坡稳定的挡土墙应根据边坡滑塌部位进行合理设置,并根据路堑边坡滑塌规模,可设一级或多级挡土墙。

(5)膨胀土路基病害处治施工应符合下列规定:

①膨胀土路基养护作业施工宜避开雨季作业。

②膨胀土路基处治路段较长时,养护作业宜分段施工,各道工序应紧密衔接,连续完成。边坡应按设计要求修整,并应及时进行防护施工。

③换填处治宜采用非膨胀性土、灰土或改良土,换土厚度应通过变形计算确定,中、弱膨胀土宜为1~1.5m,强膨胀土宜为2m。换填土应分层铺设、分层碾压,并加强防渗。

④采用土工合成材料封闭、隔水时,应全断面铺设;采用土工织物对膨胀土路基进行包封时,宜控制好搭接长度;边坡采用黏土包边时,包边宽度不宜小于2m。

⑤采用坡面防护处治时,高度大于10m的膨胀土边坡开挖时宜采用台阶型。应加强边坡防排水,隔绝外部自由水的渗入。

⑥采用支挡结构物处治时,基坑应采取措施防止暴晒或浸水,基础埋深应在大气风化作用影响深度以下,基底应加强防渗处理。

三、软土路基养护与维修

软土是指滨海、湖沼、谷地、河滩沉积的细粒土,具有天然含水率高、天然孔隙比大、压缩性高、抗剪强度低、固结系数小、固结时间长、灵敏度高、扰动性大、透水性差、土层层状分布复杂、各层之间物理力学性质相差较大等特点。

我国东北的大小兴安岭、长白山、三江平原、松辽平原等地及青藏高原和西北地区湖盆洼地、高寒山地均分布有过湿土;在内陆湖塘盆地、江河湖海沿岸和山河洼地分布有近代沉积的软土。

1.软土地带的路基常见病害

软土地带的路基,多因地面低洼、降水充足、地下水位高、含水饱和、透水性小、压缩性大、抗剪强度低,在填土荷载和行车荷载下,容易出现不均匀沉降和开裂滑移等病害。

1)剪切拉裂破坏

该类型破坏主要是指软土路基在强烈的行车荷载及自重作用下发生的破坏。具有高触变性的软土在振动荷载或自重力的作用下,强度下降,表现出很强的流变性,导致软土层侧向滑动挤出,路基发生不均匀沉降。主要表现为临空面一侧或两侧的车道发生沉陷,道路出现隆起现象;在剪切和拉裂作用下,路面形成裂缝,裂缝不断发展,并不断贯通,最终导致公路毁坏。尤其是在公路的弯道处,路面受力极不均匀,更易发生此类破坏。

2)浸水沉陷破坏

在山区雨水较集中,且在地表易于汇集,因此在排水不畅的路段,水很容易浸入路基。在土体自重、行车荷载及水温变化等诸多因素作用下,路基发生不均匀沉陷变形,引起路面破损开裂,水渗入裂缝后常导致路面“翻浆”,形成常说的“橡皮路”。常表现为路面局部凹陷,行车颠簸及桥头错台跳车等现象。有些路段位于冲、洪积扇的前缘,往往是地下水溢出带,若路基处理不当,很容易被水浸入而导致公路毁坏。

3)剥蚀坍塌破坏

山区公路路基的坍塌破坏主要是由剥蚀作用引起,如风蚀、流水冲蚀、泥石流的剥蚀等,主要以水的冲蚀作用为主。软土松散、抗蚀能力弱,在雨季期,洪水或泥石流不断冲刷沿河路基,严重的侧掏蚀作用常使路基边坡被掏空，导致路基边坡下滑和坍塌，毁坏临河路基。尤其是高填土路堤，在不是全防护的情况下，裸露部位更易遭到流水冲刷，造成路堤滑塌和路面损坏。

4）推挤滑动破坏

该类型破坏主要是指滑坡等的推挤作用对路基、路面的破坏，其结果常导致路基路面下滑、断裂、错台和沉陷。随着滑坡体与路基位置关系的不同，路基的破坏程度也有所不同。如果路基处在滑坡体上，一旦滑动，整段路基和路面都将被毁掉。

2. 路基病害处治方法与养护

（1）软土路基的不均匀沉降或开裂滑移处治措施可参照表3-11选用。

软土路基病害处治措施 表3-11

病害类型	处治措施				
	换填改良	侧向限制	反压护道	注浆	复合地基
边坡失稳	√	×	×	△	√
胀缩变形	×	△	△	×	√

注：√-推荐，△-可选，×-不推荐。

（2）软土路基病害处治施工应符合下列规定：

①换填改良时宜采用轻质填料，基底应铺反滤层或隔水层加土工布，用黏土封层包心填筑或间隔填筑轻质填料，侧面铺筑碎石或砂砾石渗沟排水。

②反压护道可根据路基隆起的情况，在路堤的一侧或两侧设置。其高度不宜超过路堤高度的1/2，其宽度应通过稳定计算确定。

（3）对软土地带的路基产生的病害，可采取下列方法处治：

①置换法（图3-9）。

对软土路基沉降等病害可采取换填土层法，即将路基一定深度范围内的湿软土层挖去，换以强度较大的砂、碎（砾）石、灰土或素土，以及其他性能稳定、无侵蚀性的土类，并予以压实，填至路基高程。

②反压护道。

软土路基沉陷，可采取先在坡脚处修筑块、片石挡土墙或木排桩，然后填土，再恢复到路基高程，这样可以限制基底软土的挤动，从而保持基底稳定；或经在路堤两侧填筑一定宽度和高度土、石反压护道，使路基下的淤泥或泥炭向两侧隆起的趋势得到平衡，然后填土以恢复到路基高程，如图3-10所示。

图3-9 砂砾换填

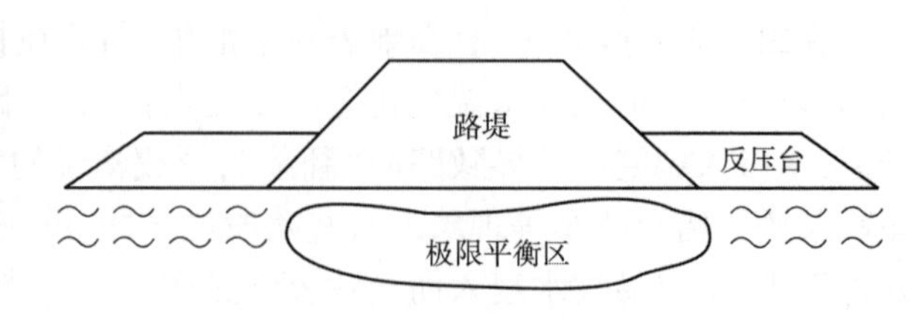

图3-10 反压护道

③挤密法(图3-11)。

在软土路基中采取冲击或振动等方法形成一定直径的钻孔,在孔中灌以砂、石、灰土或石灰等材料,捣实而成直径较大的桩体,利用横向挤紧作用,使路基土粒彼此靠紧,空隙减小,而且孔被填满和压紧形成桩体,桩体具有较高的承载能力,群桩的面积约占松散土加固面积的20%,以致桩和原土组成复合地基,达到加固的作用。例如采用砂桩和生石灰桩是比较有效的加固方法。

④抛石挤淤法。

当过湿土及软土厚度小于3.0m,表面无硬壳,呈流动状态,排水困难,采集石料方便时,可采用抛石挤淤法(图3-12)。所抛片石应采用不易风化的大石块,其尺寸一般不宜小于0.3m。

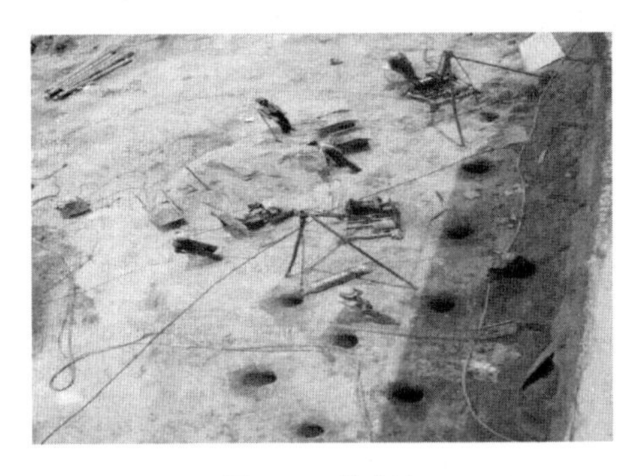

图3-11　挤密法

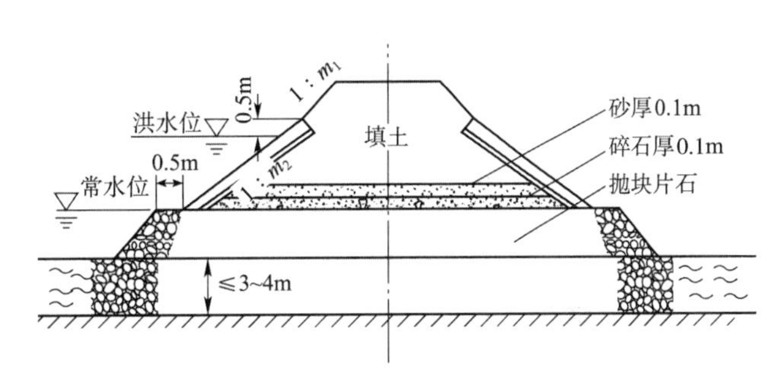

图3-12　抛石挤淤法

⑤化学加固法。

利用化学溶液或胶结剂采用压力灌注或搅拌混合等措施,使土颗粒胶结起来,达到对土基加固的目的。常用以水玻璃浆液和氯化钙浆液混合液、重铬酸盐木质素、丙烯酸胺为主的浆液。

⑥土工布法。

土工布在高压下具有较大的空隙率,透水性能好,有优越的垂直、水平排水能力,很高的抗拉强度及隔水作用,能提高路基的整体强度,重新分布土基压力,增强路基稳定性。

⑦塑料排水板法。

塑料排水板是一种利用塑料板排水(图3-13),以达到加固软土地基和防止公路翻浆的材料。塑料排水板可以代替常用的砂井法,应用插板机将塑料排水板插入土中,然后在上面加载顶压,土中水即可沿塑料通道溢出,地基得以巩固。排水板具有一定强度和延伸度,适应地基变形的能力强;材料截面尺寸不大,插放时对路基的扰动小,并能保持排水板条竖立;施工效率高,材料质量轻,运输方便,插板的质量容易检查和控制。

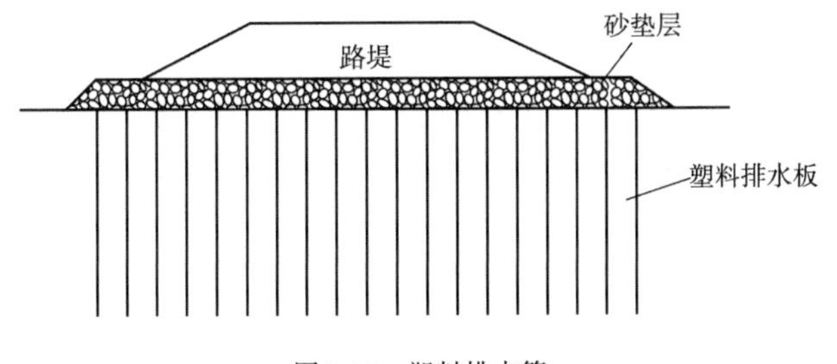

图3-13　塑料排水管

四、冻土路基养护与维修

冻土是指温度小于和等于0℃,且含有冰的土(石)。在天然条件下,地面以下的冻土保持3年或3年以上者,称为多年冻土。地球上多年冻土区面积约3500万km^2,占陆地面积的25%。多年冻土分布在西伯利亚、阿拉斯加和加拿大北部等广阔地区,此外南极洲和格陵兰的无冰川覆盖地段和冰盖边缘地下,以及南美洲和中亚地区的高山地区也有分布。我国多年冻土地面积约215万km^2,位居世界第三,主要分布在东北大小兴安岭、西部高山和青藏高原等地。东北的多年冻土位于欧亚大陆高纬度多年冻土区的南缘,最南端达北纬46.6°。有世界屋脊之称的青藏高原是世界上中低纬度海拔最高、面积最大的多年冻土区,位于北纬26.0°~39.5°,平均海拔超过4000m,冻土面积147万km^2。

多年冻土具有独特的工程性质。处于冻结状态的土具有很高的强度,是公路结构的良好基础。由于多年冻土的存在,影响了地表水在垂直方向的渗透,容易使地表处过湿状态。多年冻土层层上水发育,冻结时水分转移积聚,能产生相当厚度的地下冰。在多年冻土地区,冬季由于上部季节融冻层的冻结封闭,容易使地下水受到压力而产冰丘或冰槌的活动,由于自然应力或人为活动的破坏,可能形成热融滑塌、热融沉陷,以及在多年冻土层上形成冻土沼泽等不良的工程地质和水文地质现象。

通过多年冻土地区的公路改变了其原来的水热平衡状态。表层开挖将引起多年冻上的融化和冻土上限下降、土中冰融化为水使基底承载力大大降低而造成地表沉陷,影响建筑物的稳定性;当修建沥青路面时,由于路面大量的吸热使路基下冻土地温升高会引起上限下降,造成热融沉陷变形,有的路段呈反拱状态,从而导致路面破坏;路堤填筑也可能造成冻土上限的升高,以及施工对地表破坏所引起的不良后果等。

1. 多年冻土地区路基主要病害

在多年冻土地区修筑公路,由于冻土土质、温度、水及荷载的作用会引起应力场的变化和重新分布,从而导致所修筑的路基、路面翻浆、冻胀、融沉、桥涵冻胀隆起和融化下沉、墙身开裂甚至错位等病害。

1)翻浆

在多年冻土地区,由于在土体冻结过程中汇聚了过多的水分,且土质状态不好,到春暖化冻时水分不能及时排出,从而造成土基软弱,强度降低。在车辆荷载的作用下,路面发生弹簧、裂纹、鼓包、车辙、唧泥等现象,称为翻浆。

2)冻胀

高寒不良土质中所含的水分在负温下结晶,生成各种形状的冰侵入体导致土体积增大,主要表现是土层表面不均匀的升高。冻胀土与结构物基础之间主要产生冻结力和冻胀力(分为切向冻胀力、法向冻胀力、冻胀反力)。

冻胀本身不仅引起道路破坏,还可引起桥梁、涵洞基础的冻害,特别对早期所修建的基础尤为突出,主要表现为桥梁墩、柱基础冻胀隆起,融化下沉,台身在切向冻胀力和法向冻胀力共同作用下出现裂缝,甚至墩(台)基础整体上抬或倾斜。涵洞冻害主要表现为洞身的冻胀隆起和融化下沉,端墙及八字翼墙圬工开裂及涵洞管节的错位和脱离。

3)融沉

在多年冻土地区,由于地下冰层埋藏较浅,在施工及运营过程中,各种因素使多年冻土局部融化，上覆土层在土体自重和外力作用下产生沉陷，从而造成路基严重变形。融沉主要表现为路基下沉，路堤向阳侧路肩及边坡开裂、下滑，路堑边坡溜塌等。融沉病害多发生在低路堤地段。

2. 多年冻土地区路基防排水设施养护与维修加固

多年冻土路基防排水设施的养护与维修加固应符合下列规定：

(1)地下水发育的多年冻土路基，应保证路基边沟防渗措施有效。

(2)截水沟、挡水埝因冰冻厚度过大不能满足挡水要求时，应及时进行清理、疏通，防止冰水溢出形成路面聚冰。

(3)多年冻土路基防排水设施的增设应符合下列规定：

①位于冰锥、冻胀丘下方地段的路堤，应在其上方设截水沟，以截排涌出的水流。

②高含冰量的冻土地段不应修建排水沟、截水沟，宜修建挡水埝。挡水埝断面尺寸应通过计算确定，并采取防渗和保温措施，必要时应采取加固措施。

③多年冻土沼泽地段的路基应根据沼泽水源补给来源，在路堤一侧或两侧设置挡水埝。

3. 季节性冻土路基防排水设施养护与维修加固

季节性冻土路基防排水设施的养护与维修加固应符合下列规定：

(1)处于地下水水位较高地区的路基，宜增设降低地下水水位的措施。

(2)对于水源丰富地区，应在路堑坡顶增设截水沟，填筑拦水梗，阻止外界水流入路基及路面。

(3)应及时清理、维护路基排水设施，以保持排水沟畅通，将水迅速排出路基之外。

(4)季节性冻土路基防排水设施的增设应符合下列规定：

①挖方边坡有地下水出露时，对潮湿的土质边坡可设置支撑渗沟，对集中的地下水出露处设置仰斜式排水孔。

②挖方路基宜采用宽浅型边沟，不宜采用带盖板的矩形边沟。采用暗埋式边沟时，暗沟或暗管应埋设于当地最大冻深以下不小于0.25m处。

③挖方路基及全冻路堤应设排水渗沟，渗沟应设于两侧边沟下或边沟外，不宜设在路肩范围以内。

④排水管、集水井、渗沟等排水设施应设置在当地最大冻深以下不小于0.25m处，出水口的基础应设置在冻胀线以下，渗沟等的出口应采取防冻保温措施。

4. 冻土路基病害处治

多年冻土区路基的冻胀、冻融翻浆、融沉、冰害等病害可通过换填非冻胀性材料、设置保温层、埋设通风管、热棒降温、遮阳板护坡、保温护道等措施进行处治，并应加强排水。

季节性冻土路基的冻胀、软弹、变形、裂缝及翻浆病害可采用换填非冻胀性材料、铺设保温层和防冻层等措施进行处治，并应加强排水。

(1)多年冻土地区病害处治应符合下列规定：

①应采取措施保持路基及周围冻土处于冻结状态。

②对路基进行换填时，宜选用保温、隔水性能均较好的填料，严禁使用塑性指数大于12、液限大于32%的细粒土和富含腐殖质的土及冻土。高含冰量的土不宜用于路基填料。

③当靠近基底部位有饱冰冻土层且发生融化时,宜设保温护道和护脚。

④挖方路基的土质边坡发生融沉时应进行加固,铺砌厚度应满足设计和保温要求;饱冰冻土、含土冰层地段路堑,可根据要求换填足够厚度且水稳性好的填料。

⑤挡水堰等构造物出现沉陷、开裂等病害时应采取加固措施。

(2)季节性冻土路基病害处治应符合下列规定:

①填方路段路床填料宜优先选择矿渣、炉渣、粉煤灰、砂、砂砾石及碎石等抗冻性能较好的材料。路床或上路堤采用粉土、黏土填筑时,可按设计要求单独或混合使用石灰、水泥、土壤固化剂等进行稳定处理,填料的改善或处理应根据路基抗冻胀性能要求,结合填料性质经试验确定。

②挖方路段应将路床地基土挖除,换填深度应符合设计要求。施工时应分层开挖,一般宜从外侧向内侧挖掘,最后一层应从内向外挖掘。使用粗颗粒填料换填时,填料应均匀,小于0.075mm 的含量应不大于5%;采用石灰、水泥对填料进行改性处理时,应掺拌均匀,改性剂的剂量应符合设计要求或经试验确定。换填应分层填筑,压实度应达到规定要求。

5. 其他不良地质现象的处理

(1)冻土沼泽地段的路堤。

①根据水源特点及补给情况,在路堤一侧或两侧设置排水沟或挡水墙,将上游水源截断,必要时增设桥涵,排除地表积水。

②在塔头草沼泽地段,基底原有塔头草不挖除,并自路堤坡脚 20m 以外挖取塔头草,反铺在原有塔头草空隙间,成为基底隔温层。考虑中间沉落较两侧为大,该层中间应适当加高,并伸出坡脚外 1 ~2m。

③考虑上限以上泥炭层的沉降量,包括融化下沉和压缩下沉的总沉降量,一般可按泥炭层厚度的40%计算,或根据试验资料计算。

(2)冰丘的防治。

当含水层不厚,埋藏又浅,其下又为不透水层时,则可于路堤的上方设置冻结沟以截断地下水,使冰丘远离路基,以免造成危害。

(3)冰椎的防治。

冰椎的破坏力相当大,路线宜尽可能绕避。如果规模很小,也可在其下方通过,并采用冻结构、防冰堤、聚冰坑、保温盲沟以及渗井等措施。

(4)热融湖(塘)地段路堤处理措施。

①无论通过季节性有水或常年有水的热融湖(塘)的路堤,其水下部分必须以渗水土填筑,渗水土的填筑高程应高出最高水位 0.5m。

②当基底有地下冰或松软层时,路堤两侧应设护坡道加固。

③无论通过季节性有水还是常年有水的热融湖(塘)的路堤,在预留沉落量时,必须结合热融湖(塘)的基底土质、地下冰情况、上限深度等因素,综合考虑基底的沉降量。

④路堤两侧的水,最好不要排入路堤所通过的热融湖(塘)中,以免增高热融湖(塘)的水位。

⑤通过热融湖(塘)的路堤,其断面形式、施工要求等,可结合多年冻土地区的特点,参照非多年冻土地区河滩路堤要求处理。

(5)热融滑坍地段路基处理措施。

热融滑坍按发展阶段和对工程的危害程度,可分为活动的热融滑坍和稳定的热融滑坍两

类。稳定的热融滑坍是指那些由于自然作用或人为作用,使滑坍范围不再扩大的热融坍塌。活动的热融滑坍发展到厚层地下冰的边缘时,也将形成稳定的热融滑坍。

①当路基在滑坍体下方通过时,路堤、路堑均应在上侧山坡设置挡水埝及截水沟,并根据热融滑坍体上的泥流、水流的大小,适当加大挡水埝及截水沟的断面尺寸。

②当路基设在附滑坍体上时,应注意以下几点:

a. 挖除基底下滑坍体的松软土层并予以换填;

b. 对于路基上侧的滑坍体部分,视具体情况(如路基在滑坍体断面上的位置,滑坍体下面冰层的厚度及地面坡度等)须设置支挡建筑物或坡面保温层;

c. 对于路基下侧滑坍体部分,一般可放缓边坡,如可能产生新的滑坍时,则须设置坡面保温层或支挡建筑物;

d. 当路线在滑坍体上方通过时,在滑坍体溯源处冰层暴露的外侧,应采取确保整个滑坍体稳定的保温措施;

e. 严禁在滑坍体上取土,取土坑应远离滑坍体。

6. 多年冻土地区路基施工注意事项

(1)采取保护多年冻土原则设计的路堑及做部分换填的路堤,其施工期宜安排在冻结期间。如在融期施工,则应采取分段快速施工的方法,以免冻层暴露时间过久,引起破坏。

(2)多年冻土地区地表水无法下渗,容易形成地表潮湿或积水,不但影响路基的稳定,且关系着施工质量与工效。因此,施工前必须做好排水工作。

(3)在开挖排水沟或取土坑时,必须注意防止由于冻土融化而产生的边坡坍塌及影响路基稳定的现象发生。一般不宜开挖过深,致使地下水露出,冬季形成冰槌危害路基。

(4)路基的防护与加固应考虑保温,对于需保护的冻土,其上均须及时设置足够厚度的保温层,以免在施工过程中引起多年冻土的融化。

(5)草皮护坡铺砌应上下错缝,彼此互相嵌紧,块与块之间的缝隙用土或碎草皮填塞严密(严禁用石块塞缝),使草皮连成一个整体,以利于坡面草皮成活和防止空气对流,加速保温层的稳定。

7. 冻土地区路基养护措施

针对其病害的不同情况,可以采取以下措施:

(1)防雪设施应维护原状态,对被毁残损的设施,应修理加固或补充,使其发挥防雪作用。

(2)多年冻土地区,地面水无法下渗,容易形成地表潮湿或积水,应将积水引向路基以外排出,避免危害路基。

(3)疏浚边沟、排水沟,要防止破坏冻层。若导致冻土融化将产生边坡坍塌。养路用土或砂石材料,不宜在路堤坡脚或路堑坡顶20m以内采掘,防止破坏冰土影响路基稳定。采集时,应分点集。

(4)可用下列方法治理冰冻路基:

①将路基上侧的泉水、夹层、透水层的渗水从保温暗沟导流出路外。若含水层尚有不冻结的下层含水层,可将上层水导入下层含水层中排出。

②提高溪旁路基的高度,使其高于涎流冰面50cm以上。涎流冰是在寒冷气候条件下,地下水或地面水漫溢到地面或路面上,自下而上逐层冻结形成的,东北地区常称为“冰湖”。因

受地形或纵坡限制,不能提高路基时,可在临水一侧路外缘点,或在路侧涎流冰初结冰后,从中凿开一道沟,用树枝杂草覆盖加铺土或雪保温,使水流沿水沟流动,避免溢流上路,也可将溪流改至远离公路的地方通过。

③在多年冻土区,可在公路上侧远处开挖与路线相平行的深沟,以截断活动层泉流。在冬季使涎流冰聚集在公路较远处,保障公路不受涎流冰的影响。

④根据涎流冰的数量,在公路外侧修筑储水池,使涎流冰不上公路。

⑤多年冻土地区的路基养护,应采取“保护冻土”的原则。做到宜填不宜挖,除满足不同地区、气候、水文、土质等路基填筑的最小高度外,应另加50cm保护层。路基填方高度不宜小于1m。

五、盐渍土路基养护与维修

盐渍土是指包括盐土和碱土在内的以及不同程度盐化、碱化土的统称,在公路工程中是指地表层1m以内易溶盐类含量平均达到0.3%以上的土。盐渍土面积占全国可利用土地的4.88%,在西部六省(自治区)中,盐渍土占可利用土地面积的9.4%,占全国盐渍土面积的69.03%。其中新疆盐渍土面积最大,占可利用土地面积19.25%,占全国盐渍土面积的36.8%。其含盐量通常是5%~20%,有的甚至高达60%~70%。盐渍土在干旱季节和干旱地区,因盐类的胶结和吸湿保湿作用有利于路基稳定。但是由于盐渍土所具有的吸湿性、松胀性、膨胀性、侵蚀性和腐蚀性,对路基的结构和稳定破坏很大。一旦受到雨水、冰雪融化的淋溶,含水率急增,则会出现湿化坍塌、溶陷、路基发软,致使强度降低,丧失稳定,甚至失去承受力,导致路基容易出现下列病害,如:道路泥泞;加重路基翻浆及冻胀病害;受水浸时,强度显著下降,发生沉陷;硫酸盐发生盐胀作用,使土体表面呈结构破坏和疏松状,以至发生路面被拱裂及路肩、边坡被剥蚀等。

1. 盐渍土路基的主要病害

盐渍土路基病害产生的主要原因就是盐渍土中的盐分在土中的活动。盐分是由水溶解携带来的,包括地下毛细水、土中含有的粒间空隙水以及土分子固有的结合水。土中含水溶解盐,由于蒸腾作用提升水分由地表挥发,盐分保存留下来。随时间推移越聚越多,当温度下降,空气相对湿度增加时,盐吸水分子而膨胀,导致道路产生盐胀、翻浆、湿(溶)陷等病害现象。

(1)湿(溶)陷。

湿(溶)陷是氮化物盐渍土地区道路的主要病害之一。它是由于道路盐渍土地基或结构层在淡水作用下,盐分溶解并被水分带走,导致土体强度逐渐丧失。在荷载或自重作用下,盐渍土地基或结构层出现沉陷、孔洞等破坏,并逐渐反映至面层;有的盐渍土地区路面由于湿陷会产生溶洞、坍塌等路基病害,给行车带来安全隐患。

(2)盐胀。

路基土盐胀的形成是土体内硫酸钠迁移聚积、结晶体膨胀和土体膨胀3个过程综合作用结果。土体毛细水上升、水汽蒸发和低温作用而促使盐水向上迁聚是基本条件;盐胀的反复作用,使得路基土体的结构遭到破坏,引起路基整体强度和稳定性下降,产生不均匀沉陷。

硫酸盐渍土盐胀作用强烈,冻季土基内的盐胀,可使路面不平、鼓包、开裂,这是盐渍土地区高速公路最突出的病害;路基边坡及路肩表层,在昼夜温度变化所引起的盐胀反复作用下会变得疏松、多孔,易遭风蚀,并易使车陷入。

(3)冻胀。

氯盐渍土当含盐量在一定范围内时，由于冰点降低、水分聚流时间加长，可加重冻胀；但含盐量更多时，由于冰点降低幅度大，路基将不冻结或减少冻结，从而不产生冻胀或只产生轻冻胀。硫酸盐渍土对冻胀具有和氯盐渍土类似的作用，但冰点降低不如氯盐渍土多，因此影响不如氯盐渍土显著。硫酸盐渍土由于其透水性差，所以可减轻冻胀。

(4)翻浆。

盐渍土地区既具有一般公路翻浆的共性，又有自身的特点。在干燥状态时，盐类呈晶体，地基土有较高的强度，但盐类浸水易溶解，呈液态后土的强度快速降低，强度损失可能超过50%，压缩性增大。含盐量越大、土的液塑限越低，则可在较小的含水率时达到液性状态，抗剪强度降低到近于零。

硫酸盐渍土春融时结晶体脱水，也会加重翻浆的作用，可见易溶盐的存在使盐渍土翻浆更容易形成。

氯盐渍土有明显的保湿性，使土长期处于潮湿、饱水状态，易产生“液化”现象。当含盐量到一定范围内时，不仅可加重冻胀，也可加重翻浆，主要因为氯盐渍土不仅聚冰多，而且液、塑限低，蒸发缓慢；当含盐量更多时，因其不冻结或减少冻结而不翻浆或减轻翻浆。

硫酸盐渍土在降低冰点方面作用与氯盐渍土类似，因此，也可加重翻浆，但不如氯盐渍土显著；春融时结晶硫酸钠脱水可起加重翻浆的作用。硫酸盐渍土由于透水性差，可减轻冻胀，也可减轻翻浆。

2.盐渍土地区的路基养护要点

(1)盐渍土路基应加强防排水设施的日常养护与维修加固，并应符合下列规定：

①路面横坡不满足要求或存在可能积水的坑洞及凹槽时，应及时修整。

②在地下水位较高、边沟积水严重或排水不畅地段，应加深两侧边沟或排水沟，以降低路基下的地下水位。

③盐渍土地区的地下排水管与地面排水沟渠防渗措施失效时，应及时维修特殊路基护与病害处治加固。

(2)当既有防排水设施不满足使用要求时，应增设防排水设施，并应符合下列规定：

①地面排水困难、地下水位较高或公路旁有农田排、灌水渠的路段，应在路基一侧或两侧设置排(截)水沟，排(截)水沟距路基坡脚应不小于2m，应低于地表1.0m以下。

②在自然排水困难的路段宜设蒸发池，蒸发池边缘与路基坡脚的距离宜大10m。

(3)盐渍土路基溶蚀、盐胀、冻胀、翻浆病害处治措施可选用换填改良法、增设护坡道或排碱沟、设置隔断层等方法。

(4)盐渍土路基病害处治施工应符合下列规定：

①采用换填改良法处治时，挖除路面结构后，可在一定深度内换填砾类土或砂。其中，高速公路、一级公路换填厚度不应小于1.0m，二级、三级公路换填厚度不应小于0.80m，并宜结合隔断层措施综合治理。

②采用增设护坡道法处治时，护坡道顶面应高出长期积水位0.5m以上。

③采用设置隔断层法处治时，土工布或薄膜宜设置在路基边缘以下0.8~1.5m处，并应高出边沟流水位0.2m以上，挖方路段应设在新铺路面垫层以下不少于0.3m处，并应对挖方路段边沟加深加宽，隔断层底面高程应高出边沟设计水面0.2m以上。

六、岩溶区路基养护与维修

岩溶区路基的冒水、塌陷等病害可选用充填法、注浆法、盖板跨越法、托底灌浆法等方法进行处治。

(1)岩溶区路基的冒水病害处治应符合下列要求:

①路堑边坡出现岩溶泉和冒水洞,宜采用排水沟将水截流至路基外。

②路基基底下有溶泉或壅水时,应采取排导措施保证路基不受侵害。

③路基上方出现溶泉或壅水时,应增设排水涵(管)。

④排水涵(管)出现渗漏、堵塞等病害时,应及时维修加固。

(2)岩溶区路基塌陷病害处治应符合下列要求:

①稳定路堑边坡上发生塌陷的干溶洞,洞内宜采用干砌片石填塞。

②出现路堤塌陷,当洞的体积不大、深度较浅时,宜进行回填夯实;当洞的体积较大或深度较深时,宜采用构造物跨越;溶洞连通且较小的岩溶发育区,可采用注浆或托底灌浆技术。

(3)岩溶塌陷路段应增设安全警示标志。

七、雪害地段路基养护与维修

雪害地段路基养护应保持防雪设施完好,增设必要的防雪设施,路基两侧各 15 ~ 20m 范围内宜清除障碍,以防止路堤积雪,减轻雪害对公路及交通的危害程度。

(1)风吹雪路段路基及防护工程设施病害处治应符合下列规定:

①公路两侧距边坡坡脚不小于 30m 范围内的障碍物应及时清除,并对地表进行整平,或根据条件设置防雪栅、防雪堤或挡雪墙等防雪设施。养护材料应堆放在路外的堆料台上,堆放高度不应高于路基高度;需堆放在路肩上时,应堆放在下风一侧,并使堆料顶部呈流线型。

②防雪栅被雪掩盖或倾倒时,应及时进行清理或维修加固。活动式防雪栅被埋住 2/3 ~ 3/4 高度时,应及时拔出并重新在迎风侧的雪堆顶部安放。若原路基未设置防雪栅或发生缺失,应及时进行增补。

③轮廓标发生损坏或被雪掩埋时,应及时进行清理维护。

④及时检修导风板,保持结构和功能完好。其中,下导风板应在雪季终止后进行检修,屋檐式导风板和防雪墙应在雪季前进行维修。

⑤防雪林带应指定专人养护管理,并控制林带的高度和透风度。

⑥存在雪阻时,应及时用人工、推土机或除雪机等机械清除路面积雪,尽快恢复交通。弃雪应抛掷于下风一侧,以免造成重复雪阻。

(2)雪崩路段路基及防护工程设施病害处治应符合下列规定:

①对雪崩生成区,应在雪季前和雪季后对防雪崩工程如水平台阶、稳雪栅栏等进行检查维修;对雪崩运动区,应保持防雪崩工程如土丘、楔、铅丝网等的完好;对雪崩运动区与堆积区,应保持防雪走廊、导雪槽或导雪堤等工程处治措施的功能完好。

②应经常整修水平台阶平面和坡面,并种草植树,保持其良好的稳雪能力;台阶平面宽度应保持在 2m 左右;导雪堤末端应保持有足够的堆雪场地,并在雪季时间前进行检查和清理。

③应保持防雪走廊上部沟槽中设置的各种防雪崩的辅助设施及山坡植被的完好。

④导雪槽宜从内向外略倾斜,槽下净空应满足有关规定,必须保持工程各部结构牢固、完好。

⑤各种防治雪崩的工程措施都应注意保持原有植被和山体的稳定，避免人为造成滑坡、泥石流与塌方。应注意加强对山坡上树木的管理和抚育。

(3)雪崩体崩落前，可采用下列措施减缓或阻止其发生崩落：

①在雪崩生成区的积雪上撒钠盐等，促使雪融化后形成整体，增加雪体强度，减轻雪崩的危害。

②采取炮轰、人工爆破等措施降低雪檐、雪层的稳定性，使其上部失去支撑，造成小规模的"人工雪崩"，以减轻雪崩的危害程度。

③采取导风板、防雪珊、防雪墙(堤)、防雪林等措施阻止风雪流向雪崩生成区聚雪。

④在可能危害公路的雪崩区，对其范围、类型、基本特征、雪崩面积、山坡坡度、岩石性质、植被情况、最大可能积雪量、冬季主风向、降雪及风吹雪规律等进行详细的调查，并逐项登记记录。

⑤雪崩发生后，应及时清除路面积雪、恢复交通，同时将发生日期、时间、雪崩量、危害情况及各项防雪崩工程设施的使用效果等详细地记录在技术档案内，并将现场情况拍摄成照片、影像资料。

八、风沙及沙漠地区路基养护与维修

(1)风沙及沙漠地区路基的沙埋和风蚀等病害可选用植草护坡、设置植被保护带、碎石护坡、设置风力堤及挡沙墙等方法进行处治，并应符合下列规定：

①半湿润和半干旱沙漠地区，应以植物治沙为主、工程防沙或化学固沙为辅。植物治沙宜采用乔、灌、草相结合。

②干旱沙漠和荒漠地区，宜采用工程防沙或化学固沙与植物治沙相结合、先工程后植物的固沙方法。固沙植物以灌木和半灌木为主。

③极干旱沙漠地区，对流动性沙漠或沙源丰富的风沙流危害严重路段，应在路基和其两侧建立完善的综合防沙体系，设置阻沙、固沙、输沙相结合的以工程为主的综合防护体系；在以固定沙丘为主或以风沙流过境为主的路段，宜以输沙措施为主，并对局部零星沙丘进行治理；其他地区应根据其风沙流强度及沙害的具体情况设置防护体系。

④干旱、极干旱沙漠和荒漠地区的丘间地下水位较高或有引水灌溉条件的地方，可采用植物治沙，营造防沙林带。

(2)对原有防沙设施应坚持经常性检查养护，发现损坏、掩埋应及时予以修缮、清理。受风沙危害的路段，现有防沙设施不能满足要求时，应增设工程防护设施或在公路两侧培育天然植被保护带。

(3)风沙及沙漠地区路基病害处治施工应符合下列规定：

①采用植物固沙的路段，应坚持经常性养护。在风后、雨后应及时检查，发现损坏及时修补，及时清理被沙埋没的围栏，补栽草方格和撒播草籽等。

②草方格沙障发生腐烂破坏时，应根据沙丘部位和麦草的腐烂程度，进行特殊路基养护与病害处治重新修补扎设。草方格沙障以 1m×1m 和 1m×2m 的半隐蔽式方格为宜，一般用草量为 6000kg/km^2。

③利用各种草类、截枝条全面铺压或带状铺草、平铺杂草固沙施工时，应用草绳或枝条纵横固结，或者用沙粒压盖，防止风毁。

④采用阻沙栅栏进行阻沙时，栅栏应与主风向垂直，阻截风沙流，防止流沙埋压固沙带。由于沙粒在栅栏前越堆越高，会成为新的沙丘，要随时注意修复被埋压的栅栏。

⑤在受风沙危害的路段，公路两侧应划定天然植被保护带，其上风侧宽度不应少于 500m，

下风侧宽度不应少于200m。在此范围内应设立界桩,严禁樵采和放牧等一切有碍天然植被生长的活动,保护好原有的天然植被,并进行必要的培育,扩大植被面积。

九、涎流冰地段路基养护与维修

(1)涎流冰地段路基病害可选用聚冰坑(沟)、挡冰墙(堤)、冻结沟等工程措施进行处治,并应符合下列规定:

①挡冰墙(堤)应设在边沟外侧;当聚冰量大时,可在挡冰墙(堤)外侧设置聚冰坑(沟)。挡冰墙(堤)可采用浆砌片、块石砌筑,高度宜为1~2m。

②聚冰坑(沟)的底宽宜为1.5~3.0m。土质地段的聚冰坑(沟)可根据坡面渗水和土质情况,在边坡坡脚设置干砌片石矮墙。

③冻结沟应采用浆砌片石防护。

(2)涎流冰地段路基应加强排水设施的养护、保温处理及融冰水的清理,必要时应进行增设,并应符合下列规定:

①山坡涎流冰地段的路基应设置完善的排水系统,必要时可加宽、加深边沟,或设置挡冰墙(堤)、聚冰坑(沟)等设施。聚冰坑(沟)处应设置净空较高的涵洞排除融冰水。当山坡地下水量较大时,可设置渗沟、暗沟等地下排水设施。

②冲积扇或缓山坡上的涎流冰地段,可在路基边坡外设置聚冰沟,聚冰沟的下方宜设置挡冰堤。聚冰沟横断面应根据地形、地质、水量、聚冰量确定,沟深和底宽宜为0.8~1.2m,并做好聚冰沟与排水设施的衔接处理。挡冰堤高度宜为0.8~1.2m,堤顶宽度宜为0.6~1.0m,边坡坡率不宜陡于1:1.5;采用干砌片石铺砌时,边坡可陡至1:0.5。

③采取排、挡、截等防治措施时,应保证自然排水系统的畅通。

(3)涎流冰地段路基病害处治施工应符合下列规定:

①涎流冰地段路基排水系统、挡冰墙(堤)等出现破损,或截水沟、排水沟淤堵时,应及时修复、清理疏通。

②对涎流冰加重或原有处治措施失效的情况,应及时采取措施进行增强处理。

③秋末、冬初对需要保温的部位应采用人工堆放积雪、干草等增强保温措施,并可根据需要增设临时挡冰堤。

④地下排水设施应设在冻结深度以下,出水口高出地面不应小于0.5m,并应做好出水口的保温措施,或采用开挖纵坡大于10%的排水沟措施。

(4)特殊气候应加强冬季巡查,对临时出现的涎流冰,应及时人工刨除;对有可能威胁公路运营的涎流冰,应采取临时排水、排冰措施。

复习思考题

1. 简述路基养护工作的内容。

2. 简述路肩养护应满足的基本要求。

3. 简述挡土墙采用锚固法加固时应符合哪些要求。

4. 简述软土路基常见病害的类型及处治方法。

5. 雪崩体崩落前,可采用哪些措施减缓或阻止其发生崩落?

第四章 公路沥青路面养护与维修

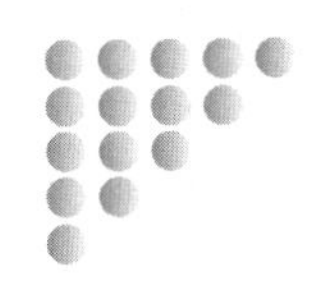

【学习目的与要求】

通过本章的学习，熟悉路面养护的内容和质量标准，掌握路面常见病害的养护维修方法，掌握沥青路面预防性养护技术、沥青路面再生技术；通过路面大、中修养护方案选择流程的示例，了解路面养护对策选择的方法和流程。

第一节 概 述

相对于水泥路面来说，沥青路面具有行车舒适无接缝、安全不反光、抗滑性能好、造价低、施工期短、维修方便、养护费用低等优点。因此，沥青路面在我国公路（特别是高速公路）建设中应用非常广泛。

由于公路路面反复承受荷载的作用和自然因素的侵蚀破坏，特别是由于交通量和重型汽车的不断增加，加上设计施工中留下的某些缺陷，随着时间的增长，沥青路面材料在使用过程中，使用功能日益退化，难以适应社会发展对公路服务质量的要求。因此，加强公路保养、维修改善具有十分重要的意义。

我国《公路沥青路面养护技术规范》（JTG 5142—2019）将沥青路面养护分为日常养护和养护工程。其中，日常养护包括日常巡查、日常保养和日常维修；养护工程包括预防养护、修复养护、专项养护和应急养护等。

一、沥青路面养护应遵循的原则

公路沥青路面养护应遵循决策科学、预防为主、可靠耐久、节能环保的原则，并应符合下列规定：

（1）应按科学决策的工作制度与方法，选用技术、经济合理的沥青路面养护方案，对养护工程进行合理设计，在适宜时机采取针对性的养护措施。

（2）采取全寿命周期养护成本理念，应推进沥青路面预防养护工作，及时对病害进行养护处治，促进预防与修复养护的良性循环。

（3）结合各地实际情况及沥青路面病害发展特点，应采用性能可靠、适用耐久、易于实施的养护技术，并积极稳妥地应用新技术、新材料、新工艺和新设备。

(4)宜应用节能环保养护技术,提高沥青路面再生利用、资源节约、绿色环保养护水平。

二、沥青路面养护的管理要求

沥青路面养护工作内容包括路况调查与评价、养护决策、日常养护、养护工程设计、养护工程施工、养护工程质量验收、跟踪观测和技术管理。具体要求如下:

(1)应定期进行技术状况检测与评价,及时更新公路路面技术状况数据信息。

(2)应按公路养护科学决策的工作制度与方法进行沥青路面养护规划与年度计划编制。

(3)沥青路面日常维修和养护工程应加强质量管理,严格实施过程质量控制,落实日常维修考核和养护工程验收制度。

(4)沥青路面日常维修和养护工程宜进行跟踪观测,综合评价实施效果,并做好技术总结。

(5)沥青路面养护工作内容实施过程的技术档案应进行管理与归档。

(6)沥青路面养护作业安全应符合现行《公路养护安全作业规程》(JTG H30)和《公路工程施工安全技术规范》(JTG F90)的有关规定。

三、沥青路面养护的一般要求

应对沥青路面进行预防性、经常性和周期性养护,加强路况巡查,掌握路面的使用状况,根据路面的实际情况制订日常小修保养和经常性、预防性、周期性养护工程计划。对于较大范围路面损坏和达到或超过设计使用年限的路面,应及时安排大、中修或改建工程。

应及时掌握路面的使用状况,加强小修保养,及时修补各种破损,保持路面处于整洁、良好的技术状况。沥青路面养护工程中使用的沥青、粗集料、细集料和填料的规格、质量要求、技术指标、级配组成及大修、中修、改建工程的设计、施工、质量控制等,均应符合现行《公路沥青路面设计规范》(JTG D50)和《公路沥青路面施工技术规范》(JTG F40)的有关规定。

1. 沥青路面养护要求

(1)保证路面平整、横坡适度、线形顺直、清扫整洁、排水良好。

(2)对沥青路面进行预防性、经常性和周期性养护,加强巡路检查,掌握路面的使用情况,及时排除有损路面的各种不良因素,发现路面初期病害应及早维修。

(3)对于路面较大损坏,应根据损坏程度,及时安排大、中修或专项工程,进行维修和整治;对路面承载能力不足或不适应交通要求的,应根据不同情况进行补强、加宽或改线,以提高公路等级。

(4)应重视路面排水。及时修补沥青路面的坑槽和裂缝,防止地表水渗入基层;对已渗入基层的积水,应设纵横向盲沟排水,地下水位较高的在排水沟下面设置腹式盲沟;应加强路面排水设施的维修养护,保持良好的排水功能。

2. 沥青路面养护质量要求

1)沥青路面技术状况应满足的要求

(1)公路网级沥青路面技术状况指数(PQI)应满足表4-1的要求。公路网级沥青路面技术状况指数(PQI)不满足表4-1的要求时,应合理安排养护计划,并采取综合养护措施,达到沥青路面技术状况要求。

公路网级沥青路面技术状况　　表 4-1

路况指标	高速公路	一级及二级公路	三级及四级公路
PQI	≥90	≥85	≥80

(2)每个基本单元沥青路面技术状况指数(PQI)及其分项指标应满足表 4-2 的要求。每个基本单元沥青路面技术状况指数(PQI)及其分项指标不满足表 4-2 的要求时,应安排日常维修、养护工程或改扩建工程,恢复沥青路面技术状况。

每个基本单元沥青路面技术状况　　表 4-2

路况指标	高速公路	一级及二级公路	三级及四级公路
PQI	≥80	≥75	≥70
PCI	≥80	≥75	≥70
RQI	≥80	≥75	≥70
RDI	≥75	≥70	—
SRI	≥75	≥70	—

(3)对于不满足表4-2 中的要求但未实施养护的路段,或已列入养护工程和改扩建工程计划的路段,在工程实施前应采取维持性养护措施,保持沥青路面基本通行要求,并及时实施养护工程或改扩建工程。

2)沥青路面日常养护应满足的要求

(1)沥青路面保持干净、整洁,及时清除杂物、积水。

(2)及时发现并处治裂缝、坑槽、松散、沉陷、车辙等病害,与原路面接合的界面顺直、紧密、耐久,达到平整、美观等效果。

(3)路缘石保持线条直顺、顶面平整、无缺失,具有良好的视线诱导与挡水引流效果。

(4)路面障碍及时清理或报告,并做好沥青路面日常巡查、病害处治和障碍清理记录。

(5)沥青路面养护工程验收质量检验评定标准应符合公路养护工程质量检验评定的有关规定。

3)预防养护

(1)贯彻预防性养护理念,每年应对符合条件的沥青路面实施一定里程或比例的预防养护。

(2)应根据公路等级、使用年限、路面技术状况、交通量大小及组成、气候条件等因素,合理确定沥青路面预防养护时机。

(3)在预防养护时机确定的基础上,应设定预防养护目标,经过养护设计与方案比选,采取合适的预防养护措施。

(4)沥青路面预防养护措施可选用封层、超薄罩面、薄层罩面等,其铺筑厚度应小于 4cm。

(5)沥青路面实施预防性养护工程应满足下列要求:封闭路面表面细小裂缝与裂隙,提高路面的防水性能;防止路面表面松散,延缓沥青路面的老化;提供表面磨耗层,提高路面的耐磨性能;改善沥青路面的抗滑性能;改善沥青路面表观效果。

4)修复养护

(1)沥青路面修复养护工程应按年度养护计划实施。

(2)应根据公路等级、路面技术状况、交通量大小、预期寿命等因素,合理确定沥青路面修复养护目标。

(3)在修复养护目标确定的基础上,应根据沥青路面主导损坏类型、交通量大小及组成、气候与地质条件、施工可行性、技术经济性等因素,经过养护设计与方案比选,采取罩面、结构性补强等修复措施。

(4)沥青路面实施修复养护工程应满足下列要求:

①有效处治原路面或下承层的各类病害,并对病害处治进行动态设计。

②保证与原路面或下承层、新旧界面的黏结防水及其搭接平顺。

③工程实施后,路面技术状况各项指标接近或达到原路面设计标准。

5)应急养护

(1)遵循"快速反应、有效抢险、及时处治、保障安全"的原则,制定沥青路面应急抢险预案,建立应急抢险工作机制,合理配备应急抢险队伍、设备、物资等。

(2)对影响通行安全的突发性沥青路面损毁,应启动应急预案,及时开展应急抢通、保通和抢修工作,安排灾后修复养护工程。

(3)实施沥青路面应急养护时,应设置交通安全设施,需中断交通的应合理采取分流措施。

6)养护质量检测项目与质量要求

沥青路面的养护质量应符合表4-3的要求。

养护质量检测项目与质量要求[①] 表4-3

序号	项目		高速公路、一级公路	其他等级公路
1	路面平整度	路面平整度仪 σ[②](mm)	≤3.5	≤4.5(≤5.5或≤7.0)[③]
		3m直尺(mm)	≤7	≤10(≤12或≤15)[④]
		IRI(mm/km)	≤6	≤8
2	路面抗滑性能	横向力系数(SFC)	≥40	≥33.5
		摆式仪摆值(BPN)	—	≥32
3	路面损坏状况指数(PCI)		70	≥55
4	路面结构强度系数(SSI)		≥0.8	≥0.6
5	路面车辙深度(mm)		≤15	—
6	路拱坡度		1.0~2.0	—

注:①对于高速公路、一级公路路拱横坡的养护标准,路面结构排水良好的可比表列值低0.5%,其他等级公路的路拱横坡度可视公路等级的情况,比《公路工程技术标准》(JTG B01—2014)中相应的设计值低0.5%作为养护标准。

②σ为标准差。

③对于其他等级公路的标准差σ:沥青碎石、贯入式应取低值4.5,沥青表面处治取中值5.5,碎砾石及其他粒料类路面取高值7.0。

④对于其他等级公路的平整度3m直尺指标:沥青碎石、贯入式应取低值10,沥青表面处治取中值12,碎砾石及其他粒料类路面取高值15。

第二节 沥青路面日常养护技术

一、沥青路面日常养护要求

(1)应编制日常养护年度计划,并根据养护质量要求及路况调查结果确定日常养护工作内容。

(2)日常养护应及时做好工作记录,包括作业时间、作业内容、作业人员、完成的工作量等内容。

(3)高速公路及一级公路日常养护应采用机械化作业方式,二级及二级以下公路日常养护也应逐步采用机械化作业方式,条件受限时可采用人工作业方式。

(4)日常养护作业路段应满足基本通行要求,保障现场的养护安全作业。

二、日常巡查

(1)在公路养护日常巡查工作制度中应明确沥青路面日常巡查工作内容。日常巡查频率每日不宜少于一次,其中高速公路每日不应少于一次,遇暴雨、台风、雨雪、冰冻等极端天气情况,应适当增加日常巡查的频率。

(2)日常巡查应主要检查沥青路面病害,以及易诱发路面病害或影响通行的积水、积雪、积冰、污染物、散落物、路障等情况。

(3)日常巡查宜采用乘车、骑行或步行巡查方式,乘车巡查过程中发现路面突发病害及异常情况时应停车辅助人工检查,并应符合下列规定:

①巡查车辆的车身应有明显标识,配备导向闪光箭头,车顶宜安装带有黄闪标志的车辆闪光灯。

②巡查人员应具备沥青路面相关专业知识,经过安全培训与作业交底,具备初步判别路面病害及处置突发情况的能力。巡查人员应穿戴安全标志服,配备简易量测工具及照相、移动数据终端等设备。

③日常巡查车辆速度,高速公路及一级公路不宜大于60km/h,二级及二级以下公路不宜大于40km/h,应开启车辆闪光灯和闪光箭头。停车辅助人工检查时,可临时停靠在右侧紧急停车带或右侧路肩内,巡查人员应在车辆前方快速完成检查作业后及时撤离。

④日常巡查发现路面影响通行的障碍物或异常情况时,应及时采取措施进行清除与处理。危及行车安全的,应采取临时安全保障措施后再进行处理;不能立即清除的,应及时通知相关单位处理。

(4)日常巡查应记录发现路面突发病害与异常情况信息,宜采用移动终端实时录入信息数据,并按信息管理系统功能将突发病害图片、有关说明等信息一并录入,巡查结束后应及时整理、汇总日常巡查记录,并录入相关信息管理系统。

(5)日常巡查中发现重大情况,应按相关规定及时报告。

三、日常保养

(1)日常保养应包括下列主要工作内容:

①清除路面泥土杂物、污染物、散落物等。

②排除路面积水,疏通路面排水。

③清除路面积雪、积冰、积沙等。

④实施路面夏季洒水降温作业。

(2)清扫作业应符合下列规定:

①定期沿路幅右侧或左侧开展路面日常清扫作业,清扫频率应根据公路等级、交通量大小、路面污染情况确定,遇突发污染事件应及时开展路面特殊清扫作业。

②路面清扫作业可采用机械清扫或人工清扫方式,高速公路及一级公路应以机械清扫方

式为主，二级及二级以下公路可视实际情况采用合适方式进行清扫作业。

③路面清扫作业应根据现场泥土杂物、清洁情况及通车状况选择不同功能的机械清扫设备，宜采用无尘清扫设备与工艺，机械清扫车辆应配备洒水及除尘设备，清扫作业时应根据路面扬尘程度确定适当的洒水量，减少扬尘。

④机械清扫作业应避开交通量大的时段，不宜在影响正常交通的中间行车道和变换车道进行。对机械无法清扫的路面边角，应进行人工辅助清洁。

⑤应根据实际情况适当加大桥梁桥面清扫频率，宜与桥面泄水孔、伸缩缝清理工作相结合，清扫时不得堵塞桥面泄水孔和伸缩缝。

⑥隧道路面清扫宜在交通量较小时进行，并利用电子显示屏等设备做好安全作业提示。清扫宜采用无尘清扫作业方式，严禁扬尘。

⑦沥青路面受油类物质或其他化学品污染时，应撒砂、木屑或采用化学中和剂处理后进行清扫；影响行车安全时，应采用水冲洗干净并进一步处治。

⑧路面清扫后的垃圾、杂物等不得随意倾倒、堵塞边沟、阻挡路肩排水，应运至指定地点或垃圾场站妥善处理。

(3)排水作业应符合下列规定：

①定期检查路面排水和积水情况，应对一般路段、桥涵、隧道路面排水系统进行清理和疏通，保持排水功能正常、路面无积水。

②汛期前对影响路面排水的设施应进行全线检查和疏通，雨天时应及时排除积水，汛期后应对排水设施进行全面检查和修复。

③对沥青路面局部沉陷、横坡不适、拦水带开口设置不合理等原因导致的积水，应及时采取排除措施。

(4)清除冰雪作业应符合下列规定：

①应根据当地历年气象记录资料、气象预测资料、路面结构、沿线环境条件等因素，制订切合实际情况的除冰雪和防冻工作计划，以及适用于各种不同的气温、降雪量和积雪深度条件下的除冰雪和防冻作业规程，配备相应的除冰雪、防冻作业人员、材料和机具设备。

②冬季降雪或下雨时，应及时掌握气象变化情况，出现降温、降雪时应按制定的工作方案及时进行除冰雪和防冻，并做好桥面、坡道、弯道、匝道、收费广场等重点路段的除冰雪和防冻措施。

③除冰雪宜以机械作业为主，人工作业为辅。除雪机械的作业方向宜与正常行车方向一致，并从路面左侧向右侧或中间向两侧依次进行。降雪量较大，难以在降雪过程中清除全部积雪时，应在雪停后及时清除路面全部积雪。

④路面上的压实雪、融化的雪水或未及时排除的雨水形成冰冻层时，应开展除冰与防滑作业，尤其是在大中桥、纵坡较大或平曲线半径较小路段，应做好防冰冻与防滑处理。

⑤除冰雪撒布的融雪剂、防冰冻、防滑等材料宜采用环保型材料。应根据降雪情况确定撒布时机、方式与数量，及时清除路面积雪与残留物。

⑥除冰雪和防冻作业可连续开展，作业现场必须实行统一指挥，并落实与作业形式相适应的安全作业措施和交通控制措施。夜间作业时可适当增设闪光设施、警示标志等。

(5)夏季洒水降温作业应符合下列规定：

①了解当地气象温度相关资料，掌握沥青路面表面温度变化规律，应制订切合实际情况的夏季洒水降温工作计划和作业规程。

②洒水降温作业宜采用机械方式，洒水车辆车身应有明显标识，配备导向闪光箭头，车顶宜安装带有黄闪标志的车辆闪光灯。

③夏季连续三天最高气温达到35℃及以上，沥青路面表面温度达到60℃及以上时，对于易发生车辙、波浪拥包的路段及上坡、弯道、桥面铺装、重载交通等路段，宜进行洒水降温作业，或进行交通管制。

④夏季洒水降温作业时，宜选在每天12:00—15:00时间段进行。洒水车辆应行驶在路面右侧位置。其行驶速度，高速公路及一级公路不宜大于60km/h，二级及二级以下公路不宜大于40km/h。

四、日常维修

(1)日常维修工作计划应根据沥青路面损坏状况调查与评价以及日常巡查记录结果，按月度进行编制。

(2)沥青路面日常维修应按工作计划进行，并根据日常维修工作记录信息适时进行日常维修质量评价与反馈。

(3)应分析沥青路面各类损坏与病害产生的原因，并根据路面结构类型、使用年限、处治季节、气温等实际情况，采取相应的病害处治措施。

(4)应推行沥青路面病害发现、信息上报、处治审批与下达、现场处治与上报、审核与计量、效果评价等处治闭环管理。

(5)各类病害处治应按现行《公路沥青路面养护技术规范》(JTG 5142)的有关规定执行。

五、高速公路沥青路面日常养护

对高速公路沥青路面应进行经常性和预防性的日常养护，以保证路面经常处于良好的技术状况。

1.高速公路路面日常养护的工作程序要求

(1)建立完善的巡视检查制度和技术检测系统，建立完善的信息网络。及时、准确地掌握路面状况及相关信息，科学、客观地评定路面使用品质，有依据、有计划、有针对性地安排养护项目。

(2)树立高度的交通服务意识和安全意识。在路面养护作业中，应满足正常行车的需要，尽量避免完全封闭交通。

(3)严格按照有关技术规范和标准进行养护作业，宜采取机械化养护作业方式，迅速、优质、高效地处理各类路面损害和障碍，确保运行质量。

(4)不断探索和应用新材料、新设备、新技术、新工艺，提高养护作业的时效性、机动性、安全性和可靠性。

(5)对于高速公路沥青路面上出现的各类病害，必须及时、快速处理。当发现直接危及正常交通和行车安全的病害，应立即修复或采取临时过渡措施后，再按照有关要求进行修复。

(6)路面的日常养护，应根据实际需要配置适用的机具设备，建立适当的材料储备，并组织可靠的养护材料供应网络，以确保路面养护作业正常进行。

(7)在高速公路上进行路面养护作业的人员，必须事前接受专门的安全教育和养护作业规程培训。

2. 高速公路路面日常养护具体要求

1）巡查和检测

（1）高速公路沥青路面的日常养护，应坚持巡视检查制度，及时发现路面及其附属设施的损坏情况和可能影响交通的路障，以便养护部门及时、合理地安排维修和清理，尽快恢复路面正常使用状态。

①巡视检查分为日常巡查、定期巡查、特殊巡查和专项巡查，各类巡查的内容、频率、方法、装备应提前制订计划并核查结果。

②巡查作业中，巡查人员应强化自身保护意识，按规定穿着安全标志服。巡查车速一般控制在40～50km/h，并按规定开启示警灯。如遇到需要停车检查的情况，应将车辆停在紧急停车带上。如必须停在行车道上时，应开启巡查车辆的危险报警闪光灯，并采取必要的安全措施，巡查人员应在巡查车辆的前方迅速完成检查或测量作业。

③巡查作业中应由专人记录巡查情况，巡查结束后应尽快整理、汇总巡查记录，并通知有关部门采取相应的养护措施。

（2）路面的日常养护中，应注意采集、利用气象信息和交通信息等相关信息。

①应每天记录当地的天气预报和实际天气情况。在多风、多雨、多雾、多雪、多冰冻季节，应随时注意天气的变化，必要时应与当地的气象台、站取得并保持联系，随时获取最新气象信息，以便及时采取相应措施。

②应按规定进行交通量调查。

（3）高速公路沥青路面应进行路面破损、强度、平整度和抗滑性能检测，以及必要的专项技术检测。

（4）各项巡视检查、专项调查和技术检测的结果，均应及时进行整理和初步分析，并输入公路路面管理系统，由该系统每年一次对路面的技术状况和使用品质进行综合评价，作为制定下一年度养护工作计划的依据。当在各类巡查或专项检测中发现路面某一方面的技术状况和使用品质明显下降时，应及时通过该系统作出阶段性评价，以及时采取相应的养护对策。

（5）对修建于软土地基的高速公路沥青路面应定期进行路面高程测量。当桥头引道的不均匀沉降出现下列情况时，应及时予以修复：

①与桥台的连接部位沿桥台靠背产生错台，且最大高差达2cm以上；

②台后接近桥台部位的纵向坡度差超过5%。

2）清扫和排水

（1）对尘土、落叶、杂物等造成的路面污染，应进行日常清扫，保持高速公路良好的运行环境。

①日常清扫应以机械作业为主，机械清扫沿路面右侧或左侧进行，并应尽量避免在中间行车道进行清扫作业及变换车道进行清扫作业。对清扫机械无法扫及的路面死角，应进行人工辅助清扫。

②日常清扫的作业频率应根据路面污染程度而定，一般为每日一次全程清扫，清扫时间应尽量避开流量高峰时段。

③清扫机械必须配备洒水装置，机械清扫作业时应根据路面的扬尘程度确定适当的洒水量。

④路面清扫后的垃圾不得随意倾倒，应运至指定地点或垃圾场妥善处理。

⑤桥面、隧道内沥青路面及收费广场的日常清扫作业按以上要求进行，但应适当加大隧道内沥青路面及收费广场的清扫频率。

(2)除了定期的日常清扫作业外，还应根据路面污染的特殊情况，及时进行不定期的特殊清扫保洁作业：

①当发现路面上有妨碍正常交通的杂物时，应立即清除。

②当意外事件、事故等因素造成路面污染时，应及时清扫。

③当沥青路面被油类物质或化学物品污染时，应先撒砂、撒木屑或用化学中和剂处理，然后进行清扫，必要时再用水冲洗干净。

(3)高速公路沥青路面应保持排水畅通，路面无积水。

①对中央分隔带集水井、横向排水管、路侧拦水缘石及泄水槽、桥面泄水孔等路面排水系统应经常进行清理和疏通，发现损坏部位应及时修复。

②应经常检查沥青路面的排水情况，检查时间一般以在雨间或雨后1～2h为宜。发现路面明显积水的部位，应分析原因，分别采取下列不同措施：

a. 对虽未破损，但造成雨后明显积水的行车道路面局部沉陷部位，应及时清扫并整平；

b. 对设置有路侧拦水带及泄水槽的路段，如因拦水带开口及泄水通道的位置不妥而造成路面积水时，应及时调整；

c. 对因横坡不适而造成积水的路段，应采取临时措施，尽量减少行车道部位的积水，并在罩面及翻修工程中彻底调整解决。

③在雨季到来之前，应对全部路面排水系统及路堤边沟、涵管、泵站、集水井、沉淀池等所有排水设施进行全面检查和疏通，修复损坏部位，处理水毁隐患，清除路肩和边坡高草，确保雨季排水畅通。应加强雨季排水，及时处理路面水毁部位，减轻水害损失。

3)排障和清理

(1)为了及时处理并尽量减轻因不可抗拒因素和突发事件所造成的损害，高速公路管理机构应建立完善的应急抢险机制，全天候、不间断值班，随时掌握、分析各类有关信息，做好各种应急抢险准备工作，一旦发生险情，快速作出反应，指挥应急抢险工作。

(2)应根据实际需要配置必要的排障、抢险、救援设备和可靠的通信指挥设施，对排障、抢险、救援人员应进行专门的业务培训，并预先制订排障、抢险、救援作业程序。一旦出现妨碍正常交通、危及行车安全的路面险情和障碍物，应急抢险指挥中心应立即组织人员、设备，按程序进行排障、抢险、救援工作，迅速排除路障和路面险情，恢复正常交通。必要时可请求当地政府和当地驻军支援。

(3)路障作业结束后，应按规范、规程的有关规定，尽快清理现场，发现路面及附属设施受到损害的，应尽快按规定予以修复。

4)除雪和防冻

(1)严寒地区的除雪和防冻是路面冬季养护的重点，应根据当地历年气象记录资料、气象预测资料、路面结构、沿线条件等，事先制订切合实际情况的除雪和防冻工作计划，制定适用于各种不同气温、降雪量和积雪深度条件下的除雪和防冻作业规程，落实相应的除雪、防冻作业人员和机具设备，并按实际需要储备防冻、防滑材料。在严寒降雪季节到来后，应随时监测气象变化情况，一旦降温、降雪，立即按计划部署相应的除雪和防冻作业，特别注意桥面、坡道、弯道、匝道、收费广场等重点区段，尽量减轻积雪和冰冻对行车安全造成的危害，缩短影响正常交通的时间。

(2)路面除雪应以机械作业为主、人工作业为辅。在降雪过程中,当路面积雪厚度超过1cm时,即可开始除雪作业。一般以铲为主,除雪机械的作业方向宜与正常行车方向相同,行车速度为30~50km/h。从路面左侧向右侧依次进行。当降雪量较大,难以在降雪过程中清除全部积雪时,应在雪停后及时清除路面全部积雪。

(3)当路面上的压实雪、融化的雪水、未及时排除的雨水可能形成冰冻层时,应及时采取防冻防滑措施。当气温低于0℃时,在大、中型桥面、桥头引道纵坡大于2.5%的路段或平面曲线半径小于500m的匝道范围内,应撒(洒)布盐、盐水、盐砂混合料或其他融雪剂等防冻防滑材料。撒(洒)布的时间和频率宜与除雪作业保持同步。待雪停后,应将残留在路面上的防冻防滑材料与积雪一并清除干净。

(4)除雪和防冻作业应不分昼夜快速进行,作业现场必须实行统一指挥,并落实与作业形式适应的安全作业措施和交通控制措施。

第三节 沥青路面养护与维修

一、路面常见病害维修一般要求

(1)应及时对沥青路面出现的裂缝、坑槽、车辙、沉陷、波浪拥包、松散、泛油等病害进行处治,防止路面病害发展与扩大。

(2)对因路基或基层局部强度不足、松散、破裂等原因形成的沥青路面病害,应在处治好路基或基层病害后,进行沥青面层处治。

(3)应根据病害类型、范围与严重程度确定病害处治方案,做好材料、设备和施工准备,进行病害精细处治,达到可靠、耐久、美观的处治效果。

(4)病害修补面积应大于病害实际面积,修补范围的轮廓线应与路面中心线平行或垂直,并在病害修补的边缘部位采取涂覆黏层材料、贴缝胶、界面加热等措施,保证修补部分与原路面界面黏结牢固、有效防水。

(5)因修补不良造成修补区再次损坏,应分析诊断修补不良产生再次损坏的原因,进行根治,保证再次修补的质量。

(6)对坑槽、车辙、沉陷等需将原路面面层挖除或铣刨后进行修补作业的病害,宜随挖随补。

(7)在病害的处治中,凡需重新做面层的,其技术要求应符合现行《公路沥青路面施工技术规范》(JTG F40)的规定;凡需重新做基层的,其技术要求应符合现行《公路路面基层施工技术细则》(JTG/T F20)的规定。

二、裂缝的维修

1.裂缝维修的作用

裂缝是路面最常见且不可避免的病害,会导致路用性能降低。维修裂缝的作用有:减缓裂缝扩展、降低混合料受侵蚀程度和减少水对基层材料的影响,并保护相邻路面;恢复路面应有的表面功能,改善行车的平顺性和舒适性;加强裂缝两侧路面材料间的黏结强度,恢复裂缝处路面材料间传递力功能,恢复路面局部强度和承载能力;通过对裂缝处松散、破损材料清除后进行填封修补，弥补原有沥青路面材料的强度不足；对旧路面裂缝的填封修补，可防止上面的沥青加铺层出现反射裂缝。

2. 裂缝维修时机的选择

在选择材料和施工工序时应充分考虑气候条件。高温气候条件下不用考虑较软的材料或抗裂的材料，可以选择较硬材料；而在低温气候条件下，应该选择具有良好弹性材料。

裂缝处理施工时间最好在温度大于0℃、路面水分最少、裂缝张开至一半宽的时候。春季路面水分多，夏季气温较高、裂缝宽度小，冬天气温变化大、水分多、裂缝宽，这些季节都不是维修裂缝的最佳时机。而秋天天气适宜、雨水最少、裂缝宽度适中，是最适宜维修裂缝的季节。

3. 裂缝维修的方法

针对不同种类及不同程度的裂缝，选择合理正确的维修方法会使得维修的裂缝寿命得到极大提高。目前养护部门较常用的方法是灌缝、贴缝、带状挖补方式，或进行组合使用。灌缝材料宜采用密封胶，贴缝材料可采用热黏式贴缝胶和自黏式贴缝胶，其工艺可分为直接贴缝和灌缝后贴缝。

灌缝是一种局部处理方式，主要用于具有较窄裂缝的新铺路面，其主要目的是减少或防止水和硬质杂质杂物侵入路面结构内部破坏基层，同时还可以防止路面膨胀和收缩。填缝使用的高性能改性聚合物材料价格较高，但性能非常好，需要洁净干燥的裂缝表面，因此能很好地附着于裂缝缝壁。填缝可以通过3种途径实现：清理并填缝、锯槽并填缝、开槽并填缝。

（1）裂缝处治材料应符合下列规定：

①密封胶可分为高温型、普通型、低温型、寒冷型和严寒型5类，分别适用于最低气温不低于0℃、-10℃、-20℃、-30℃、-40℃的地区，其技术要求应符合现行《路面加热型密封胶》（JT/T 740）的有关规定。

②贴缝胶可分为普通型、低温型、寒冷型和严寒型4类，分别适用于最低气温不低于-10℃、-20℃、-30℃、-40℃的地区，其技术要求应符合现行《路面裂缝贴缝胶》（JT/T 969）的有关规定。

（2）灌缝处治工艺应符合下列规定：

①应根据路面裂缝的具体情况确定开槽灌缝的尺寸，宽度×深度宜为12mm×12mm、12mm×18mm、15mm×15mm或15mm×20mm。

②采用开槽机、灌缝机、清干机等专用灌缝设备，应按开槽、清洁、干燥、灌缝与养生工艺流程进行作业。

③灌缝成型应饱满，灌缝材料性能稳定后才可开放交通。

④施工环境温度应高于5℃，在路面表面干燥状态下施工。

（3）贴缝处治工艺应符合下列规定：

①贴缝前应将路面裂缝及其两侧各20cm表面范围内的泥土杂物、污染物、散落物等清理干净，无凸起、凹陷、松散，保证裂缝作业面平整。

②贴缝胶应从裂缝一端粘贴，其长度不小于整条裂缝长度，贴缝胶应处于裂缝中间部位；遇不规则裂缝，可将贴缝胶断开，按裂缝的走向跟踪粘贴；贴缝胶结合处形成80~100mm的重叠。

③贴缝完成后宜采用贴缝机、铁滚等进行碾压，达到贴缝无气泡、皱褶，保证贴缝胶与路面

充分结合、黏结紧密,检查确认后开放交通。

④施工环境温度应高于5℃,在路面表面干燥状态下施工。

(4)缝处治后出现明显变形、唧泥等破坏的,应采用带状挖补方法进行彻底处理,对损坏的基层宜采用大粒径透水性沥青混合料进行回填处理,面层应采用与原沥青面层相同的材料进行修补,并做好纵横向排水处理措施。

(5)重度局部块裂、龟裂应按坑槽修补方法进行。

4. 裂缝维修要点

1)轻微裂缝

在高温季节,全部或大部分可愈合的轻微裂缝,可不加处理。对于在高温季节不能愈合的轻微裂缝,可采用以下两种方法进行处治:

(1)有裂缝的路段清扫干净并均匀喷洒少量沥青(在低温、潮湿季节宜喷洒乳化沥青),再匀撒一层2～5mm的干燥、洁净石屑或粗砂,最后用轻型压路机将矿料碾压。

(2)沿裂缝涂刷少量稠度较低的沥青。

2)纵向、横向裂缝

对于路面的纵向或横向的裂缝,应按裂缝的宽度按以下步骤分别予以处治。

(1)缝宽在5mm以内:

①清除缝中杂物及尘土。

②将稠度较低的热沥青(缝内潮湿时应采用乳化沥青)灌入缝内,灌入深度约为缝深的2/3。

③填入干净石屑或粗砂,并捣实。

④将溢出缝外的沥青及石屑、砂清除。

(2)缝宽在5mm以上:

①除去已松动的裂缝边缘。

②用热拌沥青混合料填入缝中,捣实。缝内潮湿时应采用乳化沥青混合料。

3)大面积裂缝

因沥青性能不好或路面设计使用年限较长、油层老化等原因出现的大面积裂缝(包括块裂),此时如基层强度尚好,通过技术经济比较,可选用下列维修方法:

(1)乳化沥青稀浆封层,封层厚度宜为3～6mm。

(2)加铺沥青混合料上封层,或先铺设土工合成材料后,再在其上加铺沥青混合料上封层。

三、波浪拥包的维修

根据波浪拥包病害类型及产生原因,可采用局部铣刨、局部铣刨重铺、就地热再生、整体铣刨重铺等处治方式,重铺材料可采用热拌、冷拌或温拌沥青混合料、功能性罩面材料等。

(1)因沥青面层引起不同程度的路面波浪拥包,可采用下列方法进行处治:

①在波谷部位喷洒沥青,均匀撒布适当粒径的矿料,找平并压实。

②采用机械铣刨方法铣平波浪拥包的鼓起部分,必要时采用冷拌或温拌沥青混合料进行摊铺与压实。

③采用就地热再生进行处治。

④铣刨或挖除沥青面层，重铺沥青面层。

（2）因沥青面层与基层之间存在不稳定的夹层引起的波浪拥包，应铣刨或挖除沥青面层，清除不稳定的夹层后，喷洒黏层沥青，重铺沥青面层。

（3）因基层引起的路面波浪拥包，可采用下列方法进行处治：

①因基层局部强度不足、稳定性差、局部松散等原因引起的波浪拥包，铣刨或挖除沥青面层，处治或重做基层后，重铺沥青面层。

②因基层局部积水使面层与基层间结合不良、水稳定性不好等原因引起的波浪拥包，铣刨或挖除沥青面层，晾晒干基层表面水分并增设排水盲沟，或清除基层用水稳定性较好的材料更换基层后，重铺沥青面层。

四、沉陷的维修

沉陷处治技术措施和结构层位应根据沉陷病害类型、发生部位、严重程度及原因合理确定。

（1）因基层局部强度不足或松散造成的路面沉陷，应铣刨或挖除沥青面层，处理好基层后，重铺沥青面层。

（2）因路基不均匀沉降引起的路面沉陷，可根据路面破损状况分别采取下列处治措施：

①路面略有下沉、无破损或仅有少量轻微裂缝时，可在沉陷部位喷洒黏层沥青，用沥青混合料将沉陷部分填补，并压实、整平。

②路面出现较大范围的不均匀下沉时，可对沉陷路段两端衔接部位各10m范围内分层、分台阶铣刨沥青面层，纵向台阶搭接宽度不宜小于30cm，横向台阶搭接宽度不宜小于20cm，清理干净下承层，喷洒黏层沥青，在侧壁涂覆乳化沥青后，分层重铺沥青面层。

（3）路基密实稳定、不再继续下沉后，进行沥青面层处治。

（4）桥涵台背因回填材料选择不适、压实不足等原因引起路面不均匀沉降，可采取下列处治措施：

①台背回填材料选择不适的，宜采用强度高、渗水性好且级配合理的材料进行换填处理。

②台背回填压实不足的，可采用重新压实处理，台背死角处采用夯实机械进行压实。

③采用台背注浆进行加固处理。

④铣刨或挖除沥青面层，在沉陷部分加铺基层后，重铺沥青面层。

⑤直接按沉陷病害进行处治。

五、车辙的维修

应根据车辙病害类型、范围、严重程度及原因，合理确定采取局部车辙处治或大范围直接填充、就地热再生、铣刨重铺等措施。

局部车辙处治可采用微表处填充，也可采用坑槽等病害综合热修补车进行现场加热、耙松、补料与压实处理，还可采取局部铣刨重铺措施。

图4-1　微表处

（1）车辙直接填充材料可选在微表处（图4-1），可采用热拌或温拌沥青混合料、高模量沥青混合料、功能性罩面材料等。

（2）车辙就地热再生原材料、沥青混合料及施工技术要求应符合现行《公路沥青路面再生技术规范》(JTG/T 5521)和《公路沥青路面施工技术规范》(JTG F40)的有关规定。

(3)车辙铣刨重铺材料可采用热拌、温拌或冷拌沥青混合料、高模量沥青混合料、功能性罩面材料等。

(4)车辙处治措施可按表4-4选用。

车辙处治措施选用　　表4-4

车辙深度RD(mm)	直接填充	就地热再生	铣刨重铺
RD≤15	√	△	△
15<RD≤30	△	√	√
RD>30	×	△	√

注:√-推荐;△-可选;×-不推荐。

(5)车辙处治所用的原材料、混合料设计、施工工艺、设备要求与质量控制应按现行《公路沥青路面施工技术规范》(JTG F40)和《公路沥青路面养护技术规范》(JTG 5142)的有关规定执行。

六、冻胀和翻浆的维修

(1)因路基冻胀使路面局部或大面积隆起影响行车时,应将胀起的沥青路面刨平,待春融后按翻浆处理的方法予以处治。

(2)对于因冬季基层中的水结冰引起冻胀,及春融季节化冻而引起的翻浆,应根据情况采用以下方法之一予以处治:

①砂砾换填;

②对发生翻浆的路段,可采用打石灰梅花桩或水泥砂砾桩的办法改善;

③对于边沟,可在翻浆路段两侧路肩上交错开挖宽为30~40cm的横沟,间距为3~5m,沟底纵坡不小于3%。沟深应根据解冻情况,逐渐加深,直至路面基层以下。横沟的外口应高于边沟的沟底。如路面翻浆严重,除挖横沟外,还应顺路面边缘设置纵向小盲沟。交通量较小的路段也可挖成明沟。但翻浆停止后,应将明沟填平恢复原状。

(3)因基层水稳定性不良或含水率过大造成的翻浆,应挖去面层及基层全部松软的部分,重做基层,最后恢复面层。

(4)低温季节施工的石灰稳定类基层,在板体强度未形成时雨水渗入,其上层发生翻浆的,应将翻浆部分挖除,重做石灰稳定基层或换用其他材料填补,然后重做面层。

七、坑槽的维修

坑槽的维修应根据坑槽病害类型、严重程度及原因,采取合理措施及时进行修补。

(1)根据具体情况坑槽可采用就地热修补、热料热补、冷料冷补等方式,坑槽修补应符合下列规定:

①坑槽修补材料应具有足够的强度以及良好的高低温性能、抗水损坏和老化性能。

②应按"圆洞方补、斜洞正补"的原则,确定路面坑槽破损的边界。坑槽修补轮廓线与行车方向平行或垂直,并超过坑槽破损边界10~15cm(图4-2)。

③坑槽处治至损坏的最底部,修补后新填补部分应略高于原沥青路面。

④雨季和多雨地区,应对路面坑槽修补接缝处进行封缝处理。

⑤坑槽修补完成后,应清理作业区域,开放交通。

图 4-2 坑槽修补

(2)坑槽就地热修补工艺应符合下列规定:

①采用热修补养护车等专用设备,适用于坑槽深度不大于 6cm。

②按路面坑槽修补轮廓线,将加热板调整到合适的位置,加热沥青面层至可耙松的状态。

③将加热的沥青面层耙松、切边,并铲除不可利用的旧沥青混合料,坑槽表面和周围喷洒乳化沥青等黏结材料,加入新的热料,并充分摊铺、整平。

④用压路机由边部向中间反复压实,使其达到要求的压实度。

⑤压实完成后,新修补路面喷洒适量乳化沥青。

⑥坑槽就地热修补原材料、沥青混合料及施工技术要求应符合现行《公路沥青路面再生技术规范》(JTG/T 5521)的有关规定。

(3)坑槽热料热补工艺应符合下列规定:

①沿坑槽修补轮廓线切割开挖或铣刨至坑底的不渗水稳定处,其深度不得小于坑槽的最大深度。坑槽较深时应按原沥青面层分层开挖,层间形成阶梯搭接,搭接宽度不小于 20cm。

②清理掉路面坑槽内的松散沥青混合料,使底部平整、坚实,壁面与公路平面垂直,坑槽底面和壁面清洁、完全干燥、无松散料。

③路面坑槽底面和壁面喷洒、涂覆乳化沥青等黏结材料应具有较高的黏结性、黏附性、弹性和延展性。

④采用专用设备对热料进行保温加热,并按开凿的层次分层填入热料,逐层整平、压实,保证修补质量。

⑤坑槽热料热补原材料、沥青混合料及施工技术要求应符合现行《公路沥青路面施工技术规范》(JTG F40)的有关规定。

(4)坑槽冷料冷补工艺应符合下列规定:

①清理掉坑槽内的松散沥青混合料,必要时沿坑槽修补轮廓线同热料热补工艺进行开挖、清理,路面坑槽底面和壁面喷洒、涂覆乳化沥青等黏结材料。

②向坑槽内填入冷补材料,并摊铺、整平均匀,保证坑槽周边材料充足,采用平板夯、夯锤或振动式压路机进行压实,使其达到要求的压实度。

八、麻面和松散的维修

松散处治时机应根据松散病害类型、严重程度及原因合理确定,并采取可行的技术措施。

(1)因施工不良造成的路面麻面松散,可采用下列方法进行处治:

①将路面上已松动的矿料收集起来,将残留在麻面松散层上的浮料清扫干净,喷洒沥青用量为0.8~1.0kg/m^{2}的封层油,再按用量为5~8m^3/1000m^{2}撒布3~5mm粒径的碎石或粗砂,用轻型压路机压实。

②将路面麻面松散部分进行铣刨重铺,或采用就地热再生进行处治。

(2)因沥青老化造成的路面麻面松散,可采取封层养护措施进行处治,并符合现行《公路沥青路面养护技术规范》(JTG 5142)的有关规定,也可采用就地热再生进行处治,还可采用铣刨或挖除松散部分后铺画沥青面层。

(3)因沥青与酸性石料间的黏附性不良造成的路面麻面松散,可铣刨或挖除松散部分,重铺沥青面层,其矿料不宜使用酸性石料。在缺乏碱性石料的地区,应在沥青中掺入抗剥离剂、增黏剂或使用干燥的消石灰、水泥等表面活性物质作为填料的一部分,或采用石灰浆处理粗集料等抗剥离措施。

因基层原因造成的路面松散,应先处理好基层后,再重做面层。

九、泛油的维修

(1)泛油处治时机应根据泛油病害类型、严重程度及原因合理确定,并采取可行的技术措施。

(2)出现轻微泛油时,可撒布3~5mm粒径的碎石或粗砂,并采用压路机或行车碾压。

(3)出现重度泛油,未发生沥青的迁移现象时,可采用下列方法进行处治:

①先撒布5~10mm粒径的碎石,后采用压路机碾压,待稳定后,再撒布3~5mm粒径的碎石或粗砂,采用压路机或行车碾压。

②先撒布10~15mm粒径或更大粒径的碎石,后采用压路机强力压入路面,待稳定后,再撒布5~10mm或3~5mm粒径的碎石,采用压路机或行车碾压。

③将路面表面1~2cm的富油沥青层铣刨后,铺筑1~2cm的微表处、超薄罩面或薄层罩面。

(4)因沥青面层的沥青用量偏高、矿料级配偏细或混合料空隙率偏低引起的路面泛油,可采用碎石封层、就地热再生、铣刨泛油面层后重铺等方式进行处治。

(5)因沥青混合料水稳定性不良、空隙率偏大引起沥青向上迁移型泛油,而沥青中、下面层的沥青含量低,混合料处于松散状态,存在结构性破坏时,可采用铣刨沥青面层、重新铺筑处治方式。

十、脱皮的维修

(1)由于沥青面层与上封层之间黏结不好,或初期养护不良引起的脱皮,应清除已脱落和已松动的部分,再重新做上封层,所做封层的沥青用量及矿料粒径规格应视封层的厚度而定。

(2)如沥青面层层间产生脱皮,应将脱落及松动部分清除,在下层沥青面上涂刷黏结沥青,并重做沥青层。

(3)对于面层与基层之间因黏结不良而产生的脱皮,应先清除掉脱落、松动的面层,分析黏结不良的原因。若面层与基层间所含水分较多,应晾晒或烘干;若面层与基层之间夹有泥层,则应将泥沙清除干净,喷洒透层沥青后,重做面层。

十一、啃边的维修

(1)因路面边缘沥青面层破损而形成啃边,应将破损的沥青面层挖除,在接茬处涂刷适量的黏结沥青,用沥青混合料进行填补,再整平压实。修补啃边后的路面边缘应与原路面边缘齐顺。

(2)因基层松软、沉陷而形成的啃边,应先对路面边缘基层局部加强后再恢复面层。

(3)应加强路肩的养护工作,保持路肩稳定;随时注意填补路肩上的车辙、坑洼或沟槽;经常保持路肩与路面衔接平顺,并保持路肩应有的横坡,以利排水。

(4)为防止路面出现啃边,宜采取以下措施:

①石、碎砖(瓦)、工业废渣等改善、加固路肩或设硬路肩,使路肩平整、坚实。

②路面边缘增设路缘石,或将路面基层加宽到其面层宽度外20~25cm处。

③交道口或曲线半径较小的路面内侧,可适当加宽路面。

十二、磨光的维修

(1)高速公路、一级公路抗滑能力降低已磨光的沥青面层,可用路面铣刨机直接恢复其表面的粗糙度。

(2)路面石料棱角被磨掉,路面光滑,抗滑性能低于要求值时,应加铺抗滑层。

(3)对表面过于光滑,抗滑性能特别差的路段,应做罩面处理。

①采用拌和法或层铺法施工的单层表面处治,也可以采用乳化沥青稀浆封层。

②罩面前,应先处治好原路面上的各种病害,若原路表有沥青含量过多的薄层,应将其刮除掉后洒黏层油。罩面及封层的技术要求应符合现行《公路沥青路面施工技术规范》(JTG F40)的规定。

十三、桥面沥青铺装的养护与维修

(1)经常保持桥面的清洁,及时清除各种污物、积水、积雪和冰块,疏通桥面泄水孔。冬季必要时应撒铺防冻、防滑材料。

(2)对于桥面沥青铺装出现的各种病害,经检查确定不是由桥梁结构破坏而引起的沥青面层损坏,应按上述有关病害的处治方法进行。

(3)当沥青铺装中的防水层被破坏时,宜采用与原防水层相同材料与结构予以修复。

第四节　旧沥青路面再生利用技术

沥青路面在养护和改扩建施工时会产生大量废旧材料,将这些旧料再生,既可减轻环境污染,又可减少材料消耗,是实现公路交通运输可持续发展的重要手段和迫切需要。随着我国高等级沥青路面维修、养护工程量不断增加,有必要加强对沥青路面再生技术的理论研究,开发适合的再生剂和机械设备。

一、沥青路面再生利用概念和种类

1.沥青路面再生利用的概念

沥青路面再生是指采用沥青路面再生设备,将一定比例的新集料、再生结合料、沥青再生剂等新材料与沥青混合料回收料、无机回收料等沥青路面回收料进行拌和,并经摊铺、压实,形成路面结构层。沥青再生技术通过重复利用旧的沥青混合料(主要为砂石和沥青材料),达到节约资源和保护生态环境的目的。

2. 沥青路面再生利用的分类及特点

根据再生混合料拌制和施工温度不同,沥青路面再生可分为冷再生和热再生。冷再生过程中,在常温条件下对旧路铣刨、新材料进行拌和与摊铺,冷再生结合料通常采用乳化沥青或泡沫沥青;热再生过程中,对旧路面铣刨、新旧材料拌和时需要加热到规定温度。根据施工现场和施工工艺不同,沥青路面再生可以分为厂拌再生和就地再生。就地再生与厂拌再生的区别在于拌和过程发生的地点不同,就地再生拌和过程是在旧路面现场进行,而厂拌再生的拌和过程在拌和厂进行。

我国将沥青再生技术分为5大类:厂拌热再生、就地热再生、厂拌冷再生、就地冷再生、全深式冷再生。每种再生技术各有特点,适用于不同状况的路面。在再生利用前,应对路面状况进行详细调查分析,选择最佳再生方案,以实现效益最优。

图4-3 厂拌热再生拌和站

(1)厂拌热再生。厂拌热再生是在拌和厂将沥青混合料回收料(RAP)破碎、筛分后,以一定的比例与新矿料、新沥青、沥青再生剂等加热拌和为混合料,然后铺筑形成沥青路面的技术。

厂拌热再生技术成熟,技术难度小,适用范围广,质量控制比较简单,是目前全球范围内应用最为广泛的再生技术。但是,厂拌热再生的回收沥青路面材料(RAP)掺配比例相对较低。

厂拌热再生拌和站,如图4-3所示。

(2)就地热再生。就地热再生(图4-4)采用专用设备对沥青路面就地进行加热、翻松,掺入一定数量的新沥青、新沥青混合料、沥青再生剂等,经热态拌和、摊铺、碾压等工序,实现旧沥青路面面层再生的技术。

图4-4 就地热再生

就地热再生实现了回收沥青路面材料(RAP)的全部再生利用,但是它的再生深度有限,适用范围较窄,一般只适用于路面的预防性养护。

(3)厂拌冷再生。厂拌冷再生是在拌和厂将沥青混合料回收料(RAP)或者无机回收料(RAI)破碎、筛分后,以一定的比例与新矿料、再生结合料、水等在常温下拌和为混合料,然后铺筑形成沥青路面的技术。

厂拌冷再生混合料性能较好,对回收沥青路面材料(RAP)质量要求较低,适用范围较广,但是一般不能直接用作表面层。

(4)就地冷再生。就地冷再生是采用专用设备对沥青层进行就地铣刨,掺入一定数量的新矿料、再生结合料、水,经过常温拌和、摊铺、压实等工序,实现旧沥青路面再生的技术。

就地冷再生实现了回收沥青路面材料(RAP)的全部再生利用,对质量要求较低,价格便宜,但是再生层一般不能直接用作表面层。

(5)全深式冷再生。全深式冷再生是采用专用设备对沥青层及部分下承层进行就地翻松,或是将沥青层部分或全部铣刨移除后对部分下承层进行就地翻松,同时掺入一定数量的新矿料、再生结合料、水等,经过常温拌和、摊铺、压实等工序,实现旧沥青路面再生的技术。

3. 沥青路面再生方式的选择

沥青路面再生方式的选择可按表4-5～表4-10的规定进行。三级、四级公路面层采用冷再生作为上面层时,应采用稀浆封层、碎石封层、微表处等作为上封层。

厂拌热再生的适用范围 表4-5

<table>
<tr><th rowspan="2">公 路 等 级</th><th colspan="5">再生层的结构层次</th></tr>
<tr><th>表面层</th><th>中面层</th><th>下面层</th><th>基层</th><th>底基层</th></tr>
<tr><td>高速公路、一级公路</td><td>可使用</td><td colspan="3">宜使用</td><td>—</td></tr>
<tr><td>二级公路</td><td>可使用</td><td colspan="3">宜使用</td><td>—</td></tr>
<tr><td>三级公路、四级公路</td><td colspan="3">宜使用</td><td colspan="2">—</td></tr>
</table>

就地热再生的适用范围 表4-6

<table>
<tr><th rowspan="2">公 路 等 级</th><th colspan="5">再生层的结构层次</th></tr>
<tr><th>表面层</th><th>中面层</th><th>下面层</th><th>基层</th><th>底基层</th></tr>
<tr><td>高速公路、一级公路</td><td colspan="2">宜使用</td><td>可使用</td><td>—</td><td>—</td></tr>
<tr><td>二级公路</td><td colspan="3">宜使用</td><td>—</td><td>—</td></tr>
<tr><td>三级公路、四级公路</td><td colspan="3">不应使用</td><td colspan="2">—</td></tr>
</table>

乳化沥青及泡沫沥青厂拌冷再生的适用范围 表4-7

<table>
<tr><th rowspan="2">公 路 等 级</th><th colspan="5">再生层的结构层次</th></tr>
<tr><th>表面层</th><th>中面层</th><th>下面层</th><th>基层</th><th>底基层</th></tr>
<tr><td>高速公路、一级公路</td><td>不应使用</td><td>可使用</td><td colspan="2">宜使用</td><td>—</td></tr>
<tr><td>二级公路</td><td>不应使用</td><td colspan="3">宜使用</td><td>—</td></tr>
<tr><td>三级公路、四级公路</td><td colspan="5">宜使用</td></tr>
</table>

无机结合料厂拌冷再生的适用范围 表4-8

<table>
<tr><th rowspan="2">公 路 等 级</th><th colspan="5">再生层的结构层次</th></tr>
<tr><th>表面层</th><th>中面层</th><th>下面层</th><th>基层</th><th>底基层</th></tr>
<tr><td>高速公路、一级公路</td><td colspan="3">不应使用</td><td>可使用</td><td>宜使用</td></tr>
<tr><td>二级公路</td><td colspan="3">不应使用</td><td>宜使用</td><td>—</td></tr>
<tr><td>三级公路、四级公路</td><td colspan="3">—</td><td colspan="2">宜使用</td></tr>
</table>

就地冷再生的适用范围 表4-9

<table>
<tr><th rowspan="2">公 路 等 级</th><th colspan="5">再生层的结构层次</th></tr>
<tr><th>表面层</th><th>中面层</th><th>下面层</th><th>基层</th><th>底基层</th></tr>
<tr><td>高速公路、一级公路</td><td colspan="2">不应使用</td><td colspan="2">宜使用</td><td>—</td></tr>
<tr><td>二级公路</td><td colspan="3">宜使用</td><td>—</td><td>—</td></tr>
<tr><td>三级公路、四级公路</td><td colspan="5">宜使用</td></tr>
</table>

全深式冷再生的适用范围　　表 4-10

公路等级	再生层的结构层次				
	表面层	中面层	下面层	基层	底基层
高速公路、一级公路	—	—	可使用	宜使用	
二级公路	—	可使用		宜使用	
三级公路、四级公路	—	宜使用			

含 SBS 改性沥青的沥青混合料回收料(RAP)可用于厂拌热再生,使用其他类型改性剂的改性沥青混合料的回收料,应经论证后使用。

(1)采用就地热再生方式时,路面技术状况宜满足表 4-11 的要求。

就地热再生方式适用的路面技术状况　　表 4-11

指标		技术要求
路面结构强度指数(PSSI)		≥80
原路面沥青层厚度(mm)		≥(再生深度 +30)
再生深度范围内沥青混合料	沥青 25℃针入度(0.1mm)	≥20
	沥青含量(%)	≥3.8
路面病害波及范围		主要集中在再生深度范围内

就地热再生对路面结构强度的贡献不大,其路用效果和寿命受到原路面结构强度的显著影响。因此,原路面要求有充足的结构强度。

研究表明,沥青老化到 25℃针入度(0.1mm)低于 20 后,通过就地热再生工艺较难有效恢复沥青指标,因此提出了原路面沥青针入度的要求。

此外,当原路面贫油时,路面加热将变得十分困难,因此结合经验提出了原路面沥青含量不低于 3.8% 的要求。

(2)稀浆封层、微表处、薄层罩面、碎石封层路面再生设计采用就地热再生方式时,混合料的级配、加热温度应满足混合料性能及施工工艺要求。当不能满足混合料性能及施工工艺要求时,应将上述材料层铣刨后再进行就地热再生。

(3)采用就地冷再生方式时,路面技术状况宜满足表 4-12 的要求。

就地冷再生方式适用的路面技术状况　　表 4-12

指标	技术要求
路面结构强度指数(PSSI)	≥80
路面损坏状况指数(PCI)	≤90
路面病害波及范围	主要集中在再生深度范围内
下承层强度	满足设计要求

(4)采用全深式冷再生方式时,路面技术状况宜满足表 4-13 的要求。

全深式冷再生方式适用的路面技术状况　　表 4-13

指标	技术要求
路面结构强度指数(PSSI)	≥70
路面损坏状况指数(PCI)	≤85
路面病害波及范围	主要集中在再生深度范围内
下承层强度	满足设计要求

(5)采用冷再生方式时，再生结合料类型的选择应符合下列规定：

①沥青混合料回收料(RAP)应使用乳化沥青或泡沫沥青作为再生结合料并添加适量水泥，不宜单独使用水泥、石灰进行再生。

②无机回收料可单独使用水泥、石灰进行再生，也可使用乳化沥青或泡沫沥青作为再生结合料并添加一定比例的水泥进行再生。

③沥青路面回收料中同时含有沥青混合料回收料(RAP)和无机回收料情况下，宜使用乳化沥青或泡沫沥青作为再生结合料并添加适量水泥。如仅采用水泥或石灰作为再生结合料，沥青混合料回收料(RAP)在沥青路面回收料中的占比宜小于40%。

4.结构组合与结构厚度

(1)采用就地热再生方式时，采用一级加热翻松工艺的就地热再生深度宜为20~60mm，再生深度超过60mm时，应采用二级加热翻松工艺。

(2)采用厂拌热再生方式时，再生层厚度及路面结构组合应符合现行《公路沥青路面设计规范》(JTG D50)中对应级配类型沥青混合料的有关规定。

(3)采用厂拌冷再生、就地冷再生、全深式冷再生方式时，可按表4-14初步拟定路面结构厚度，并应根据现行《公路沥青路面设计规范》(JTG D50)的有关规定进行分析设计。

沥青路面冷再生结构组合与厚度 表4-14

交通荷载等级	沥青面层		冷再生厚度(mm)	下承层
	推荐厚度(mm)	最小厚度(mm)		
特重	150~220	120	≥120	下承层结构强度应满足路面基层或底基层设计要求
重	120~180	100	≥100	
中	60~120	50	≥80 (≥160)	
轻	≥30或者处于微表处、稀浆封层、碎石封层等磨耗层		≥80 (≥160)	

注：1.表中冷再生层厚度中，括号内数字无机结合料冷再生材料层的厚度，其他为沥青冷再生材料层的厚度。

2.下承层结构强度不满足要求的，可采用水泥或石灰稳定冷再生进行处治，处治层厚度宜为140~200mm。

3.对于重及以上交通荷载等级的公路，沥青面层宜采取技术措施提高抗车辙能力。

目前我国高速公路上使用的乳化沥青或泡沫沥青厂拌冷再生典型的路面结构形式是：厚度120~180mm的厂拌冷再生层，以及厚度100~160mm的沥青罩面层。此外，部分省(自治区、直辖市)的国省干线公路上的典型冷再生路面结构形式是：厚度100~150mm的厂拌冷再生层，以及厚度50~100mm的沥青罩面层。

冷再生层厚度设计时应考虑可压实性，并应符合下列规定：

(1)单层压实厚度不宜大于200mm。单层冷再生混合料压实厚度大于200mm时，应检验并论证其压实效果是否满足要求。

(2)采用泡沫沥青或乳化沥青时，厂拌冷再生、就地冷再生的单层冷再生混合料压实厚度不宜小于80mm，全深式冷再生的单层冷再生混合料压实厚度不宜小于100mm。

(3)单独采用无机结合料的冷再生方式时，单层冷再生混合料压实厚度不宜小于160mm。

对于乳化沥青或者泡沫沥青作为再生结合料的厂拌冷再生混合料，目前压实机具完全可以满足单层200mm的压实需要。结合工程实践,厂拌冷再生混合料的压实需要注重层位底部混合料的压实,有的工程现场实测数据反映出层厚超过160mm后,压实层上下部的压实度存在较明显差异,空隙率差值最大接近4%,需引起重视。

厂拌冷再生混合料的压实厚度过薄将难以形成结构强度,结合工程实践将压实厚度下限提高为80mm。目前在二级以下公路的冷再生工程中也存在设计压实厚度60~70mm的情况,但是由于工程实际中下承层高程的不均匀性等原因,使得个别点部位会出现实际压实厚度进一步减小的情况,压实有时难以保证,成为工程质量的薄弱环节。

二、沥青路面再生技术前准备工作

1.一般规定

(1)沥青路面再生工程实施前,应对原路面历史信息、原路面技术状况、交通量、工程经济等方面的内容进行调查和综合分析,为再生设计(再生方式的选择、再生混合料设计、再生工艺的确定等)提供依据。

(2)原路面调查的内容应完整,并进行系统分析和准确评价。

2.原路面历史信息调查与分析

(1)收集原路面设计资料、竣工资料等,一般包括原路面的结构、材料和路况等方面的资料。

(2)收集原路面通车营运期间的养护资料和路面检测资料,并结合施工资料、竣工资料,分析病害成因。

3.原路面调查与评价

(1)原路面状况调查内容一般包括:路面损坏状况指数(PCI)、国际平整度指数(IRI)、路面结构强度系数(SSI)、车辙深度、下承层的承载能力、原路面结构厚度。

(2)对原路面材料进行取样。

(3)通过对原路面状况的调查、原路面材料的取样和试验、路面病害成因分析,为再生设计提供依据。

4.交通量调查

(1)进行交通量调查,为再生路面结构设计和材料设计提供依据。调查内容应包括交通量大小、轴载情况等。

(2)通过交通量调查,为再生工程的交通组织方案提供依据。如果交通量较大,应考虑在施工过程中采取车辆分流措施;无法分流车辆的,应有针对性地进行施工组织设计或综合比选其他路面养护维修方法。

5.技术经济性分析

对可能采用的不同路面维修方案,应进行综合技术经济对比分析,分析各种方案使用年限内的综合成本,包括路面维修成本、养护成本、路面残值等。

三、就地再生技术

1. 就地热再生技术

就地热再生技术适用于仅存在浅层轻微病害的高速公路及一级、二级公路沥青路面表面层的就地再生利用，再生层可用作上面层或者中面层。它是采用专用的就地热再生设备，对沥青路面进行加热、铣刨，就地掺入一定数量的新沥青、新沥青混合料、再生剂等，经热态拌和、摊铺、碾压等工序，一次性实现对表面一定深度范围内旧沥青混凝土路面再生的技术。沥青路面就地热再生，再生深度一般为20～50mm。

1）就地热再生技术的分类

就地热再生技术可以分为复拌再生、加铺再生两种。

（1）复拌再生（remixing）：将旧沥青路面加热、翻松，就地掺加一定数量的沥青再生剂、新沥青混合料、新沥青（需要时），经热态拌和、摊铺、压实成型。

（2）加铺再生（repaving）：将旧沥青路面加热、翻松，就地掺加一定数量的沥青再生剂、新沥青（需要时），拌和形成沥青混合料，利用再生复拌机的第一熨平板摊铺沥青混合料，同时第二熨平板将新沥青混合料摊铺于再生混合料之上，两层一起压实成型。

2）沥青路面就地热再生条件

沥青路面就地热再生是一种预防性养护技术，再生时原路面应具备以下条件：

（1）原路面整体强度满足设计要求。

（2）原路面病害主要集中在表面层，通过再生施工可得到有效修复。

（3）原路面沥青的25℃针入度不低于20（0.1mm）。

（4）原路面上有稀浆封层、微表处、超薄罩面、碎石封层的，不宜直接进行就地热再生。

就地热再生前，应先将其铣刨掉，或经充分试验分析后，做出有针对性的材料设计和工艺设计。

（5）改性沥青路面的就地热再生，宜进行专门论证。

3）施工准备

（1）施工前应配备满足施工要求的预热机、再生复拌机、压路机等生产施工设备，并检查其处于良好的工作状态。

（2）施工前应做好技术、材料、设备、人员、交通组织、后勤保障等各方面的准备工作。

（3）施工前应进行现场周边环境调查，对可能受到影响的植物隔离带、树木、加油站等提前采取防护措施。

（4）施工前应对就地热再生无法修复的路面病害进行预处理，并应符合下列规定：

①破损松散类病害的深度超过就地热再生施工深度时，应予挖补。

②根据再生设备的不同，对深度为30～50mm的变形类病害，再生前应进行铣刨处理。

③应预先处理影响热再生工程质量的路面裂缝。

（5）原路面特殊部位的预处理应满足下列要求：

①采用铣刨机沿行车方向将伸缩缝和井盖后端铣刨2.5m，前端铣刨1～2m，铣刨深度30～50mm，再生施工时应采用新沥青混合料或沥青混合料回收料铺筑。

②原路面上的标线、突起路标、灌缝胶等应清除。

③桥梁伸缩装置应采用隔热板进行保护。

(6)正式施工前应铺筑试验段,长度不宜小于200m。在铺筑试验阶段应完成下列工作内容:

①检验再生设备的性能是否满足施工需要。

②确定再生设备加热时间、加热温度及施工速度等施工工艺和参数。

③验证混合料配合比设计,检验新材料的添加组成和添加量以及最佳沥青用量。

④检测压实度、渗水系数等性能指标。

⑤检验质量控制方案的可行性。

(7)施工前应清扫路面,在路面再生宽度以外画导向线,也可将路面边缘线作为导向线,保证再生施工边缘顺直美观。

4)加热、翻松与拌和

(1)路面加热应满足下列要求:

①原路面应充分加热。不应因加热温度不足造成翻松时集料破损,也不应因加热温度过高造成沥青过度老化。

②再生机组各设备应保持合理间距,加热机和具备翻松功能的机具最大间距不宜超过2m。

③原路面加热宽度比翻松宽度每侧应至少宽出200mm。

④纵缝搭接处,加热宽度应超过搭接边线150~200mm。

(2)路面翻松应满足下列要求:

①翻松深度应均匀。翻松深度变化时应缓慢渐变。

②翻松面应有较好的粗糙度。

③翻松前路表温度,普通沥青路面应不高于185℃,改性沥青路面应不高于200℃。翻松后裸露面的温度,普通沥青路面应高于85℃,改性沥青路面应高于100℃。

对翻松后裸露面的温度提出要求,是为了充分加热沥青混合料回收料(RAP),避免RAP集料破碎,同时也有利于再生层与下承层的层间黏结。

(3)添加沥青再生剂、新沥青、新沥青混合料等新材料应满足下列要求:

①新材料的添加量应根据沥青混合料回收料配合比设计结果确定。

②新材料应均匀添加、精确控制。

③施工过程中应根据再生路段状况适时调整新材料的用量。

(4)再生混合料应拌和均匀,拌和温度应满足要求。

5)摊铺

摊铺速度应与加热设备行进速度保持协调一致,宜为1.5~4m/min。摊铺混合料应均匀,无裂纹、离析等现象。

提高混合料的初始密实度有助于减少热量散失,保证路面质量。因此,应根据再生混合料类型与再生层厚度,调整摊铺时振捣的频率与振幅,提高混合料的初始密实度。

普通沥青再生混合料摊铺温度不宜低于120℃;改性沥青再生混合料摊铺温度不宜低于130℃;熨平板预热温度不宜低于110℃。

6)压实

(1)应采用试验段确定的碾压工艺压实。

(2)压实应紧跟摊铺机进行。使用双钢轮压路机压实时宜减少喷水,使用轮胎压路机压实时不宜喷水。

(3)对大型机具无法压实的局部部位,应选用小型振动压路机或者振动夯板配合碾压。

(4)就地热再生路面压实的其他要求,应符合现行《公路沥青路面施工技术规范》(JTG F40)对热拌沥青混合料路面的有关规定。

7)养生及开放交通

开放交通时路面温度应低于50℃。

再生路面开放交通及其他事项,应符合现行《公路沥青路面施工技术规范》(JTG F40)中对热拌沥青混合料路面的有关规定。

8)施工质量控制

施工过程的材料质量检验应符合现行《公路沥青路面施工技术规范》(JTG F40)的有关规定。此外,还应按批次对沥青再生剂进行检验,其质量应满足现行《公路沥青路面再生技术规范》(JTG/T 5521)的要求。添加的新沥青混合料的质量应满足设计要求。

此外,施工过程中的工程质量控制应满足表4-15、表4-16的要求。

就地热再生混合料施工过程中的质量控制标准 表4-15

检测项目		检测频度	质量要求或允许偏差	试验方法
混合料外观		随时	应均匀、无离析、无花白料、无结团	目测
新沥青混合料、沥青再生料、沥青用量		随时	适时调整、总量控制	每天计量
沥青混合料级配(%)	0.075mm	每个工作日1~2次	±2	T0725或T0735与设计级配之差
	≤2.36mm		±2(高速公路、一级公路);±6(其他等级公路)	
	≥4.75mm		±6(高速公路、一级公路);±7(其他等级公路)	
再生混合料沥青含量(%)		每个工作日1~2次	设计值±0.3	T0722或T0735
马歇尔试验、空隙率、稳定度、流值		每个工作日1次	符合规范要求	T0722、T0709
浸水马歇尔试验		必要时	符合规范要求	T0722、T0709
车辙动稳定度试验		每周1~2次	符合规范要求	T0719

就地热再生施工过程中的质量控制标准 表4-16

检验项目	检验频度	质量要求或允许偏差	试验方法
外观	随时	表面平整密实,无明显轮迹、裂痕、推挤、油包、离析等缺陷	目测
纵横接缝高差(mm)	每200m测一处	≤3	3m直尺间隙
翻松裸露面温度(℃)	随时	≥80(普通沥青);≥100(改性沥青)	紧跟铣刨刀头测量
再生混合料摊铺温度(℃)	随时	≥120(普通沥青);≥130(改性沥青)	温度计测量

续上表

检验项目	检验频度	质量要求或允许偏差	试验方法
再生厚度(mm)	每1500m^2检验一处	-1,+5(基于设计厚度)	T0912
加铺厚度(mm)	每1500m^2检验一处	-1,+5(基于设计厚度)	T0912
宽度(mm)	每100m检验一次	≥设计宽度	T0911
压实度(%)	每1500m^2检验一组	≥93(基于理论最大相对密度)	T0924,JTG F40—2004附录E
平整度(标准差)(mm)	全线连续	≤1.5(高速公路、一级公路); ≤2.5(其他等级公路)	T0932;全程每车道施工段连续,按每100m施工段技术标准差
渗水系数(mL/min)	每1500m^2检验一处	符合设计要求	T0971

2. 沥青路面就地冷再生

沥青路面就地冷再生,适用于一级、二级、三级公路沥青路面的就地再生利用,用于高速公路时应进行论证。对于一级、二级公路,再生层可作为下面层、基层;对于三级公路,再生层可作为面层、基层,用作上面层时应采用稀浆封层、碎石封层、微表处等作为上封层。

沥青路面就地冷再生是采用专用的就地冷再生设备,对沥青路面进行现场冷铣刨、破碎和筛分(必要时),掺入一定用量的新集料、再生结合料、活性填料(水泥、石灰等)、水,经过常温拌和、摊铺、碾压等工序,一次性实现旧沥青路面再生的技术,它包括沥青层就地冷再生和全深式就地冷再生两种方式。仅对沥青材料层进行的就地冷再生称为沥青层就地冷再生;再生层包括原路面面层和基层的,称为全深式就地冷再生。

沥青层就地冷再生应使用乳化沥青、泡沫沥青作为再生结合料;全深式就地冷再生既可使用乳化沥青、泡沫沥青等沥青类的再生结合料,也可使用水泥、石灰等无机结合料作为再生结合料。当使用水泥、石灰等作为再生结合料时,再生层只可作为基层。

1)沥青路面就地冷再生要求

(1)沥青路面就地冷再生时,再生层的下承层应完好,并满足所处结构层的强度要求。

(2)就地冷再生层的压实厚度要求为:使用乳化沥青、泡沫沥青时不宜大于160mm,且不宜小于80mm;使用水泥、石灰时不宜大于220mm,且不宜小于150mm。

(3)使用水泥、石灰等无机结合料作为再生结合料时的全深式就地冷再生,沥青层厚度占再生厚度的比例不宜超过50%。

2)施工准备

(1)施工前应配备满足施工要求的就地冷再生机、压路机、运料车、沥青罐车、水罐车等生产施工设备,并保证其处于良好的工作状态。

(2)施工前应做好技术、材料、设备、人员、交通组织、后勤保障等各方面的准备工作。

(3)正式施工前应铺筑试验段,长度不宜小于200m。通过铺筑试验段应完成下列工作内容:检验再生设备的性能是否满足施工需要;确定就地冷再生机参数设置、铣刨深度、再生速度、摊铺工艺、压实工艺、合理施工作业段长度、养生时间等施工工艺和参数;验证混合料配合比设计;检测压实度、渗水系数等性能指标;建立就地冷再生机仪表显示值与实际值的相关关系,检验质量控制方案的可行性和可操作性等。

(4)需要分幅完成再生作业时,每个作业段长度的确定应综合考虑施工季节、气候条件、再生作业段宽度、施工机械和运输车辆的效率和数量、操作熟练程度、水泥终凝时间等因素,宜控制在100~200m范围内。

(5)施工前应清除原路面上的杂物,根据再生厚度、宽度、干密度等计算单位面积沥青再生结合料、新集料、水泥等的用量。将新集料、水泥均匀撒布到原路面上,有条件的宜采用水泥制浆车添加水泥。

3)铣刨与拌和

就地冷再生的施工应按试验段确定的再生工艺进行。

(1)再生机组应匀速、连续地进行再生作业,按设定再生深度对路面进行铣刨、拌和,不得随意变更速度或者中途停顿,再生施工速度宜为3~6m/min。

(2)纵向接缝搭接宽度不宜小于100mm。当搭接宽度超过再生机沥青喷嘴和水喷嘴的有效喷洒宽度时,后一幅施工时应关闭相应位置的沥青和水喷嘴。

(3)每一幅的再生宽度应根据设计再生宽度、再生机铣刨宽度、施工组织便捷性等合理确定,减少纵向接缝数量,且宜使纵向接缝避开车道轮迹带的位置。

(4)横向搭接处的施工宜符合下列规定:

再生停机时间短于水泥初凝时间时,应将再生机退至其铣刨转子之后至少1.5m的位置,重新开始再生作业,再生停机时间超过水泥初凝时间时,应在搭接处重新撒布水泥,但无须再次添加新料、乳化沥青或泡沫沥青,重新开始再生作业。

4)摊铺

混合料宜采用摊铺机或者带有摊铺装置的再生机进行摊铺。原路面平整度较差或对冷再生层平整度要求较高时,不宜采用再生机自带的摊铺装置进行摊铺。三级和四级公路也可使用平地机进行摊铺。

使用摊铺机摊铺时,应符合下列规定:

(1)摊铺应匀速、连续,速度宜控制在2~4m/min的范围内,且不得随意变换速度或者中途停顿。

(2)摊铺能力应与再生能力基本匹配。应在水泥初凝时间范围内完成材料摊铺压实。

(3)松铺系数应根据试验段的结果确定。

(4)摊铺机的摊铺宽度应与再生铣刨宽度保持一致。

(5)可根据工程需要选择高程控制、平衡梁、雪橇式等摊铺厚度控制方式。

使用带摊铺装置的再生机进行摊铺时,应满足下列要求:

(1)摊铺应匀速、连续,速度宜控制在2~4m/min的范围内,且不得随意变换速度或者中途停顿。

(2)摊铺厚度应合理,使单位时间内摊铺槽进出材料数量基本平衡,不得出现缺料或者溢料的情况。

(3)松铺系数应根据试验段的结果确定。

(4)摊铺机的摊铺宽度应与再生铣刨宽度保持一致。

摊铺过程中应随时检查摊铺层厚度、路拱和横坡等,发现问题应及时调整。摊铺出的混合料不应出现明显离析、波浪、裂缝、拖痕,发现问题应及时处理。

5)压实

压实应采用流水作业法,使各工序紧密衔接,缩短从拌和到完成碾压之间的延迟时间。碾压的要求如下：

(1)根据再生层厚度、压实度等的需要，配备足够数量、吨位的钢轮压路机、轮胎压路机，按照试验段确定的压实工艺进行碾压，保证压实后再生层符合压实度和平整度要求。

(2)沥青路面就地冷再生施工必须采用流水作业法，使各工序紧密衔接，尽量缩短从拌和到完成碾压之间的延迟时间。

(3)初压时混合料的含水率应比最佳含水率高1% ~2%。碾压过程中，再生层表面应始终保持湿润，如水分蒸发过快，应及时洒水。

(4)碾压过程中出现弹簧、松散、起皮等现象时，应及时翻开重新拌和，使其达到质量要求。

(5)可在碾压结束前用平地机再终平一次，使其纵向顺适，路拱和超高符合设计要求。

6)养生及开放交通

使用无机结合料的全深式就地冷再生，养生和开放交通应满足下列要求：

(1)碾压完成并经过压实度检查合格后的路段，应立即进行养生。养生可采用湿砂、覆盖、乳化沥青、洒水等方法。

(2)养生时间不宜少于7日，整个养生期内再生层表面应保持潮湿状态。养生期内禁止除洒水车辆以外的其他车辆通行。

(3)后续施工前应将再生层清扫干净。如果再生层上为无机结合料稳定材料层，应洒少量水湿润表面；如果其上为沥青层，应立即实施透层和封层；如果其上是水泥混凝土层，应尽快铺设，避免再生层暴晒开裂。

7)施工质量控制

(1)材料进场时应进行材料检验，保证满足设计要求。

(2)施工过程中的材料质量控制应符合表4-17的要求。

就地冷再生施工过程中的材料检验 表4-17

材料	检验项目	要求值	检验频度	
			高速公路、一级公路	其他等级公路
乳化沥青	蒸发残留物含量、蒸发残留物针入度、软化点	符合设计要求	每2~3个工作日一次	每周一次
泡沫沥青	沥青的针入度、延度、软化点、泡沫沥青的膨胀率、半衰期	符合设计要求	每2~3个工作日一次	每周一次
粗集料	针片状颗粒含量、表观相对密度、级配、压碎值	符合设计要求	需要时	需要时
细集料	级配、表观相对密度、松方密度	符合设计要求	需要时	需要时
	含水率	—	每日施工前	根据需要时
矿粉	塑性指数、粒度范围	符合规范及设计要求	每2~3个工作日一次	每周一次

续上表

材料	检验项目	要求值	检验频度	
			高速公路、一级公路	其他等级公路
沥青混合料回收料(RAP)	级配	符合规范及设计要求	发现异常时	发现异常时
水泥	强度、初凝时间、终凝时间	符合设计要求	需要时	需要时

(3)就地冷再生施工过程的质量控制标准应符合表4-18的要求。

就地冷再生施工过程中的质量控制标准　　表4-18

检验项目		质量要求		检验频度	检验方法
		高速公路、一级公路	其他等级公路		
外观		表面平整密实、无浮石、弹簧现象、无明显压路机轮迹		随时	目测
厚度(mm)		设计厚度±10	设计厚度±5	每2000m^{2}检验1点,单点评价	T0912
乳化沥青再生	压实度(%)	≥99(基于试验室标准密度)		每车道每1km检验3点	T0921
		≥87(基于理论最大相对密度)			T0924
	孔隙率(%)	满足设计要求(基于理论最大相对密度)		每车道每1km检验3点	T0924
泡沫沥青再生	压实度(%)	≥99(基于试验室标准密度)		每车道每1km检验3点	T0921
	沥青稳定(℃)	设计发泡稳定±8		随时	温度计
平整度(标准差)(mm)		≤2.0(1.8)	≤3.0(2.8)	连续测量	T0932
宽度(mm)		不小于设计宽度、边缘线整齐、顺适		每100m检验2处	T0911
纵断面高程(mm)		符合设计要求		每100m检验1个断面	T0911
横坡(%)		符合设计要求		每100m检验1个断面	T0911

注:1.表中压实度质量不要求同时满足,而是选择其中一种方法进行检测并达到要求即为合格。

2.表中括号内数字是针对冷再生上加铺的沥青层厚度小于50mm的情况。

四、厂拌再生技术

1.厂拌热再生技术

厂拌热再生,适用于对各等级公路回收RAP进行热拌再生利用,再生后的沥青混合料根据其性能和工程情况,可用于各等级公路的沥青面层及柔性基层。

混合料厂拌热再生原理是:旧沥青在加热、拌和过程中逐渐从回收沥青路面材料(RAP)旧集料中分离出来,并部分裹覆到新的集料表面,新加入的沥青在新、旧集料上均匀分布,从而使再生混合料中的沥青各个组分趋于均匀。

2. 厂拌热再生施工

1)设备要求

厂拌热再生混合料生产设备应符合现行《公路沥青路面施工技术规范》(JTG F40)的有关规定,并应满足下列要求:

(1)应配备不少于2个RAP冷料仓。

(2)应配备独立的RAP加热滚筒,RAP加热滚筒出料口应安装测温装置,温度测量精度宜不低于±3℃。

(3)应配备独立的RAP热料暂存仓,热料暂存仓应具有加热保温功能并宜具有料位检测装置。

(4)应配备RAP配料装置和计量装置,静态计超精度宜不低于±0.5%。

(5)RAP供给系统的供料能力、燃烧器的供热能力、RAP加热滚筒的生产能力应满足设备最大生产能力的要求。

(6)加热装置应确保RAP不与火焰直接接触。

(7)RAP加热滚筒内应设置避免RAP黏附滚筒内壁的专门装置。

(8)应根据需要配备沥青再生剂的储存、计量、喷洒装置,再生剂静态计量精度宜不低于±0.3%。

(9)摊铺设备、压实设备等应符合现行《公路沥青路面施工技术规范》(JTG F40)的有关规定。

2)施工准备

(1)施工前应配备满足施工要求的厂拌热再生拌和设备、摊铺机、压路机、运料车等生产施工设备,并保证其处于良好的工作状态。

(2)施工前应储备足够数量的、满足要求的粗细集料、沥青、沥青再生剂(必要时)、矿粉、预处理后的RAP等所需的各类材料。

(3)施工前应检查下承层。下承层应密实平整,强度应符合设计要求,病害应进行处治。

(4)正式施工前应按现行《公路沥青路面施工技术规范》(JTG F40)的有关规定铺筑试验段。

3)RAP的回收、预处理和堆放

(1)在RAP回收阶段,应采取下列措施严格控制RAP变异性:

①在对旧路面状况充分调查、收集旧路面原始资料以及修补、养护记录的基础上,对不同路况路段分段铣刨。

②施工过程时,铣刨速度、铣刨深度等工艺参数应保持稳定。

③记录不同的RAP材料信息。

(2)获取RAP时不得混入杂物。

(3)RAP进厂应进行检验。

(4)RAP在使用前应进行破碎、筛分等预处理,并应符合下列规定:

①不同料源、品种、规格的RAP宜分开进行预处理。

②对于粒径超过26.5mm的RAP、聚团的RAP,应使用破碎机进行破碎。

③应根据再生混合料的最大公称粒径合理选择筛网尺寸,将破碎后的RAP筛分成不少于2档。

(5)预处理后的RAP应根据不同料源、品种、规格分隔堆放,并分别设立清晰的材料标示牌。

由于RAP材料的进厂与热拌沥青混合料回收料的使用可能存在较大时间差,因此储存场地要预留足够。根据日本沥青协会调查结果,RAP料场的储存面积大多在2000~3000m^2。

使用推土机、装载机等机具将一个料堆的RAP充分混合，然后用破碎机或其他方式进行破碎，应使RAP最大粒径小于再生沥青混合料最大公称粒径，不应有超粒径材料。不允许直接使用未经预处理的RAP。

根据再生沥青混合料的最大公称粒径合理选择筛孔尺寸，将处理后的RAP筛分成不少于2档的材料。

经过预处理的RAP，可用装载机等将其转运到堆料场均匀堆放，转运和堆放过程中应避免RAP离析。RAP应避免长时间堆放，料仓中的RAP皮及时使用。使用RAP时应从料堆的一端开始在全高范围内铲料。

预处理后的RAP在堆放时应将其沿水平方向摊开，逐层堆放。预处理后的RAP不宜长期存放，应避免离析、结团。

RAP应遵循“即处理即用”的原则，避免重新结块。RAP只有在要生产混合料时才投进冷料斗中。如果在筒仓或料斗中提前储存太多RAP，它在气温高的时候会在自重作用下固结聚团、成块，造成堵塞，因此要避免长时间储存。

4）拌和

再生沥青混合料的拌和时间应根据具体情况经试拌确定，拌和的混合料应均匀、无花白料。干拌时间宜比普通热拌沥青混合料延长5～10s，总拌和时间宜比普通热拌沥青混合料延长10～30s。各阶段拌和时间宜在表4-19规定的范围内。

厂拌热沥青混合料拌和时间 表4-19

项　目	RAP	再生剂	新集料	新沥青	矿粉
拌和时间(s)	1～15		10～15	15～20	20～25
总拌和时间(s)	55～75				

再生沥青混合料的生产温度应符合下列规定：

（1）拌和时应适当提高新集料的加热温度，但最高不宜超过200℃。

（2）RAP加热温度不宜低于110℃，不宜超过130℃。

（3）再生沥青混合料出料温度应比相应类型的热拌沥青混合料高5～10℃。

厂拌热再生沥青混合料的生产温度以不加剧RAP的再老化、提高生产能力、降低能耗并生产出均匀稳定的再生沥青混合料为原则，可根据拌和设备的加热干燥能力、RAP含水率、再生沥青混合料的级配、再生沥青的黏温曲线等综合确定。

工程经验表明，厂拌热再生沥青混合料采用温拌工艺生产可以适当降低再生沥青混合料的出料温度。

拌和过程中应避免出现RAP过热或加热不足的情况。RAP过热、碳化时，应予废弃。

再生沥青混合料拌和的其他要求，应符合现行《公路沥青路面施工技术规范》（JTG F40）对热拌沥青混合料的有关规定。

5）运输

应选用载质量15t以上的自卸车运输厂拌热沥青混合料回收料，自卸车数量应满足连续摊铺施工需要，即满足如下要求：

（1）运料车车厢宜做保温处理。运料车运输混合料时可采用苫布、棉被等覆盖保温，卸料过程中宜保持覆盖。

（2）运料车车厢板上不得使用柴油、废机油等作为防止沥青黏结的隔离剂或防黏剂。

(3)再生沥青混合料运输的其他要求，应符合现行《公路沥青路面施工技术规范》(JTG F40)对热拌沥青混合料路面的有关规定。

6)摊铺

(1)再生沥青混合料的摊铺温度宜比相应的热拌沥青混合料摊铺温度提高5～10℃。

(2)再生沥青混合料的松铺系数应由试验段确定。

(3)摊铺机熨平板预热温度应不低于110℃。

(4)再生沥青混合料摊铺的其他要求，应符合现行《公路沥青路面施工技术规范》(JTG F40)对热拌沥青混合料路面的有关规定。

7)压实

再生沥青混合料的压实温度宜在现行《公路沥青路面施工技术规范》(JTG F40)规定的对应的热拌沥青混合料压实温度基础上提高5～10℃。

(1)当边缘有挡板、路缘石、未铣刨的路面等支挡时，压路机宜紧靠支挡碾压。当边缘无支挡时，压路机的外侧轮宜伸出边缘100mm以上碾压。

(2)急弯路段宜采取直线式碾压，对压路机碾压不到的缺角位置宜使用小型机具压实。

(3)再生沥青混合料压实的其他要求，应符合现行《公路沥青路面施工技术规范》(JTG F40)中对热拌沥青混合料路面的有关规定。

8)养生及开放交通

再生路面的养生和开放交通，应符合现行《公路沥青路面施工技术规范》(JTG F40)中对热拌沥青混合料路面的有关规定。

9)施工质量控制

施工前按批次对预处理后的RAP、沥青再生剂进行检验，其性能应符合相关规定。

施工过程中对预处理后的RAP的质量检验频度与质量要求应符合表4-20的规定。

厂拌热再生施工过程中预处理后的RAP检验频度与质量要求 表4-20

<table>
<tr><th colspan="2" rowspan="2">检验项目</th><th rowspan="2">检验频度</th><th colspan="2">质量要求或允许偏差</th><th rowspan="2">试验方法</th></tr>
<tr><th>高速公路、一级公路</th><th>其他等级公路</th></tr>
<tr><td colspan="2">RAP含水率(%)</td><td>每个工作日1次</td><td>≤3</td><td>≤3</td><td>《公路沥青路面再生技术规范》(JTG/T 5521—2019)附录B</td></tr>
<tr><td colspan="2">RAP中集料毛体积相对密度</td><td>1次/5000tRAP</td><td>实测</td><td>实测</td><td>T0722,T0304,T0330</td></tr>
<tr><td rowspan="2">RAP中矿料级配</td><td>0.075mm筛孔通过率(%)</td><td>1次/2000tRAP</td><td>±3</td><td>±4</td><td rowspan="2">T0722,T0302,T0327</td></tr>
<tr><td>0.075mm以上筛孔通过率(%)</td><td>1次/2000tRAP</td><td>±8</td><td>±10</td></tr>
<tr><td rowspan="2">RAP中沥青</td><td>含量(%)</td><td>1次/2000tRAP</td><td>±0.5</td><td>±0.6</td><td>T0722或T0735</td></tr>
<tr><td>25℃针入度(0.1mm)</td><td>1次/5000tRAP</td><td>±6</td><td>±8</td><td>T0722,T0726,T0604</td></tr>
</table>

注：1. 表中的沥青含量、矿料级配、回收沥青技术指标等允许偏差均是与沥青混合料回收料配合比设计时采用的沥青混合料回收料的技术指标相比较的允许偏差。

2. 表列内容是在材料进场时已按“批”进行全面检验的基础上，日常施工过程中质量检验的项目与要求。

10）其他

再生路面施工质量标准与控制的其他要求，应符合现行《公路沥青路面施工技术规范》（JTG F40）中对热拌沥青混合料路面的有关规定。

3. 厂拌冷再生技术

厂拌冷再生，适用于对各等级公路的回收沥青路面材料（RAP）进行冷拌再生利用，再生后的沥青混合料根据其性能和工程情况，可用于高速公路和一级、二级公路沥青路面的下面层及基层、底基层，三级、四级公路沥青路面的面层。当用于三级、四级公路的上面层时，应采用稀浆封层、碎石封层、微表处等作为上封层。厂拌冷再生可使用乳化沥青或者泡沫沥青作为再生结合料。厂拌冷再生层施工前，必须确认再生层的下承层满足要求。厂拌冷再生混合料每层压实厚度不宜大于160mm，且不宜小于60mm 。

1）RAP 的回收、预处理和堆放

厂拌冷再生中 RAP 的回收、预处理和堆放应满足现行《公路沥青路面再生技术规范》（JTG/T 5521）的要求。

2）混合料拌制

对拌和设备的要求有：厂拌冷再生宜采用专用拌和设备；使用泡沫沥青作为再生结合料时还必须配备泡沫沥青发生装置；拌和设备的生产能力应与摊铺设备生产能力匹配；拌和时间应适宜，拌和后的冷再生混合料应均匀一致，无结团成块现象。

3）施工准备

（1）下承层的准备。

下承层应密实平整，强度符合设计要求。在摊铺冷再生层混合料之前宜在下承层表面喷洒乳化沥青，喷洒量为纯沥青用量0.2～0.3kg/m^2。

（2）铺筑试验路段。

铺筑试验路，长度不宜小于200m。从施工工艺、工程质量、施工管理、施工安全等方面验证施工配合比及施工方案和施工工艺的可行性，并为正常施工提供技术依据。

4）摊铺

厂拌冷再生混合料应采用摊铺机摊铺，熨平板不需要加热。用于三级以下公路时也可以选择使用平地机摊铺，摊铺按就地冷拌方法进行。摊铺机必须缓慢、均匀、连续不断地摊铺，不得随意变换速度或者中途停顿。摊铺速度宜控制在2～4m/min。当发现摊铺后的混合料出现明显离析、波浪、裂缝、拖痕时应分析原因，并予以消除。

5）压实

根据再生层厚度、压实度等的需要，配备足够数量、吨位的钢轮压路机、轮胎压路机，按照试验段确定的压实工艺，在混合料含水率最佳的情况下进行碾压，保证压实后的再生层符合压实度和平整度的要求。

直线和不设超高的平曲线段，应由两侧路肩向路中心碾压；设超高的平曲线段，应由内侧路肩向外侧路肩碾压。

压路机应以慢而均匀的速度碾压，初压速度宜为1.5～3km/h，复压和终压速度宜为2～4km/h。

严禁压路机在刚完成碾压或正在碾压的路段上掉头、紧急制动及停放。

6）养生及开放交通

冷再生层在加铺上层结构前必须进行养生，养生时间不宜少于7日。当满足以下两个条

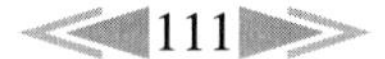

件之一时,可以提前结束养生:

(1)再生层可以取出完整的芯样。

(2)再生层含水率低于2%。

7)养生方法

在封闭交通的情况下养生时,可进行自然养生,一般无须采取措施。在开放交通的条件下养生时,再生层在完成压实至少1日后方可开放交通,但应严格限制重型车辆通行,行车速度应控制在40km/h以内,并严禁车辆在再生层上掉头和紧急制动。为避免车轮对表层的破坏,可在再生层上均匀喷洒慢裂乳化沥青(稀释至30%左右的有效含量),喷洒用量折合纯沥青后宜为0.05~0.2kg/m^2。

养生完成后,在铺筑上层沥青层前应喷洒黏层。

8)施工质量管理

施工过程的质量控制项目、频度等应满足相关要求。

9)检查验收

厂拌冷再生工程完工后,应将全线以1~3km作为一个评定路段,按照相关要求进行质量检查和验收。

五、全深式再生技术

全深式再生技术是一种将沥青路面面层和预先确定的一定厚度的基层材料(甚至包括路基土材料)铣刨、破碎,添加外加剂拌和稳定后使之重新用作基层的技术。全厚式再生技术早期多用于低等级道路,主要包括一些石子路、土路、经过表面处治以及石屑封层的路面。这些道路通常较窄,并没有考虑未来交通量和荷载的增加。当采用全厚式再生处理时,拓宽工作也可以同时进行。随着大功率道路再生机械设备的开发与不断改进,设计体系的完善以及复合型外加剂(稳定剂)的使用,越来越多的城市道路和高等级公路采用全厚式再生处理。目前,全厚式再生技术作为一种更灵活、更有利于延长路面使用寿命的技术,广泛应用于各种经常出现裂缝、坑槽的道路。

1.设备要求

沥青路面全深式冷再生机应满足下列要求:

(1)应能将沥青路面铣刨,并将铣刨出来的路面材料与新添加的材料均匀拌和。

(2)再生结合料供给系统应计量精确、可显示、可调节,并与切削深度、施工速度、材料密度等联动。喷嘴在工作宽度范围内应均匀分布,各喷嘴可独立开启与关闭。

(3)供水系统应能保证连续、均匀、准确地供水,流量应可显示、可调节。

(4)铣刨深度应可调节,满足再生要求。

(5)使用泡沫沥青时,应具备沥青加热保温以及泡沫沥青发生装置。

2.施工准备

施工前应配备满足施工要求的全深式冷再生机、压路机、运料车、沥青车、水罐车等生产施工设备,并保证其处于良好的工作状态。全深式冷再生施工准备的其他规定可参照相关规范执行。

3. 铣刨与拌和

全深式冷再生铣刨及拌和可参照现行《公路沥青路面再生技术规范》(JTG/T 5521)的规定执行。

4. 摊铺

全深式冷再生摊铺可参照现行《公路沥青路面再生技术规范》(JTG/T 5521)的规定执行。

5. 压实

采用乳化沥青或泡沫沥青作为结合料的全深式冷再生层,其压实应按现行《公路沥青路面再生技术规范》(JTG/T 5521)的相关规定执行。

采用水泥或石灰作为结合料的全深式冷再生层,其压实应按现行《公路路面基层施工技术细则》(JTG/T F20)的相关规定执行。

6. 养生及开放交通

采用乳化沥青或泡沫沥青作为结合料的全深式冷再生层,其养生及开放交通应满足现行《公路沥青路面再生技术规范》(JTG/T 5521)的要求。

采用水泥或石灰作为结合料的全深式冷再生层,其养生及开放交通应符合现行《公路路面基层施工技术细则》(JTG/T F20)的有关规定。

7. 施工质量控制

材料进场时应进行材料检验,保证满足设计要求。

采用乳化沥青或泡沫沥青作为结合料的全深式冷再生,施工过程中的材料质量控制应符合现行《公路沥青路面再生技术规范》(JTG/T 5521)的要求。

采用水泥或石灰作为结合料的全深式冷再生,施工过程中的材料质量控制应符合表4-21的要求。

全深式冷再生施工过程中的材料检验(水泥或石灰)　　表4-21

材料	检验项目	要求值	检验频度
粗集料	针片状颗粒含量、表观相对密度、级配、压碎值	符合设计要求	每批来料1次
细集料	级配、表观相对密度、松方密度	符合设计要求	每批来料1次
	含水率	—	每批来料1次
(RAP+RAI)混合料	级配	符合设计要求	每批来料1次
矿料	塑性指数、粒度范围	符合设计要求	每批来料1次
水泥	强度、初凝时间、终凝时间	符合设计要求	每批来料1次
石灰	有效钙、镁含量	符合设计要求	每批来料1次

采用乳化沥青或泡沫沥青作为结合料的全深式冷再生，施工过程的质量标准应符合现行《公路沥青路面再生技术规范》(JTG/T 5521)的相关规定。

采用水泥或石灰作为结合料的全深式冷再生，施工过程中再生混合料的质量控制标准应符合表4-22的相关规定。

无机结合料全深式冷再生混合料质量控制标准 表4-22

检验项目	质量要求	检验频度	检验方法
混合料外观	应均匀、无离析	随时	目测
含水量(%)	符合设计要求	发现异常时	T0801
水泥或石灰用量(%)	设计值 ±0.3	发现异常时	总量控制
抗压强度(MPa)	符合设计要求	每工作日1次	T0805

全深式冷再生施工过程中的质量控制标准应符合表4-23的要求。

全深式冷再生施工过程中的质量控制标准 表4-23

检验项目	质量要求		检验频度	检验方法
	高速公路、一级公路	其他等级公路		
外观	表面平整密实、无浮石、弹簧现象，无明显压路机轮迹		随时	目测
厚度(mm)	实际厚度 ±15	实际厚度 ±20	每1500m² 检验一点，单点评价	T0912
压实度(%)	≥98		每车道每1km检验3点	基于重型击实最大干密度，T0921
平整度(标准差)(mm)	≤2.0	≤3.0	连续量测	T0932
宽度(mm)	不小于设计宽度，边缘线整齐、顺适		每100m检验2处	T0911
纵断面高程(mm)	符合设计要求		每50m检验1个断面	T0911
横坡(%)	符合设计要求		每100m检验1个断面	T0911

六、泡沫沥青再生技术

近年来，随着冷再生技术的发展，在沥青路面的冷再生中，泡沫沥青(也叫膨胀沥青)常常被作为稳定材料使用。泡沫沥青实质上是空气、水和热沥青的混合物，其形成机理就是把发泡介质(水、水蒸气等)掺入高温液态沥青(150～180℃)后发泡介质被迅速汽化，水和沥青的混合液形成雾状，体积膨胀数倍至数十倍，使黏性的沥青产生微细的泡沫而膨胀，降低沥青的黏度。然后在1min内，当汽化过程结束后，泡沫逐渐消失，沥青又恢复到原来的体积和黏度。泡沫沥青并不改变沥青本身的物理性质。作为发泡介质，它早先使用水蒸气，现在多使用冷水。这样使发泡装置结构简化，不仅可用于厂拌设备，而且也适用于车载式设备，实现了与稳定土拌和机相配套，满足路面基层就地冷再生施工的要求。

当泡沫沥青与集料接触时，沥青泡沫瞬间化为数以百万计的“小颗粒”，散布于细粒料(特别是粒径小于0.075mm的粒料)的表面,形成黏有大量沥青的细料填缝料,经过拌和压实,这些细料能填充于湿冷的粗料之间的空隙中,并起到类似砂浆的作用,使混合料达到稳定。因此,泡沫沥青在冷再生施工中受到人们的青睐。黏结料的最佳含量一般与材料的级配尤其是石屑在混合料中的含量有关,通常为3% ~4%。国外研究表明,将泡沫沥青用于沥青混凝土冷再生中,与泡沫沥青稳定的集料范围从优质的碎石到低等级集料不等。破碎的混凝土、建筑碎石、炉渣和纯净集料都能与泡沫沥青较好地黏合。

泡沫沥青再生技术主要用于旧沥青路面材料的再生利用,适用于各等级公路沥青路面的大修、改扩建工程,也可用于高速公路、一级公路和二级公路沥青路面的下面层及基层,三级、四级公路沥青路面的上面层。城市道路的大修与改扩建工程可参照执行。

泡沫沥青再生施工工艺包括厂拌冷再生和就地冷再生,不同的再生工艺有其适用性,应用过程中应根据工程实际情况选择适宜的再生工艺,可以采用其中一种或两种工艺的组合进行施工。

1. 施工条件与要求

(1)泡沫沥青冷再生施工应采用专用的路面铣刨和再生设备。

(2)泡沫沥青冷再生施工宜在气温较高时施工,当气温低于10℃时,不宜进行施工。不应在雨天施工。施工时若遇降雨,则应采取必要的防雨遮盖措施,保护好已完工的再生层免遭雨淋。

(3)沥青发泡温度宜在150~180℃,膨胀率不小于10倍,半衰期不小于8s。

(4)泡沫沥青应在混合料中充分分散,一旦发现混合料中存在明显沥青团或大量沥青丝时,必须立即停止生产,查明原因加以解决后方可继续生产。已经生产的存在沥青团或沥青丝的混合料不得使用。

(5)当泡沫沥青冷再生混合料中含有水泥等活性填料时,从添加活性填料开始至混合料碾压完成的时间间隔不得超过活性填料的初凝时间。

(6)泡沫沥青冷再生层碾压完成后即可开放交通,但应限制重载车辆行驶。一般宜在再生层完工2日后(再生层含水率以低于拌和时含水率的40%以下为宜)及时加铺封层。

(7)泡沫沥青冷再生施工前应设专人负责设置路挡、标志牌,控制与疏导通车半幅的车辆行驶。

2. 厂拌泡沫沥青冷再生施工

1)再生混合料的拌制

再生混合料取样应符合现行试验规程的要求。如果厂拌设备料仓数量有限,可事先按设计比例将添加的石屑、碎石混合均匀后,再将其混合物装载到料仓。经常观测拌和是否均匀,一旦发现沥青出现条状或结团现象,必须立即停止生产。再生材料拌和完成后,应当尽快运输至现场进行摊铺和压实。

2)再生混合料的运输

再生混合料宜采用较大吨位的运料车运输,但不得超载运输。运料车的运力应稍有富余,施工过程中摊铺机前方应有运料车等候。运料车宜用苫布覆盖,以防止运输材料时水分蒸发或遭雨淋。

(1)混合料应选用载质量15t以上的自卸车运输,自卸车数量应满足连续摊铺施工需要。

(2)拌和好的冷再生混合料应及时运至施工现场完成摊铺和压实。

水泥凝结和乳化沥青破乳后仍未完成摊铺压实,将显著影响再生路面性能。一般情况下,从拌和结束到复压完成的时间不应超过水泥的终凝时间,当采用乳化沥青作为再生结合料时,乳化沥青的破乳时间要长于运输时间、等待时间和摊铺时间的总和。

(3)运料车装料时宜前后移动位置,平衡装料,避免混合料离析。

冷再生混合料本身离散性就较大,装料时要尽量减少离析,尤其是采用传送带的装料方式。

(4)混合料运输及等待摊铺过程中,宜采用厚苫布等覆盖车厢,避免混合料污染、雨淋、提前硬结。运料车每次使用前后应清扫干净,宜在车厢板上喷涂隔离剂。

3)摊铺

(1)混合料宜采用摊铺机摊铺,熨平板不需要加热。用于三级及四级公路时可采用平地机摊铺。

(2)摊铺前应检查摊铺机的刮板输送器、螺旋布料器、振动梁、熨平板、厚度调节器等工作装置和调节机构,确认处于正常工作状态。熨平板振频、振幅以高频低幅为宜,初始密实度宜调整至85%以上。

(3)摊铺应均匀、连续,速度宜控制在2~4m/min。应避免出现明显离析、波浪、裂缝、拖痕等现象。

(4)厂拌冷再生混合料的松铺系数应根据试验段确定。厂拌冷再生混合料松铺系数一般为1.2~1.4。

(5)摊铺过程中应随时检查摊铺层厚度、路拱和横坡,如发现问题应及时调整。

4)压实

(1)混合料应采用试验段确定的碾压工艺进行压实。

(2)混合料宜在最佳含水率情况下碾压,避免出现弹簧、松散、起皮等现象。

(3)压路机的碾压速度应均匀,初压速度宜为1.5~3km/h,复压和终压速度宜为2~4km/h。

(4)对大型机具无法压实的局部部位,应选用小型振动压路机或者振动夯板配合碾压。

压实施工流程为:双钢轮压路机静压、单钢轮压路机高幅低频强振压实、单钢轮压路机高频低幅弱振压实、视表面干燥情形决定是否洒水、轮胎压路机压实。

要求钢轮压路机的工作速度不得超过3km/h;轮胎压路机速度不得超过4km/h。

5)工作缝处理

工作缝包括纵向工作缝和横向工作缝,都应采用垂直的平接缝。所有的接缝处都要往完全压实的路段一侧去除部分材料。纵向接缝至少去除20cm,横向接缝至少去除10cm。

七、乳化沥青再生技术

乳化沥青是由沥青、水和乳化剂经机械的作用加工分散为悬浮于水中的沥青微粒而形成的一种乳液,具有无毒、无臭、不易燃烧、生产工艺简单、原料价廉易得、便于施工等特点,其主要特性为储存稳定性和混合过程中的稳定性。

乳化沥青就地冷再生技术是一种经济成本效益高的沥青路面养护技术,直接对旧沥青路面面层采用乳化沥青作为再生剂再生后作为面层,可以有效地解决路面的功能性破坏问题,消除面层内的车辙、裂缝、坑槽、泛油和拥包等病害,适当地提高路面结构性能。相较普通沥青混合料,乳化沥青及改性乳化沥青再生混合料的低温抗裂性、高温稳定性、耐久性都得到了改善,其强度特征接近石灰(或水泥)稳定粒料(半刚性材料),但具有一定的柔韧性和良好的抗疲劳特性。用其取代半刚性基层材料铺筑道路基层,可以有效地防止反射裂缝、减少温度裂缝、增强抗车辙能力及改善早期强度。

乳化沥青就地冷再生技术主要针对半刚性基层完整或基层局部破坏比例很小,且可以修复的沥青路面,适用于一级至四级公路和农村公路,当用于高速公路时应进行论证。针对旧路沥青面层再生后,对于一级、二级、三级公路,冷再生层可作为中、下面层;对于四级公路和农村公路可作为上面层,用作上面层时应采用稀浆封层、碎石封层、微表处作为磨耗层。再生层的下承层应基本完好,满足所处结构层的强度要求。乳化沥青就地冷再生层的压实厚度不宜大于160mm,且不宜小于60mm。

1.乳化沥青冷再生施工前准备

(1)开工前必须配备齐全的施工机械和配件,做好开工前的保养、试机工作,并保证在施工期间一般不发生有碍施工进度和质量的故障。施工机械主要包括运输、再生、摊铺和压实机械。

(2)铺筑试验段,长度不宜小于500m。从施工工艺、工程质量、施工管理、施工安全等方面进行检验,确定工艺参数。

(3)对原路面用清扫车、森林灭火鼓风机将浮尘吹净或人工清扫,确保表面层无污染,表面干净、无灰尘和杂物。

(4)根据室内配合比设计确定的水泥用量和添加的新集料用量,及就地冷再生机组类型,确定水泥和新集料的合适添加方式。

(5)若采用集料撒布机撒布新集料,可根据撒布机实际撒布能力和所需集料用量进行多次撒布,保证计量准确。

2.乳化沥青冷再生工艺施工

1)再生

(1)综合考虑施工季节、气候条件、再生作业宽度、施工机械和运输车辆的效率和数量、操作熟练程度、水泥终凝时间等因素,综合确定每个作业段的长度。

(2)在施工起点处将施工机具按照施工流程顺次连接,注意管路的连通。

(3)启动施工设备,对旧沥青路面进行铣刨、再生、拌和。

(4)单幅再生至一个作业段终点后,若半幅封闭施工,可将再生机和罐车等倒至施工起点,进行第二幅施工,直至完成全幅作业面的施工。

(5)纵向接缝的位置应避免在车辆行驶的轮迹带内。纵向接缝处相邻两幅作业面间的重叠量宜为5~10cm。

2)摊铺

(1)摊铺机在摊铺过程中必须做到匀速、平稳、连续作业,不得随意变换速度或者中途停顿。摊铺速度宜控制在2~4m/min,做到缓慢、均匀和不间断地摊铺。

(2)摊铺过程中一定要注意再生厚度、横坡与摊铺机的配合。注意控制横坡,以免出现路面积水,对路面使用造成损害。

(3)如遇下雨应立即停止摊铺,并可对已摊铺好的路面可采取覆盖措施。

3)压实

(1)根据再生层厚度、压实度等要求,配备足够数量、吨位的钢轮、轮胎压路机,按照试验段确定的压实工艺进行碾压,保证压实后的再生层符合压实度和平整度的要求。

(2)进行就地冷再生施工时采用流水作业法,使各工序紧密衔接,尽量缩短从拌和到完成碾压之间的延迟时间。碾压过程主要分为初压、复压和终压。

(3)初压:采用单钢轮振动压路机碾压2~3次,初压时再生混合料的含水率应比最佳含水率高1%~2%。再生层表面应保持湿润,如水分蒸发过快,应及时适量洒水。初压速度宜为1.5~3km/h。

(4)复压:采用胶轮压路机碾压,碾压次数通常由混合料性能、压实厚度、压路机类型及环境状况等决定,一般需要3~6次。复压速度宜为2~4km/h。

(5)终压:采用双钢轮压路机碾压1~2次,可以采用静压或振动模式,以消除轮迹和获得一定的压实度,只有当振动不会对路面造成损坏时,才可以使用振动模式。终压速度宜为2~4km/h。若复压后没有轮迹或压实度满足,无须终压。

(6)摊铺的再生混合料在碾压完成后应及时进行养生,并结合现场条件控制交通,避免车辆行驶造成再生层表面松散。

(7)压路机碾压时可喷少量的水雾,以防止压路机轮黏结再生混合料。碾压时不得随意紧急制动、掉头,碾压位置不能停留在同一断面上,而应呈阶梯形。

4)接缝处理

纵向工作缝:摊铺机摊铺再生混合料部分中间接缝处,作为后续施工的高程基准面,两幅再生车道之间重叠量宜为5~10cm;跨接缝碾压以消除缝迹。第二(甚至更多)幅再生时在纵向搭接处的厚度要严格控制,以免出现高差,造成碾压无法消除接缝;同时注意本幅摊铺的再生层横坡。

横向工作缝:横向工作缝可用3m直尺测平方法确定再生起步位置。再生混合料摊铺前,摊铺机停在横缝终端,摊铺机熨平板对准摊好路面后开始摊铺。在接缝处采用压路机横向由老路面向新铺路面逐步往返碾压,横缝碾压结束后再进行纵向碾压。

5)养生及开放交通

在加铺封层或罩面前,再生层必须进行养生,在较好的气候条件下,养生期一般为3~7日。

养生过程中再生混合料中的水分会逐步散失,路面的强度逐渐加大。养生期间应封闭交通,禁止一切车辆通行。

再生层养生后进行取芯,当芯样成型完整时,即可加铺封层后临时开放交通;若再生层表面松散可通过雾封层来解决,表面喷洒乳化沥青0.2~0.4kg/m^2。

6)施工质量控制

施工过程的材料质量控制和检查的项目、频率等应满足要求。对于水泥、集料特别是乳化沥青的质量,要严格按批次进行检验,坚决不能采用不满足技术指标要求的材料。RAP要避免有大的团块。应采用干净、无杂质的可饮用水。

第五节 沥青路面预防性养护技术

在已有路面上敷设防护层以保护原有路面方法在很早以前就出现了,但是预防性养护作为一个完整的概念首次出现在20世纪的80年代，是许多国家在公路网重建过程中，总结以往经验教训的基础上得出的。预防性养护的重要意义体现在4个方面：保持路面良好的使用性能、延长路面的使用寿命、降低路面寿命周期的成本、节省养护维修资金。它是一种费用与效益均优良的养护措施。

美国联邦公路管理局对预防性养护措施的定义如下：预防性养护是为了防止路面早期破坏和延迟路面破坏的进程而采取的措施，其目的是延缓路面的破坏程度，延长路面的使用寿命。我国对预防性养护的定义是：通过定期的路况调查，及时发现路面轻微破损与病害迹象，分析研究其产生原因，对症采取保护性养护措施，以防止微小病害进一步扩大，减缓路面使用性能的恶化速度，使路面始终保持良好服务状态的一种养护方法、养护理念。预防性养护通常用于尚未发生损坏或只有轻微病害的路面。

一、沥青路面预防性养护概况

1. 国外预防性养护技术发展状况

国外公路发展很快，大部分发达国家的高速公路网早就已经建成，并全面进入了维修养护时期。公路的维修养护和修筑一样，需要一整套先进的科学技术，近年来尤其得到了令人瞩目的发展和进步。但国外预防性养护也存在着诸多问题：①对于预防性养护应用时的旧路面状况问题，有的主张在路面仍处于较好状态时进行，有的主张在路面处于较差状态时进行，还有少数认为应在路面处于很差的状态时进行。按照预防性养护的特点，在路况尚好情况下实施是合理的，其他情况下则偏离了预防性养护的主要目标，实施时机把握上的差异表明，对预防性养护的基本理念的理解还不统一。②预防性养护实施影响因素众多，大多数公路部门都面临资金短缺问题，预防性养护与最差优先的养护方式之间矛盾凸显。在一个最差优先的养护计划中，剩余资金才用于预防性养护。

从以上的国外预防性养护现状可以得出以下结论。

1）预防性养护基本概念方面

（1）预防性养护是一种养护理念，其基本出发点是通过早期养护，延缓路面病害的发展过程，从而推迟后期进行维修重建时间，延长路面使用寿命。

（2）预防性养护与预防性养护技术并不是完全对应的关系，该类技术也可用于非预防性养护工程，但不能达成预养护目标。

2）预防性养护发展的区域性特点

（1）各区域间预防性养护发展水平很不平衡，但其基本理念在长期的传播和发展过程中，已被人们广为接受，是大势所趋。

（2）各管理区域都开展了预防性养护政策与技术的研究及实践工作。

3）预防性养护区域内发展的一般要求

（1）预防性养护发展必须有统一的概念、规范、指南、手册等文件来引导，且需根据实践效果及时修订。

（2）尽量设置领导、指导和协调预防性养护工作的专门机构或机制，负责效果评价、技术总结与推广等工作，此外还需对技术人员开展不定期培训。

（3）要扩大技术合作与交流，扩充预防性养护技术体系，最大限度发挥预防性养护针对性强的特点。

2. 国内预防性养护技术发展状况

预防性养护与公路发展水平及发展阶段相适应。20 世纪 90 年代后期,随着我国公路的快速发展,公路里程不断增加,发展高水平的养护技术已逐步成为养护工作中的重点。进入 21 世纪,我国早期建设的道路不少已经进入大、中修阶段,且养护观念的提升和技术的国际交流的日益频繁,大型养护设备的逐步引进,都促使道路养护进入了一个新的纷繁复杂的阶段。

预防性养护观念和相关技术逐渐为广大公路工程技术人员所了解和接受,并在全国各地进行了不同程度的尝试,并取得了一定的实际效果。

目前沥青路面的预养护措施有稀浆封层、微表处、碎石封层、复合封层、THMO 罩面、灌缝或封缝、雾封层和沥青再生剂 8 种。

水泥路面的预防性养护措施主要有金刚石研磨法、裂缝填封、接缝重灌缝、部分深度修补/全深修补、板底压浆 5 种。

随着现在养护需求的增加,沥青路面的预防性养护不仅仅限于高速公路,也将用于其他等级沥青路面。预防性养护措施已在沥青路面养护中应用推广。

二、沥青路面预防性养护时机

预防性养护的经济性和有效性在很大程度上取决于采取预防性养护措施的时机。预防性养护是在路面还处于良好状况下,即路面外观根本没有表现出多少破坏或路面仅仅有某些破坏的前期征兆时采取的行动措施(此时进行预防性养护的效益最好)。目前常用的路面大、中修或重建时机决策方法主要是针对明显的路面破坏,这对于预防性养护来说,不一定适合。因此,预防性养护时机的确定尤为重要。

在目前的实际应用中,路面预防性养护时机的确定方法主要有:行驶质量指数和破坏指数法、基于时间或路况的方法、费用效益评估法、排序法、生命周期费用评估法和决策树/决策矩阵等。预防性养护的核心思想就是成本效益最大化,这就要求预防性养护不仅要考虑路面的初始性能和费用,而且应考虑路面在采取预防性养护或其他养护以后的性能和费用,即在路面的整个寿命周期(分析期)内寻求满足性能控制标准和经济优化目标最佳的、唯一的路面建设方案。

三、沥青路面预防性养护方法及适用性

在预防性养护中使用的材料,其性能好坏直接关系养护寿命长短与资金投入多少。因此,预防性养护材料是预防性养护技术的切入点,材料必须借助一定的施工技术手段去实施。预防性养护效果受多种因素影响,每种预防性养护方法都有其适用性。在选择预防性养护措施时,有必要了解各种预防性养护措施的适用性,并根据路况、交通量等选择适宜的预防性养护措施。

目前国内外应用的预防性养护技术概括起来主要有裂缝填封(Crack Sealing)、表面封层(Surface Sealing)、薄层罩面(Thin Overlay)3 种类型。

裂缝填封针对原路面的局部裂缝,如果没有伴随出现较大范围的轻微网裂,只有少数几条可以比较明显区分的裂缝,为尽可能保持沥青路面良好状况,防止因水的渗透使路面裂缝扩大,从而造成更加严重的唧浆、坑槽等病害,裂缝填封是常用的养护措施。

在已有路面上敷设一层防护层来保护原有路面的方法是预防性养护采取的主要手段。根据路况的破损情况、要求恢复的表面功能,可以将敷设的保护层分为表面封层类和薄层罩面类两种。敷设保护层应该是在原路面上大面积实施,表面封层和薄层罩面可以同时处治路面的

多种病害,达到综合治愈的目的。

1. 裂缝填封类预防性养护方法

裂缝是沥青路面常见的一种病害,从养护工艺的角度来看,裂缝可按其缝宽分为微裂缝或发裂(3mm 以下)、微小裂缝(3~5mm)、小裂缝(5~12.7mm)、中裂缝(12.7~25mm)、大裂缝(25mm 以上),其中 5mm 以内的裂缝属于预防性养护的范围。裂缝填封是公路养护最经济的方法之一,为避免水的渗透对道路造成损坏,填封裂缝是绝对必要的,使用恰当的技术能确保裂缝填封的有效性,从而大大延长公路的使用寿命(图 4-5)。目前主要有以下几种裂缝填封方法。

a)灌缝

b)贴缝

图 4-5 裂缝处治

1)普通热沥青或改性热沥青灌缝

沥青具有黏弹特性,可以封堵裂缝,防止水分的侵入。灌缝采用的沥青通常采用重交通 AH-90 号基质沥青,有时为保证较好的封堵效果,也可采用软化点较高、黏附性较好、温感性较好的改性沥青,如 SBS 改性沥青。具体做法为:将沥青加热(150~160℃)后直接灌入裂缝中,待沥青温度降至常温后即可开放交通。此种方法操作简单,投入的设备和人员较少,修补费用较低,速度较快。但存在以下缺点:①由于裂缝未清扫,裂缝面两侧黏结不牢固,通常第二年需重新灌缝,造成投入养护的累计费用增加;②夏季高温时,沥青体积膨胀溢出路面被行车带走,既污染路面,影响路面美观,又使得封缝材料容易流失;③冬季低温时,沥青容易发生脆断而失去封缝作用;④未经过开槽处理,不能保证沥青的灌入深度;⑤施工作业面广、离散且作业时间长,增加作业的危险性。总体来看,这类灌缝材料易发生老化而失去黏弹性质,养护效果不佳。

2)溶剂型常温改性沥青材料灌缝

溶剂型改性沥青,就是在普通沥青中加入 SBR 等改性剂改性而成的,在常温下具有流动性(施工时不需加热),同时具有良好的低温稳定性和渗透性。这种方法优点是设备比较简单,每套设备每天可完成 800~1000m 灌缝,灌缝效果较好,其使用寿命一般在 3~5 年。缺点是材料较贵,约为 8000~10000 元/t,折合约 10 元/m。具体方法是将溶剂型改性沥青盛入改装过的煤气罐(不超过其体积的 2/3)中,将气泵加压至 4MPa,向裂缝中灌入,一般灌缝 2~3 次,撒细砂抹平,即可开放交通。

3)灌缝胶处理袋缝

灌缝胶(又称密封胶)绝大多数是从国外引进的。根据材料组成和性质不同,可将灌缝胶分为两类:一类为沥青改性类;另一类为化工胶类。在选择材料时,应根据产品特点及所在地区的气候条件、养护路面的情况等综合考虑选定,以获得最佳的使用效果。比较常用的灌缝胶选用多种高分子聚合物等成分加工而成的沥青橡胶类灌缝胶,具有黏结能力强、弹性好、拉伸量大、不溶于水、不渗水、高温时不流淌、低温时不脆断和耐久性好等性能。

灌缝胶处理裂缝方法的工艺可概括为:半幅封闭交通→施工放样→裂缝开槽→清槽→加热灌缝胶→灌缝→贴封→失黏→养护修缮→清理现场→开放交通。由于增加了开槽、清槽步骤,使得缝面更加规整,增加了与灌缝材料的黏结性能,灌缝胶处理裂缝效果好,因而应用很广。

4)抗裂贴处理裂缝

这种方法是将抗裂贴为1.3mm厚的聚合防水膜涂在0.3mm厚的抗皱重载型聚丙烯机织物上,两种材料经严格工艺碾压制成宽度97.8mm的卷材。抗裂贴适于裂缝病害已发展,面层边部一定范围内混合料已发生松动,但结构层尚好,单纯灌缝处理不能较好解决水分浸入的情况。该方法是将病害处切槽清出,灌缝后进行抗裂贴处理,加铺新面层,其施工工艺可以概括为:切槽→清缝→清槽→灌密胶→涂底层油→铺抗裂贴→加铺新面层。聚合防水膜涂层、底层油处置以及灌缝处理有效地防止了水分的浸入,且聚合防水膜涂层与下部结构层的有效联结,以及其较小的厚度,可保证上面层不会发生荷载疲劳破坏;相当宽度上的聚合防水膜涂层的存在,还可在一定程度上分散裂缝发展可能产生的应力集中。聚丙烯机织物则能有效地分散由于聚合防水膜涂层(厚度较小)的存在导致加铺层下缘可能出现的拉应力。

5)压缝带处理裂缝

压缝带是一种以沥青、改性剂为主要成分的宽度不等的带状产品,其上有一层塑料薄膜,保护压缝带的上表面不受污染,可分为自黏型和热黏型两种。自黏型压缝带黏度较大,黏结力强,在常温下就可以使用;热黏型压缝带使用前要用液化气喷枪烧烤缝面,并用余温烧烤压缝带使其软化后方可使用。

压缝带处理裂缝施工简便,根据路面裂缝的实际宽度,将标准宽度为12cm的压缝带,裁剪成需要宽度。它采用液化气灌和一支喷枪安装,用工具轻压撒砂,可即时开放交通。如果经长期观测试验耐久性良好,可以很好地推广使用。

2. 表面涂刷(喷洒)型预防性养护方法

从施工角度来看,雾封层和还原剂封层主要是采用喷洒(涂刷)的施工方法,以在沥青路表面增加一个薄薄的养护层来达到防水、封缝、抗老化等预防性养护的目的。这里将采用这种工艺的材料统称为表面涂刷(喷洒)型预防性养护材料,相应的技术方法就称为表面涂刷(喷洒)封层技术。这类技术具有抗老化、防渗水、耐油污性能和抗滑耐磨耗性能。

表面涂刷(喷洒)型预防性养护材料使用方便,所用施工机械也可以适当降低要求。当施工机械条件不受限制时,最好采用机械喷洒的方法,这样可以保证所喷洒材料的均匀性;在施工条件受到限制时也可以采用人工用橡胶滚刷涂刷的方法,但是这种方式没有采用机械喷洒的效果好。这是因为在喷洒过程中,要想使材料从喷嘴里喷出必须有一定的初始压力,这样尚保持初始压力的材料喷出后在惯性作用下到达路表面,在重力作用下能够渗入路表面一定深度内,典型表面涂刷型材料介绍如下。

1)雾封层(Fog Seal)

简单地说,雾封层(图4-6)就是利用专用雾封层洒布车在沥青面层上喷洒一层薄薄的、高渗透性乳化沥青或改性乳化沥青，以形成一层严密的防水层将路面封闭，起到隔水、防渗、保护路面功能的作用，能够最大限度地减少路面水损坏造成的不利影响，加大沥青路面集料间的黏结力，由此达到延长路面使用寿命和节约养护资金的目的。雾封层采用沥青洒布车一次性施工，为一超薄喷洒层，要求喷洒层与下面层接触紧密、均匀，并具有良好的抗磨耗能力。

图4-6　雾封层

雾封层一般用于轻度至中度细料损失或松散的道路，对于开级配混合料出现松散时，雾封层可有效解决，无论低交通量道路还是高交通量道路均可使用。

雾封层技术主要用来处理沥青路面的渗水问题。沥青路面的绝大多数病害都是由于水的原因造成的，因此有效预防路面进水是非常必要的。路面雾封层技术是一种很直接、有效和经济的预防性养护措施。当沥青路面产生较密集的细微裂纹时，可选用G21或G22型乳液喷洒，使乳液填充裂纹缝隙，以增强路面的防水性。经雾封层处理后，由于所用材料流动性比较大，可通过空隙或者裂缝渗入混合料中，对路面进行“输血”，从而恢复路表沥青黏附力，填补微小裂缝和空隙，防止路表水下渗，更新和保护旧氧化沥青路面，使低温下的路面免受损害，加深沥青路面的颜色，加大沥青路面与标线的对比度，防止开级配路面的松散。这种方法可使路面性能维持2~3年，推迟造价更高的养护工程，提高道路的经济效益。

2）含砂雾封层

含砂雾封层（图4-7）适用于表面有松散麻面、渗水、沥青老化且抗滑性能较好的沥青路面，但不适用于由酸性岩石、鹅卵石等破碎集料铺筑的沥青路面，其适用的各等级公路路况水平应符合表4-24的规定。

图4-7　含砂雾封层

含砂雾封层适用的各等级公路路况水平 表4-24

路况指数	高速公路	一级及二级公路	三级及四级公路
PCI、RQI、RDI	≥90	≥88	≥85
SRI	≥75	≥70	—

(1)含砂雾封层材料应符合下列规定:

①含砂雾封层胶结料可采用乳化沥青基或煤焦油基,并掺加聚合物、矿物等成分的黏结性材料。要求具有良好的还原、渗透和抗老化性能,以及与砂良好的黏附性,符合表4-25的规定。

含砂雾封层胶结料技术要求 表4-25

检测指标	技术要求	试验方法
残留物含量(%)	≥56	《公路沥青路面养护技术规范》(JTG 5142—2019)附录B.1
干燥时间(h)	≤2(60℃)/6(20℃)	《公路沥青路面养护技术规范》(JTG 5142—2019)附录B.2
黏结强度(MPa)	≥0.15	《公路沥青路面养护技术规范》(JTG 5142—2019)附录B.3
布氏黏度(25℃,Pa)	≥2.5	T0625

②含砂雾封层细粒砂可采用石英砂、金刚砂或机制砂,机制砂宜采用专用的制砂机制造,并选用优质的玄武岩生产,细粒砂的细度应为30~50目。

③含砂雾封层施工时可掺入一定比例的水,并符合三类及三类以上水质标准。

④含砂雾封层可掺入具有路面夏季降温、冬季融冰功能的添加材料,其掺入不应对含砂雾封层材料性能产生不利影响,不得使用未经试验验证的添加材料。

(2)对含砂雾封层混合料组成应进行设计,并按现行《公路沥青路面养护技术规范》(JTG 5142)规定的试验方法进行使用性能检验。

(3)含砂雾封层混合料的洒布量应根据原路面技术状况、表面致密程度、粗糙度大小、路面渗水、松散麻面情况合理确定,并应符合下列规定:

①表面致密、轻微渗水、轻度松散麻面的路面,可减少含砂雾封层混合料的洒布量,并采用单层洒布,其洒布量应为0.9~1.2kg/m²。

②表面粗糙、较重渗水、空隙率较大、重度松散麻面且贫油的路面,应增加含砂雾封层混合料的洒布量,并采用双层洒布,其洒布量应为1.2~1.8kg/m²,其中第一层洒布量为0.7~1.0kg/m²,第二层洒布量为0.5~0.8kg/m²。

(4)含砂雾封层应采用专用的洒布设备喷洒,并在喷洒时保持稳定速度和洒布量,保证洒布宽度喷洒均匀,并应符合下列规定:

①洒布设备的喷嘴应适用于喷洒材料的稠度,确保成雾状,与洒油管保持15°~25°的夹角,洒油管的高度应使同地点能接受2~3个喷油嘴的喷洒,不得出现花白条或条状,也不得有堆积。

②喷洒不足的应补洒,喷洒过量处应予清除。洒布车不易到达的部位,可采用人工喷洒。

③含砂雾封层喷洒的起点和终点位置宜预铺油毛毡,保证边缘整齐。为避免污染标线,应在施工前对道路人工构造物、路缘石、标线等外露部分做防污染遮盖,不得在气温低于10℃、雨天、路面潮湿情况下施工。

(5)含砂雾封层的养生时间应根据材料的品种和气候条件确定,未干燥成型前严禁车辆和行人通行,待干燥后方可开放交通。

(6)含砂雾封层施工中应对其混合料和现场质量进行抽样检测,检测项目、检测频率、质量要求及检测方法应符合表4-26的规定。

含砂雾封层施工过程控制要求 表4-26

检验项目	检验频率	质量要求	检测方法
稳定性(%)	1次/车	≤15	《公路沥青路面养护技术规范》(JTG 5142—2019)附录B.4
耐磨性(g/m^2)	1次/3个工作日	≤600	《公路沥青路面养护技术规范》(JTG 5142—2019)附录B.5
外观	全线连续	表面喷洒均匀,无积聚	目测
洒布量(kg/m^2)	1次/1个工作日	±0.1	T0982

(7)含砂雾封层施工的工程验收标准应符合表4-27的规定。

含砂雾封层施工的工程验收标准 表4-27

检测项目		检测频率	质量要求或允许偏差	检验方法
渗水系数(mL/min)		5个点/km	≤10	T0971
抗滑性能	摆值 F_b(BPN)	5个点/km	不低于原路面	摆式仪:T0964
	构造深度TD(mm)	5个点/km	$(TD_{施工前}-TD_{施工后})/TD_{施工前}\leq 20\%$	T0961
宽度(mm)		5个点/km	不小于设计值	钢卷尺法

3)还原剂封层(Reducing Agent Seal)

还原剂封层(图4-8)就是将专门研制的还原剂或再生剂通过一定的技术手段喷洒在已经老化的沥青路面上,其目的是更新和还原表面已经发生老化的沥青膏体,同时保护尚未被老化的沥青,使其维持原有性能,减缓老化的时间。还原剂封层通常还应用在沥青路面老化严重的路段上。

图4-8 还原剂封层

还原剂封层主要有以下几种:

(1)TL-2000聚合路面强化剂;

(2)沥再生 RejuvaSeal™;

(3)魁道沥青复原剂(CAP);

(4)ERA-C型沥青再生剂;

(5)STAR-SEAL Supreme 封涂层。

3.表面封层类预防性养护方法

石屑封层、同步碎石封层、稀浆封层、微表处封层等作为表面封层类,从施工方法上讲区别于前面所述的表面涂刷型预防性养护材料,是将预先设计好的配合比,通过专门的拌和摊铺等机械将砂石、黏结材料组成的混合料铺设在原沥青路面上，形成一层沥青磨耗层，一般摊铺厚度不大，主要起到增加沥青路面的抗滑耐磨耗性能、提高平整度、提高路面防渗水性能等作用。这里将石屑封层、同步碎石封层、稀浆封层、微表处封层归纳在一起，统称为封层型预防性养护措施。

1）石屑封层（Chip Seal）

单层的石屑封层是最早出现的预防性养护技术，其施工方法是在路面上喷洒一层沥青材料（热沥青、轻质沥青、乳化沥青等），紧接着撒布砂、单粒径或适当级配的集料，并紧跟着进行碾压。石屑封层（图4-9）是一种敷设简单易行、价格低廉的养护方法。它的缺点是需要较长的初期养护时间，高速行驶时噪声过大，路面上的松散集料还会被高速行驶的车轮带出而撞击，黏附在车身和风窗玻璃上，集料的损失还会导致抗滑能力的衰减，所以一般很少用于交通流量大和汽车高速行驶的道路。石屑封层的新发展趋势是围绕着减缓抗滑性能的衰减速率所做的努力。这种努力同样表现在从材料和工艺两方面对黏结剂和集料之间黏附性能所取得的改善上。材料方面的改善，主要是更多地采用改性沥青和改性乳化沥青，以及改善它们与集料之间的相容性。在工艺改善方面，同步碎石封层的出现就是一个典型的例子。

图4-9　石屑封层

2）碎石封层

碎石封层是指采用专用设备将沥青胶结料、碎石同步或异步洒（撒）布在沥青路面上形成的封层。按碎石粒径的不同，碎石封层可分为砂粒式、细粒式和中粒式3类，其对应的碎石规格最大粒径分别不应大于5mm、10mm和15mm；按施工层数的不同，碎石封层可分为单层式和双层式两种，其中双层式碎石封层应采用嵌挤式结构。

碎石封层适用于二级及二级以下公路、需要改善抗滑等使用性能的沥青路面，其适用的各等级公路路况水平应符合表4-28的规定；也可用作各等级公路加铺层功能性罩面、结构性补强、桥隧沥青铺装、水泥混凝土路面沥青铺装等需要起到应力吸收作用的黏结防水层。

碎石封层适用的各等级公路路况水平　　表4-28

路况指数	二级公路	三级及四级公路
PCI、PQI、RDI	≥80	≥75

（1）碎石封层材料应符合下列规定：

①碎石封层胶结料可采用（改性）乳化沥青、热沥青等。用于预防性养护的乳化沥青蒸发残留物含量不应小于55%，改性乳化沥青蒸发残留物含量不应小于60%，其他指标和作用黏结防水层的技术指标应符合现行《公路沥青路面施工技术规范》（JTG F40）的有关规定。

②碎石封层应选择坚硬耐磨的玄武岩、辉绿岩、石灰岩等岩石破碎而成的单一粒径碎石，其最小粒径与最大粒径之比应为0.6～0.7，压碎值不应大于20%，针片状颗粒含量不应大于10%，其他技术指标应符合现行《公路沥青路面施工技术规范》（JTG F40）的有关规定。

③碎石封层的碎石用量和胶结料用量应根据原路面的表面状况、交通量、施工经验、施工季节等，结合碎石粒径和施工层数进行确定。单层式碎石封层材料规格和用量应符合表4-29的规定，双层式碎石封层材料规格和用量应符合表4-30的规定。

单层式碎石封层材料规格和用量　　表4-29

碎石规格(mm)		碎石用量($m^3/1000m^2$)	乳化沥青用量(kg/m^2)	热沥青用量(kg/m^2)
砂粒式	1~3	2~5	0.9~1.2	—
	3~5	4~7	1.2~1.5	—
细粒式	5~8	6~9	1.5~1.8	0.9~1.2
	7~10	8~11	1.8~2.1	1.1~1.4
中粒式	9~12	10~13	2.1~2.4	1.4~1.7
	12~15	13~16	2.4~2.7	1.7~2.0

双层式碎石封层材料规格和用量　　表4-30

碎石规格(mm)		碎石用量($m^3/1000m^2$)		乳化沥青用量(kg/m^2)		热沥青用量(kg/m^2)	
第一层	第二层	第一层	第二层	第一层	第二层	第一层	第二层
7~10	3~5	6~9	2~5	1.2~1.5	0.7~1.0	1.2~1.5	0.4~0.7
9~12	5~8	9~12	4~7	1.5~1.8	1.0~1.3	1.5~1.8	0.7~1.0
12~15	7~10	12~15	6~9	1.8~2.4	1.3~1.6	1.8~2.0	1.0~1.3

④碎石封层所用碎石宜采用沥青拌合站进行沥青预裹覆或烘干除尘处理。预裹覆的沥青可与碎石封层喷洒的沥青类型不同,拌和温度道路石油沥青为140℃,预裹覆碎石的沥青用量应符合表4-31的规定。采用烘干除尘处理的碎石铺筑(改性)乳化沥青碎石封层,宜在沥青胶结料洒布和碎石撒布后,在碎石表层在喷洒其质量1/3的沥青胶结料。

预裹覆碎石的沥青用量　　表4-31

碎石规格(mm)	3~5	5~8	7~10	9~12	12~15
沥青用量(质量比,%)	0.4	0.35	0.3	0.25	0.2

(2)施工要求。

碎石封层宜采用同步碎石封层车施工(图4-10),并同步完成胶结料和碎石洒(撒)布;条件不具备的,也可采用沥青洒布车和碎石撒布车的异步施工方法。异步施工应确保工序的紧密衔接,每个作业段的长度应根据施工能力确定。

①进行碎石封层施工前,应彻底清除原路面的泥土、杂物并保持相对干燥,对有坑槽、裂缝等病害的路面应进行处治,旧沥青面层老化严重时应喷洒一层渗透性好的沥青再生剂或再生还原剂,路面整体强度不足时应进行补强。

图4-10　同步碎石封层

②碎石封层施工应结合原路面状况,选用合适的沥青用量进行洒布,采用的沥青洒布温度应根据黏温曲线确定,不具备条件时可参考现行《公路沥青路面施工技术规范》(JTG F40)各类沥青的拌和温度,乳化沥青采用常温洒布。

③碎石封层施工过程如发现空白、缺边等洒(撒)布数量不足的情况,应及时人工补洒(撒)胶结料和碎石,胶结料积聚应予以刮除。

④异步碎石封层施工洒布胶结料后应及时撒布碎石,使用乳化沥青时,碎石撒布应在乳化沥青破乳之前完成。碎石撒布应及时、均匀、厚度一致,不应露出胶结料;局部缺料或料过多处,应人工适当找补或清除。

⑤碎石撒布完成后应及时使用胶轮压路机进行碾压,压路机的行驶速度不宜超过3km/h。

⑥对于乳化沥青碎石封层,应待破乳、水分蒸发并基本成型后方可通车,(改性)沥青碎石封层在碾压结束后即可开放交通,并通过开放交通补充压实,成型稳定。在通车初期应设置限速设施控制行车,限制行车速度不得超过20km/h。

⑦应做好碎石封层的初期养生,发现有泛油时,应在泛油处补撒碎石并扫匀,过多的浮料应扫出路外。

(3)质量验收。

①碎石封层施工中应对其现场质量进行抽样检测,检测项目、检测频率、质量要求及检测方法应符合表4-32的规定。

碎石封层施工过程控制要求 表4-32

检测项目	检测频率	质量要求	检测方法
外观	全线连续	胶结料无明显囤积、流淌或漏洒,碎石无明显囤积、漏撒	目测
胶结料洒布量(kg/m^2)	1次/工作日	设计值±0.2	T0982、总量检验法
胶结料洒布温度	1次/工作日	符合设计要求	温度计量测法
碎石撒布量(kg/m^2)	1次/工作日	设计值±0.5	T0982、总量检验法

②碎石封层施工的工程验收标准应符合表4-33的规定。

碎石封层施工的工程验收标准 表4-33

检测项目	检测频率	质量要求或允许偏差	检查方法
碎石剥落率 P	5个点/km	≤10%	《公路沥青路面养护技术规范》(JTG 5142—2019)附录C.1
碎石覆盖率 Q	5个点/km	90%±10%(预防养护) 80%±10%(黏结防水层)	《公路沥青路面养护技术规范》(JTG 5142—2019)附录C.2
构造深度(mm)	5个点/km	≥0.8	T0961
宽度(mm)	5个点/km	不小于设计值	钢卷尺法

3)稀浆封层(Emulsified Asphalt Slurry Seal)

稀浆封层(图4-11)是指采用专用设备将乳化沥青、粗细集料、填料、水和添加剂等,按设计配合比拌和成稀浆混合料摊铺到沥青路面上形成的封层。

稀浆封层适用于二级及二级以下公路沥青路面,其适用的各等级公路路况水平应符合表4-34的规定。

图 4-11　稀浆封层

稀浆封层适用的各等级公路路况水平　　表 4-34

路况指数	二级公路	三级及四级公路
PCI、RQI、RDI	≥85	≥80

我国习惯上将稀浆封层分为普通稀浆封层和慢裂快凝稀浆封层。稀浆封层在水分蒸发干燥硬化成型后，其外观与细粒式沥青混凝土相似，可以使磨损、老化、裂缝、光滑、松散等病害迅速得到修复，具有耐磨、抗滑、防水、平整、施工快、造价低、用途广、能耗省等优点。

稀浆封层技术在 20 世纪 40 年代后期兴起于德国。在美国，稀浆封层的应用占全国黑色路面的 60%，其使用范围得到了拓展，对新旧路面的老化、裂缝、光滑、松散、坑槽等病害起到了预防和维修的作用，使路面的防水、抗滑、平整、耐磨性迅速提高。

稀浆封层的寿命取决于原路面的状况、现有的交通荷载、当地的自然气候条件、稀浆封层决策阶段计划投入的资金等因素。施工完成后，由于车辆的作用，当稀浆封层完全磨损后，原路面上的空隙和裂缝已经被乳化沥青稀浆封层混合料所填补。因此，稀浆封层被完全磨损后，其作用还能继续一段时间。

(1)稀浆封层材料应符合下列规定：

①稀浆封层可采用乳化沥青，其技术指标应符合表 4-35 的规定。

稀浆封层用乳化沥青技术要求　　表 4-35

检测指标		单位	BC-1	BA-1	试验方法
筛上剩余量(1.18mm 筛)		%	≤0.1	≤0.1	T0652
电荷		—	阳离子正电(+)	阴离子负电(-)	T0653
恩格拉黏度 E_{25}		—	2~30	2~30	T0622
沥青标准黏度 C_{25}		S	10~60	10~60	T0621
蒸发残留物含量		%	≥55	≥55	T0651
蒸发残留物性质	针入度(100g,25℃,5s)	0.1mm	45~150	45~150	T0604
	延度(15℃)	Cm	≥40	≥40	T0605
	溶解度(三氯乙烯)	%	≥97.5	≥97.5	T0607
储存稳定性	1h	%	≤1	≤1	T0655
	5h	%	≤5	≤5	

②稀浆封层矿料可采用不同规格的粗集料、矿粉等掺配而成，粗集料应选择坚硬、粗糙、耐磨、洁净的集料，细集料宜采用碱性石料生产的机制砂，其技术指标应满足表4-36的规定。

稀浆封层矿料质量要求 表4-36

材料名称	检测指标	单位	质量要求	试验方法	备注
粗集料	石料压碎值，不大于	%	28	T0316	—
	洛杉矶磨耗损失，不大于	%	30	T0317	—
	石料磨光值，不小于	BPN	—	T0321	—
	坚固性，不大于	%	12	T0314	—
	针片状颗粒含量，不大于	%	18	T0312	—
细集料	坚固性，不大于	%	—	T0340	>0.3mm部分
	砂当量，不小于	%	50	T0334	合成矿料中 < 4.75mm部分

注：稀浆封层用于四级公路时，粗细集料的质量要求可参照现行《公路沥青路面施工技术规范》(JTG F40)适当放宽。

③稀浆封层填料可采用矿粉、水泥、消石灰等，应干燥、疏松，无结团，并符合现行《公路沥青路面施工技术规范》(JTG F40)的有关规定。

④稀浆封层添加剂可采用无机盐类添加剂、有机类添加剂等，添加剂的掺加不得对混合料性能产生不利影响，未经试验验证的添加剂不得在施工中采用。

⑤稀浆封层施工时可掺入一定比例的水，并符合三类及三类以上水质标准。

(2)稀浆封层混合料类型应根据使用要求、原路面状况、交通量、气候条件等因素选择，并进行混合料配合比设计、路用性能试验和设计参数的测试，根据试验结果确定混合料配合比。

按矿料粒径的不同，稀浆封层混合料可分为ES-1型、ES-2型和ES-3型，ES-3型稀浆封层适用于二级公路沥青路面预防养护和新建、改扩建公路沥青路面下封层，ES-2型稀浆封层适用于二级及二级以下公路沥青路面预防养护和新建、改扩建公路沥青路面下封层，ES-1型稀浆封层适用于三级及四级公路沥青路面预防养护。稀浆封层混合料的矿料级配范围应符合表4-37的规定。

稀浆封层混合料的矿料级配范围 表4-37

级配类型	通过下列筛孔(mm)的质量百分数(%)							
	9.5	4.75	2.36	1.18	0.6	0.3	0.15	0.075
ES-1	—	100	90~100	65~90	40~65	25~42	15~30	10~20
ES-2	100	90~100	65~90	45~70	30~50	18~30	10~21	5~15
ES-3	100	70~90	45~70	28~50	19~34	12~25	7~18	1~15
波动范围	—	±5	±5	±5	±5	±4	±3	±2

(3)稀浆封层混合料的使用性能应符合表4-38的规定。

稀浆封层混合料的使用性能 表4-38

检测指标	单位	使用性能要求		试验方法
		快开放交通	慢开放交通	
可拌和时间(25℃),不小于	s	120	180	T0757
黏聚力试验,不小于 30min(初凝时间) 60min(开放交通时间)	N·m	1.2 2.0①	— —	T0754
负荷车轮黏附砂量,不大于	g/m^2	450②		T0755
浸水1h湿轮磨耗,不大于	g/m^2	800		T0752

注:①至少为初级成型。

②用于轻交通量公路沥青路面预防养护时,可不作黏附砂量指标的要求。

(4)稀浆封层应满足如下施工要求:

①稀浆封层的施工气温不得低于10℃,路面温度和气温均在7℃以上并继续上升时,允许施工;施工后24h内可能产生冻结,不得施工;严禁在雨天施工,摊铺后未成型混合料遇雨,应在雨后及时进行检查,如有局部轻度损坏,待路面干硬后,采用人工修补;如损坏较严重,应在路面强度较低的情况下,将雨前摊铺层铲除,重新摊铺。

②稀浆封层应采用稀浆封层车作业方式,摊铺时应拌和充分、摊铺均匀、速度稳定,宜采用自卸车供料,乳化沥青、水、添加剂等可采用专用罐车运输,保证供料及时和连续生产。

③稀浆封层已摊铺的稀浆混合料不应有过量的水分和乳化沥青,也不应出现乳化沥青与集料分离的现象。摊铺专用机械不能到达的地方,应用人工刮板封层,且应确保表面平整,保持与摊铺效果相同。

④稀浆封层两幅的纵缝搭接宽度不宜大于80mm,宜设置在车道线处,横向接缝宜做成对接缝,用3m直尺测量接缝处的不平整度不应大于6mm。

⑤稀浆封层铺筑后不得有超粒径料拖拉的严重划痕,横向接缝和纵向接缝处不得出现余料堆积或缺料现象。养护成型期内严禁车辆和行人进入。为加快开放交通时间,可在稀浆混合料初凝后使用胶轮压路机碾压。经养生和初期交通碾压稳定的稀浆封层,在行车作用下应不飞散且完全密水。

⑥稀浆封层施工中应对稀浆混合料和现场质量进行抽样检测,检测项目、检测频率、质量要求及检测方法应符合表4-39的规定。

稀浆封层施工过程控制要求 表4-39

检测项目	检测频率	质量要求	检测方法
稠度	1次/100m	适中	经验法
沥青用量	1次/工作日	施工配合比的沥青用量±0.2%	T0722、总量检验法
矿料级配	1次/工作日	满足施工配合比的矿料级配要求	T0725、总量检验法
浸水1h湿轮磨耗	1次/7个工作日	≤800g/m^2	T0752
外观	全线连续	表面平整、均匀,无离析,无划痕	目测
横向接缝	每条	对接,平顺	目测
边线	全线连续	任一30m长度范围内的水平波动不得超过±50mm	目测或用尺量法

注:矿料级配满足施工配合比的矿料级配要求,是指矿料级配不超出相应级配类型要求的各筛孔通过率的上下限,且以施工配合比的矿料级配为基准,实际级配中各筛孔通过率不超过表4-37规定的允许波动范围。

(5)稀浆封层施工的工程验收标准应符合表4-40的规定。

稀浆封层施工的工程验收标准　　表4-40

检测项目		检测频率	质量要求或允许偏差	检测方法
厚度(mm)	均值	5个断面/km	不小于设计值	T0912,每个断面挖坑3点
	合格值		设计厚度-10%	
渗水系数(mL/min)		5个点/km	≤10	T0971
纵向接缝高差(mm)		全线连续	≤6	3m直尺法
抗滑性能	摆值 F_b(BPN)	5个点/km	符合设计要求	摆式仪:T0964
	构造深度(mm)	5个点/km		T0961
宽度(mm)		5个点/km	不小于设计值	钢卷尺法

4)微表处封层(Micro-Surfacing)

微表处封层是指采用专用设备将改性乳化沥青、粗细集料、填料、水和添加剂等,按设计配合比拌和成稀浆混合料摊铺到沥青路面上,并形成很快开放交通的、具有高抗滑和耐久性能的封层。

微表处封层可以有效防止路表水的下渗,提高路面的抗磨耗性能和抗滑性能,并同时完成对车辙的修复。微表处施工后可在1~2h内开放交通,最大限度地减少施工对交通的影响。

微表处封层适用于二级及二级以上公路、需要改善抗滑等使用性能的沥青路面,其适用的各等级公路路况水平应符合表4-41的规定。

微表处封层适用的各等级公路路况水平　　表4-41

路面指数	高速公路	一级及二级公路
PCI、RQI	≥85	≥80

改性乳化沥青稀浆封层在国外亦称为聚合物改性稀浆精细表面处治,简称PSM,在法国和美国的工程中应用广泛。我国有时也称为微表处封层,它是在乳化沥青稀浆封层的基础上发展起来的,是由慢裂快凝的高分子聚合物改性乳化沥青、100%破碎的集料、矿粉、水和添加剂组成的稀浆混合物。微表处封层厚度可达10~15mm,抗滑阻力和抗耐久性也比普通的稀浆封层要好并具有某些修复性功能,可用于修补车辙、轻度松散、泛油等病害的校正等(图4-12)。

图4-12　微表处封层

(1)微表处封层的主要功能如下：

①封水。采用微表处封层后，具有非常好的路面封水效果。

②抗滑。微表处封层的厚度仅为10mm左右，没有经过压路机碾压的粗集料突出到微表处表面，使得微表处层具有很大的构造深度和摩擦系数。同时，改性的乳化沥青，使得沥青与集料间的黏结牢固，粗集料不会在行车作用下飞散，从而保证了微表处的抗滑性能不会随使用期的延长而迅速衰减。

③延缓路面材料老化。微表处封层隔绝了紫外线与沥青混合料之间的直接接触，对沥青路面起到了一个保护层的作用。

④改善路表外观。微表处封层为行车提供了耐磨的抗滑表层，使得沥青路面表面平整，路表外观大为改善。

⑤修复路面车辙。这是微表处封层与稀浆封层在处治病害上的最大区别，但是处治的车辙深度有限制，如果车辙太深，可以分几层来处理。

⑥修复路面其他轻微病害。由于微表处封层是增加一个薄层，相当于路面有了一个新的磨耗表面，故可以同时处治老化、轻微泛油、裂缝等多种病害。

(2)微表处材料应符合下列规定：

①微表处应采用阳离子型改性乳化沥青，改性沥青剂量(改性沥青有效成分占纯沥青的质量百分比)不宜小于3%，其技术指标应符合表4-42的规定。

微表处用改性乳化沥青技术要求 表4-42

检测指标		单位	BCR	试验方法
筛上剩余量(1.18mm筛)		%	≤0.1	T0652
电荷		—	阳离子正电(+)	T0653
恩格拉黏度 E_{25}		—	3~30	T0622
沥青标准黏度 C_{25}		S	12~160	T0621
蒸发残留物含量		%	≥60	T0651
蒸发残留物性质	针入度(100g,25℃,5s)	0.1mm	4~100	T0604
	软化点	℃	≥53	T0606
	延度(5℃)	Cm	≥20	T0605
	溶解度(三氯乙烯)	%	≥97.5	T0607
储存稳定性	1d	%	≤1	T0655
	5d	%	≤5	

注：1. 改性乳化沥青黏度以恩格拉黏度为准，条件不具备时也可采用沥青标准黏度。

2. 南方炎热地区、重载交通道路及用于填补车辙时，蒸发残留物的软化点应不低于57℃。

3. 储存稳定性根据施工实际情况选择试验天数，通常采用5日，改性乳化沥青生产后能在第二天使用完时也可选用1日。个别情况下改性乳化沥青5日的储存稳定性难以满足要求，如果经搅拌后能够达到均匀一致并不影响正常使用，此时要求改性乳化沥青运至工地后应存放在附有循环或搅拌装置的储存罐内，并进行循环或搅拌，否则不准使用。

②微表处矿料可采用不同规格的粗细集料、矿粉等掺配而成，粗集料应选择坚硬、粗

糙、耐磨、洁净的集料，细集料宜采用碱性石料生产的机制砂，其技术指标应满足表4-43的规定。

微表处用矿料质量要求 表4-43

材料名称	检测指标	单位	质量要求	试验方法	备注
粗集料	石料压碎值，不大于	%	26	T0316	—
	洛杉矶磨耗损失，不大于	%	28	T0317	—
	石料磨光值，不小于	BPN	42	T0321	—
	坚固性，不大于	%	12	T0314	—
	针片状颗粒含量，不大于	%	15	T0312	—
细集料	坚固性，不大于	%	12	T0340	>0.3mm部分
	砂当量，不小于	%	65	T0344	合成矿料中<4.75mm部分

③微表处填料可采用矿粉、水泥、消石灰等，应干燥、疏松，无结团，并符合现行《公路沥青路面施工技术规范》(JTG F40)的有关规定。

④微表处添加剂可采用无机盐类添加剂、有机类添加剂等，添加剂的掺加不得对混合料性能产生不利影响，未经试验验证的添加剂不得在施工中采用。

⑤掺入微表处的纤维类型可选用玻璃纤维、聚酯纤维、矿物纤维或玄武岩纤维，状态为卷轴式纤维盘，长度为6mm、8mm或12mm。

⑥同步微表处黏层材料应采用符合现行《公路沥青路面施工技术规范》(JTG F40)规定的改性乳化沥青，其蒸发残留物含量不应小于62%。

⑦微表处施工时可掺入一定比例的水，并符合三类及三类以上水质标准。

(3)微表处混合料类型应根据使用要求、原路面状况、交通量、气候条件等因素选择，并进行混合料配合比设计、路用性能试验和设计参数的测试，根据试验结果确定混合料配合比。

按矿料粒径的不同，微表处混合料可分为MS-2型和MS-3型。MS-3型微表处适用于高速公路及一级公路沥青路面预防养护，MS-2型微表处适用于中等交通量高速公路、一级及二级公路沥青路面预防养护。微表处混合料的矿料级配范围应符合表4-44的规定。

微表处混合料的矿料级配范围 表4-44

级配类型	通过下列筛孔(mm)的质量百分率(%)							
	9.5	4.75	2.36	1.18	0.6	0.3	0.15	0.075
MS-2	100	90~100	65~90	45~70	30~50	18~30	10~21	5~15
MS-3	100	70~90	45~70	28~50	19~34	12~25	7~18	5~15
活动范围	—	±5	±5	±5	±5	±4	±3	±2

用于车辙填充的微表处混合料配合比设计，其矿料级配宜在MS-3型级配范围的中值和下限之间，并符合表4-45的规定。

微表处车辙填补的矿料级配范围　　表4-45

级配类型	通过下列筛孔(mm)的质量百分率(%)							
	9.5	4.75	2.36	1.18	0.6	0.3	0.15	0.075
车辙填补	100	70~80	45~58	28~39	19~27	12~19	7~13	5~8
波动范围	—	±5	±5	±5	±5	±4	±3	±2

微表处混合料的使用性能应符合表4-46的规定,微表处施工前应由具有丰富设计经验的试验室进行验证性复核,并出具复核报告。

微表处混合料的使用性能要求　　表4-46

检测指标	单位	使用性能要求	试验方法
可拌和时间(25℃),不小于	s	120	T0757
黏聚力试验,不小于 30min(初凝时间) 60min(开放交通时间)	N·m	1.2 2.0①	T0754
负荷车轮黏附砂量,不大于	g/m²	450②	T0755
浸水1h湿轮磨耗,不大于	g/m²	540	T0752
浸水6h湿轮磨耗,不大于	g/m²	800	
轮辙变形试验的宽度变化率③,不大于	%	5	T0756
配伍性等级值④,不小于	—	11	T0758

注:①至少为初级成型。

②用于轻交通量公路沥青路面预防养护时,可不作黏附砂量指标的要求。

③不用于车辙填充的微表处混合料,不作轮辙变形试验的要求。

④配伍性等级指标作为参考指标使用。

微表处混合料可掺入其质量1‰~3‰的纤维,经微表处混合料的配合比试验确定纤维掺量。

(4)微表处封层应满足如下施工要求:

①微表处应采用专用摊铺机摊铺,微表处摊铺机的拌和箱应为大功率双轴强制搅拌式,摊铺箱应带有两排布料器,摊铺机应具有精确计量系统并可记录或显示矿料、改性乳化沥青等的用量。

②掺入纤维的微表处应采用同步微表处摊铺机进行黏层喷洒、纤维切割添加和微表处摊铺的同步施工方法。原路面表面光滑时,宜采用同步微表处摊铺机进行黏层喷洒和微表处摊铺的同步施工方法,过于光滑的原路面表面可采用拉毛处理,保证微表处与原路面黏结良好而不脱落。

③微表处施工环境要求以及拌和、摊铺、供料、人工找补、纵横缝搭接、养生等工艺应按规范的有关规定执行。

④深度不大于15mm的不规则车辙或轻度车辙,可按要求一次全宽刮平摊铺;深度为15~30mm的车辙填补应采用专用的V形摊铺箱,并按两层进行摊铺,宜在第一层摊铺完开放交通24h后进行第二层摊铺。

⑤微表处施工中应对稀浆混合料和现场质量进行抽样检测,检测项目、检测频率、质量要求及检测方法应符合表4-47的规定。

微表处施工过程控制要求 表 4-47

检测项目	检测频率	质量要求	检测方法
稠度	1 次/100m	适中	经验法
沥青用量	1 次/工作日	施工配合比的沥青用量 ±0.2%	T0722、总量检验法
矿料级配	1 次/工作日	满足施工配合比的矿料级配要求	T0725、总量检验法
浸水 1h 湿轮磨耗	1 次/7 个工作日	≤540g/m^2	T0752
外观	全线连续	表面平整、均匀,无离析,无划痕	目测
横向接缝	每条	对接,平顺	目测
边线	全线连续	任一 30m 长度范围内的水平波动不得超过 ±50mm	目测或用尺量法

注:矿料级配满足施工配合比的矿料级配要求,是指矿料级配不超出相应级配类型要求的各筛孔通过率的上下限,且以施工配合比的矿料级配为基准,实际级配中各筛孔通过率不超过表 4-44 和表 4-45 规定的允许波动范围。

⑥微表处施工的工程验收标准应符合表 4-48 的规定。

微表处施工的工程验收标准 表 4-48

<table>
<tr><th colspan="2">检测项目</th><th>检测频率</th><th>质量要求或允许偏差</th><th>试验方法</th></tr>
<tr><td rowspan="2">厚度(mm)</td><td>均值</td><td rowspan="2">5 个断面/km</td><td>不小于设计值</td><td rowspan="2">T0912,每个断面挖坑 3 个</td></tr>
<tr><td>合格值</td><td>设计厚度 -10%</td></tr>
<tr><td colspan="2">渗水系数(mL/min)</td><td>5 个点/km</td><td>≤10</td><td>T0971</td></tr>
<tr><td colspan="2">纵向接缝高差(mm)</td><td>全线连续</td><td>≤6</td><td>3m 直尺法</td></tr>
<tr><td rowspan="3">抗滑性能</td><td>摆值 F_b(BPN)</td><td>5 个点/km</td><td>≥45</td><td>摆式仪:T0964</td></tr>
<tr><td>横向力系数</td><td>全线连续</td><td>≥54</td><td>T0965 或 T967</td></tr>
<tr><td>构造深度 TD(mm)</td><td>5 个点/km</td><td>≥0.6</td><td>T0961</td></tr>
<tr><td colspan="2">宽度(mm)</td><td>5 个点/km</td><td>不小于设计值</td><td>钢卷尺法</td></tr>
</table>

注:抗滑性能仅针对高速公路及一级公路要求,横向力系数由建设单位确定是否检测。

5)纤维封层

纤维封层是指采用专用设备在沥青路面上同步洒布一层改性乳化沥青、纤维和一层改性乳化沥青,之后撒布碎石形成的封层。

纤维封层适用于二级及二级以下公路、需要改善抗滑等使用性能的沥青路面,其适用的各等级公路路况水平应符合表 4-49 的规定;也可用作各等级公路加铺功能性罩面、结构性补强、桥隧沥青铺装、水泥混凝土路面沥青铺装等需要起到应力吸收作用的黏结防水层。

纤维封层适用的各等级公路路况水平 表 4-49

路况指数	二级公路	三级及四级公路
PCI、RQI、RDI	≥80	≥75

(1)纤维封层材料应符合下列规定：

①纤维封层胶结料应采用改性乳化沥青，其蒸发残留物含量不应小于60%，其他指标应符合现行《公路沥青路面施工技术规范》(JTG F40)的有关规定。

②纤维封层用纤维应具有高抗拉性能和高弹性模量，其类型可采用玻璃纤维、矿物纤维或玄武岩纤维，纤维长度宜为6cm，状态宜为卷轴式纤维盘。

③纤维封层应选择坚硬耐磨的玄武岩、辉绿岩等岩石破碎而成的单一粒径碎石，并应符合《公路沥青路面养护技术规范》(JTG 5142)的有关规定。宜按规范的有关规定进行碎石预裹覆处理。

④纤维封层的碎石用量、胶结料用量和纤维用量应根据原路面的表面状况、交通量、施工经验、施工季节等，结合碎石粒径和封层类型确定，其碎石用量和胶结料用量可按规范的有关规定执行。

(2)纤维封层应满足如下施工要求：

①纤维封层施工前，应彻底清除原路面的泥土、杂物并保持相对干燥，对坑槽、裂缝等严重病害的路面应进行修补，路面整体强度不足时应进行补强。

②纤维封层专用设备洒布改性乳化沥青施工后，紧接着撒布碎石层，碎石撒布完成后应及时使用胶轮压路机进行碾压，压路机的行驶速度不宜超过3km/h。

③对于纤维封层，应待改性乳化沥青破乳、水分蒸发并基本成型后方可通车，并做好纤维封层的初期养生。在通车初期应设置限速设施控制行车，限制行车速度不得超过20km/h。

④纤维封层施工中应对其现场质量进行抽样检测，检测项目、检测频率、质量要求及检测方法应符合表4-50的规定。

纤维封层施工过程控制要求 表4-50

检测项目	检测频率	质量要求	检测方法
外观	全线连续	改性乳化沥青无明显囤积、流淌或漏洒；纤维无明显囤积，交错与搭接均匀；碎石无明显囤积、漏撒	目测
胶结料洒布量(kg/m²)	1次/工作日	设计值±0.2	T0982、总量检验法
纤维撒布量(g/m²)	1次/工作日	设计值±5	总量检验法
碎石撒布量(kg/m²)	1次/工作日	设计值±0.5	T0982、总量检验法

(3)纤维封层施工的工程验收标准应符合表4-51的规定。

纤维封层施工的工程验收标准 表4-51

检测项目	检测频率	质量要求或允许偏差	检测方法
碎石剥落率 P	5个点/km	≤10%	《公路沥青路面养护技术规范》(JTG 5142—2019)附录C.1
碎石覆盖率 Q	5个点/km	90%±10%(预防养护)	《公路沥青路面养护技术规范》(JTG 5142—2019)附录C.2
		80%±10%(黏结防水层)	
构造深度ID(mm)	5个点/km	≥0.8	T0961
宽度(mm)	5个点/km	不小于设计值	钢卷尺法

6）复合封层

复合封层是指由碎石封层或纤维封层＋微表处封层，或由碎石封层＋稀浆封层组合而成的封层。

复合封层适用的各等级公路、需要改善抗滑等使用性能的沥青路面。碎石封层或纤维封层＋微表处封层适用于二级及二级以上公路，碎石封层＋稀浆封层适用于二级及二级以下公路，其适用的各等级公路路况水平应符合表4-52的规定。

复合封层适用的各等级公路路况水平 表4-52

路况指数	高速公路	一级及二级公路	三级及四级公路
PCI、RQI、RDI	≥80	≥75	≥70

（1）复合封层的原材料技术要求应符合我国相关规范的有关规定。

（2）复合封层的配合比设计与使用性能检验应符合相关规范的有关规定。

（3）复合封层的施工与质量检验应分别符合碎石封层、纤维封层和微表处、稀浆封层的有关规定。

（4）复合封层施工的工程验收标准应符合表4-53的规定。

复合封层施工的工程验收标准 表4-53

检测项目		检测频率	质量要求或允许偏差	检测方法
厚度（mm）	均值	5个断面/km	不小于设计值	T0912，每个断面挖坑3点
	合格值		设计厚度－10%	
渗水系数（mL/min）		5个点/km	≤10	T0971
纵向接缝高差（mm）		全线连续	≤6	3m直尺法
抗滑性能	摆值 F_b（BPN）	5个点/km	符合设计要求	摆式仪；T0961
	横向力系数			T0965或T0967
	构造深度TD（mm）			T0961
宽度（mm）		5个点/km	不小于设计值	钢卷尺法

4. 薄层罩面预防性养护方法

薄层罩面作为一项预防性养护技术，为原沥青路面提供了一个崭新的表面，使原沥青路面的平整度大大增加，减小了行车的振动，以及行车对路面的激振破坏，并增加行车的舒适性；恢复了表面粗糙度，使抗滑能力提高，增加了行车的安全性；使路面原有的许多表面破坏（如坑洞、裂缝、辙槽等）都得到了一定程度的治理，并延长了路面使用寿命。

国外发达国家早已进行了针对薄层罩面的研究与应用。法国是国际上采用薄层沥青混凝土路面的代表性国家。在法国，薄沥青混凝土面层（BBI）的定义为：用纯沥青或改性沥青，集料及可能的添加剂（矿质的或有机的）制成的混合料，摊铺厚度在30～40mm。在美国，一般认为薄层沥青混凝土的厚度应为15～30mm。在我国养护规范中，薄层罩面适用于路面平整度较差、辙槽深度小于10mm、路面无结构性破坏的道路，是提高路面表面层服务功能的养护维修措施，也适用于新建公路的磨耗层。

薄层罩面的代表厚度是15～30mm，一般为20mm左右，在局部面积上可以铺得较厚。混合料宜选用间断级配集料、改性沥青或其他添加剂，以提高罩面层的水稳性。罩面层的厚度应根据路面的等级、交通量的大小、道路等级、道路的功能要求等综合确定，用于重点解决路面的轻微网裂、透水时可选用较薄的罩面层；对路面破损、平整度、抗滑3项性能需要改善时，应采用较厚的罩面层；各类型的罩面厚度不应小于最小施工结构层厚度；主要解决抗滑问题时高等级公路的罩面层不得小于25mm薄层罩面。

薄层罩面用于沥青路面的预防性养护，主要优点是：①服务寿命延长；②能承受重载交通和高剪应力；③表面平整性能好；④可被铺成需要的厚度、纵坡度和横坡度；⑤中断交通时间短。按照所采取的施工方法不同，薄层罩面可以分为冷薄层罩面、热薄层罩面和温薄层罩面3种。

1）一般规定

（1）功能性罩面适用于各等级公路预防或修复病害、需要改善抗滑等使用性能且结构强度满足使用要求的沥青路面，铺筑厚度小于40mm的功能性罩面可作为预防养护措施。

（2）功能性罩面可采用铺筑厚度小于25mm的超薄罩面、不小于25mm且小于40mm的薄层罩面和不小于40mm且小于60mm的罩面类型，应根据路面技术状况、主导损坏类型、交通量大小及组成、气候条件、工程经验等因素，合理确定功能性罩面措施。

（3）功能性罩面沥青胶结料可采用热沥青、温拌或冷拌改性沥青，应根据路面损坏状况、改善使用功能、施工条件、工程经验等因素进行选用。

（4）沥青路面部分车道进行功能性罩面时，应做好横坡顺接，保障排水顺畅。

（5）功能性罩面应采用机械化作业方式，施工前彻底清除原路面的泥土、杂物，保证原路面干净、干燥，并应符合下列规定：

①对原路面损坏程度不超过轻度裂缝、轻度松散、轻微泛油，高差不超过10mm的各类变形，可直接实施功能性罩面。

②对原路面超过上述损坏程度的病害，应按规范的有关规定进行原路面病害处治后，实施功能性罩面。

（6）功能性罩面施工应按现行《公路沥青路面施工技术规范》（JTG F40）的有关规定执行，并应符合下列规定：

①功能性罩面与原路面层间应设置具有应力吸收作用的黏结防水层，可对原路面进行拉毛处理，保证功能性罩面与原路面层间黏结良好而不脱落。

②功能性罩面不应铺筑在逐年加铺的软沥青层上，也不应铺在与原路面黏结不良、即将脱皮的沥青薄层上，应先将其铲除与整平，再进行功能性罩面。

2）超薄罩面

超薄罩面适用于预防或部分修复病害、需要改善抗滑等使用性能的沥青路面，其适用的各等级公路路况水平应符合表4-54的规定。

超薄罩面适用的各等级公路路况水平　　表4-54

路况指数	高速公路	一级及二级公路	三级及四级公路
PCI、RQI	≥85	≥80	≥75
RDI	≥80	≥75	≥70

超薄罩面宜采用热拌沥青混凝土，也可采用温拌或冷拌沥青混合料进行铺筑，其材料应符合下列规定：

(1)沥青胶结料可采用高黏度改性沥青、橡胶改性沥青、温拌或冷拌改性沥青。高黏度改性沥青技术指标应符合表4-55的规定,铺筑厚度不大于1.5cm的超薄罩面宜采用60℃且动力黏度不小于100000Pa·s高黏度改性沥青;橡胶改性沥青技术指标应符合表4-56的规定;温拌或冷拌改性沥青应经试验验证并符合相关产品标准。

高黏度改性沥青技术要求 表4-55

检测指标	单位	技术要求	试验方法
针入度(25°,5s,100g)	0.1mm	40~60	T0604
延度(5℃,5cm/min),不小于	cm	30	T0605
软化点 $T_{R\&B,}$ 不小于	℃	75	T0606
135℃运动黏度,不大于	Pa.s	3	T0625
60℃运动黏度,不小于	Pa.s	20000	T0620
溶解度(三氯乙烯),不小于	%	99	T0607
离析,48h软化点差,不大于	℃	2.5	T0661
弹性恢复(25℃),不小于	%	85	T0662
TFOT(RTFOT)后残留物			
质量损失	%	±0.5	T0610或T0609
针入度比(25℃),不小于	%	75	T0604
残留延度(5℃),不小于	cm	20	T0605

橡胶改性沥青技术要求 表4-56

检测指标	单位	技术要求	试验方法
针入度(25°,5s,100g)	0.1mm	30~60	T0604
延度(5℃,5cm/min),不小于	cm	20	T0605
软化点 $T_{R\&B}$ 不小于	℃	75	T0606
180℃布氏黏度	Pa.s	2~4	T0625
离析,48h软化点差,不大于	℃	5.0	T0661
弹性恢复(25℃),不小于	%	75	T0662
TFOT(RTFOT)后残留物			
质量损失	%	±0.5	T0610或T0609
针入度比(25℃),不小于	%	65	T0604
残留延度(5℃),不小于	cm	5	T0605

(2)粗集料、细集料和填料技术指标应符合现行《公路沥青路面施工技术规范》(JTG F40)的有关规定。粗集料应采用质地坚硬、表面粗糙、形状接近立方体的玄武岩或辉绿岩加工而成,具有良好的耐磨耗与磨光性能;细集料应采用石灰岩或岩浆岩中的强基性岩石经制砂机破碎得到的机制砂,与沥青有良好的黏结能力;填料应采用石灰岩或岩浆岩中的强基性岩石经磨细得到的矿粉,保证清洁、干燥,能自由地从矿粉仓中流出。

(3)铺装超薄罩面前,应在原路面表面喷洒一层黏层,其材料可采用高黏度改性乳化沥青或不黏轮改性乳化沥青,因其具有良好的黏结性能和抗水损特性。高黏度改性乳化沥青技术指标应符合表4-57的规定。不黏轮改性乳化沥青应经试验验证并符合相关产品标准。

高黏度改性乳化沥青技术要求 表4-57

检测指标		单位	技术要求	试验方法
破乳深度		—	快裂	T0658
离子电荷		—	阳离子正电(+)	T0653
筛上剩余量(1.18mm),不大于		%	0.4	T0652
黏度	恩格拉黏度	—	3~20	T0622
	赛波特黏度	—	20~60	T-621
储存稳定性	1d,不大于	%	1d	T0655
	5d,不大于	%	5	
蒸发残留物性质	含量,不小于	%	62	T0651
	针入度(100g,25℃,5s)	0.1mm	60~150	T0604
	软化点,不小于	℃	55	T0606
	延度(5℃),不小于	Cm	20	T0605
	溶解度(三氯乙烯),不小于	%	97.5	T0607
	弹性恢复(10℃),不小于	%	70	T0662

(4)超薄罩面沥青混合料的矿料级配类型及组成结构可采用骨架-空隙型级配(CPA)、骨架-密实型级配(SMA)和密实-悬浮型级配(AC)。CPA矿料级配公称最大粒径可选用与铺筑厚度相匹配的7.2mm(CPA-7)或9.5mm(CPA-10),其矿料级配范围宜符合表4-58的规定;SMA-10和AC-10矿料级配范围应符合现行《公路沥青路面施工技术规范》(JTG F40)的有关规定,SMA-5、AC-5矿料级配范围宜符合表4-59的规定。

CPA-7、CPA-10矿料级配范围 表4-58

级配类型	通过下列筛孔(mm)的质量百分率(%)									
	13.2	9.5	7.2	4.75	2.36	1.18	0.6	0.3	0.15	0.075
CPA-7	—	100	55~100	15~40	12~35	11~19	8~15	3~12	3~9	2~7
CPA-10	100	85~100	—	18~43	12~35	11~19	8~15	3~12	3~9	2~7

SMA-5、AC-5矿料级配范围 表4-59

级配类型	通过下列筛孔(mm)的质量百分数(%)							
	9.5	4.75	2.36	1.18	0.6	0.3	0.15	0.075
SMA-5	100	90~100	35~65	22~36	18~28	15~22	13~18	9~15
AC-5	100	90~100	50~70	35~55	30~40	12~28	7~18	5~9

(5)超薄罩面沥青混合料配合比设计宜按目标配合比、生产配合比和试拌试铺验证3个阶段进行,确定其矿料级配及最佳沥青用量,并按表4-60的规定对CPA-7、CPA-10矿料级配类型的沥青混合料进行性能试验验证。其他矿料级配类型的沥青混合料应按现行《公路沥青路面施工技术规范》(JTG F40)有关规定进行性能试验验证。

CPA-7、CPA-10矿料级配类型的沥青混合料技术要求 表4-60

试验项目	单位	击实标准	试验方法
击实次数(双面)	次	75	T0702
时间尺寸	mm	ϕ101,6×63.5	T0702
孔隙率(VV)	%	13~18	T0708
矿料间隙率(VMA),不小于	%	18	T0709
沥青饱和度(VFA)	%	20~50	T0709
稳定度,不小于	kN	6	T0709
残留稳定度,不小于	%	85	T0709
车辙劈裂强度比,不小于	%	80	T0729
车辙试验动稳定度,不小于	次/min	2500	T0719
沥青析漏试验的结合料损失,不大于	%	0.1	T0732
飞散试验的沥青混合料损失(20℃),不大于	%	15	T0733
油膜厚度,不小于	μm	9	—

(6)超薄罩面施工工艺可分为同步超薄罩面和异步超薄罩面。CPA-7、CPA-10矿料级配类型应采用同步超薄罩面施工工艺,保证黏层与超薄罩面层用同一台施工设备同步喷洒和摊铺;对于其他矿料级配类型,宜采用同步超薄罩面施工工艺,也可采用异步超薄罩面施工工艺。

(7)超薄罩面的施工工艺、设备要求与质量控制,应按现行《公路沥青路面施工技术规范》(JTG F40)的有关规定执行,同步超薄罩面还应符合下列规定:

①间歇式拌和机每盘的生产周期应适当延长5~10s,沥青混合料的储存时间不宜超过6h。

②黏层改性乳化沥青喷洒温度应为50~80℃,同步施工黏层改性乳化沥青喷洒温度不应小于80℃,热沥青混合料摊铺在改性乳化沥青喷洒的表面上。

③碾压应在沥青混合料温度下降至90℃之前完成,碾压过程中使用11~13t双钢轮压路机静压2~3次,严禁使用轮胎压路机碾压。

④纵向接缝宜为冷接缝,摊铺宽度宜为一条车道宽,纵向接缝宜位于标线处。

(8)同步超薄罩面应采用专用同步洒布摊铺设备进行铺筑,施工设备应包含受料斗、传送带、带加热功能的乳化沥青储罐、智能喷洒系统、宽度可调节的振动熨平板等部分,可一次同步实施乳化沥青喷洒、混合料摊铺及熨平,乳化沥青喷洒与混合料摊铺时间间隔不应超过5s。

(9)超薄罩面施工的工程验收标准应符合表4-61的规定。

超薄罩面施工的工程验收标准　　表 4-61

检 验 项 目		检 验 频 率	质量要求或允许偏差		试 验 方 法
			高速及一级公路	其他等级公路	
平整度	σ(mm)	连续检测	≤1.5	≤2.5	T0932 或 T0934
	IRI(m/km)		≤2.5	≤4.2	
厚度(mm)	均值	5 个点/km	不小于设计值		T0912,每个断面挖坑 3 点
	合格值		设计厚度 -10%		
渗水系数(mL/min)		5 个点/km	符合设计要求		T0971
抗滑性能	摆值 F_b	5 个点/km	≥45	符合设计要求	摆式仪:T0964
	横向力系数		≥54		T0965 或 T0967
	构造深度 TD(mm)		≥0.6		T0961
宽度(mm)		5 个点/km	不小于设计值		钢卷尺法

注:任选一个平整度指标检测,均由建设单位确定是否检测该指标和横向力示数指标。

3)薄层罩面

薄层罩面适用于预防或修复病害、需要改善抗滑等使用性能的沥青路面,其适用的各等级公路路况水平应符合表 4-62 的规定。

薄层罩面适用的各等级公路路况水平　　表 4-62

路 况 指 数	高 速 公 路	一级及二级公路	三级及四级公路
PCI、RQI	≥80	≥75	≥70
RDI	≥75	≥70	≥65

(1)薄层罩面宜采用热拌沥青混凝土,也可采用温拌或冷拌沥青混合料进行铺筑,其材料应符合下列规定:

①沥青胶结料应采用高黏度改性沥青、SBS 改性沥青、橡胶改性沥青或温拌改性沥青。高黏度改性沥青技术指标应符合表 4-55 的规定,SBS 改性沥青技术指标应符合现行《公路沥青路面施工技术规范》(JTG F40)的有关规定,橡胶改性沥青技术指标应符合表 4-56 的规定,温拌或冷拌改性沥青应经试验验证并符合相关产品标准规定。

②粗集料、细集料和填料技术指标应符合现行《公路沥青路面养护技术规范》(JTG 5142)的有关规定。

③薄层罩面铺筑前,可在原路面表面喷洒一层黏层,也可在原路面表面铺筑碎石封层或纤维封层。

④宜根据所在路段的公路等级、路面技术状况、交通量、使用功能等因素,设计碎石封层或纤维封层 + 薄层罩面的结构组合与厚度,并应符合表 4-63 的规定。

碎石封层或纤维封层 + 薄层罩面的结构组合与厚度　　表 4-63

使 用 条 件	碎石封层或纤维封层厚度(mm)	薄层罩面厚度(mm)
路面技术状况指数、行驶质量指数在中、良等级,交通量较大、重型车辆较多的路段	1.2~1.5	2.5~3.5

续上表

使用条件	碎石封层或纤维封层厚度(mm)	薄层罩面厚度(mm)
路面技术状况指数、行驶质量指数在中、良等级,中等交通量的路段	0.7~1.2	2.5~3
路面技术状况指数、行驶质量指数在中、良等级,交通量小、重型车辆少的路段	0.5~0.8	2.5~3

⑤薄层罩面沥青混合料的矿料级配类型及组成结构可采用骨架-空隙排水型级配(BPA)、骨架-密实型级配(SMA)和密实-悬浮型级配(AC),其公称最大粒径可选用与铺筑厚度相匹配的9.5mm(10型)或13.2mm(13型)。BPA-10、BPA-13矿料级配范围宜符合表4-64的规定,SMA-10、SMA-13和AC-10、AC-13矿料级配范围应符合现行《公路沥青路面施工技术规范》(JTG F40)的有关规定。

BPA-10、BPA-13矿料级配范围 表4-64

级配类型	通过下列筛孔(mm)的质量百分数(%)									
	16.0	13.2	9.5	4.75	2.36	1.18	0.6	0.3	0.15	0.075
BPA-10	—	100	80~100	25~40	22~35	13~25	9~19	7~14	5~11	3~7
BPA-13	100	80~100	60~80	25~40	22~35	13~25	9~19	7~14	5~11	3~7

⑥薄层罩面沥青混合料配合比设计宜按目标配合比、生产配合比和试拌试铺验证3个阶段进行,确定其矿料级配及最佳沥青用量,并应符合下列规定:

a.沥青混合料配合比设计宜采用马歇尔成型方法,按表4-65的规定对BPA-10、BPA-13矿料级配类型的沥青混合料进行性能试验验证。

BPA-10、BPA-13矿料级配类型的沥青混合料技术要求 表4-65

试验项目	单位	击实要求	试验方法
马歇尔击实次数(双面)	次	75	T0702
马歇尔试件尺寸	mm	ϕ101.6×63.5	T0702
空隙率(VV)	%	10~15	T0708
马歇尔稳定度(MS),不小于	KN	6.0	T0709
矿料间隙率(VMA),不小于	%	18	T0709
残留稳定度,不小于	%	85	T0709
冻融劈裂强度比,不小于	%	80	T0729
车辙动稳定度,不小于	次/mm	2500	T0719
沥青析漏损失,不大于	%	0.1	T0732
飞散试验的沥青混合料损失(20℃),不大于	%	15	T0733
油膜厚度,不小于	μm	9	—

b.其他矿料级配类型的沥青混合料应按现行《公路沥青路面施工技术规范》(JTG F40)的有关规定进行性能试验验证。

⑦薄层罩面施工工艺可分为同步薄层罩面和异步薄层罩面。BPA-10、BPA-13 矿料级配类型宜采用同步薄层罩面施工工艺，保证黏层与薄层罩面层用同一台施工设备同步喷洒和摊铺，也可采用异步薄层罩面施工工艺；对于其他矿料级配类型，可采用同步薄层罩面或异步薄层罩面施工工艺。采用铺筑碎石封层或纤维封层应力吸收层时，应采用异步薄层罩面施工工艺。

⑧层间黏层材料可采用高黏度改性乳化沥青或不粘轮改性乳化沥青，其技术指标应符合相关规范的有关规定。

⑨层间应力吸收层可采用碎石封层或纤维封层。碎石封层的材料要求、施工工艺与质量控制应符合相关规范的有关规定，纤维封层的材料要求、施工工艺与质量控制应符合相关规范的有关规定。

⑩薄层罩面的施工工艺、设备要求与质量控制应按现行《公路沥青路面施工技术规范》(JTG F40)的有关规定执行，同步薄层罩面还应符合现行《公路沥青路面养护技术规范》(JTG 5142)的有关规定。

4)罩面

罩面适用于修复病害、需要改善抗滑等使用性能的沥青路面，可分为直接罩面和沥青表面层铣刨后罩面，其适用的各等级公路路况水平应符合表4-66 的规定。

罩面适用的各等级公路路况水平 表4-66

路况指数	高速公路	一级及二级公路	三级及四级公路
PCI、RQI	≥80	≥75	≥70

(1)罩面宜采用热拌或温拌沥青混凝土进行铺筑，其材料应符合现行《公路沥青路面施工技术规范》(JTG F40)的有关规定。

(2)罩面铺筑前，可在原路面或沥青表面层铣刨后下承层表面喷洒一层黏层，也可在原路面或沥青表面层铣刨后下承层表面铺筑碎石封层或纤维封层。

(3)宜根据所在路段的公路等级、路面技术状况、交通量、使用功能等因素，设计碎石封层或纤维封层+罩面的结构组合与厚度，并符合表4-67 的规定。

碎石封层或纤维封层+罩面的结构组合与厚度 表4-67

使用条件	碎石封层或纤维封层厚度(mm)	罩面厚度(mm)
路面破损、平整度、抗滑3项指标都在中等以下，要求恢复到优、良等级，且交通量较大，重型车辆较多的路段	1.2~1.5	4.0~5.5
路面破损、平整度、抗滑3项指标都在中等以下，要求恢复到优、良等级，且中等交通量的路段	0.7~1.2	4.0~5.0
路面破损、平整度、抗滑3项指标都在中等以下，要求恢复到优、良等级，且交通量小，重型车辆少的路段	0.5~0.8	4.0~5.0

(4)罩面沥青混合料的矿料级配类型及组成结构可采用骨架-空隙排水型级配(PA)、骨架-密实型级配(SMA)和密实-悬浮型级配(AC)，其公称最大粒径可选用与铺筑厚度相匹配的

13.2mm(13 型)或16mm(16 型),其矿料级配范围应符合现行《公路沥青路面施工技术规范》(JTG F40)的有关规定。

(5)层间黏层材料可采用改性乳化沥青,其材料要求、施工工艺与质量控制应按现行《公路沥青路面施工技术规范》(JTG F40)的有关规定执行。

(6)层间应力吸收层可采用碎石封层或纤维封层。碎石封层的材料要求、施工工艺与质量控制应符合相关规范的有关规定,纤维封层的材料要求、施工工艺与质量控制应符合相关规范的有关规定。

(7)罩面的施工工艺、设备要求与质量控制应符合现行《公路沥青路面施工技术规范》(JTG F40)的有关规定。

四、沥青路面预防性养护方法选择

沥青路面预防性养护是根据路况性能预测的结果并考虑未来交通量的增长所采取的路面养护措施,其目的是维持或提高道路的使用性能。在选择预防性养护措施时,应综合考虑其影响因素以及选取原则,从而能针对不同病害选取适宜的预防性养护措施。

1. 预防性养护措施选择影响因素

一般的养护措施强调的是路面的结构性能,影响一般养护维修措施选择的主要因素是路面损坏状况和承载能力。而预防性养护的特点决定了反映路面服务能力的功能性指标在对预防性养护措施选择中占主导地位,因而对于预防性养护而言,除了路面损坏状况外,路面抗滑性能、平整度和路面车辙深度在很大程度上影响对策的制定。

在制定预防性养护措施时,通常需要考虑以下因素:

(1)路面破损状况。路面破损状况包括两部分——路面损坏状况指数(PCI)和主导损坏类型。

PCI 的大小决定是否需要罩面及罩面层的厚度,路面主导损坏类型决定采取措施前需要采取何种预处理措施。即使 PCI 相同,若路面主导损坏类型不同,所采用的对策也可能不同。

(2)路面行驶质量。路面平整度反映了路面行驶质量。在决定罩面厚度时,应考虑路面的平整度。平整度越差,罩面应该越厚。

(3)路面抗滑能力。路面抗滑能力的大小决定路面是否需要加铺抗滑表层。

(4)路面车辙深度。作为平整度的参考因素,当路面车辙深度评价较低时,可以认为路面行驶质量较差。

(5)交通等级。交通量是路面所受的最主要荷载,交通量越大,罩面或补强的厚度应越大。

(6)行政因素。行政干预、政策因素也会影响路面预防性养护措施的选择。

2. 预防性养护措施选取原则

为了保证预养护措施的实施效果和技术优势,实现治愈不同病害的目标,在预养护对策选择方法的确定和预养护对策的选择过程中,需要遵循以下原则:技术上满足要求;经济上比较节约;性能上符合工程特点。

具体选择养护措施应遵循以下原则:

(1)预防性养护措施不是由措施的种类决定的,而是根据措施应用的目的和措施的效果决定的。各预防性养护措施的效果见表 4-68。

预防性养护措施的效果　　表 4-68

措　施	平 整 度	抗　滑	降　噪	延长使用寿命	防　水
封层	—	—	—	×	√
雾封层	—	—	—	×	√
稀浆封层	√	√	√	√	×
微表处封层	√	√	√	√	×
超薄抗滑表层	√	√	√	√	√
薄层罩面	√	√	√	√	√

(2)预防性养护措施的选择主要考虑路面状况和平整度,将抗滑指标单独处理。这是因为从物理机理来分析,路面抗滑性能只与上面层结构有关,与路面状况和路面行驶质量的相关性不大。另外,国外在进行各指标的评价和指导养护时,往往也是将路面抗滑作单项处理。

(3)沥青路面预防性养护应加强水损坏的防范。在水损坏频繁的路段宜考虑对排水系统、防水层进行合理、有效布置。对面层空隙率过大引起水损坏的路段,宜尽早采取罩面等措施。

(4)路面预防性养护应重视新材料、新工艺的开发研究与推广。如采用改性沥青稀浆封层、SMA 薄层罩面等,全面改善沥青老化、松散、剥落和裂缝等路况,但在封层、罩面前应对路面破损进行有效预处理。

(5)路面预防性养护方案的决策是一个非常复杂的过程,对各种养护方案以及实施时机、实施顺序的确定,需要建立路面预防性养护效果-费用模型,对各方案在生命周期内的效果、费用进行分析。

3. 基于目标的预防性养护对策库

根据各种预防性养护措施的适用性,针对治愈不同病害的目标,不同等级和不同交通量公路的预防性养护措施对策见表 4-69、表 4-70。

高等级公路和大交通量沥青路面预防性养护措施推荐表　　表 4-69

应用的情况措施		裂缝填封	沥青再生剂	雾封层	微表处封层	(同步)碎石封层	薄层罩面	超薄磨耗层
龟裂	轻	√	√	√	√	√	√	
纵横向裂缝	轻		√	√	√	√	√	√
	重	√						√
不规则裂缝	轻	√			√		√	
松散	轻		√	√	√	√	√	
	重				√		√	√
沥青老化	轻		√	√	√			
	重		√		√			
泛油	低、中				√	√	√	√
抗滑性差					√	√	√	√

续上表

应用的情况措施		裂缝填封	沥青再生剂	雾封层	微表处封层	(同步)碎石封层	薄层罩面	超薄磨耗层
渗水		√	√	√	√	√	√	
车辙	≤10mm				√	√	√	√
	$10\text{mm}<R<25\text{mm}$				√	√	√	
平整度	轻				√	√	√	√
	重				√	√	√	
补丁	轻				√	√	√	√
	重					√	√	

注:"√"代表可行有效。损坏类型参照《公路沥青路面养护技术规范》(JTG 5142—2019)中相关规定执行。

普通和中小交通量沥青路面预防性养护措施推荐表 表 4-70

应用的情况措施		裂缝填封	沥青再生剂	雾封层	稀浆封层	微表处封层	石屑封层	(同步)碎石封层	薄层罩面
龟裂	轻	√	√	√	√	√		√	√
纵横向裂缝	轻	√		√	√	√	√	√	√
	重	√							√
不规则裂缝	轻	√			√	√			√
松散	轻		√	√	√	√	√	√	√
	重					√			√
沥青老化	轻		√	√	√				
	重		√	√	√	√			
泛油	低、中					√	√	√	√
抗滑性差					√	√	√	√	√
渗水		√	√	√	√	√	√	√	√
车辙	≤10mm				√	√	√	√	√
	$10\text{mm}<R<25\text{mm}$					√		√	√
平整度	轻				√	√		√	√
	重					√		√	
补丁	轻				√	√		√	√
	重							√	√

注:"√"代表可行有效。损坏类型参照《公路沥青路面养护技术规范》(JTG 5142—2019)中相关规定执行。

4. 基于目标的预防性养护措施选择方法

为解决预养护路段的确定和预养护措施的选择问题,实现治愈不同病害的目标,利用前面确立的路面预防性评价体系,结合形成的基于目标的预防性养护对策库,进行路面预防性养护决策(图4-13)。

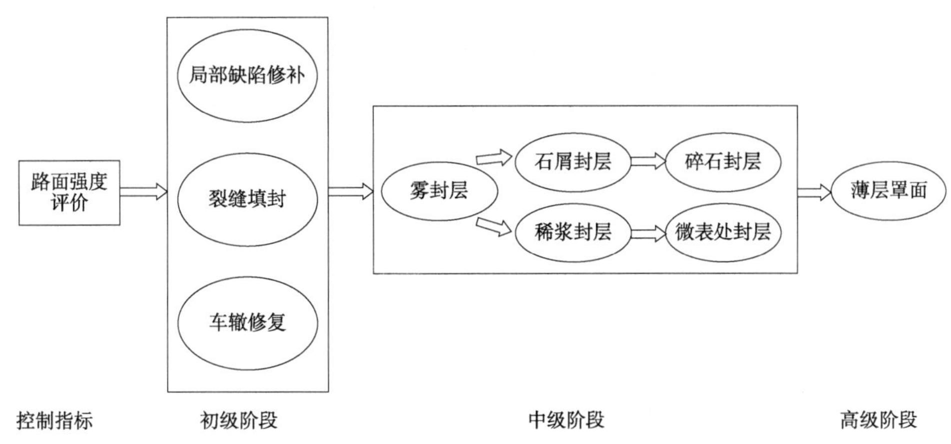

图4-13　各种预防性养护措施选择框架

(1)路面强度评价。检测路面强度,只有强度指标达到要求的路面才考虑进行预防性养护。

(2)初级阶段预防性养护技术措施决策。对路面强度满足要求的路面,根据路面路况进行必要的局部缺陷修补、裂缝填封以及车辙修复。这些养护措施的决策过程体现在日常养护行为中。裂缝填封和局部缺陷修补属于不确定性实施措施。

(3)路面单项评价指标值的分析。对路面进行全面评价形成单项评价指标,这些评价指标是进行预防性养护的基础。实际上每个单项指标都应该存在一个阈值,以便用来进行预防性养护决策。

(4)中、高级阶段预防性养护技术决策。在对各单项指标的评价值进行分析之后,根据交通量确定相应的封层或薄层罩面等预防性养护措施。表面封层和薄层罩面属于确定性实施措施。

针对不同的单项评价指标定义两种阈值。

第一种阈值为控制性阈值:即当评价指标值达到设定值之前都可以采取预防性养护措施;而一旦超过此值则不再适合预防性养护,此类阈值适用于路面破损指标——裂缝率和路面破损状况(裂缝和车辙除外)。

第二种阈值为极限阈值:即当评价指标值到达设定值时必须采取一定的养护措施,此类阈值适用于路面舒适性和安全性指标的评价。

根据相应的评价标准,然后结合主客观判断给出各单项指标阈值的推荐值,见表4-71。

各单项指标阈值的推荐值　　表4-71

<table>
<tr><td rowspan="3">评价指标</td><td colspan="3">控制性阈值</td><td colspan="4">极 限 阈 值</td><td colspan="2">控 制 指 标</td></tr>
<tr><td rowspan="2">裂缝率
(%)</td><td colspan="2">路面破损状况
(除裂缝和车辙外)</td><td colspan="2">路面抗滑系数
(SFC)</td><td colspan="2">路面行驶质量指数
(RQI)</td><td colspan="2">路面结构强度系数
(SSI)</td></tr>
<tr><td>高速公路及一级公路</td><td>二级及二级以下公路</td><td>高速公路及一级公路</td><td>二级及二级以下公路</td><td>高速公路及一级公路</td><td>二级及二级以下公路</td><td>高速公路及一级公路</td><td>二级及二级以下公路</td></tr>
<tr><td>阈值</td><td>5</td><td>70</td><td>55</td><td>40</td><td>33.5</td><td>7.0</td><td>5.0</td><td>0.83</td><td>0.66</td></tr>
</table>

在确定评价指标的阈值时,需要结合气候分区深入研究路面性能的衰变过程,因此为使决策更加合理,此研究必须深化。

预防性养护措施的选择应综合考虑各种因素,利用路面预防性评价体系,结合形成的预养护对策库,按照图4-14所示流程选择沥青路面预防性养护措施。

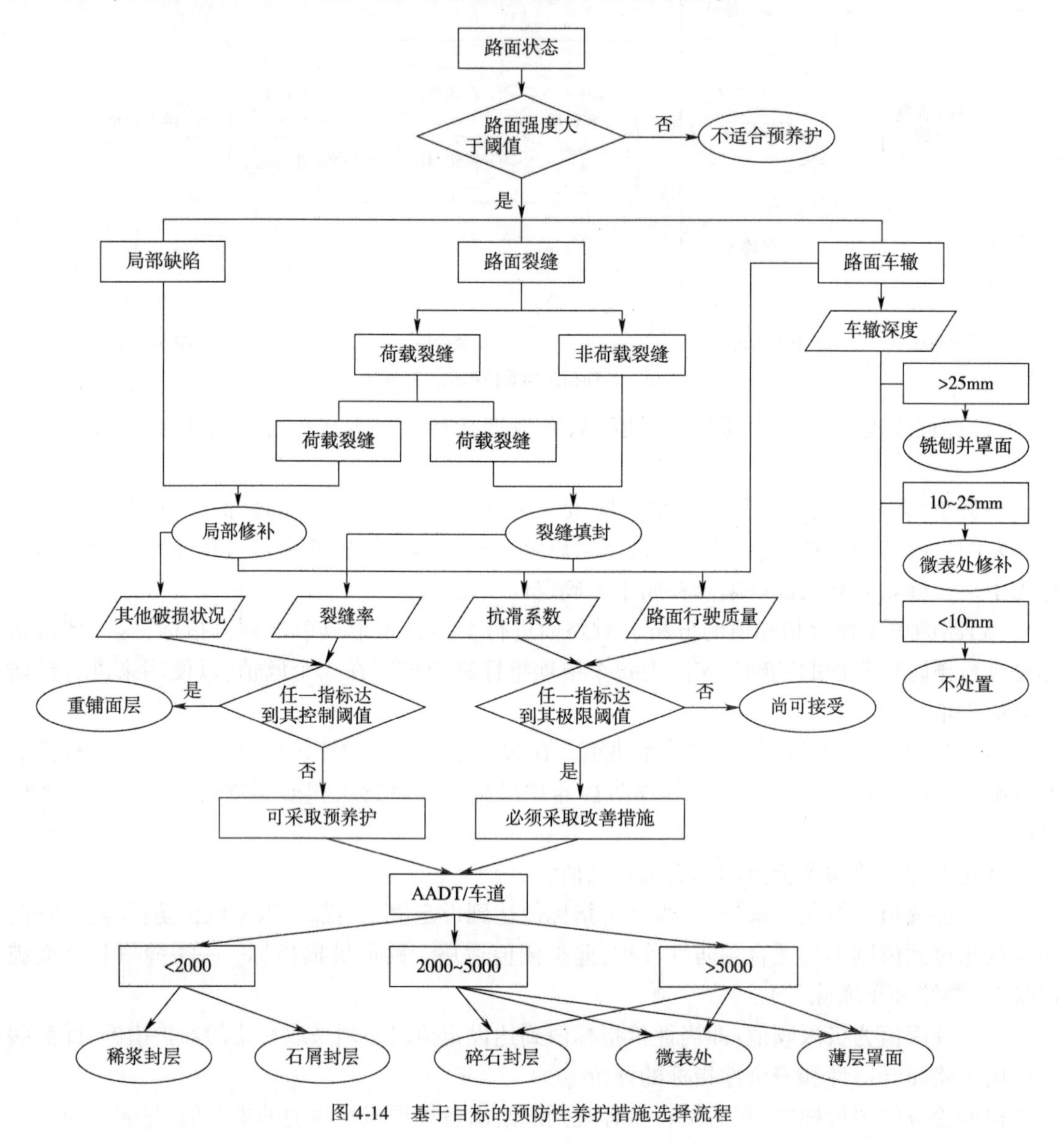

图4-14 基于目标的预防性养护措施选择流程

第六节 沥青路面养护工程设计要求

一、一般规定

(1)沥青路面预防养护、修复养护和应急养护中涉及修复养护的工程,应进行养护工程设计。专项养护工程沥青面层设计可根据工程技术特点进行。

(2)沥青路面养护工程宜采用一阶段施工图设计;对于技术特别复杂的,可采用技术设计和施工图设计两阶段设计。应急养护和技术简单的养护工程可采用技术方案设计,并按技术方案组织实施。

(3)沥青路面养护工程设计应按现行《公路沥青路面养护设计规范》(JTG 5142)的有关规定执行。

二、病害诊断与养护对策选择

(1)沥青路面养护工程设计的养护对策应在开展专项数据调查、确定病害发展层位、诊断病害产生原因、判定病害发展趋势后进行选择。

(2)病害原因诊断应综合考虑路况检测数据、交通荷载、气候环境、施工质量等因素。

(3)养护对策选择应最大限度利用既有路面结构,并对路面结构层中的病害进行处治。

三、技 术 设 计

(1)对于技术特别复杂的沥青路面养护工程应进行技术设计,包括路面结构组合设计、结构厚度验算、养护方案综合比选等内容。

(2)技术方案应根据沥青路面养护工程类型,结合设计年限、交通量分析结果和当地实际情况等因素进行综合比选与推荐。

(3)沥青路面养护工程方案确定后,应根据便于施工、经济合理的原则进行路段优化合并。

四、施工图设计

(1)应在沥青路面养护工程施工图设计相关资料与数据调查后,根据优化方案进行施工图设计。

(2)沥青路面养护工程施工图设计应包括材料组成设计、路面结构力学验算、排水设计。

(3)沥青路面养护工程施工图设计完成后,应参照现行《公路工程基本建设项目设计文件编制办法》的要求编制施工图设计文件。

复习思考题

1. 沥青路面养护的管理要求有哪些?

2. 简述沥青路面日常保养的主要工作内容。

3. 简述沥青路面常见病害维修的一般要求。

4. 简述沥青路面坑槽修补的相关规定。

5. 简述沥青路面再生利用的分类。

6. 沥青路面再生技术前的准备工作有哪些?

7. 简述乳化沥青再生施工工艺。

8. 简述微表处封层的主要功能。

第五章 公路水泥混凝土路面养护与维修

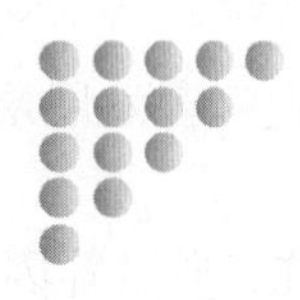

【学习目的与要求】

通过本章的学习,熟悉路面养护的内容和质量标准,掌握路面常见病害的养护维修方法,掌握水泥混凝土路面预防性养护技术、水泥混凝土路面再生技术;通过路面大、中修养护方案选择流程的示例,了解路面养护对策选择的方法和流程。

第一节 概 述

水泥混凝土路面目前已成为我国高级路面的主要结构形式之一,在使用过程中,由于经常受重交通荷载、环境条件等外部因素的作用,水泥混凝土路面会产生开裂、断板、沉陷、错台等病害,从而影响公路运输效益和行车安全,因此必须采取积极措施,加强对水泥混凝土路面的养护工作。

我国水泥混凝土路面从20世纪80年代起得到了迅速发展。但是,由于水泥混凝土路面受设计、施工、养护与使用条件的影响较大,施工不当必然会给工程质量埋下隐患,养护不及时会导致水泥混凝土路面出现各种破坏。近几年,水泥混凝土路面的使用状况不佳,使用寿命远低于设计预期,尤其是一些以货运为主的重交通干道,早期破坏严重,往往在开放交通的3~5年,结构性损坏——断板率就达到20%以上,致使水泥混凝土路面没有体现出使用寿命长、养护费用低的优点。路面使用寿命的长短,除取决于工程建设质量外,在很大程度上也取决于养护工作的质量高低。水泥混凝土路面一旦发生破坏,其破损就会迅速发展,修补较其他路面困难。因此,必须对水泥混凝土路面进行经常性认真检查,及时发现存在的问题和缺陷,采取有效的技术措施,做好预防性、经常性养护,保证路面处于完好状态。

一、水泥混凝土路面养护目的

(1)通过日常保养,及时发现和修复损坏部分,使路面及其附属设施的各部分均保持完好、整洁、美观。

(2)保持路况良好,使路面具有良好的使用性能,路面各项性能指标均符合要求,以保障路面行车安全、舒适、畅通。

(3)及时采取合理的技术措施,通过周期性养护,提高路面的使用质量,延长路面使用寿命。

二、水泥混凝土路面养护工作内容与要求

水泥混凝土路面养护是通过对路面各部分的日常检查、雨季前后检查、恶劣气候、灾害情况下的应急检查和定期检查，发现路面存在的病害及可能引起路面出现病害的因素，采取正确有效的预防、抢修、维修及加固措施，保证路面处于良好的技术及使用状态。

1. 水泥混凝土路面养护工作内容

水泥混凝土路面养护工作内容包括：

(1) 对于行车道与硬路肩上的泥土和杂物，应经常予以清扫。当设有中间带、变速车道、爬坡车道、紧急停车带时，其上的泥土和杂物亦应清扫干净。

(2) 水泥混凝土路面上各种接缝的填缝料出现缺损或溢出时，应及时填补或清除，并应防止泥土、砂石及其他杂物挤压进入接缝，影响混凝土路面板的正常伸缩。

(3) 路基路面(包括路肩、中央分隔带)排水设施，应经常检查和疏通，防止积水，以保护路面不受地面水和地下水的侵害。

(4) 路面各种标线、导向箭头及文字标记，应及时清洗和恢复，经常保持各种标线、标记完整无缺，清晰醒目。辅助和加强标线作用的突起路标，应无损坏、松动或缺失，并保持其反射性能。

(5) 路肩外和中央分隔带内种植的乔木、绿篱和花草，应及时浇灌、剪修，以保持路容整齐、美观。如有空缺或老化，应适时补植或更新。对病虫害，应及时防治。对影响视距和路面稳定的绿化栽植，应予以处理。

(6) 对路面、路肩和路缘石等的局部损坏，应查清原因，采取合适的材料和相应的措施进行修复，以保持路面具备各级公路所要求的使用状态和服务水平。

(7) 对路面的较大损坏，应按规范对路面检查评定结果确定养护对策，安排大、中修或专项工程，进行维修和整治。局部路段路面损坏严重的，应予以翻修，以达到设计标准；整个路段路面平整度、抗滑能力不足的，可采取罩面，铺筑加铺层，以恢复其表面功能；整个路段路面接缝填缝料失效的，应予以全面更换。

(8) 对承载能力不足或不适应交通发展要求的路面，可根据不同情况进行加铺、加宽，以提高承载能力和通行能力。

2. 水泥混凝土路面养护工作要求

水泥混凝土路面养护应符合下列要求：

(1) 水泥混凝土路面的特点是在养护良好的条件下，使用年限比其他路面长，但一旦发生破坏，破损会迅速发展。因此，必须加强预防性、经常性养护。养护工作必须贯彻“预防为主、防治结合”的方针，根据路面实际情况和具体条件，以及水文、地质、气候、交通和公路等级等情况，采取预防性、经常性的保养和相应修补。对于较大范围的路面修理，应安排大、中修或专项工程，使路面处于良好的技术状态。

(2) 应保持对路面的经常性巡视和观察，及早发现缺陷，查清原因，不失时机地采取适当的措施，保持路面状况完好。

(3) 水泥混凝土路面在使用过程中，必须对其使用质量进行定期的检查和评定，有计划地进行修理和改善，以保持良好的服务状况。

(4)水泥混凝土路面养护应以机械养护为主,并积极采用新技术、新材料、新工艺。

(5)水泥混凝土路面养护必须贯彻安全生产的方针,其安全技术、劳动保护等必须符合有关规定,做到安全生产,文明施工,保护环境。

第二节　水泥混凝土路面损坏的调查

水泥混凝土路面使用性能随着使用年限的增加而逐渐衰退,养护部门应定期组织专业技术人员对路面使用状况进行评定。在路面调查时,应运用各种仪器设备对路面状况各种指标进行检测,了解当时路面状况,以利于选择相应的养护措施,更好地制定养护政策和规划养护工程项目,科学地编制养护计划;同时为建立路面管理系统积累数据,以便进行科学管理。

一、水泥混凝土路面路况调查

路面状况调查内容包括路面破损状况、路面结构承载能力、路面行驶质量、路面抗滑能力、交通状况(包括车辆组成和轴载)、路基和路面排水状况、路面修建和养护历史7项内容。按调查需求和路面状况的不同,分别选择不同的调查内容和调查深度或细度,采用不同的评定指标和标准,包括路面损坏、路面平整度、路面跳车、路面磨耗和路面抗滑性能5项内容。

1.水泥混凝土路面调查内容

目前,水泥混凝土路面调查内容主要是路面破损状况、路面行驶质量、路面跳车情况、路面抗滑能力以及路面结构承载能力。

1)路面破损状况调查

按前面所述病害分类,对每个路段的各类病害进行现场识别和记录。路面破损状况调查是水泥混凝土路面调查的主要内容。

2)路面行驶质量调查

采用断面类或反应类平整度仪,测定各路段的平整度指标,并将其转化成国际平整度指数。

3)路面跳车情况调查

采用10m路面纵断面高程作为路面跳车计算依据。10m路面纵断面高程需通过数据预处理,剔除桥梁伸缩缝等处可能存在的异常高程值,消除路面纵坡对路面纵断面高差计算的影响。

4)路面抗滑能力调查

采用抗滑系数测定仪测定各路段路面与轮胎间的摩擦系数或横向力系数,或者采用铺砂法测定各路段的抗滑构造深度。

5)路面结构承载能力调查

路面结构承载能力调查包含两项内容:一是调查路面板混凝土的实际强度和厚度,可采取钻芯进行劈裂(或抗压)试验,然后换算成抗折强度;二是采用落锤式弯沉仪或长杆贝克曼梁检测板块边角弯沉。板块边角弯沉与板厚、水泥混凝土弹性模量、基层类型厚度、板底支撑情况等均有关,可综合反映路面结构总体强度。

2. 路面调查的频率

病害调查、平整度调查应当每年进行1次。路面板混凝土的实际强度通过钻芯检测调查，仅在拟加铺路段或必要时进行。路面抗滑能力调查，高速公路和一级公路应当每2年进行1次，一般公路仅在必要时进行。

路面调查的目的仅是了解和评价路网状况，以制定养护政策、分配养护资金、规划养护工程项目或编制养护工程计划。除特别重要的线路外，一般可按水泥混凝土路面里程数的10% ~20%（每500 ~1000m 抽查100m）进行抽样调查。

3. 水泥混凝土路面病害调查方法

1）病害数据采集方法

（1）病害数据采集小组。

外业调查宜按每50 ~100km 作为一个调查区段，由一个数据采集小组完成调查。每个小组由技术人员2人、安全维护人员2人和辅助人员2人共6人组成。技术人员负责对病害情况进行判读和记录，安全维护人员负责指挥两个方向的车辆交通，确保外业调查的便利和安全，辅助人员负责拉尺量测桩号。

在上路调查过程中，外业数据采集小组全体人员必须穿着醒目的安全标志服，并且任何时候不得越过中线进入放行车道进行病害观察，以防发生意外。

（2）外业数据采集方法。

对右侧车道100m 长度范围实行交通封闭，安全维护人员应站在封闭路段两端，面朝来车方向，用停车牌等工具指挥车辆暂停或慢行通过。调查人员顺桩号沿封闭车道行进，边走边判断路面的病害类型和分级，2名技术人员1人主要负责搜寻和判读病害，1人主要负责记录并协助搜寻和判读病害。对各种病害，要在原始记录表上进行记录。

（3）外业数据的抽查复核。

各调查小组的上级管理单位应对外业调查资料按10% 的比例进行抽查。当抽查路段（一般为1km）裂板率相对误差低于5% 并且坏板率相对误差低于10% 时为合格。当有一个抽查路段不合格时，应当对该路段两端各5km 返工重新调查；当有两个及以上抽查路段不合格时，应对该外业数据采集小组调查的50km 全部返工重新调查。

（4）资料汇总和整理。

外业调查原始资料按路段进行汇总和计算病害指标。路段长度一般为1km，按整桩号划分；当路面宽度、面层结构、基层结构、施工年份或管养单位有变化时，应在变化点处划分路段。资料整理和计算可借助电子表格完成。

2）水泥混凝土路面病害调查记录

进行路面病害现场调查时，须对路面上观察到的各类病害进行现场记录，原始记录表每100米记录一页。接缝位置必须画出，建议第一次调查时沿路中线拉钢尺，准确量测并画出各接缝位置，以公里碑为量测起点，每公里可断链一次，要求读数精确到cm，并将成果形成文档存入计算机。裂缝位置可估读准确到dm。

二、病害统计注意事项况调查

（1）当板块判断存在“破碎”“裂缝”“补块”病害时，不再统计其他病害。

(2)有补块的板在补块外又出现新的裂缝或有脱空、唧泥现象时，判断为破碎板，则只记录“破碎”病害（根据具体情况分级），不再记“补块”病害。

(3)裂缝板上兼有较大尺寸的断角（裂缝与纵横缝的交点至角点的距离均在1.8m以上）时，应判断为破碎板。

(4)同一板块上有多处断角时，应记录和统计多块断角板。

(5)变形类、接缝类和表面类病害只对非断裂板块（即不包括“破碎板”“裂缝板”“补块板”，但包括断角板）进行计数和统计，并且同一板块上同时存在这三类病害中的两类以上不同病害时，均应分别进行记录和统计，但同一类型病害只记录其最严重的病害程度分级。

(6)各种病害均以“块”为单位进行计数和统计。对于唧泥、错台、拱起、接缝剥落、纵缝张开、接缝填缝料损坏等，必须在接缝处进行观察和判读的病害，只要板块四个周边的一条边存在上述病害的一型或几型，则该板块即为相应的一型或几型病害板块，并且每型病害均以周边中最严重的病害程度为准记录其分级。

(7)路肩损坏宜采用统一的计量单位。当所调查路段路肩结构为水泥混凝土路肩和沥青混凝土路肩混合型时，沥青混凝土路肩损坏按标准尺寸水泥混凝土路肩一块板面积折算成块数，例如标准路肩板为5m长、1.5m宽时，每7.5m^2折算为1块。

第三节　水泥混凝土路面的日常养护技术

一、水泥混凝土路面日常养护要求

(1)根据水泥混凝土路面日常养护工作的需要，制订日常养护工作计划，道路养管部门应编制月、季和年度养护计划，建立日常巡查制度，及时、准确地掌握路面状况信息，有计划、有针对性地安排养护项目。

(2)加强对预防性和经常性的水泥混凝土路面日常养护。通过经常的巡视检查，及早发现缺陷，查清原因，采取适当措施，清除障碍物，保持路面状况良好。

(3)路面日常养护应达到有关技术规范和标准规定的养护质量。

(4)养护作业应严格按照有关技术、规范和标准进行。高速公路应采取机械化养护作业方式，迅速、优质、高效地处理各类路面损害，以确保运行质量。

(5)树立高度的服务意识和安全意识，保证养护作业安全。在路面养护作业中，应满足正常行车的需要，尽量避免完全封闭交通。

(6)不断探索和应用新材料、新设备、新技术、新工艺，提高养护作业的时效性、机动性、安全性和可靠性。

二、水泥混凝土路面日常养护

1.清扫保洁

(1)水泥混凝土路面必须定期清扫泥土和污物；与其他不同类型路面平面连接处及平交道口应勤加清扫；对路面上出现的小石块等坚硬物应予以清除；中央分隔带内的杂物应定期清除；保持路容整洁。

(2)路面清扫频率应根据公路状况、交通量大小及其组成、环境条件等确定。路面清扫宜采用机械作业。机械清扫留下的死角,应人工清除干净。

(3)路面清扫时,应尽量减少清扫作业产生灰尘,以免污染环境,危及行车安全。清扫作业宜避开交通量高峰时段进行。

(4)路面清扫后的垃圾应运至指定地点进行处理,不得随意倾倒。

(5)当路面被油类物质或化学药品污染时,应清洗干净,必要时用中和剂或其他材料处理后再用水冲洗。

(6)交通标志标牌、示警桩、轮廓标以及防撞栏等交通安全设施应定期擦拭,交通标志及标线受到污染后应及时清扫(洗),保持整洁、醒目。

(7)应保持交通标志标牌、标线、示警桩、轮廓标的完整,发生局部脱落、破损时应用原材料进行修复或更换。

2. 接缝保养及填缝料更换

接缝是水泥混凝土路面特有的构造,接缝的好坏直接影响路面的使用寿命。水泥混凝土路面的接缝可分为纵缝、横缝两大类。纵缝又可分为纵向缩缝和纵向施工缝;横缝又分为横向缩缝、胀缝和横向施工缝。以上两大类接缝都属于接缝保养的范畴。

(1)应对接缝进行适时的保养,保持接缝完好,表面平顺。

①填缝料凸出板面,高速公路、一级公路超出3mm,其他等级公路超过5mm时应铲平。

②填缝料外溢流淌到接缝两侧面板,影响路面平整度和路容时应予清除。

③杂物嵌入接缝时应予清除,若杂物系小石块及其他坚硬物时,应及时剔除。

(2)应对填缝料进行周期性或日常性的更换。

①填缝料的更换周期一般为2~3年。

②填缝料局部脱落时应进行灌缝填补;填缝料脱落缺失大于1/3缝长或填缝料老化、接缝渗水严重时,应立即进行整条接缝的填缝料更换。

③填缝料技术要求应符合相关规范的规定。

填缝料的更换应做到饱满、密实、粘接牢固。清缝、灌缝宜使用专用机具。

①更换填缝料前应将原填缝料及掉入缝槽内的砂石杂物清除干净,并保持缝槽干燥、清洁。

②填缝料灌注深度宜为3~4cm。当缝深过大时,缝的下部可填2.5~3.0cm高的多孔柔性垫底材料或泡沫塑料支撑条。

③填缝料的灌注高度夏天宜与面板平,冬天宜稍低于面板2mm。多余的或溅到面板上的填缝料应予以清除。

④填缝料更换宜选在春、秋两季,或宜在当地年气温居中且较干燥的季节进行。

3. 排水设施的养护

水泥混凝土路面、路肩、中央分隔带、边沟、边坡、截水沟、排水沟等组成地面排水系统。水泥混凝土路面若排水不畅,水渗入路面基层及路基后,会软化路面基层及路基,使混凝土板块下形成唧泥,产生脱空,从而导致混凝土板块破坏。此外,水泥混凝土路面积水形成水膜影响行车安全,故必须对其进行妥善的日常养护,保证排水系统的排水功能。排水系统养护的要求如下:

(1)对路面排水设施应进行经常性的巡查和重点检查,发现损坏及时修复,发现堵塞立即疏通,发现路段积水及时排出。

(2)应坚持雨前、雨中、雨后上路检查制度。雨天重点检查有超高路段的中央分隔带纵向排水沟、横向排水管、雨水井、集水井等设施的排水状况。

(3)保持路面横坡及路面平整度。当快车道是水泥混凝土路面,慢车道或非机动车道是沥青路面时,应保持沥青路面横坡大于水泥混凝土路面横坡。

(4)保持路肩横坡大于路面横坡,保持横坡顺适,土路肩应定期维护,及时修复路肩缺口。

(5)清除路肩杂草、污物,疏通路肩排水设施和中央分隔带排水设施,同时定期清除雨水井、集水井的沉积物。

(6)保持排水构造物的完好,发现损坏应及时安排修复,修复宜采用与原构造物相同的材料。

(7)对路面板裂缝应进行封闭。路面接缝、路肩接缝以及路缘石与路面接缝出现接缝变宽渗水时,应进行填缝处理。

(8)地下水常以毛细水、结合水、气态水和游离水形式存在于土和粒料路面材料内,存在于路面基层、垫层和土基内的游离水会使材料的强度降低,产生唧泥和造成路面冻胀破坏。为排出路面下的游离水,常沿水泥混凝土路面外侧边缘稳定基层上设置边部排水设施(一般采用多孔塑料管外包渗滤层),把可能唧泥或喷射出的板与基层间的截留水排出。由于排水系统的不均匀沉降及重沉积物可能造成管内沉积物的聚积,应使用大量清水冲洗聚水管,或采用管道清理工具疏通,要注意清除出水口的植物、淤积物和堵塞物。

4. 日常养护中对病害的临时处理措施

水泥混凝土路面产生病害后,为了避免病害进一步恶化及保证道路使用安全,在日常养护中常常要对病害采取临时性处理措施。病害的临时性处理具有经常性、周期性、预防性、及时性和快速性的特点,要求发现病害立即处理,确保行车安全;不能彻底处理时,必须采取临时处理措施。对病害临时处理的方法如下:

(1)为防止雨水从裂缝中渗透至基层和路基,对裂缝常常采用封闭处理。对于表面裂缝类虽然贯穿板厚但面板仍能满足强度要求且面板稳定的裂缝,可采用聚氨酯类、烯类、橡胶、沥青类胶黏剂对裂缝进行封闭。

(2)对于裂缝造成板块强度不足的,采用环氧树脂类、酚醛和改性酚醛树脂类胶黏剂对裂缝进行封闭。封闭时首先将缝内脱落物及灰尘等清除干净,一般采用铁钩和吸尘器等工具清理,对宽度小于3mm的表面裂缝,也可以采取扩缝灌浆的办法封缝。

(3)为防止污染路面,在灌缝前应在缝的两侧撒砂或滑石粉,然后用灌缝机或灌缝器将封缝料灌入缝中,待封缝料冷却硬化后清理干净施工现场。

(4)临时处理坑洞的方法有填充沥青混凝土、沥青冷补材料、高强度水泥砂浆等,填充前应将坑洞内的松动物及尘土清除干净。

(5)沉陷的临时处理方法是,当沉陷量较小时可采取铺沥青混凝土的方式进行处理;当沉降量大时,可在下面铺沥青碎石,上面铺沥青混凝土加以处理。

(6)对于断板,当断板无变形时,采取灌填缝料将缝封闭;当断板有变形时,冬季可采取铺筑沥青冷补材料,一般情况可采用沥青混凝土进行临时处理,以保证行车安全。

(7)对于板角破损但无变形的,可采取封缝临时处理;对于板角破损且发生变形的,加铺沥青混凝土或沥青冷补料补平碾压后开放交通。

第四节　水泥混凝土路面常见病害维修技术

一、维修一般要求

(1)对各种路面病害的维修,应找准其产生的原因、并根据路面的结构类型、龄期、维修季节、气温等实际情况,采取相应措施。

(2)为防止病害发展和破损面积扩大,应及时处理路面病害,宜早不宜迟。

(3)高速公路和一级公路路面病害的维修宜采用机械作业,其他等级的公路路面病害维修也应尽量提高维修作业的机械化水平。

(4)对病害的维修事先应有周密的计划,做好材料准备,保证工序之间的衔接。凡需将原路面面层挖除后机械修补作业的坑槽、沉陷等,宜当日开挖当日修补。

(5)修补面积应大于病害的实际面积,修补范围的轮廓线应与路面中心线平行或垂直并在病害以外10~15cm。应采取措施使修补部分与原路面连接紧密。

(6)在病害的处治中,凡需挖除原路面面层后重新铺设面层的,其技术要求应符合现行《公路水泥混凝土路面施工技术细则》(JTG F30)的规定;凡需挖除原路面后重做基层的,其技术要求应符合现行《公路路面基层施工技术细则》(JTG/T F20)的规定。如果病害不是由于面层或基层材料的性质、结构层或级配类型引起的,重做时所采用的材料、结构及级配类型等宜与原路面相同。

(7)在维修作业时,为了保证施工安全,应设置封闭交通及限制交通标志、安全显示器及锥形柱。

二、裂缝维修

(1)对于宽度小于3mm且无剥落的轻微裂缝,未裂通时一般不予处理,已裂通的可采取扩缝灌浆或封缝处理。扩缝灌浆步骤如下:

①顺着裂缝扩宽成1.5~2.0cm的沟槽,槽深可根据裂缝深度确定,最大深度不得超过2/3板厚。

②清除混凝土碎屑,吹净灰尘后,填入粒径0.3~0.6cm的清洁石屑。

③根据选用的灌缝材料,按规定进行配比,混合均匀后,灌入扩缝内。

④灌缝材料固化后,达到通车强度,即可开放交通。

直接灌浆法适用于裂缝宽度大于3mm且无碎裂的裂缝,其修补工艺如下:

①清缝。将缝内泥土、杂物清除干净,并确保缝内无水、干燥。

②涂刷底胶。在缝两边约30cm的路面上及缝内涂刷一层聚氨酯底胶层,厚度为(0.3±0.1)mm,底胶用量为0.15kg/m^2。

③配料灌缝。填缝料由环氧树脂(胶结剂)、二甲苯(稀释剂)、邻苯二甲酸二丁酯(增稠剂)、乙二胺(固化剂)、水泥或滑石粉(填料)组成。采用配合比为胶结剂:稀释剂:增稠剂:固化剂:填料=100:44:10:8:(200~400目,视缝隙宽度掺加)。将填缝料按比例配制好,并搅拌均匀后直接灌入缝内,养护2~4h即可开放交通。

(2)对于贯穿全厚的缝宽大于3~15mm的中等裂缝,采用现行《公路水泥混凝土路面养护技术规范》(JTJ 073.1)推荐的条带罩面方法进行补缝。

①在裂缝两侧切缝时，应平行于缩缝，且距裂缝距离不小于15cm，如图5-1所示。

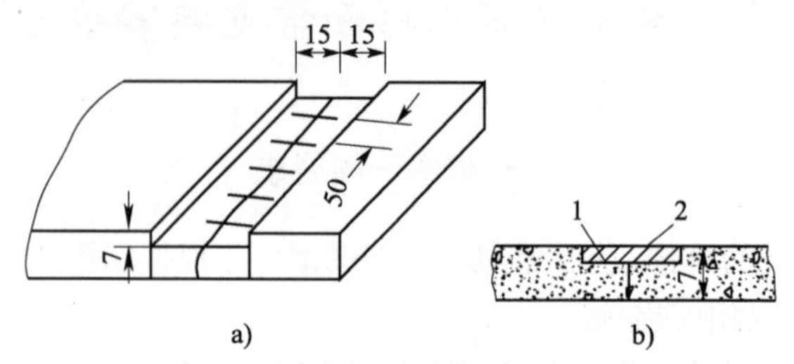

图5-1　条带罩面（尺寸单位：cm）

1-钯钉；2-新浇混凝土

②凿除两横缝内混凝土的深度以7cm为宜。

③每间隔50cm打一对钯钉孔，钯钉孔的大小应略大于钯钉直径2～4mm，并在两钯钉孔之间打一对与钯钉孔直径相一致的钯钉槽。

④钯钉宜采用ϕ16mm螺纹钢筋，使用前应予以除锈。钯钉长度不小于20cm，弯钩长度为7cm。

⑤钯钉孔填满砂浆后，方可将钯钉插入孔内安装。

⑥切割的缝内壁应凿毛，并清除松动的混凝土碎块及表面尘土、裸石。

⑦浇筑混凝土应及时振捣密实、抹平，并喷洒养护剂。

⑧修补块面板两侧，应加深缩缝，并灌注填缝料。

（3）对于宽度大于15mm的严重裂缝可采用全深度补块，全深度补块分集料嵌锁法、割挖法和设置传力杆法。应注意的是，在破碎、清除旧混凝土过程中不得伤及基层、相邻面板和路肩，若破除的旧混凝土面积不能于当天完成混凝土浇筑，其补块位置应做临时补块。处理基层时；若基层强度满足规范要求，应整平基层，若基层强度低于规范要求，应予以补强，并严格整平；若基层全部损坏或松软，应按原设计基层材料重做基层，并满足规范的要求。

①集料嵌锁法（图5-2）适用于无筋混凝土路面交错的接缝，且接缝的间隔小于300～400cm。其修补工艺如下。

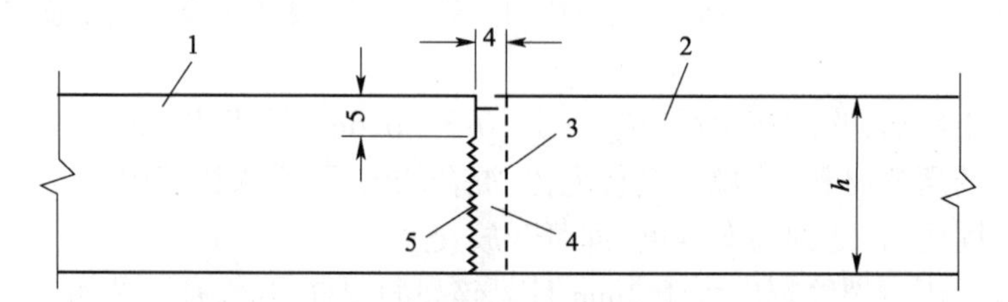

图5-2　集料嵌锁法（尺寸单位：cm）

1-保留板；2-全深度补块；3-全深度锯缝；4-凿除混凝土；5-缩缝交错接面

a. 画线、切割。将修补的混凝土路面沿面板平行于纵缝画线，并沿画线用切割机进行全深度切割，在全深度补块的外侧锯4cm宽、5cm深的缝。

b. 破碎、凿毛。用风镐破碎并清除旧混凝土，将全深锯口和半锯口之间的4cm宽条混凝土垂直面凿成毛面。

c. 对于混凝土配合比，新的混凝土配合比应与原混凝土材料一致。

d. 混凝土拌和、摊铺。严格按配合比用搅拌机将混凝土搅拌均匀，将拌好的混合料摊铺在补块区内，并振捣密实。浇筑的混凝土面层应与相邻路面的横断面高程一致，其表面纹理应与原路面相同。

e. 养生。补块宜采用养护剂养生，其用量根据养护剂材料性能确定。

f. 接缝处理。做接缝时，将板中间各缩缝锯切至 1/4 板厚处，并将接缝材料填入缩缝内。

g. 浇筑混凝土达到通车强度后，即可开放交通。

②刨挖法(图 5-3)亦称倒 T 形法，适用于接缝间传荷很差部位的修补，施工要求同集料嵌锁法。

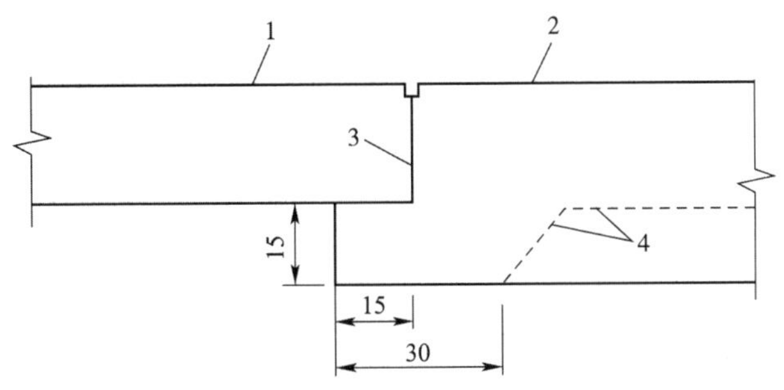

图 5-3 刨挖法(尺寸单位：cm)

1-保留板；2-补块；3-全深度锯缝；4-垫层开挖线

③设置传力杆法(图 5-4)适用于寒冷气候和承受重型交通荷载的混凝土路面。施工要求同集料嵌锁法。处理基层后应修复、安设传力杆和拉杆；原混凝土面板设有传力杆或传力杆折断时，应用与原钢筋尺寸相同的钢筋焊接或重新安设，传力杆和拉杆宜用环氧砂浆牢固地固定在规定的位置。摊铺混凝土前，光圆传力杆的伸出端应涂少许润滑油，传力杆若安装倾斜或松动失效，应予以更换。新补块与沥青混凝土路肩相接时，应和现有路肩齐平。

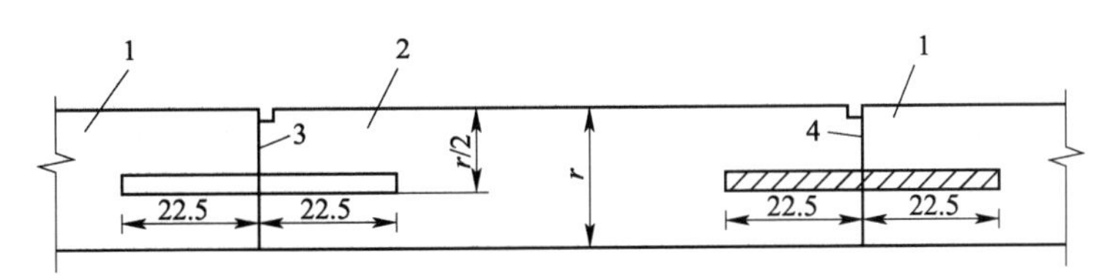

图 5-4 设置传力杆法(尺寸单位：cm)

1-保留板；2-全深度补块；3-缩缝；4-施工缝

三、板边、板角修补

(1)对水泥混凝土路面板边的轻度剥落进行修补时，应将剥落的表面清理干净，用沥青混合料或接缝材料填充密实，修补平整。

(2)板边严重剥落时，应采用中等裂缝维修的条带罩面方法进行修补。

(3)板边全深度破碎时，采用严重裂缝的全深度补块方法即集料嵌锁法、刨挖法和设置传力杆法进行修补。

(4)板角断裂应按破裂面的大小确定切割范围并放样，切缝后，凿除破损部分时应凿成规则的垂直面，对原有钢筋不应切断，如果钢筋难以全部保留，至少也要保留 20 ~ 30cm 长的钢筋头，且应长短交错。原有滑动传力杆如果有缺陷应予以更换，并在新老混凝土之间设传力杆，传力杆间距控制在 30cm。如基层不良，可采用 C15 混凝土浇筑基层。与原有路面板的接缝面如为缩缝，应涂刷沥青；如为胀缝应设置接缝板。现浇混凝土与旧混凝土面板间的接缝应切出宽 3mm、深 4mm 的接缝槽，并灌入填缝材料。待混凝土达到强度后，方可开放交通，板角修补法如图 5-5 所示。

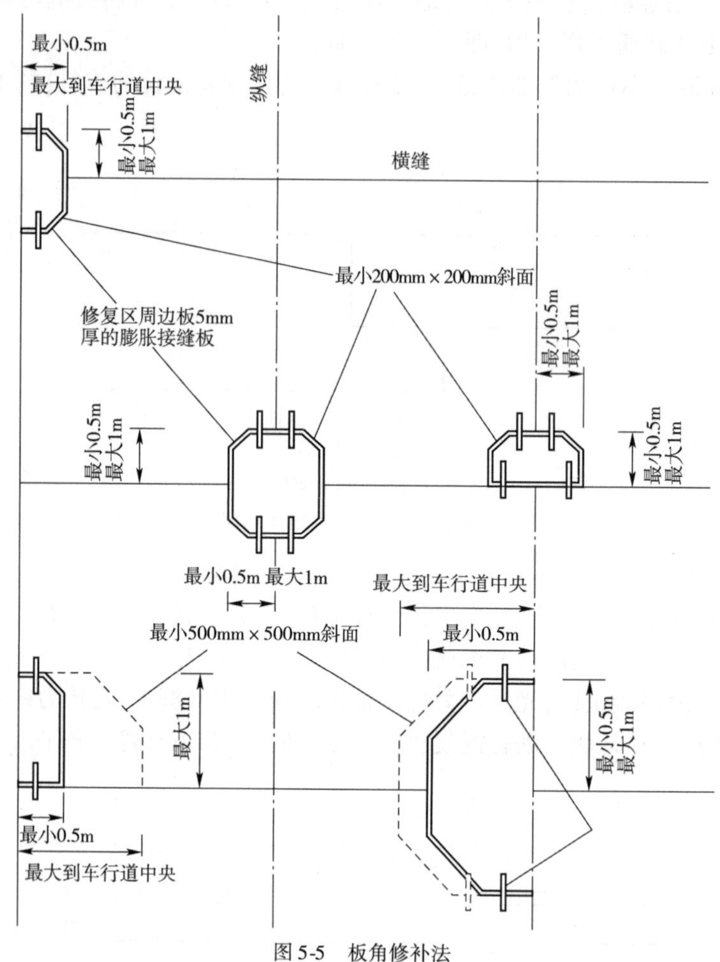

图 5-5　板角修补法

注：修复纵向边不能位于车轮轨迹上。

四、板块脱空处理

1. 面板脱空的判定

板下封堵的首要问题是判定水泥混凝土面板是否脱空，板块脱空的判定可采用弯沉测定法。路面每幅每条横向接缝或裂缝测 4 个点位，测点在接缝、裂缝两侧的 4 个角点上。车轮位置在角点处，车轮着地矩形的边缘离中缝及横向接(裂)缝的距离不大于 10cm。贝克曼梁的变位感应支点应尽量接近角部或边缝，不一定要紧靠近车轮，不必将感应支点落在两轮胎之间。凡弯沉值大于 20(单位：0.01mm)的，应确定为板块脱空。

2. 选择板下封堵的灌装材料

应通过试验选择板下封堵的灌浆材料，常见的灌浆材料一般由水泥、粉煤灰、砂、外掺剂和水组成。灌浆材料应具有早期强度高、流动性好、不离析和收缩小等优良性能。

3. 灌装前检查

灌浆前应检查压浆泵、发电机组各连接部件是否紧固，供电线路、电器是否正常，润滑部位液面是否足够，并彻底排清砂浆搅拌机的积水及残留物。

4. 确定灌浆孔位

根据各块板的弯沉值和损坏的具体情况，确定需灌浆加固的水泥混凝土板及范围，在混凝土板上确定孔位，并做好标记(图5-6)。

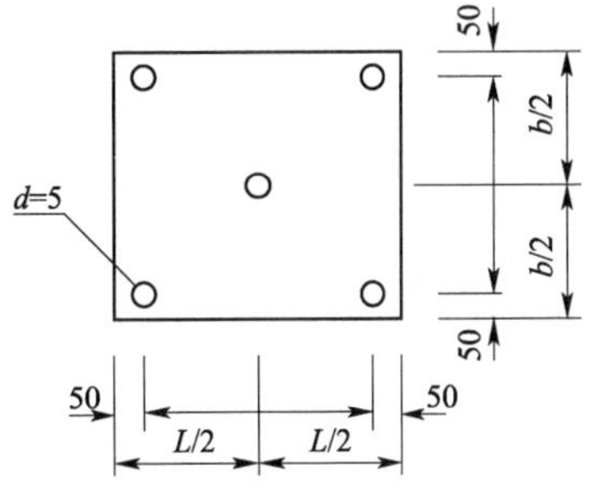

图5-6　灌浆孔布置(尺寸单位:cm)
d-灌浆孔直径;L-板长;b-板宽

5. 钻孔作业

钻孔作业前应将钻孔机放置在确定的钻孔位置，开动钻机开关，观察钻头转向无误，并有水流出，方能开始钻孔。孔的直径应略大于灌浆的喷嘴直径，孔的深度应穿过混凝土板，钻入稳定的基层1～3cm。

6. 灌浆

灌浆时应先灌注面板边缘的孔，再灌注面板中间的孔。将灌浆机的喷嘴插入孔中并封紧，以防浆体从孔中流出。启动灌浆机，将压力泵的压力均匀增加到1.0～1.5MPa(因机械不同需要的压力各异)后，进行灌浆，待浆体由其他孔中或板块四周挤出时，表明板下空隙已被灌满。此时应减小压力，并将喷口提起，立即用木塞塞孔，防止浆体溢出，至浆体初凝，再拔出木塞。用高标号砂浆封孔、抹平，关闭压力泵，将灌浆机移到下一个孔继续灌浆，待一块板灌浆完毕后，再移至其他板块灌浆。

7. 开放交通

灌浆区板下的浆体经2～3日的硬化，达到通车强度后，即可开放交通。

五、唧泥处理

1. 压浆处理路面唧泥

水泥混凝土路面唧泥病害应采取压浆处理，其要求应按板下封堵沥青灌注、水泥浆、水泥粉煤灰浆和水泥砂浆灌浆等方法进行。水泥混凝土面板进行压浆处理后，应对接缝及时灌浆。

2. 设置排水设施

当有唧泥时表明路面、基层或路基排水不良，应采取措施改进路面、基层和路基排水系统。设置排水设施的基本要求是：路面和路肩应保持设计横坡，宜铺设硬路肩；路面裂缝、接缝以及路面与硬路肩接缝应进行密封；设置纵向积水管、横向排水管和盲沟时应符合相关规范的要求。

1)纵向积水管、横向排水管的设置要求

(1)在水泥路面的外侧边缘挖一条纵向沟，宽约15～25cm，沟深挖至集料基层之下15cm，

横沟与纵沟的交角应在 45°～90°，横沟间的距离约 30m。

(2)积水管一般采用 ϕ7.5mm 多孔塑料管，出水管为无孔塑料管。

(3)设置纵向和横向水管，并按设计的距离将积水管和出水管连接起来。

(4)纵向多孔管应包一层渗透性较强的土工织物。

(5)积水管和出水管放入沟槽内，其底部应平顺，横向出水管的坡度应大于或等于纵向排水坡度，出水管的管端应延伸到排水沟内，并设端墙。

(6)管的外围应填放粗砂等渗滤集料，并振动压实。

(7)回填沟槽时，应采用与原路肩相同的材料恢复原状。

2)盲沟设置基本要求

(1)在沿路面外侧挖纵向沟时，沟底应低于面板以下 10cm，在水泥混凝土路面接缝处挖横向沟，如图 5-7 所示。

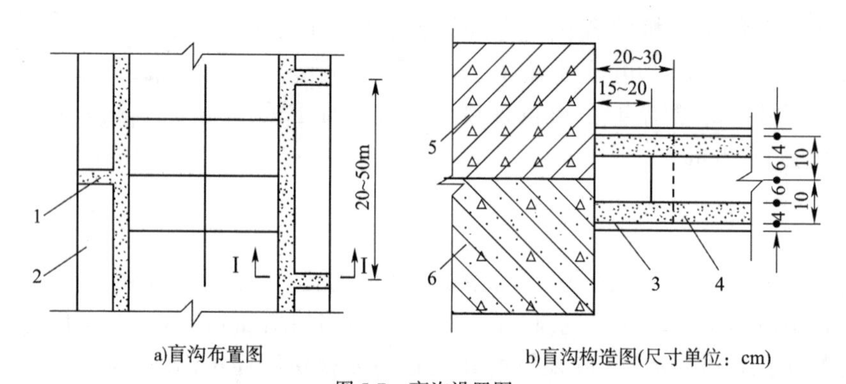

a)盲沟布置图　　b)盲沟构造图(尺寸单位：cm)

图 5-7　盲沟设置图

1-盲沟；2-路肩；3-油毡隔离层；4-石屑及中砂层；5-面层；6-基层

(2)沟槽底面及外侧铺油毡隔离层，沿水泥路面交界处及盲沟顶部铺设土工布过滤层。

(3)盲沟内宜填筑碎(砾)石过滤材料。

(4)盲沟上应用相同材料恢复路面(路肩)。

六、错台处理

(1)高差不大于 5mm 的轻微错台可不予处理。

(2)高差在 6～10mm 的中等错台可采用磨平机磨平或人工凿平(图 5-8)。无论磨平机磨平还是人工凿平，首先应划定错台处治范围。采用机械磨平法打磨时应从错台最高点开始向四周扩展，边磨边用 3m 直尺找平，直至相邻两边块板齐平为止，打磨宽度不大于 40 倍错台高差。磨平后，接缝内应将杂物清除干净，并吹净灰尘，及时将嵌缝料填入。采用人工凿平法处治时，应用平头凿由浅到深从一边凿向另一边，凿后的面板应达到基本平衡，凿完后清除接缝杂物，吹净灰尘，及时灌入填缝料。

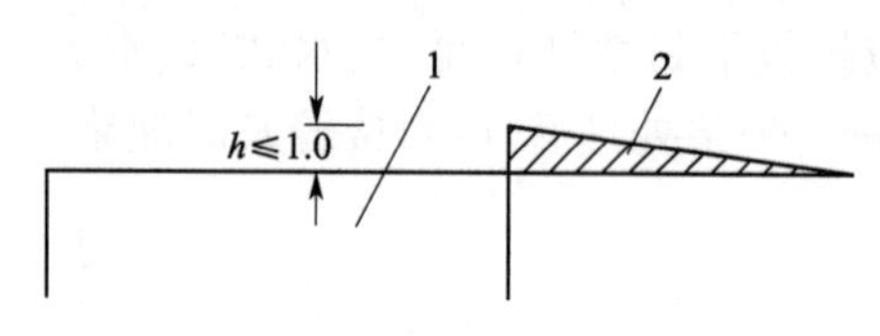

图 5-8　错台磨平法示意图(尺寸单位：cm)

1-下沉板；2-磨平

(3)高差大于等于 10mm 的严重错台，可以采用沥青砂或水泥混凝土进行调平处治，补平或调平宽度不小于 40 倍的错台高差，或用沥青混凝土罩面，或采取板底压浆抬高等方法进行处治。沥青砂填补法不宜在冬季进行，填补时清除路面杂物和灰尘，喷洒一层热沥青或乳化沥青，沥青用量为 0.4～0.6kg/m^2，摊铺沥青砂，控制修补面纵坡坡度小于 1%。填补沥青砂后，应用轮胎压路机碾压，养护混凝土，待沥青砂修补层冷却成型后开放交通。采用水泥混凝土修补法时，首先用风镐将错台下沉板凿除2～3cm。修补长度按错台高度除以坡度(1%)计算(图5-9)。然后用压缩空气清除毛面混凝土上的杂物，浇筑细石混凝土，待混凝土达到通车强度后，即可开放交通。

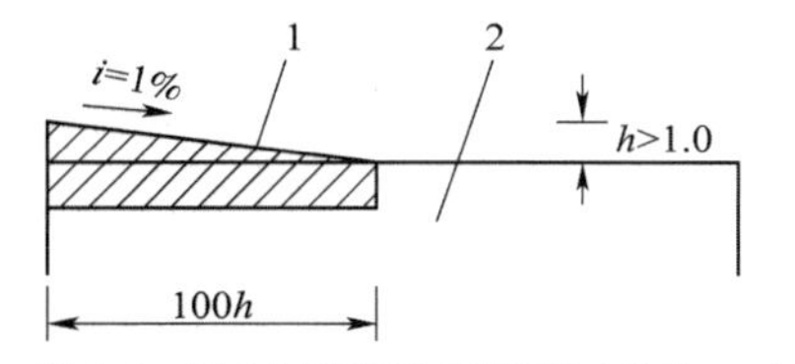

图5-9　错台填补法示意图(尺寸单位:cm)
1-凿除修补;2-下沉板

七、沉陷处理

(1)当车辆驶过时仅引起不舒适而不影响安全性，纵坡突变量为0.5%～1.0%的轻微沉陷可不予处理。

(2)当车辆高速驶过时影响到安全，纵坡突变量大于1.0%的属严重沉陷，严重沉陷可采用提升面板后再压浆的办法进行处理，也可以采用先板底灌浆再进行浅层结合式修补调平，或采用沥青混凝土罩面的办法处理。面板在顶升前，应用水准仪测量下沉板的下沉量，测站距下沉处应大于50m，并绘出纵断面，求出升起值。在每块混凝土面板上钻出两行平行且直径为3cm的透孔，孔的距离约为1.7m(板宽3.5m时，一孔所占面积为3～3.5m^2)，孔深应略大于板厚2cm，当板需要从一侧升起时，只需在升起部分钻孔。在升起前将所有孔用木塞填好，一孔一孔地灌砂，充气管与板接头处用麻絮密封，用排气量为6～10m^3/min的空气压缩机向孔中灌砂，直至砂冒出缝外时为止。板块顶升时宜采用起重设备或千斤顶，板升起后，接连向另一个孔中灌砂，直至下沉板全部顶升就位。灌注材料可采用水泥砂浆，当压浆材料的抗压强度达到6MPa时，方可开放交通。

(3)沉陷并伴有板体开裂时属于严重破碎板，一般应做整板更换。整板更换时，宜用液压镐将旧板凿除，尽量能保留原有拉杆，并清运混凝土碎块。将基层损坏部分清除，并整平压实，对基层损坏部分，宜采用C15混凝土补强，其补强混凝土顶面高程应与旧路面基层顶高程相同，同时宜在混凝土路面板接缝处的基层上涂刷一道宽20cm的薄层沥青。

(4)整块翻修的面板如处在路面排水不良地带，路面板边缘及路肩应设置路基纵横向排水系统。单一板块翻修时，应在路面板接缝处设置横向盲沟。路面有纵坡时，宜设置纵向盲沟，在纵坡底部设置横向盲沟。

设置排水的基本要求是:①经常保持路面和路肩的设计横坡，以便使地表水迅速从路面上排出;②应将土路肩改造为硬路肩。硬路肩宜采用水泥混凝土或沥青混凝土。③路面裂缝、接缝以及路面与路肩接缝应经常保持密封状态。应设置纵向积水管、横向出水管和盲沟，以利排水。

(5)板块修复。混凝土施工时，配合比及所有材料宜采用快速修补材料。修补材料将按配合比设计，将拌和好的混合料用翻斗车运送到施工现场，进行人工摊铺。宜采用插入式振捣器振捣边角混凝土，并用振动梁刮平提浆，人工抹平，与原混凝土板面高低一致。处理混凝土表面时，应按原路面纹理进行，宜采用养护剂进行养护。相邻板边的接缝，用切缝机切至1/4板块深度，清除缝内杂物，灌入接缝材料。待混凝土达到通车强度后，开放交通。

八、拱起处理

应根据具体情况，采取不同的方法处理拱起。

(1)板端拱起但路面完好时，应根据板块拱起高低程度，计算要切除部分板块的长度。先将拱起板块两侧附近1~2条横缝切宽，待应力充分释放后切除拱起端，逐渐将板块恢复原位，在缝隙和其他接缝内应清缝，并灌接缝材料。

(2)拱起板两端间因硬物夹入发生拱起时，应将硬物清除干净，使板块恢复原位，清理接缝内杂物和灰尘，灌填缝料。

(3)胀缝间因传力杆部分或全部在施工时设置不当，使板受热时不能自由伸长而发生拱起时，应重新设置脓缝。按水泥混凝土路面有关施工规范执行，使面板恢复原状。

(4)混凝土路面板的胀起与拱起的处理方法一致。

九、坑洞处理

(1)对个别的坑洞，应清除洞内杂物，一般用高标号水泥砂浆等材料填充，达到平整、密实的效果。

(2)对较多坑洞且连成一片的，应采取薄层罩面方法进行修补。罩面时先画出与路中心线平行或垂直的修补区域范围，用切割机沿修补图形边线切割6cm以上的槽，槽内用风镐清除混凝土，使槽底平面达到基本平整，并将切割的光面凿毛，用压缩空气吹净槽内混凝土碎屑和灰尘，按混凝土配合比设计配制修补混凝土，将拌和好的混凝土填入槽内，人工摊铺、振捣密实，并保持与原路面齐平，喷洒养生剂养生，待混凝土达到通车强度后开放交通。

(3)低等级公路对面积较大、深度在3cm以内且成片的坑洞，可用沥青混凝土进行修补。修补时，首先画出与路中心线平行或垂直的处治区，并用风镐在其周围切割2~3cm深度，用风镐凿除处治区内的混凝土，并清除混凝土块、碎屑和灰尘，将切割的槽壁面和凿除的槽底面，喷洒黏层沥青，其用量为0.4~0.6kg/m^2。铺筑沥青混凝土，并碾压密实，待沥青混凝土冷却后，开放交通。

十、接缝维修

(1)接缝填缝料损坏维修，应符合下列规定：

①接缝中的旧填缝料和杂物，应予清除，并将缝内灰尘吹净。

②在胀缝修理时，应先将热沥青涂刷缝壁，再将接缝板压入缝内。对接缝板接头及接缝板与传力杆之间的间隙，必须用沥青或其他填缝料填实抹平。上部用嵌缝条的，应及时嵌入嵌缝条。

③用加热式填缝料修补时，必须将填缝料加热至灌入温度。宜用嵌缝机填灌，填缝料应与缝壁黏结良好且填灌饱满。在气温较低季节施工时，应先用喷灯将接缝预热。

④用常温式填缝料修补时，除无须加热外，其施工方法与加热式填缝料相同。

⑤填缝料的技术要求与施工质量验收标准，应符合有关施工规范的规定。

(2)纵向接缝张开维修，应符合下列规定。

①当相邻车道面板横向位移、纵向接缝张开宽度在10mm以下时，宜采取聚氯乙烯胶泥、焦油类填缝料和橡胶沥青等加热施工式填缝料。

②当相邻车道板横向位移，纵向接缝张口宽度在10mm以上时，宜采取聚氨酯类常温施工式填缝料进行维修，且应做到：

a. 维修前清除缝内杂物和灰尘。

b. 应按材料配比配制填缝料。

c. 宜采用挤压枪注入填缝料。

d. 填缝料固化后，方可开放交通。

③当纵向接缝张口宽度在15mm以上时,应采用沥青砂填缝。

(3)接缝出现碎裂时,接缝维修应符合下列规定:

①在破碎部位外缘,应切割成规则图形,其周围切割面应垂直于面板,底面宜为平面。

②应清除混凝土碎块,吹净灰尘杂物,并保持干燥状态。

③宜用高模量补强材料,进行填充维修,其材料技术性能应符合相关规范的规定。

④修补材料达到通车强度后,方可开放交通。

十一、表面类病害维修

(1)表面类病害指表面起皮(剥落、露骨)等病害,其处治应根据公路等级和表面破损程度,采取不同的材料和施工方法进行,对局部板块的表面起皮应进行罩面。

(2)一般公路水泥混凝土板表面起皮宜采用稀浆封层加以处治。

(3)高速公路水泥混凝土板表面起皮(剥落、露骨),宜采用改性沥青稀浆封层或沥青混凝土加以处治。

(4)对于面积较大的水泥混凝土面板表面起皮(剥落、露骨),宜采取稀浆封层或沥青混凝土罩面加以处治。

十二、整块板维修

(1)当水泥混凝土板开裂或成破碎板时,需进行整块面板维修,凿除旧板浇筑新板。

(2)凿除旧板应注意对相邻板块的影响,尽可能保留原有拉杆。宜用液压镐凿除破碎混凝土板,应及时清运混凝土碎块。基层损坏部分应予清除,并将基层整平、压实。

(3)个别板块基层宜用C15贫混凝土将路面基层补强,其补强混凝土顶面高程应与旧路面基层顶面高程相同。

(4)整块面板维修往往会影响交通,因此维修采用混凝土配合比及所选用的材料,应根据路面通车时间的要求选用快速修补材料,最好采用养护剂,按要求做好接缝。

十三、部分路段维修

(1)对于部分路段水泥混凝土路面板破损的,应进行整段修复。首先采用配备液压镐的混凝土破碎机将旧水泥混凝土板破碎,及时清除混凝土碎块,整平基层并压实。基层强度不足时,可采用水稳性较好的材料进行处理。

(2)对损坏的拉杆需要修复,可在原拉杆位置附近,打直径18mm,深35cm的拉杆孔,用压缩空气清孔,灌高强砂浆,将ϕ14mm、长70cm的螺纹钢筋插入旧混凝土面板中35cm。

(3)需在新旧水泥混凝土板交接处设传力杆。在旧混凝土板侧向涂刷沥青,将ϕ25mm、长45cm的光圆钢筋插入老混凝土面板中。

(4)水泥混凝土路面的材料要求、施工工艺等按照公路水泥混凝土路面施工规范执行。

第五节　水泥混凝土路面再生利用

一、旧水泥混凝土路面再生利用的条件

(1)当水泥混凝土板发生大面积破坏时,可对旧混凝土进行再生利用。混凝土再生利用

主要用作水泥混凝土面层粗集料、基层集料和碎块底基层。

（2）旧水泥混凝土板块强度达到石料二级标准时，可作为再生混凝土集料使用。

二、旧水泥混凝土板再生利用的要求

旧水泥混凝土板再生利用时，应符合下列要求：

（1）在旧水泥混凝土板破碎前，应标明涵洞、地下管道、排水管位置；在有沥青罩面层处应先用铣刨机清除沥青层。对于地下构造物、涵洞、地下管道位置，以及破碎板与保留板连接处的第一块旧混凝土板，应用液压镐破碎。全幅路面板破碎可用落锤式破碎机进行施工。

（2）将旧水泥混凝土碎块装运到料场进行加工。在旧混凝土板破碎、装运、输送的过程中应将钢筋剔除。旧混凝土集料的最大粒径应为40mm，小于20mm的粒料不再作为集料。

（3）做水泥混凝土配合比设计时，粒径小于20mm的集料宜采用新的碎石，可掺加减水剂和二级干粉煤灰。回收集料、新集料、水泥粉煤灰最终级配要求应满足表5-1和表5-2的要求。

粗集料级配要求 表5-1

筛孔尺寸（mm）	40	20	10	5
累计筛余（%）	0～5	30～65	70～90	95～100

细集料级配要求 表5-2

筛孔尺寸（mm）	5	2.5	1.25	0.63	0.315	0.16
累计筛余（%）	0	0～20	15～50	40～75	70～90	90～100

（4）旧水泥混凝土板块强度达到三级标准时可作为基层集料。

①宜采用石灰、粉煤灰，旧混凝土集料基层。

②混凝土基层集料含量宜为80%～85%。

③石灰、粉煤灰比例宜为1∶4。

（5）水泥混凝土路面破损状况属差级时，应将混凝土板破碎作为底基层使用。

①在水泥混凝土路面两侧挖纵横向排水沟，排除积水。

②旧水泥混凝土板破碎时落锤落点间距为30cm，宜交错布置，混凝土板碎块最大尺寸不超过30cm。

③用灌浆设备将水泥砂浆灌入板块缝内。

④用25t振动压路机进行振碾，碾压速度为2.5km/h，往返碾压6次。要求基层稳定，灌浆饱满。

⑤对软弱松动碎块应予清除，并用C15贫混凝土填补。

第六节　水泥混凝土路面预防性养护

水泥混凝土路面虽然具有强度高、刚度大、稳定性好、使用寿命长、耐久性好等优点。但一旦开始破坏，破损便会迅速发展，且修补相较其他路面困难。因此，必须在对水泥混凝土路面进行经常性认真检查的基础上，及时发现存在的问题和缺陷，并针对水泥混凝土路面的常见病害进行仔细分析，找出其产生的原因，采取有效的技术措施，做好预防性、经常性养护，保证路

面处于完好状态,充分发挥水泥混凝土路面使用寿命长的特点。

一、水泥混凝土路面预防性养护的内容

(1)经常清扫行车道与硬路肩上的泥土和杂物;当设有中间带、变速车道、爬坡车道、紧急停车带时,其上的泥土和杂物亦应清扫干净;在水泥混凝土路面和其他粒料路面连接的地方以及路肩未加固的路段上,车辆更容易把土、砂、石块带到路面上,故应经常保持路面的清洁。

(2)及时填补或清除水泥混凝土路面各种接缝填缝料出现的缺损或溢出,并防止泥土、砂石及其他杂物挤压进入接缝内,影响混凝土路面板的正常伸缩。

(3)经常检查和疏通路基路面(包括路肩、中央分隔带)排水设施,防止积水,以保护路面不受地面水和地下水的侵害。

(4)冬季降雪时,应注意及时清除路面和路肩上的积雪,特别是在融雪期间,更应注意把雪水和薄冰清除干净,防止水分渗进基层或造成滑车现象。

(5)对路面、路肩和路缘石等的局部损坏,应查清原因,采用合适的材料和相应的措施进行修复,以保持路面具有各级公路所要求的使用状态和服务水平。

水泥混凝土路面必须按照养护技术规范的养护内容和标准做好日常养护,同时要做好预防性养护,这是延长水泥混凝土路面寿命最有效的措施。水泥混凝土路面的预防性养护措施主要有路面裂缝与接缝灌缝和压浆。

二、水泥混凝土路面预防性养护处治方法

1. 板下封堵

水泥混凝土路面板下封堵是一种预防性养护措施,是对路面板下基层、垫层中的空隙进行灌浆。由于空隙被填充,会减少未来发生唧泥或断板的可能性,但此项处治措施不能提高结构设计承载力,也不能消除因温度变化和交通荷载而造成的错台。因此,板下封堵应在弯沉增大、尚未发现严重唧泥或严重裂缝时进行。如果弯沉很小,也不宜灌浆,以免因灌浆所造成的扰动使弯沉值增大。

水泥混凝土面板和基层之间由于出现空隙而导致路面沉陷的,可采用沥青灌注、水泥浆、水泥粉煤灰浆和水泥砂浆灌浆等方法进行板下封堵。

1)沥青灌注法

(1)灌浆孔的布置参照前面有关论述进行。

(2)灌浆孔钻好后,应采用压缩空气将孔中混凝土碎屑、杂物清除干净,并保持干燥。

(3)宜采用建筑沥青,沥青加热熔化温度一般为180℃。

(4)沥青洒布车或专用设备的压力为200~400kPa。灌注沥青压满后约0.5min,应拔出喷嘴、用木楔堵塞。

(5)沥青温度下降后,应拔出木楔,填进水泥砂浆,即可开放交通。

2)水泥灌浆法

(1)灌浆孔的布设与沥青灌注法相同。

(2)灌注机械可用压力灌浆机或压力泵,灌注压力为1.5~2.0MPa。

(3)灌浆作业应先从沉陷量较大的灌浆孔开始,逐步由大到小。等相邻孔或接缝中冒浆,可停止泵送水泥浆,每灌完一孔应采用木楔堵孔。

(4)待砂浆抗压强度达到3MPa时,用水泥砂浆堵孔,即可开放交通。

2. 路面裂缝与接缝灌缝

水泥混凝土路面的接缝是水泥混凝土路面的薄弱环节,最易引起破坏。同时,接缝是路表水进入路面结构的主要途径。路面使用过程中出现的裂缝,也是雨水进入路面结构的主要途径之一。因此,路面裂缝也应及时灌注。

1)接缝材料及技术要求

接缝材料按使用性能不同,分为接缝板和填缝料两类。接缝板应选用适应混凝土面板膨胀收缩、施工时不变形、耐久性良好的材料。填缝料应选用与混凝土板壁黏结力强、回弹性能好、能适应混凝土的收缩、不溶于水、不渗水、抗嵌入能力强、高温不流淌、低温不脆裂、耐用、施工方便的耐久性材料。

2)填缝料更换施工工艺

(1)切缝。用切缝机将路面原纵、横缝或路面裂缝进行切缝处理,切缝时采取干切或湿切。接缝界面应露出新的混凝土面,便于新的填缝料与路面黏结。切缝深度3~6cm,宽度4~10cm。

(2)清缝。用清缝机将缝内旧填缝料、灰土和其他杂物吹干净。

(3)嵌缝。嵌缝包括接缝板的施工和嵌缝料的灌注。

(4)填缝料固化后,方可开放交通。

3. 压浆

水泥混凝土路面使用到中后期,面板和基层之间会产生脱空、空隙等,从而造成路面唧泥、路面沉陷等病害。路面压浆是解决路面唧泥和混凝土面板下脱空的有效方法,也是进行预防性养护的重要措施。

1)压浆的必要性

在修复水泥混凝土路面时,采用压浆的目的是恢复对路面结构的支撑,其是通过向这些空隙压浆而实现的。压浆时要施加一定的压力,而施加的压力不应使路面板抬升。压浆作为一种预防性养护措施,在板底支撑丧失的情况下应尽快进行。支撑丧失的表现是弯沉增大,横向接缝形成错台,行车道或路肩的接缝和裂缝附近积存细屑。在路面板尚未出现严重裂缝时,压浆是一种比较经济的修复方法。水泥混凝土路面板进行压浆处理后,由于空隙被填充,减少了弯沉,恢复了结构的整体性,因此降低了未来发生唧泥或断板的可能性。但是,压浆不能矫正水泥混凝土板的沉降,不能提高结构设计承载能力,也不能消除因温度变化和交通荷载而造成的垂直错台。因此,板压浆只有在支撑能力丧失程度有限的接缝、裂缝处才进行压浆。水泥混凝土路面板进行压浆处理后,应及时对接缝进行灌缝处理。

2)水泥混凝土面板压浆施工工艺、技术措施

根据水泥混凝土面板压浆施工的实际操作情况,具体施工方法如下。

(1)板块脱空判定。压浆的首要问题是确定水泥混凝土面板是否脱空,其位置在哪里,范围有多大。可采用目测、弯沉测试、雷达探测等方法。目前,主要采用弯沉测试与目测联合确定压浆的位置较为实用、方便。通过确定,将脱空的板块应做好记号。一般采用以下方法进行判定。

①在雨季,雨水停止后可上路直接观察是否有唧泥现象。

②非雨季节可采取以下间接方式进行判断：

a. 观测者站在板的边缘感觉重型车辆通过时是否有垂直位移和翘动的板块，若有则判断有脱空存在。

b. 相邻板间出现错台时，位置较低的板块一般有脱空存在。

c. 板角相邻两条缝填缝材料严重剥落的板块一般有脱空存在。

d. 还可根据经验用木槌或铁锤敲击，根据所发出的声音判断板底是否脱空，如声音较沉闷，有秤砣感，板底则密实；如声音显得空洞，有回声，板底则有空隙。

③对从外观上不易判断的板块，结合弯沉测试确定压浆位置。

(2) 压浆机具配备。水泥混凝土路面板下压浆设备主要由钻孔机、工作平台车、压浆泵、灰浆搅拌机和30kW发电机组等组成。

(3) 压浆材料。水泥混凝土路面板下压浆材料一般由水泥、粉煤灰、砂、外掺剂和水组成。压浆材料质量的优劣直接影响压浆的效果，因此，不管用何种压浆材料都应通过试验来选择。这些材料应具有早期强度高、流动性好、无离析、无泌水、无收缩的特点。

复习思考题

1. 简述水泥混凝土路面养护工作内容。

2. 简述水泥混凝土路面调查内容。

3. 简述水泥混凝土路面裂缝的维修方法。

4. 简述水泥混凝土路面预防性养护处治方法。

第六章 桥涵构造物养护与维修

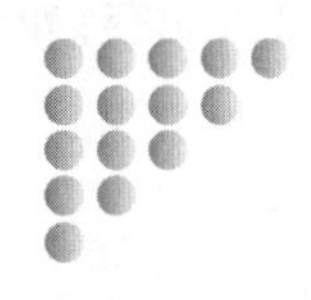

【学习目的与要求】

通过本章的学习,了解桥梁养护的工作内容和基本要求,熟悉桥梁的检查、检验及技术状况评定方法,掌握桥梁上部构造、涵洞、墩台的养护维修加固方法,了解调治构造物的养护维修加固方法,了解超重车辆的过桥措施。

第一节 概 述

为保证桥梁的正常运营,尽量保持和延长桥梁的使用年限,对桥梁结构进行日常养护与维修是非常必要的。当桥梁结构物无法满足承载能力、通行能力、防洪等要求时,则需对桥梁结构进行必要的加固、拓宽等技术改造。

一、公路桥涵养护基本要求

(1)桥涵养护应经常保持技术状况良好,外观整洁,排水系统完善,桥面铺装坚实平整,各部件、构件和设施齐全、功能正常,结构无损坏、无异常变形,结构内部空间通风干燥,基础无冲蚀。

(2)桥涵日常养护应加强日常巡查工作,定期检修和保养各类构件及设施,及时清除桥面积雪、积冰、积水和杂物等,及时疏通泄水孔,及时修复各类设施和构件的表观缺陷和局部轻微损坏,及时更换损坏的附属设施。

(3)桥涵预防养护应结合日常巡查和各类检查及监测工作,及时排查各类隐患。当桥涵技术状况等级为1、2类,但有轻微损坏或病害迹象时,应适时采取主动防护措施。对于侵蚀环境中的桥梁,应加强混凝土和金属构件的防腐工作。

二、桥梁养护的工作内容和基本要求

(1)建立、健全公路桥涵检查、评定制度。对公路桥涵构造物进行周期性检查,系统掌握其技术状况,及时发现缺损和相关环境的变化。根据桥梁检查结果,对桥梁技术状况进行分类评定,制定相应的养护对策。

(2)建立公路桥梁管理系统和公路桥梁数据库,实施桥涵病害监控,实行科学决策。逐步

建立特大型桥梁荷载报警系统,地震、洪水和流冰等预防决策系统。

(3)公路桥涵养护应做到:桥涵外观整洁,桥面铺装坚实平整、横坡适度,桥头连接顺适,排水畅通,结构完好无损,标志、标线等附属设施齐全完好。

(4)对于桥涵构造物的养护,首先应使原结构保持设计荷载等级的承载要求及设计交通量的通行要求。根据交通发展的需要,也可通过改造和改建来提高承载能力和通行能力。在确定改造或改建工程方案时,应注意新旧结构之间的关系,充分发挥原有结构的作用。

(5)养护作业和工程实施应注意保障车辆、行人的安全通行及环境保护。

(6)桥涵构造物养护应有应对洪水、流冰、泥石流和地震等灾害的防护措施,同时备有应急交通方案。

(7)新建或改建桥梁交工接养,应有完备的交接手续并提供成套技术资料。特大、大桥应配置养护设施、机具,设置养护工作通道、扶梯、吊杆、平台,设计单位应提供养护技术要点及要求。未配置或配置不能完全满足养护工作需要的,可根据实际需要予以增添。

(8)桥涵构造物的检查及技术状况评定、养护对策,维修、加固、改建的竣工验收等有关技术文件,均应按统一格式完整地归入桥梁养护技术档案及数据库。

三、公路桥涵养护的技术政策

公路桥涵养护应遵循下列技术政策:

(1)公路桥涵养护工作按“预防为主,防治结合”的原则,以桥梁结构安全为中心,以承重部件为重点,加强全面养护。

(2)推广应用先进的养护技术和科学的管理方法,改善养护生产手段,提高养护技术水平,大力推广和发展公路桥涵养护机械。

(3)应加强桥涵的日常巡查。桥涵日常巡查是桥涵日常养护工作的重要内容之一,应予以充分重视,发现隐患或病害应及时处治。

(4)桥涵构造物的养护,应首先使原结构保持原设计汽车荷载等级的承载要求及设计交通量的通行要求。

(5)桥涵养护工程应重视经济技术方案的比选,并充分利用原有工程材料和原有工程设施,以降低成本。

(6)桥梁管养单位应对辖区内所有桥梁建立“桥梁基本状况卡片”,将有关信息输入数据库,建立信息化档案。

(7)为利于分析判断桥梁可能发生的病害原因,应在结构正常状况时设置永久性控制检测点。

(8)加强桥涵档案管理工作。

(9)重视环境保护和环境综合治理。

第二节　桥梁的检查与检验

桥梁检查与检验是进行桥梁养护、维修加固的前期工作,是决定维修与加固方案可行和正确与否的基础。通过对桥梁进行检查与检验,可以系统地掌握桥梁的状况,特别是对发现存在较大安全隐患的桥梁,通过加固将其消灭于萌芽状态。桥梁检测分为局部检测和整体检测两大类,按对结构自身的影响程度分为非破坏性检测与破坏性检测两种。

一、桥梁检查的一般规定

桥梁检查按照时间周期分为经常检查、定期检查和特殊检查。

1. 经常检查

经常检查主要指对桥面设施、上部结构、下部结构及附属构造物的技术状况进行的检查。每季度不少于一次,并填写经常性检查记录表,汛期应加强不定期检查。特大型桥梁宜采用信息技术与人工作业相结合的手段进行经常性检查。

经常检查应包括下列内容:

(1)外观是否整洁,有无杂物堆积、杂草蔓生。构件表面的涂装层是否完好,有无损坏、老化变色、开裂、起皮、剥落、锈迹。

(2)桥面铺装是否平整,有无裂缝、局部坑槽、积水、沉陷、波浪、碎边;混凝土桥面是否有剥离、渗漏,钢筋是否露筋、锈蚀,缝料是否老化、损坏,桥头有无跳车。

(3)排水设施是否良好,桥面泄水管是否堵塞和破损。

(4)伸缩缝是否堵塞卡死,连接部件有无松动、脱落、局部破损。

(5)人行道、路缘石、栏杆、扶手、防撞护栏和引道护栏(柱)有无撞坏、断裂、松动、错位、缺件、剥落、锈蚀等。

(6)观察桥梁结构有无异常变形、异常的竖向振动、横向摆动等情况,然后检查各部件的技术状况,查找异常原因。

(7)支座是否有明显缺陷,活动支座是否灵活,位移量是否正常。支座的经常检查一般可以每季度一次。

(8)桥位区段河床冲淤变化情况。

(9)基础是否受到冲刷损坏、外露、悬空、下沉,墩台及基础是否受到生物腐蚀。

(10)墩台是否受到船只或漂浮物撞击而受损。

(11)翼墙(侧墙、耳墙)有无开裂、倾斜、滑移、沉降、风化剥落和异常变形。

(12)锥坡、护坡、调治构造物有无塌陷、铺砌面有无缺损、勾缝脱落、灌木杂草丛生。

(13)交通信号、标志、标线、照明设施以及桥梁其他附属设施是否完好。

(14)其他显而易见的损坏或病害。

2. 定期检查

定期检查是桥梁养护管理系统中,采集结构技术状况动态数据的工作。通过定期检查可以对结构的损坏作出评估,评定结构构件和整体结构的技术状况,从而确定特别检查的需求与结构维修、加固或更换的优先排序。定期检查周期视桥梁技术状况而定,最长不得超过3年。新建桥梁缺陷责任期满时,进行第一次全面检查,临时性桥梁每年检查不少于1次。定期检查应填写桥梁定期检查记录表,并校核桥梁基本状况。

在经常性检查中发现重要部(构)件的缺损明显达到三、四、五类技术状况时,应安排一次定期检查。

定期检查主要包括以下工作:

(1)现场校核桥梁基本数据(桥梁基本状况卡片)。

(2)当场填写"桥梁定期检查记录表",记录各部件缺损状况并作出技术状况评分。

(3)实地判断缺损原因,确定维修范围及方式。

(4)对难以判断损坏原因和程度的部件,提出特殊检查(专门检查)的要求。

(5)对损坏严重、危及安全运行的危桥,提出限制交通或改建的建议。

(6)根据桥梁的技术状况,确定下次检查时间。

3. 特殊检查

特殊检查是以桥梁破损性质检查为目的,采用适当的仪器、设备以及现场勘探、试验等特殊手段和科学分析方法,查明桥梁的病害原因、破损程度、承载能力、抗灾能力,确定桥梁技术状况的工作。

特殊检查分为专门检查和应急检查。

(1)专门检查:根据经常检查和定期检查的结果,对需要进一步判明损坏原因、缺损程度或使用能力的桥梁,针对病害进行专门的试验检测、验算与分析鉴定工作。

(2)应急检查:当桥梁受到灾害性损伤后,为了查明破损状况,采用应急措施,组织恢复交通,对结构进行的详细检查和鉴定工作。

特殊检查完成之后,应提交检查报告。

二、桥面系检查

桥面系检查应包括以下工作:

(1)桥面铺装层纵横坡是否顺适,有无严重的裂缝、坑槽、波浪、桥头跳车、防水层漏水,特别是纵横向裂缝及坑槽的检查;当桥面铺装发生问题后,车辆冲击力加大;同时还会导致渗水冲刷梁体,引发梁体腐蚀。

(2)伸缩缝是否有异常变形、破损、脱落、漏水,是否造成明显的跳车。在旧桥检查中,有大多数桥梁伸缩缝存在问题。

(3)人行道部件、栏杆、护栏有无撞坏、断裂、错位、缺件、剥落、锈蚀等。

(4)桥面排水是否通畅,泄水管是否完好、畅通。

(5)桥上交通信号、标志、标线、照明设施是否损坏。

(6)桥上避雷装置是否完好。

(7)桥上航空灯、航道灯是否完好,能否正常照明。

(8)桥上的路用通信、供电线路及设备是否完好。

三、桥梁上部结构的检查

桥梁上部结构是桥梁最重要的部分,一般由梁、板和拱肋等基本构件组成。

1. 基本构件缺陷的检查

缺陷可能出现在施工或者使用阶段。

对于钢筋混凝土结构,主要检查是否存在以下现象:

(1)表面缺浆、粗糙,出现麻面。

(2)灌浆不密实导致的空洞现象。

(3)钢筋锈蚀破坏、露筋现象。

(4)梁体表面裂缝。

上部结构梁体在外荷载作用下，有可能是先开裂后引起钢筋锈蚀，也可能是钢筋在氧水、氯离子共同作用下先锈蚀膨胀，再导致混凝土开裂。

各类混凝土桥梁裂缝检查的重点位置见表6-1，各类恒载裂缝限值不应超过表6-2的规定，否则需进行加固。

裂缝检查重点位置

表6-1

桥　型	检查部位	桥　型	检查部位
简支梁	跨中、四分点、支点	双曲拱	主拱圈（拱脚、四分点、拱顶），拱上建筑（侧墙、腹拱）
连续梁	跨中、四分点、支点		
悬臂梁	支点、牛腿	桁架拱	桁片的受拉弦杆、腹杆，实腹段，节点、拱脚

裂缝限值

表6-2

结构类别	裂缝部位	允许最大缝宽（mm）	其他要求
钢筋混凝土	主筋附近竖向裂缝	0.25	
	腹板斜向裂缝	0.30	
	组合梁结合面	0.50	不允许贯通结合面
	横隔板与梁体端部	0.30	
	支座垫石	0.50	
预应力混凝土	梁体竖向裂缝	不允许	
	梁体纵向裂缝	0.20	

<table>
<tr><th>结构类别</th><th colspan="3">裂缝部位</th><th>允许最大缝宽（mm）</th><th>其他要求</th></tr>
<tr><td rowspan="3">砖石、混凝土拱</td><td colspan="3">拱圈横向</td><td>0.30</td><td>裂缝高小于截面高一半</td></tr>
<tr><td colspan="3">拱圈纵向裂缝</td><td>0.50</td><td>裂缝长小于跨径1/8</td></tr>
<tr><td colspan="3">拱波与拱肋结合处</td><td>0.20</td><td></td></tr>
<tr><td rowspan="7">墩台</td><td colspan="3">墩台帽</td><td>0.30</td><td rowspan="7">不允许贯通墩身截面一半</td></tr>
<tr><td rowspan="5">墩台身</td><td rowspan="2">经常受侵蚀</td><td>有筋</td><td>0.20</td></tr>
<tr><td>无筋</td><td>0.30</td></tr>
<tr><td rowspan="2">有水，无侵蚀</td><td>有筋</td><td>0.25</td></tr>
<tr><td>无筋</td><td>0.35</td></tr>
<tr><td colspan="2">干沟或季节有水</td><td>0.40</td></tr>
<tr><td colspan="3">有冻结部分</td><td>0.20</td></tr>
</table>

注：表中所列除特指外适用于一般条件。对于潮湿环境和空气中含有较强腐蚀性气体条件下的缝宽限制，应比表列更严格一些。

2. 钢筋混凝土和预应力混凝土梁桥的检查

（1）梁端头、底面是否损坏，箱形梁内是否有积水，通风是否良好。

（2）混凝土有无裂缝、渗水、表面风化、剥落、露筋和钢筋锈蚀，有无碱-集料反应引起的整体龟裂现象，混凝土表面有无严重碳化。

（3）预应力钢束锚固区段混凝土有无开裂，沿预应力筋的混凝土表面有无纵向裂缝。

(4)梁(板)式结构的跨中、支点及变截面处,悬臂端牛腿或中间铰部位,刚构的固结处和桁架节点部位,混凝土是否开裂、缺损和出现钢筋锈蚀。

(5)装配式梁桥应注意检查连接部位的缺损状况:

①组合梁的桥面板与梁的结合部位及预制桥面板之间的接头处混凝土有无开裂、渗水。

②横向连接构件是否开裂,连接钢板的焊缝有无锈蚀、断裂,边梁有无横移或向外倾斜。

3. 拱桥的检查

对于拱桥,应主要检查拱圈的拱脚、*L*/4、3*L*/4、拱顶和拱上建筑的变形,以及混凝土的开裂与钢筋锈蚀等。拱上立柱上下端、盖梁和横系梁应检查混凝土有无开裂、剥落、露筋和锈蚀,下承式拱桥的吊杆上下锚固区域的混凝土有无开裂、渗水、吊杆锚头附近是否有锈蚀或者断裂现象。

圬工拱桥的主要病害有面层风化,灰缝剥落,个别砌块剥落、拱顶附近或拱脚附近出现的拱圈开裂、桥面防水层破坏。

圬工拱桥的检查,应包括下列内容:

(1)主拱圈的拱板或拱肋是否开裂。钢筋混凝土拱有无露筋、钢筋锈蚀。圬工拱桥砌块有无压碎、局部掉块,砌缝有无脱离或脱落、渗水,表面有无苔藓、草木滋生,拱铰工作是否正常。空腹拱的小拱有无较大的变形、开裂、错位,立墙或立柱有无倾斜、开裂。

(2)拱上立柱(或立墙)上下端、盖梁和横系梁的混凝土有无开裂、剥落、露筋和锈蚀。中、下承式拱桥的吊杆上下锚固区的混凝土有无开裂、渗水,吊杆锚头附近有无锈蚀现象,外罩是否有裂纹,锚头夹片、楔块是否发生滑移,吊杆钢索有无断丝。采用型钢或钢管混凝土芯的劲性骨架拱桥,混凝土是否沿骨架出现纵向或横向裂缝。

(3)拱的侧墙与主拱圈间有无脱落,侧墙有无鼓突变形、开裂,实腹拱拱上填料有无沉陷。肋拱桥的肋间横向连接是否开裂、表面剥落、钢筋外露、锈蚀等。

(4)双曲拱桥拱肋间横向连接拉杆是否松动或断裂,拱波与拱肋结合处是否开裂、脱开,拱波之间砂浆有无松散脱落,拱波顶是否开裂、渗水等。

(5)薄壳拱桥壳体纵、横向及斜向是否出现裂缝及系杆是否开裂。

(6)系杆拱的系杆是否开裂,无混凝土包裹的系杆是否有锈蚀。

(7)钢管混凝土拱桥裸露部分的钢管及构件检查参见钢桥检查有关内容,同时还应检查管内混凝土是否填充密实。

4. 支座的检查

(1)支座组件是否完好、清洁,有无断裂、错位、脱空。

(2)活动支座是否灵活,实际位移量是否正常,固定支座的锚销是否完好。

(3)支承垫石是否有裂缝。

(4)简易支座的油毡是否老化、破裂或失效。

(5)橡胶支座是否老化、开裂,有无过大的剪切变形或压缩变形,各夹层钢板之间的橡胶层外凸是否均匀。

(6)四氟滑板支座是否脏污、老化,四氟乙烯板是否完好,橡胶块是否滑出钢板。

(7)盆式橡胶支座的固定螺栓是否剪断,螺母是否松动,钢盆外露部分是否锈蚀,防尘罩是否完好。

(8)组合式钢支座是否干涩、锈蚀,固定支座的锚栓是否紧固,销板或销钉是否完好。

(9)摆柱支座各组件相对位置是否准确,受力是否均匀。

(10)辊轴支座的辊轴是否出现不允许的爬动、歪斜。

(11)摇轴支座是否倾斜。

(12)钢筋混凝土摆柱支座的柱体有无混凝土脱皮、开裂、露筋,钢筋及钢板有无锈蚀。

5. 墩台与基础的检查

(1)墩台及基础有无滑动、倾斜、下沉或冻拔。

(2)台背填土有无沉降或挤压隆起。

(3)混凝土墩台及帽梁有无冻胀、风化、开裂、剥落、露筋等。

(4)石砌墩台有无砌块断裂、通缝脱开、变形,砌体泄水孔是否堵塞,防水层是否损坏。

(5)墩台顶面是否清洁,伸缩缝处是否漏水。

(6)基础下是否发生不许可的冲刷或淘空现象,扩大基础的地基有无侵蚀。桩基顶端在水位涨落、干湿交替变化处有无冲刷磨损、颈缩、露筋,有无环状冻裂,是否受到污水、咸水或生物的腐蚀。必要时对大桥、特大桥的深水基础,应派潜水员潜水检查。

四、桥梁承载能力鉴定

1. 进行承载能力鉴定的时机

(1)对于新建的大跨度桥梁或者虽然跨度不大但是体系新颖复杂的桥梁,前者如大跨度斜拉桥、悬索桥、拱桥和特大跨度的连续梁桥等;后者包括近些年国内修建的若干中等跨度的,体系新颖、构造复杂的城市景观桥梁。上述桥梁需通过荷载试验进行承载力鉴定,以判断设计与施工质量是否满足设计文件和规范的要求,并收集相关技术资料从而补充完善设计理论。

(2)按维修养护计划,运营一定年限后,进行承载力状况鉴定。

(3)船舶和车辆撞击等突发事件后进行承载力状况鉴定。

(4)加固、改造后的桥梁应进行承载力鉴定,特别是采用新的加固工艺或者新的加固材料加固的桥梁,必须进行承载力鉴定。

(5)超过设计荷载等级的车辆过桥时,也需借助承载力鉴定认可方能通行。

(6)缺乏设计和施工技术数据的旧桥为判断是否能承受预计的荷载,也需借助承载力鉴定。

2. 承载能力鉴定方法

从广义上讲,桥梁承载能力鉴定方法有3种:

(1)根据《公路桥涵养护规范》(JTG H11—2004),对照桥梁存在的缺陷或病害进行综合评定。

(2)理论计算评估方法。

(3)荷载试验评估方法。

但方法(1)只能给出宏观结果,无法给出具体承载能力具体指标数值,所以不归入承载能力鉴定方法。

1)理论计算评估方法

在不具备荷载试验条件时，可以通过理论计算评估桥梁承载力。对运营中的桥梁，尤其是旧桥或较大损伤过的桥梁，必须考虑结构病害、损伤及具体几何尺寸，按现行规范进行承载能力的验算。具体包括以下几点：

(1)荷载横向分布系数按实际情况选取。

(2)考虑裂缝对承载能力的影响。

(3)考虑钢筋腐蚀对承载能力的影响。

(4)实测混凝土强度等级。

(5)车辆荷载按照新规范选取。

(6)实测结构尺寸，然后再按有关规范和要求进行计算和分析。

2)荷载试验评估方法

荷载试验包括静力试验和动力试验两种。

静力试验包括以下内容：

(1)竖向挠度。挠度数据的获取十分重要，因为它代表了结构的实际刚度。

(2)控制截面的应力。

(3)支座伸缩、转角。

(4)是否出现裂缝，初始裂缝荷载，裂缝出现的位置、方向、长度、宽度及卸载后闭合情况。

(5)混凝土的碳化深度与强度。

(6)卸载后的残余变形。

动力试验包括以下内容：

(1)测定桥跨结构在车辆荷载下的强迫振动特性，如冲击系数、强迫振动频率、动位移和动应力等。

(2)测定桥跨结构的自振特性，如自振频率、振型和阻尼特性等。

3)承载力判定

综合技术状况评定、理论计算相荷载试验结果，可得出下述判断和结论：

(1)桥梁技术状况良好或较好，承载力满足设计荷载等级要求。可按设计荷载等级运营使用，只需进行正常保护管理及必要的局部小修。

(2)技术状况较差或不好，承载力不能满足设计荷载等级要求。可降低使用荷载等级或限速通行，进行中、大修或加固方案的设计与实施。

(3)桥梁处于危险状态，应立即封桥。通过专家会议决定根治病患，加固、更换构件，甚至拆除重建。

第三节　桥梁上部结构及桥面系的养护、维修与加固

一、桥梁支座的养护、维修与加固

1. 日常养护

(1)支座各部应保持完整、清洁，每半年至少清扫一次。清除支座周围的油污、垃圾，防止积水、积雪，保证支座正常工作。

(2)滚动支座的滚动面应定期涂润滑油(一般每年一次)。在涂油之前,应把滚动面揩擦干净。

(3)对钢支座要进行除锈防腐。除铰轴和滚动面外,其余部分均应涂刷防锈油漆。

(4)及时拧紧钢支座各部接合螺栓,使支承垫板平整、牢固。

(5)应防止橡胶支座接触油污引起老化、变质。

(6)滑板支座、盆式橡胶支座的防尘罩,应维护完好,防止尘埃落入或雨、雪渗入支座内。

2. 支座维修与更换

(1)支座如有缺陷或产生故障不能正常工作时,应及时予以修整或更换:

①支座的固定锚销剪断,滚动面不平整,轴承有裂纹或切口,辊轴大小不合适,混凝土摆柱出现严重开裂、歪斜时,必须更换。

②支座座板翘起、变形、断裂时应予更换,焊缝开裂应予整修。

③板式橡胶支座出现脱空或不均匀压缩变形时,应进行调整。

④板式橡胶支座发生过大剪切变形、中间钢板外露、橡胶开裂、老化时,应及时更换。

⑤油毡垫层支座失去功能时,应及时更换。

(2)调整、更换板式橡胶支座、钢板支座、油毛毡垫层支座时可采用如下方法:在支座旁边的梁底或梁端横隔处设置千斤顶,将梁(板)适当顶起,使支座脱空不受力,然后进行调整或更换。调整完毕或新支座就位正确后,落梁(板)到使用位置。

(3)需要抬高支座时,可根据抬高量的大小选用下列几种方法:

①垫入钢板(50mm 以内)或铸钢板(50 ~ 100mm)。

②更换为板式橡胶支座。

③就地浇筑钢筋混凝土支座垫石,垫石高度按需要设置,一般应大于 100mm。

二、桥跨结构的养护、维修与加固

桥跨结构的养护、维修与加固应在桥梁检测及评定的基础上,针对病害的原因进行,充分发挥原结构的承载能力,并选择投资少、工效快、尽量不中断交通、技术上可行且有较好耐久性等的方法进行。

1. 钢筋混凝土及预应力混凝土桥

钢筋混凝土及预应力混凝土桥包括简支梁(板)桥、连续梁桥等,还包括钢管混凝土拱、刚架拱、桁架拱、双曲拱等钢筋混凝土拱桥。

1)养护要求

(1)及时清除表面污垢;混凝土孔洞、破损、剥落、表面风化以及裂缝应及时修补。

(2)钢筋混凝土及预应力混凝土梁桥梁(板)端头、梁体底面、隔板表面应适时清扫,保持清洁,排除积土。

(3)箱形截面结构应保持箱内通风,减少因箱内外温差过大可能引起的裂缝。

(4)构件裂缝宽度值在允许范围内时,应进行封闭处理。

(5)当裂缝宽度大于限值时,应采用压力灌浆法灌注环氧树脂胶。裂缝宽度限值见表 6-1。预应力混凝土梁指全预应力或部分预应力 A 类构件。

(6)当裂缝发展严重时,应查明原因,采取加固措施。

(7)对梁(板)体混凝土的空洞、蜂窝、麻面、表面风化、剥落等应进行修补,并切实防止钢筋因混凝土碳化引起锈蚀。构件缺损严重时,应及时进行修复和加固。

(8)对于中、下承式的吊杆及系杆拱桥,应采用无混凝土包裹的预应力钢索系杆养护。

(9)当钢筋混凝土、预应力混凝土梁式桥主梁或拱桥的挠度超过规定的允许值(表6-1)并有严重发展趋势时,应查明原因,经设计计算进行加固或更换构件。

2)梁式桥的养护、维修及加固

(1)日常养护与维修。

钢筋混凝土梁桥日常养护维修内容包括:清除表面污垢;修补混凝土空洞、破损、剥落、表面风化以及裂缝;清除暴露钢筋的锈渍、恢复保护层;处理各种横、纵向构件的开裂、开焊和锈蚀。保持箱梁的箱内通风,未设通风孔的应补设。梁体的污垢宜用清水洗刷,不得使用有腐蚀性的化学清洗剂。

另外,进行预应力钢筋混凝土梁桥养护时,应对预应力锚固区的破损及开裂、沿预应力钢束纵向的开裂进行修补。

(2)钢筋混凝土梁桥常见病害及采用的处理方法:

①对梁(板)体混凝土的空洞、蜂窝、麻面、表面风化、剥落等应先将松散部分清除,再用高强度等级混凝土、水泥砂浆或其他材料进行修补。新补的混凝土要密实,与原结构应结合牢固、表面平整。新补的混凝土必须实行养生。

②梁体若发现露筋或保护层剥落,应先将松动的保护层凿去,并清除钢筋锈迹,然后修复保护层。如损坏面积不大可用环氧砂浆修补,如损坏面积过大可用喷射高强度等级水泥砂浆的方法修补。

③梁(板)体的横、纵向连接件开裂、断裂、开焊,可采取更换、补焊、帮焊等措施修补。

④钢筋混凝土梁桥的裂缝处理:当裂缝的宽度大于限值及裂缝分布超出正常范围时,应做处理。钢筋混凝土梁的裂缝最大限值见表6-2。

当裂缝宽度在限值范围内时,可进行封闭处理,一般涂刷环氧树脂胶。

当裂缝宽度大于限值规定时,应采用压力灌浆法灌注环氧树脂胶或其他灌缝材料。

当裂缝发展严重时,应加强观测,查明原因,按照相关规范的有关规定进行加固处理。

⑤空气、雨水、河流水中含有对混凝土和钢筋有侵蚀的化学成分时,应对桥梁结构进行防护。

⑥钢筋混凝土构件的修补。

a. 在昼夜平均气温低于5℃的冬季维修桥梁时,应对修补的混凝土构件采取保温措施,保证混凝土的凝固硬化。

b. 用于修补加固的混凝土、钢材,其强度和其他质量指标应不低于原桥材料。修补用的混凝土强度等级应比原强度等级提高一级,在pH值小于5.6的地区,所用水泥应根据环境特点采用耐酸的硅酸盐水泥、抗铝硅酸盐水泥等。

c. 受拉区修补用的混凝土宜用环氧树脂配制,受压区修补用的混凝土可用膨胀水泥配制。用水泥混凝土或砂浆修补的构件应加强养生,有条件时宜用蒸汽养生或封闭养生。

(3)梁式结构加固。

梁式桥的加固方法很多,目前较成熟且应用较广的技术有:增加构件截面、粘贴加固、施加体外预应力加固、增加构件加固、改变体系加固及综合改造加固等。

上述加固方法,基本上可以划分为两大类:

第一类为改变结构体系，调整结构内力，减轻原梁负担。例如，通过加斜撑减少梁的高度、简支梁改为连续结构、增加纵梁数目、调换梁位、加大新建边梁截面尺寸调整横向分布系数、减轻原梁负担等。

第二类为加大截面尺寸和配筋，加固薄弱构件。

对薄弱构件进行加固补强的方法很多，接作用原理不同可分为以下两类：

①在受拉区直接增设抗拉补强材料，例如补焊钢筋、粘贴钢板、粘贴高强复合纤维等，这种加固方法从作用原理上属被动加固的范畴，设计时必须考虑桥梁带载加固，分阶段受力特点。一期荷载（构件自重和恒载）由原梁承担，二期荷载（活载）由加固后的组合截面承担。后加补强材料的强度发挥程度受原梁变形程度的限制。一般情况下，在极限状态时，其应力是达不到其抗拉强度设计值的。若不考虑分阶段受力特点，过高地估计后补强材料的作用，从设计上考虑是不安全的。

②采用预应力原理进行加固补强，例如体外预应力加固、有黏结预应力正截面斜截面加固等。从作用原理上讲，预应力加固属于主动加固的范畴。由于预应力的作用，改善了原梁的应力状态，从而提高了原梁的承载能力和抗裂性能。

(4)拱桥的养护与加固。

①经常清除表面污垢及圬工砌体因渗水而在表面附着的游离物。

②经常疏通泄水管孔，保持桥面及实腹拱拱腔排水畅通。如发现拱桥桥面漏水，应及时修补；空腹拱的主拱圈（肋）若发现渗水，应对拱背进行清理，清除可能积水的残渣、堆积物等，并用砂浆等材料抹平或堵塞裂缝。实腹拱若发现主拱圈渗水，应检查拱腔排水系统，必要时可挖开拱上填料，修补防水层，修理排水管道。

③主拱及拱式腹拱的拱铰及变形缝应保持正常工作状态。清除弧面铰及变形缝内嵌入的杂物，保持其能自由转动、变形。填缝材料如油毛毡、浸渍沥青的木板等，如有损坏应及时更换。

④对于构件表面缺陷及局部损坏的修补，主要有以下几类：

a. 圬工砌体的边角压碎、砌块断裂，干砌石拱桥砌缝张口等，可用水泥砂浆修补。若个别块体压碎或脱落，应用新的块体填塞更换，更换时应保证嵌挤或填塞紧密。砌缝砂浆若发生脱离，应凿除后重新用干硬性砂浆或微膨胀砂浆填筑，表面重新勾缝。

b. 钢筋混凝土拱构件的表面缺损与裂缝修补参照钢筋混凝土梁桥有关操作执行。

c. 钢管混凝土拱钢构件表面的防锈涂层应保持完好，并定期重涂，养护工作参照钢桥有关操作执行。

d. 实腹拱的侧墙若发生较大变形、开裂，应查明原因并做相应处理。若是填料不实，或拱腔积水，应挖开拱上填料，修补防排水系统，拆除鼓凸部分侧墙后重新砌筑，重新回填拱上填料及重做路面，也可酌情换用轻质填料或加大侧墙尺寸。

若发现侧墙与拱圈之间脱开，或侧墙上有斜向（若是砌体通常沿砌缝成锯齿状）开裂，应检查墩台与主拱的变形。开裂轻微且不再发展的，可做一般修补裂缝处理。若开裂严重或裂缝在发展中，应考虑加固、改造方案。

⑤中、下承式拱桥的吊杆养护参照斜拉桥的拉索养护操作执行。

系杆拱桥的系杆混凝土裂缝应用环氧砂浆等材料进行处理。系杆采用无混凝土包裹的预应力钢束时，应定期对钢束的防锈保护层进行养护、更换防护油脂等。系杆的支承点如有下沉要及时调整。

⑥冬季月平均气温低于 -20℃的地区,对淹没于结冰水位的拱圈,应在枯水期从结冰水位以上 50cm 开始至拱脚涂抹一层防冻环氧砂浆,再在砂浆表面涂刷沥青进行保护。

⑦拱桥加固方法及适用范围。

a. 主拱圈抗弯强度不够引起拱圈开裂。裂缝主要发生在拱顶区段的拱圈下缘与侧面、拱脚处的拱圈上缘与侧面。

b. 主拱圈抗剪强度不够引起拱圈开裂。裂缝主要发生在拱脚以及空腹拱的立柱柱脚。

c. 拱圈材料抗压强度不够,引起劈裂或压碎。

d. 两拱脚墩台不均匀沉降引起拱圈开裂,一般出现在拱顶区段,横桥向贯穿全拱圈,裂缝宽度上下变化不大,且两侧有错动。

墩、台基础上、下游不均匀沉降会引起拱圈及墩台出现顺桥向裂缝。

e. 墩台沿桥梁纵向发生向后滑动或转动引起拱圈开裂,裂缝规律同主拱圈抗弯强度不够引起的拱圈开裂。当向桥孔方向滑动或转动时,裂缝在拱圈上、下缘的位置与主拱圈抗弯强度不够引起的拱圈开裂相反。

f. 肋拱、刚架拱、桁架拱、双曲拱的肋间横向连接,如横系梁、斜撑强度不够引起开裂。

g. 拱上排架、梁、柱开裂,短柱的两端开裂,侧墙斜、竖方向开裂,侧墙与拱圈连接处开裂。开裂的主要原因分别为构造不合理、强度不够、施工质量不好,以及由于拱圈变形、墩、台变位对拱上结构造成不利影响。

h. 预制拼装拱桥或分环砌筑的圬工拱桥,沿连接部位或砌缝发生环向裂缝。双曲拱桥的拱肋与拱波连接处开裂。拱肋接头混凝土局部压碎。

i. 双曲拱桥的拱波顶纵向开裂。多由肋间横向连接偏弱,采用平板式填平层使拱横截面刚度分配不均,墩台横向不均匀沉降等原因引起。

j. 桁架拱、刚架拱、系杆拱的节点强度不够引起节点及杆件端部开裂,主要包括:

(a)中、下承式拱的吊杆锚头滑脱或钢丝锈蚀、折断。

(b)拱铰失效或部分失效,引起拱的受力恶化而开裂。

(c)钢管混凝土拱的钢管因厚度不足,或节间过大造成钢管出现压缩状折皱。

(d)桥面板(平板、微弯板、肋腋板等)开裂。引起开裂的原因主要有局部承受车辆荷载强度不够,参与主拱受力后强度不够,肋片发生较大位移,板与肋连接破坏,或在施工中已开裂未予彻底处理等。

2. 钢桥

钢桥的养护应符合下列要求:

(1)及时清除钢结构的表面污垢,保持杆件清洁。

(2)更换松动和损坏的铆钉或销子、螺栓。

(3)发现连接螺栓松动应及时拧紧,对于高强螺栓应施加设计的预拉应力。

(4)焊接连接的构件,焊缝处若发现裂纹、未熔合、夹渣、未填满、弧坑等缺陷时,应进行返修焊,焊后的焊缝应随即铲磨匀顺。

(5)钢杆件受到冲击造成局部弯曲时,应及时矫正。

(6)及时更换破损桥面板,加铺轨道板或加设辅助横梁。

(7)定期对钢桥构件进行防锈、油漆,一般应 1 ~2 年进行一次。如钢桥所处环境属严重污染区,则防锈、油漆间隔时间应适当缩短。

(8)钢桥杆件如有损坏,应及时进行加固或更换。

(9)对于钢-混凝土组合梁桥,应防止钢材与混凝土之间的连接因开裂或钢材锈蚀而失效。

3. 悬索桥

悬索桥的养护与维修应符合下列要求:

(1)悬索桥的索塔视其结构形式,可分别参照钢筋混凝土、预应力混凝土桥或钢桥进行日常养护。

(2)主缆各索股的受力应保持均匀,如出现明显偏差、松弛或过紧,应通过索端拉杆螺栓进行调整。

(3)防止主缆索股的锚头、锚杆、裸露索股、分索器、散索鞍等锈蚀,涂装防锈油漆的部分应定期涂刷,涂抹黄油的部分应定期加涂,发现剥落、锈蚀应及时处治。

(4)主缆索的防护层如有开裂、剥落应及时修复,保持其状态良好。

(5)对于网格式悬索桥,肢杆拉索应保持正常的工作状态。若发现松弛,应调整端头拉杆螺母使其复位。

(6)索鞍出现尘土、杂物堆积,积水(雪)及锈蚀时,应及时清扫和处治。索鞍的辊轴或滑板应保持正常工作状态。

(7)锚室及封闭的索鞍罩内应保持干燥。有除湿设备的应保持设备正常工作,发现故障应及时检修。

(8)索夹、索鞍、吊杆等的紧固螺栓应保持其原设计受力状态,视其工作情况,每半年至两年定期紧固,若发现松动应及时紧固,如有损坏应及时更换。

(9)若吊杆有明显摆动、倾斜或经检查发现其受力发生变化,应查明原因。若索夹松动,应使其复位并紧固锚栓;若拉杆螺栓松动,应予拧紧;若吊索锚头出现松动,应予更换;因锚具、钢索损坏而超出安全限值的吊杆、锚具、钢索应予更换。吊杆复位后应进行索力检测。

(10)吊杆的保护套、止水密封圈、防雨罩等应保持良好,若发现老化、开裂、破损应及时修补、更换。

(11)吊杆的减震装置应保持正常工作状态,发现异常或失效应及时检修。

(12)未做衬砌的岩石锚室或锚洞,若有表面风化或表面裂纹,应用环氧树脂砂浆或钢丝网水泥砂浆进行处治。

4. 斜拉桥

斜拉桥梁体和索塔部分的养护,视其结构类型可参照钢筋混凝土桥、预应力混凝土桥及钢桥的相关规定进行。

1)拉索

(1)拉索两端的锚具及护筒应保持清洁和干燥。塔端锚头若漏水、渗水,应及时用防水材料封堵;梁端锚头若漏水、积水,应及时将水排出并封堵水源。

(2)定期更换拉索两端锚具锚杯内的防护油。

(3)定期更换钢护筒与套管连接处的防水垫圈及阻尼垫圈,做好搭接处的防水处理。

(4)定期对索端钢护筒做涂漆防锈处治。

(5)若拉索护套出现开裂、漏水、渗水,应及时处治。

(6)斜拉索的减震装置应保持正常工作状态,发现异常或失效应及时维修。

(7)对因钢索、锚具损坏而超出设计安全限值的拉索,应及时进行更换。

(8)对索力偏离设计限值的拉索应进行索力调整。张拉的顺序、级次和量值应按设计规定进行,并同时对测定索力和延伸值进行控制。

(9)拉索的更换按改建工程进行,应对各方案技术经济的合理性进行分析比选,确定安全、简便的施工方案。竣工后应对全桥斜拉索的索力和主梁高程进行测定,检验换索效果,并作为验收的依据。

2)索塔

空心索塔的塔内应保持通风干燥。塔内通风、照明系统每年至少检查、保养一次,损坏的灯具应及时更换。

要加强对斜拉桥营运使用阶段的观测,并做好记录,进行数据对比、分析,及时发现问题,消除隐患。

三、桥面系养护与维修

桥面系养护应符合下列要求。

1. 桥面铺装

(1)桥面应经常清扫,排除积水,清除泥土、杂物、冰凌和积雪,保持桥面平整、清洁。

(2)沥青混合料桥面出现泛油、拥包、裂缝、波浪、坑槽、车辙等病害时,应及时处治。

当损坏面积较小时,可局部修补;损坏面积较大时,可将整跨铺装层凿除,重铺新的铺装层。一般不应在原桥面上直接加铺,以免增加桥梁恒载。

(3)水泥混凝土桥面出现断缝、拱胀、错台、起皮、露骨等病害时,应及时处理。损坏面积较大时,应将原铺装整块或整跨凿除,重铺新的铺装层。

(4)桥面防水层如有损坏,应及时修复。

2. 排水系统

(1)桥面的泄水管、排水槽如有堵塞,应及时疏通,并经常保持畅通。

(2)桥面应保持大于1.5%的横坡,以利于桥面排水。

(3)桥梁上设置的封闭式排水系统,应保持各排水管道畅通,排水系统的设备如水泵等应工作正常,若有堵塞应及时疏通,若有损坏则应及时更换。

3. 人行道、栏杆、护栏、防撞墙

(1)人行道块件应牢固、完整,桥面路缘石应经常保持完好状态。若出现松动、缺损,应及时进行修整或更换。

(2)桥梁栏杆应经常保持完好状态。栏杆柱应竖立正直,扶手应无损坏、断裂,伸缩缝处的水平杆件应能自由伸缩。栏杆柱、扶手如有缺损,应及时补齐。因栏杆损坏而采用临时防护措施时,使用时间不得超过3个月。

(3)钢筋混凝土栏杆开裂严重或混凝土剥落,应凿除损坏部分,修补完整。

(4)钢质栏杆应涂漆防锈,一般每年一次。

(5)护栏、防撞墙应牢固、可靠,若有损坏应及时修理或更换。钢护栏与钢筋混凝土护栏上的外露钢构件应定期涂漆防锈,一般每年一次。

(6)桥梁两端的栏杆柱或防撞墙端面,涂有立面标记或示警标志的,应定期涂刷,一般一年一次,使油漆颜色保持鲜明。

(7)桥上灯柱应保持完好状态,如有缺损和歪斜,应及时修理、扶正。灯具损坏应及时更换。

4. 伸缩装置

应经常清除缝内积土、垃圾等杂物,使其发挥正常作用,若有损坏或功能失效应及时修理或更换。

以下几种伸缩装置出现下列病害时,应及时进行更换:

(1)U形锌铁皮伸缩装置的锌铁皮老化、开裂、断裂。

(2)钢板伸缩装置或锯齿钢板伸缩装置的钢板变形,螺栓脱落,伸缩不能正常进行。

(3)橡胶条伸缩装置的橡胶条老化、脱落,固定角钢变形、松动。

(4)板式橡胶伸缩装置的橡胶板老化开裂,预埋螺栓松脱,伸缩失效。

更换的伸缩装置应选型合理,伸缩量应满足桥跨结构变形需要,安装应牢固、平整、不漏水。

维修或更换伸缩装置时,应采取措施维持交通。

桥头搭板脱空、断裂或枕梁下沉引起桥路连接不顺适,出现桥头跳车时,应进行维修处治,并检查桥台稳定等安全因素。

5. 交通安全设施

交通安全设施包括桥上的交通标志和标线、防炫板、防护隔离设施、航空灯、航道灯、供电线路、通信线路、避雷设施等,其养护要求如下:

(1)桥上的交通标志应齐全、醒目、牢固,标志板应保持整洁、无裂纹和残缺,若有损坏应及时整修。

(2)交通标线应经常保持完好、清晰,定期进行标线重涂。

(3)桥上的防炫板应保持齐全、整洁,若有损坏应及时整修。

(4)桥上的防护隔离设施应完整、牢固,若有损坏应及时修理。

(5)桥上设置的航空灯、航道灯及供电线路、通信线路必须保持完好状态,如果损坏应立即修复。避雷设备要经常保持完好,接地电阻要符合要求,接地线附近禁止堆放物品,禁止挖取接地线的覆土。

第四节　墩台与基础的养护与维修

墩台和基础是桥梁的重要组成部分,是直接承受桥梁上部结构荷载,同时将荷载传递给地基的受力结构。在长年使用过程中,桥梁墩台基础将会出现不同程度的损坏,桥梁墩台和基础的破损将直接影响上部桥跨结构的安全,必须及时进行养护维修加固。

一、墩台基础的养护与维修

1. 日常养护与维修

(1)应采取措施保持桥梁墩台基础附近河床的稳定。桥梁上下游各200m的范围内(当桥长的1.5倍超过200m时，范围应适当扩大）应做到以下几点：

①适时地进行河床疏浚。每次洪水过后，应及时清理河床上的漂浮物，使水流顺利宣泄。

②在桥下树立警告示牌，禁止任何人或单位在上述范围内挖砂、取土、采石、倾倒废弃物，禁止进行爆破作业及其他危及公路桥梁安全的活动。

③不得任意修建对桥梁有害的建筑物，因抢险、防汛需要修筑堤坝、压缩或拓宽河床时，应事先报经交通主管部门或公路管理机构同意，并采取有效的防护措施。

发现任何有可能破坏桥梁安全的行为，应及时制止。

(2)若基础冲刷过深或基底局部掏空，应立即抛填块石、片石、铅丝石笼等进行维护。

(3)桥下河床铺砌出现局部损坏时应及时维修。若砌块损坏，可补砌或采用混凝土修补。

(4)对设置的防撞、导航、警示等附属设施应经常检查、维护，保持良好状态。

2. 加固方法及适用范围

1)加固方法

当地基承载力不足时，可采用下列措施进行加固：

(1)重力式基础的加固。

在刚性实体基础周围浇筑混凝土扩大基础。一般应修筑围堰，抽干水后开挖基坑，再浇筑混凝土。新旧基础(承台)之间可埋置连接钢筋，并将旧基础表面刷洗干净、凿毛，使新旧混凝土连成整体。

当梁式桥桥台基础承载能力不足时，可在台前增加桩基及柱并浇筑新盖梁、增设支座。这时梁的支点发生变化，应根据结构受力变化对主梁进行验算及加固。

对于拱桥基础，可在桥台两侧加设钢筋混凝土实体耳墙，并将耳墙与原桥台用钢销连接起来，增大桥台基础面积，提高桥台承载力。

当桥下净空允许时，可在台前加建新的扩大基础及台身，将主拱改建为变截面拱支承到新基础及台身上。新老基础之间用钢筋或钢销进行连接，有条件时可在台前新基础下增加短桩，以提高承载力。

(2)桩基础的加固。

可用钻孔桩或打入桩增设基桩，并扩大原承台。

对单排架桩式桥墩采用加桩加固时，如原有桩距较大(4~5倍桩径)，可在桩间插桩。如原有桩距较小，但通航净空有富裕时，可在原排架两侧增加新桩，变为三排式墩桩。

对钻孔灌注桩桩身损坏，露筋、缩颈等病害，可采用灌(压)浆或扩大桩径的方法进行维修加固。

(3)人工地基加固。

对墩台基础以下的地层，采用注浆、旋喷注浆或深层搅拌等方法，将各种浆液及加固剂注入或搅拌于土层中，通过浆液凝固使原来松散的土固结，成为有足够强度和防渗性能的整体。所采用的材料应通过试验确定。

2)墩台基础防护加固

墩台基础局部被冲空时，可分情况采取下列加固措施：

(1)水深3m以下，可筑围堰将水抽干，以砌石或混凝土填补冲空部分。桥台基础采用上述方法加固时，还应修整或加筑护坡。

(2)水深3m以上，可在基础四周打板桩或做其他围堰，灌注水下混凝土。也可用编织袋装干硬性混凝土(每袋装量为袋容积的2/3),通过潜水作业将袋装混凝土分层填塞冲空部分,填塞范围比基础边缘宽0.4m以上。

(3)当基础置于风化岩层上,基底外缘已被冲空时,应先清除岩层严重风化部分,再用混凝土填补。对基础周围的风化岩层还应用水泥砂浆进行封闭。

(4)当河床不稳定,基础埋置较浅,冲刷范围较大时,可采用平面防护加固,其范围要覆盖全部冲刷坑。方法如下:

①打梅花桩,桩间用块、片石砌平卡紧;

②用块、片石防护或用水泥混凝土板、水泥混凝土预制块防护;

③用铁丝笼、竹笼等柔性结构防护。

(5)当墩台周围河床冲刷严重,危及基础安全时,除分别采用上述方法进行防护加固外,应在洪水期过后,采取必需的调治构造物防护措施,或对河床采取防冲刷处理,以防再次被冲坏。

3)桥台滑移、倾斜的加固

桥台发生滑移和倾斜时,应分析原因,根据不同情况采用下列加固方案。

(1)梁式桥或陡拱因台背土压力过大,造成桥台向桥孔方向位移,可采取下列方法进行加固:

①挖除台背填土,改用轻质材料回填,减轻台后土压力,以使桥台稳定。拱桥在换填材料时,应维持与拱推力的平衡,如在桥孔设临时拉杆或在后台设临时支撑。

②挖去台背填土,加厚台身。

③对于单跨的小跨径梁式桥,可在两桥台基础之间增设钢筋混凝土支撑梁或浆砌片石支撑板,支撑顶面应不高于河床。埋置式桥台可采用挡墙、支撑杆或挡块等进行加固。

(2)拱桥桥台产生向台后方向位移,可根据不同情况采用下列加固方法:

①在U形桥台两侧加厚翼墙。翼墙与原桥台应牢固结合,增大桥台断面和自重,借以抵抗水平位移。若为一字形桥台,可增设翼墙变为U形桥台。

②当桥台的位移尚未稳定时,可在台后增设小跨引桥和摩擦板,以制止桥台继续位移。

③当桥下净空许可时,可在墩台之间设置拉杆承受推力,限制水平位移。对于多孔拱桥,要注意各孔之间的推力平衡。

(3)拱桥在加固墩、台时,必须保持推力平衡,注意安全。

二、墩台的养护与加固

1.日常养护与维修

(1)保持墩台表面整洁,及时清除墩台表面的青苔、杂草、灌木和污秽。

(2)对发生灰缝脱落的圬工砌体,应清除缝内杂物,重新用水泥砂浆勾缝。

(3)墩、台身圬工砌体表面风化剥落或损坏时,损坏深度在3cm以内的,可用水泥砂浆抹面修补,砂浆强度等级一般不应低于M5。当损坏面积较大且深度超过3cm时,不得用砂浆修补,而须采用挂网喷浆或浇注混凝土的方法加固。

(4)圬工砌体镶面部分严重风化和损坏时,应用石料或混凝土预制块补砌、更换,新老部分要结合牢固,色泽质地应与原砌体基本一致。

(5)墩台身圬工砌体的砌块如出现裂缝,应在拆除后重新砌筑。

(6)墩、台表面发生侵蚀剥落、蜂窝麻面、裂缝、露筋等病害时，应采用水泥砂浆修补。受行车震动影响，不易用水泥砂浆补牢的，应考虑采用环氧树脂或其他聚合物混凝土进行修补。

(7)墩、台混凝土裂缝宽度超过限值时，应按要求对裂缝加以修补。

2. 加固方法及适用范围

(1)由于活动支座失灵而造成墩台拉裂，应修复或更换支座，并按上述方法修补裂缝。

(2)墩台身发生纵向贯通裂缝时，可采用钢筋混凝土围带、粘贴钢板箍或加大墩台截面的方法进行加固。

(3)因基础不均匀下沉引起墩、台自下而上的裂缝时，应先加固基础，再采用灌缝或加箍的方法进行加固。

(4)U形桥台的翼墙外倾时，可在横向钻孔加设钢拉杆，钢拉杆固定在翼墙外壁的型钢或钢筋混凝土梁柱上。

(5)当墩台损坏严重，如出现大面积开裂、破损、风化、剥落时，一般可用钢筋混凝土"箍套"加固，对结构基本完好，但承载能力不足的圆柱形墩柱可用包裹碳纤维片材的方法加固。

(6)钢筋混凝土墩台出现缺损，而墩台身处于常水位以下时，可根据不同情况采用围堰抽水或水下作业的方法进行修补。

第五节　涵洞的养护、维修与加固

一、涵洞的检查

1. 经常检查

(1)经常检查每月至少进行两次，在洪水、冰雪前后及行洪期间应加强检查。

(2)经常检查包括以下内容：进水口是否堵塞、沉砂井有无淤积、洞内有无淤塞及排水不畅；洞口周围是否有杂物堆积，涵洞是否清洁、漏水；周围路基填土是否稳定和完整；涵洞结构是否有损坏。

(3)经常检查中发现有排水堵塞或有较大损坏需要进行维修的，应做好记录并及时报告。

2. 定期检查

(1)定期检查每年至少进行一次，在接到较大损坏情况的报告后应增加检查。

(2)定期检查包括以下内容：

①检查涵洞的过水能力，包括涵洞的位置是否适当、孔径是否足够、涵底纵坡是否合适。过水能力明显不足，经常造成内涝及路基损毁的，应考虑改造。

②进水口铺砌、翼墙、护坡、挡水墙、沉砂井等是否完整，洞口连接是否平整、顺适。

③出水口铺砌、挡水墙、翼墙、护坡等是否完整，排水是否顺畅。

④涵体侧墙是否渗漏水、开裂、变形或倾斜，墙身砌体砂浆是否脱落、石块是否松动，基础是否冲刷淘空。

⑤涵身顶部盖板或拱顶是否开裂、漏水、变形下挠，拱顶砌块是否松动脱落。

⑥涵底是否淤塞阻水，涵底铺砌是否完整。

⑦洞口附近填土是否有渗水、冲刷、空洞,填土是否稳定。

⑧涵洞顶路面是否开裂、下沉,行车是否安全。

(3)定期检查中,检查人员应当场填写“涵洞定期检查表”;实地查明损坏情况,根据涵洞的技术状况及排水适应状况,参照桥梁技术状况评定标准相关结构类型,对涵洞的技术状况综合作出好、较好、较差、差、危险等五个级别的评定,提出日常养护、维修、加固、改建等建议。

二、涵洞日常养护

涵洞日常养护应符合下列要求:

(1)涵洞的洞口应保持清洁,发现杂物堆积应及时清除。涵洞内应保持排水畅通,发现淤塞应及时疏通。

(2)洞口和涵洞内如有积雪应尽快清除,被清除的积雪应堆放在路基边沟以外。

经常积雪或积雪较深的涵洞,入冬前可在洞口外加设栅栏,或用柴草捆封洞口,融雪时及时拆除。

(3)涵底铺砌、洞口上下游路基护坡、引水沟、汇水槽、沉砂井发生变形时,均应及时修理。

(4)涵底铺砌出现冲刷损坏、下沉、缺口应及时修复。路基填土出现渗水、缺口应及时封塞填平。

(5)涵底和涵墙出现渗漏水,应查明原因,分别采取下列方法处治:

①疏通水道,使洞口铺砌与上下游水槽坡道平齐顺适。

②保持洞内底面平顺,并有适当纵坡。

③用水泥砂浆对涵底和涵墙重新勾缝。

(6)涵洞出水口的跌水构造应与洞口结合成整体,若有裂缝应及时填塞。

(7)浆砌石拱涵的砌体表面风化、开裂、灰缝剥落,局部石块松动、脱落,或砌体渗漏水,可分别按下列方法处理:

①用水泥砂浆重新勾缝,或局部拆除后重砌。

②表面抹浆或喷浆。

③在砌体背后压注水泥砂浆或化学浆液。

④加设涵内衬砌。

⑤挖开填土,对砌体进行维修处治,并加设防水层。

(8)混凝土管涵的接头处和有铰接缝处发生填缝料脱落,引起路基渗水时,应及时封堵处理。可用干燥麻絮浸透沥青后填实,或用其他黏弹性材料封堵,不宜用灰浆抹缝,以免再次脱落。

(9)压力式涵洞进水口周围路堤发现渗流、空洞、缺口或冲刷现象时,应及时进行修补处理。洞口周围路基可用不透水黏性土封堵,洞前做铺砌或修挡水墙。

(10)压力式涵洞或倒虹吸管的涵顶路面出现浸渍,应及时处理。可采用对涵内顶部表面抹浆、喷浆或衬砌的方法处理。

三、涵洞的养护维修

(1)涵洞进、出水口处如已严重冲刷,可采用下列方法维修:

①位于陡坡上的涵洞或直接受水流冲击的涵洞,其入口处应采取适当的防护措施。

②用浆砌块石铺底,并用水泥砂浆勾缝。铺砌长度视土质和流速而定,铺砌的末端应设置

混凝土或浆砌块石抑水墙。

③流速特别大的涵洞，应在出水口加设消力设施，如消力槛、消力池等。消力槛的末端应设置混凝土或浆砌块石抑水墙，或设置三级挑槛。

(2)涵洞经常发生泥沙淤积时，可在进水口设沉砂井，以沉淀泥沙、杂物。

(3)管涵的管节因基础沉陷而发生严重错裂时，应挖开填土处理地基，再重建基础。也可直接采用对地基及基础压浆的方法处理。

有铰涵管如变形大于直径的1/20时，应查明原因并进行处理。

(4)波纹管涵发生涵管沉陷、变形，应挖开填土进行修理。管底应按土质情况做好垫层，管上加铺一层防水层，并注意对回填土分层夯实。

(5)涵洞的侧墙和翼墙，如有倾斜变形发生，应查明原因后加以处理，如是因填土未夯实发生沉落，或填土中水分过多土压力增大而引起的，应更换透水性好的填土并夯实；如属基础变形引起的，则需要修理或加固基础。

(6)因加宽或加高路基导致涵洞长度不足时，应接长处理。一般可将原涵洞洞身接长，两端新建洞口端墙和路基护坡；当路基加高、加宽不多时，也可采用只加高两端洞口端墙或加高加长洞口翼墙的方法。

(7)对承载力不足的涵洞，应进行加固或改建，可视情况不同分别采用下列方法：

①挖开填土，用混凝土或钢筋混凝土加大原涵洞断面。

②涵内用混凝土或钢筋混凝土预制块衬砌加固或用现浇衬砌进行加固。

③挖开填土，用新构件分段进行更换改建。

(8)当涵洞位置不当，过水能力不足时应进行改建。改建施工宜分段进行，并做好接缝的防水处理。

第六节　调治构造物的养护、维修与加固

调治构造物的作用是引导水流均匀、顺畅地通过桥孔，防止和减少桥位附近河床的不利变迁，保证桥梁墩台基础、河堤以及引道的稳定和安全，包括有导流堤、丁堤、梨形堤、顺坝和格坝。

一、调治构造物的养护

对于需要修建或改建的调治构造物桥梁，应查明调治构造物的变化，并做记录，其内容如下：

(1)桥位处河床状态。

(2)各种水位高程，尤其是历史洪水位，以及水流状态，包括流速、流量、主流方向、有无漂浮物等。

(3)结冰及流冰状态，包括结冰时间、封冰范围、冰层移动时间及持续时间以及流冰速度和尺寸等。

(4)调治构造物工作状况。

二、调治构造物的维修与加固

调治构造物的维修与加固应做好以下工作：

(1)根据需要,将临时的竹木、铁丝石笼等调治构造物有计划地改为浆砌块、片石或混凝土的永久性结构。

(2)调治构造物由于洪水冲刷及漂浮物撞击,发生基础冲空,砌体开裂时,应及时修理。

(3)通过一定时期的观察,对位置不当、数目长度不足、不能正常发挥作用的调治构造物,应在洪水退后进行改建。

(4)若调治构造物不足以抗御洪水冲击,则应进行加固。

第七节　超重车辆的过桥措施

超重车辆是指大于桥梁设计荷载标准及公路管理部门公布的限载量,必须采取技术措施方可通过桥梁,经过公路管理机构审批同意在指定公路上行驶的特殊车辆。

一、组织超重车辆过桥的技术、管理措施

组织超重车辆安全通过桥梁的技术、管理措施有:

(1)收集查找桥梁技术档案,现场查看桥梁状况,依据桥梁的技术资料,按超重车辆的实际荷载,对结构进行强度、稳定性、刚度验算。

(2)必要时进行荷载试验,以判定桥梁的承载能力。

(3)对不能满足通行条件的桥梁进行加固处理。当有多条线路可通行时,应选取桥梁技术状况好、加固工程费用较低的路线通过。

(4)对超重车辆通过桥梁进行现场管理。

二、超重车辆过桥的验算及荷载试验

对超重车辆要通过的所有桥梁,均应按桥涵设计规范进行必要的计算,以确定需要进行加固的桥梁及需加固的部位及构件。

对于计算所需的桥梁技术资料有以下要求:

(1)经批准的正式竣工文件。施工质量良好、使用时间不长时可直接采用竣工文件。

(2)无设计(竣工)资料或虽有竣工资料,但施工质量不好,使用时间较长已经出现破损的,应以量测的桥梁实际状况为计算依据。

结构验算应选取符合实际、安全可靠的计算图式。结构验算应包括上部结构、下部结构及地基等部分。

当检查及验算不足以作出判定时,可进行荷载试验。加载大小应使试验的荷载效应与超重车通过的状况相近,一般只需按一组最不利位置布载。对已有荷载试验资料的桥梁,应将实测资料和计算结果进行综合分析,作出判断。

三、超重车辆过桥规定

超重车辆过桥时,遵守以下规定:

(1)一般情况下,超重车辆应沿桥梁的中心线行驶。

(2)车辆以不大于5km/h速度匀速行驶。

(3)不得在桥上制动、变速、停留。

(4)必要时可调整牵引车与平板挂车的行驶间距,或让其分别通过桥梁。

(5)超重车辆过桥时,应临时禁止其他车辆及行人通过。

(6)超重车辆过桥时,应组织有关技术人员观测桥梁各部的位移、变形、裂缝等,并予记录。必要时,应观测应变、反力等。

(7)不宜在行洪等可能发生灾害时通过。

四、超重车辆过桥的加固方案

1. 基本要求

(1)当桥梁承载力不足时,应对其不足部分如上部结构、下部结构、地基以至全桥采取经济合理、切实可行的加固措施。特大桥梁的加固宜至少提出两个加固方案进行经济技术比较。

(2)加固时应尽可能地采用易于实施及拆除、构件可回收利用的临时措施。

(3)当采用永久式或半永久式加固措施时,可与桥梁的技术改造及提高荷载等级一并考虑。

(4)桥梁通过加固仍无法达到通过超重车辆要求时,可在原桥址附近修建临时便桥及便道或新建桥梁,保证超重车辆通行。也可另选通过线路。

2. 加固方案

(1)小跨径梁桥和拱桥,在下部结构和地基承载力许可时,可在桥台处设临时支点,在桥面上临时架设钢板梁或钢桁梁全桥跨越,以供超重车辆直接行驶通过。

(2)多跨桥梁当桥较长而无法采用全桥跨越时,若下部结构及地基承载力允许,可采用部分跨越法,在台、墩处的梁端部设临时支点架设钢梁,以减小临时钢梁跨度。

(3)梁式桥跨径较大,或下部结构及地基承载能力不足时,可另增加基础,采用竖向多点支承法或八字支撑法进行加固。

(4)当拱桥跨度较大、地基较好时可采用拉杆加固法。

(5)其他用于加固上、下部结构及地基的方法均可用于超重车辆过桥的加固措施之中。

复习思考题

1. 简述桥梁养护的工作内容和基本要求。

2. 简述桥梁定期检查的主要内容。

3. 简述钢筋混凝土和预应力梁桥检查的主要内容。

4. 简述墩台基础的加固方法及适用范围。

5. 简述涵洞日常养护的工作内容。

6. 简述超重车辆过桥的加固方案。

第七章 公路防灾与突发事件处置

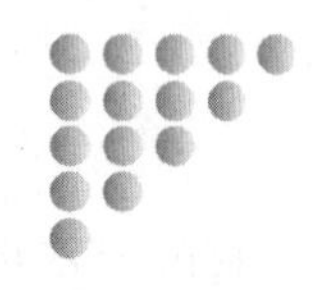

【学习目的与要求】

通过本章的学习，了解公路风险管控的主要内容，掌握公路水毁的预防、抢修与治理方法，掌握公路冰害、雪害、沙害的防治措施，了解公路冬季养护技术，了解公路突发事件如何处治。

根据《中华人民共和国突发事件应对法》，突发事件指突然发生，造成或者可能造成严重社会危害，需要采取应急处置措施予以应对的自然灾害、事故灾难、公共卫生事件和社会安全事件。根据现行《国家突发公共事件总体应急预案》，自然灾害主要包括水旱灾害、气象灾害、地震灾害、地质灾害、海洋灾害、生物灾害和森林草原火灾等。事故灾难主要包括工矿商贸等企业的各类安全事故、交通运输事故、公共设施和设备事故、环境污染和生态破坏事件等。

公路突发事件应包括由自然灾害和事故灾难等引发或者可能引发交通中断、阻塞、重大人员伤亡、财产损失、生态环境破坏和严重社会危害等的紧急事件。其中，自然灾害应包括地质灾害、地震灾害和气象灾害等，事故灾难应包括基础设施安全事故、交通安全事故和养护作业安全事故等。

公路养护阶段防灾与突发事件处置应坚持预防为主、防治结合、平急结合的原则，应加强公路灾害及突发事件的风险管控、灾害防治、应急处置、修复与重建等工作。

第一节 风险管控

风险管控应包括对各类灾害和事故等风险事件的风险评估及风险控制等工作。其中，风险评估应包括风险识别、风险分析和风险评价等工作。

一、风险识别

宜采用资料分析与现场调查相结合的方法，并应符合下列规定：

(1)资料收集内容应包括建设阶段各类灾害风险评估报告、交通安全评价报告、地质勘察报告、设计和竣工资料等，已发生过的各类灾害和事故及其治理资料，以及已有的防灾巡检、监测及评定资料等。

(2)现场调查应对有各类灾害和事故记录的路段或基础设施进行专项检查，对没有记录的路段或基础设施进行一般性调查，重要情况应摄影或摄像。

(3)通过现场调查，结合资料分析，对建设阶段识别出的各类灾害和事故风险进行防灾与突发事件处置确认、调整或补充，对各类风险源、影响范围、事件及其原因和潜在后果等进行分析、识别。

(4)对识别出的各类风险应进行编录，生成一个全面的风险列表，并编制调查报告。

二、风险分析方法

风险分析方法可采用定性法、定量法、半定量法及其组合等方法，根据风险事件类型和范围、潜在的严重程度、信息和数据的可获得性等确定，并符合下列规定：

(1)应对识别出的各类风险事件发生的可能性、危害性和接受度等进行分析。

(2)应根据分析结果，对公路安全风险等级进行评估，风险等级划分定性描述符合表7-1的规定。

(3)公路各单位工程或分部工程应根据不同工程类型，结合技术状况评价，对各类风险事件发生的可能性、危害性和安全风险等级逐一进行评估。

公路安全风险等级划分定性描述 表7-1

安全风险等级	风险描述		
	可能性	危险性	接受度
一级	小	小	可忽略
二级	较小	较小	可接受
三级	中等	中等	有条件接受
四级	较大	较大	不希望有
五级	大	大	不可接受

三、风险控制

应在风险评估的基础上，制定公路防灾规划或计划，提出改变风险事件发生的可能性或危害性的应对措施。不同安全风险等级的风险控制措施应符合表7-2的规定。

风险控制措施表 表7-2

安全风险等级	风险控制措施
一级	日常养护、预防养护，不采取风险控制措施
二级	防灾巡检，加强日常养护和预防养护
三级	重点巡检，现场简易监测，提出必要的治理计划
四级	重点巡检，在线监测，实施灾害治理措施
五级	预警，立即实施灾害治理措施，突发时启动应急预案，封闭交通，应急抢险

第二节　灾害防治

公路暴露在大自然中，在运营过程中会遭受自然灾害及恶劣气候的侵害，如暴雨、冰雪、风沙、大雾等。尽管这些情况发生的概率较小，但一旦发生造成的危害会很大，甚至导致交通完

全中断。因此,公路防灾与冬季养护是公路养护的重要工作之一,必须采取行之有效的措施,防止洪水和流冰侵袭公路,造成公路构造物的破坏;防止路面积雪和积沙影响行车安全或阻碍交通。

公路防灾的主要内容包括水毁的预防、抢修与治理,沙害的防治,冰害的预防,雪害的预防。冬季养护主要包括除雪、除冰、防滑以及修补坑槽。

公路防灾应遵循"预防为主,防治结合"的方针。根据当地的水文条件、气候特点、公路状况,加强公路防灾(防洪、防冰、防雪和防沙)能力定期检查和观察,分析掌握路段、桥隧的抗灾害能力,给出必要的预防措施和应急抢修技术方案。

对于重要工程和水毁、雪阻、沙阻多发路段,应事先储备必要的材料和机械设备,一旦发生毁阻,应按先抢通后修复的原则,及时组织抢修,保证公路正常通行。

一、水毁的预防、抢修与治理

公路水毁是指暴雨、洪水对公路造成的各种损毁(图 7-1、图 7-2)。水毁预防是在雨季和洪水来临之前,为防止或减轻暴雨和洪水对公路的危害而进行的工作,其范围主要包括:

(1)防止大量漂浮物急剧下冲;

(2)清疏各种排水系统;

(3)修理、加固和改善各类构造物;

(4)检修防洪设备,备足抢护的材料、工具以及救生、照明和通信等设备。

图 7-1　公路水毁

图 7-2　桥涵水毁

1. 汛前技术检查和洪水观测

为防止水毁,在汛期应进行必要的水文观测,掌握洪水的动态;并与当地气象水文部门取得密切联系,及时收集水、雨情况的预报资料或向沿河居民进行调查,预先了解洪水的强度、到达时间和变化情况,以判断其对公路的危害性。同时,应注意积累和保存观测资料,作为今后制定公路改善和加固措施的依据。汛前检查重点工作内容主要包括如下内容。

1)检查公路防排水系统

检查其设施是否良好,对受损设施应做好记录,并在汛期到来之前完成修复;检查其功能是否正常,及时清理各种淤积、堵塞;检查其系统是否适应,对防排水系统本身的不足之处和因环境变化引起的不适应部分进行分析记录,适时进行完善。

2)检查公路上边坡、下边坡、挡墙和路基的稳定性

检查其是否存在裂缝,是否产生位移、滑动,边坡是否存在危石,对各类情况要做好记录,存在问题应及时处治。对上边坡、下边坡、挡墙和路基的稳定性以每公里为单位,分三类作出初步评价(基本稳定、易受水毁、存在缺陷),对易受水毁路段要加强观察,对存在缺陷路段应在汛期前采取措施进行防患。

3)检查各类结构物的稳定性和桥涵的泄洪能力

在汛前检查中查出的隐患,应在雨季、汛期之前处治完毕。

洪水期顺流急下的巨大漂浮物会对下游的桥梁构成极大威胁。因此,首先要对桥梁上游沿河的根部被淘空的树木、竹林以及洪水位以下的竹、木、柴、草和未系结牢固的竹、木排筏进行检查,并作出必要的处理。为避免漂浮物撞击墩台,可在墩台前设置护墩体。

在汛期应进行必要的水文观测,对照水文资料和实地情况,观察判断洪水对公路的危害性,作为今后制定公路改善和加固措施的依据。洪水观测的主要内容包括水位观测、流速观测、河床横断面和冲刷深度观测,以及流向观测等。

(1)水位观测。

桥梁的水位观测,可借助设在桥墩上的固定水位标尺或水准仪进行。

对平曲线凹岸、导流堤、丁坝和护岸等调治构造物的水位观测,可视工程设施的重要性,设置固定水尺或临时水尺进行。

(2)流速观测。

大型桥梁在观测水位的同时应进行流速观测。其他构造物是否进行流速观测,视构造物的重要性及水毁后的危害程度等实际情况确定。

(3)河床横断面和冲刷深度观测。

不稳定河床上的桥梁,一般应在桥位及上、下游各50m处测3个横断面。稳定河床上的桥梁可只测桥位处的横断面。

深槽区桥墩、浅埋式基础及丁坝和导流堤等调治构造物宜在最前面、堤头等水流冲击处,观测洪水期间的局部冲刷深度变化。观测时间应与流速时间相对应。

(4)流向观测。

不稳定河床或平曲线处应进行水流流向观测,并观测不同水位时的流向变化情况。

对于特大桥、大桥和河床处于不良状态的中桥,洪水观测的主要内容是:桥位处及桥下洪水水位变化、流速、流向、浪高、漂流物及河床横断面变化。一般情况下,桥梁只观测和记录当年的最高水位。

沿河公路受洪水顶冲部位和平曲线凹岸洪水观测的主要内容是:洪水水位、顶冲角(或洪水流向)、流速,并测记洪水前后路基的变化情况。一般情况下,主要进行水位观测。

对于导流堤、丁坝和护岸等调治构造物,应观测洪水时的工作情况;对于重要地段的调治构造物,应观测最高洪水位及洪水前后基础附近河床的冲刷深度。一般情况下不进行专门的水位观测。

2. 水毁的抢修

为有效地进行抢护工作,公路管理机构应对所辖路段的水毁抢护工作统筹安排。易毁路

段和构造物应设专门的抢护队伍守护，准备足够的抢护材料、工具、用具以及救生、照明和通信设备等。当洪水对公路产生破坏时，应进行紧急抢护，并采取应急措施阻止水害扩大；尽快抢修，保障安全通车。

1）公路水毁及其防治

（1）公路塌方、滑坡的防治。

对可能发生塌方、滑坡的路段，应采取下列措施进行防治：

①在坍、滑体上方，按其汇水面积及降雨情况，结合地形设置截水、排水沟，防止地表水、地下水流入坍、滑体。

②设置挡土墙或抗滑桩等，维持土体平衡。

③种植草皮、表面喷混凝土（水泥砂浆）、砌筑护坡或进行刷坡减轻土体，稳定边坡。

（2）泥石流的防治应遵循下列原则：

①对于发生频率高的黏性泥石流及规模较大的稀性泥石流路段，经技术经济比较后，宜改线绕避；无法绕避时应避重就轻选择线路。

②布设调治构造物，应根据路段和桥梁所在位置，结合地形、沟槽宽度、可能发生泥石流性质、流势及其发展变化规律，综合考虑确定，宜导不宜挑。

③对于危害性大、涉及面广的泥石流，且当地人类活动、经济建设有可能促使泥石流发育时，宜与有关部门协商，进行工程和生物水土保持相结合的综合治理。

④在泥石流易形成区，通过平整山坡、填塞沟缝、修建阶梯和土埂等控制水土流失和滑坍发展。

⑤泥石流流通区，在地形、地质及储淤条件较好处，可修建拦挡坝或停淤场。

（3）沿河路基水毁的防治可采取设置丁坝、浸水挡土墙、抛石等防治措施。

2）桥梁水毁防治

（1）对于稳定、次稳定河段上桥梁水毁防治措施，可根据调整桥下滩流、河床冲淤分布的实际需要以及水流流向等，分情况选择修建调治构造物。

（2）在不稳定河段上，桥梁水毁防治可根据河岸条件、河床地貌以及桥孔位置等，分情况修建调治构造物。

（3）根据跨径大小、墩台基础埋置深度、桥位河段稳定情况，增建基础防护构造物。河床稳定、冲刷范围较小时，宜采用立面防护措施；河床稳定、冲刷范围较大时，宜采用平面防护措施。

3）公路、桥涵抗洪能力评定

为了预测水毁程度，分析水毁成因，制定治理对策，公路管理机构应每5年进行一次抗洪能力评定。如遇设计洪水及超设计洪水年，宜结合水毁调查当年进行一次抗洪能力评定。公路可根据水文、地质、路基、路面等条件基本类同的原则，划分成若干路段，按表7-3所列标准进行评定；桥涵以工程为单元，按表7-4所列标准进行评定。

路段抗洪能力评定标准 表7-3

等级	评定标准
强	（1）路基坚实、稳定，高度达到设计算高程，路面为半刚性基层、水泥混凝土或沥青混凝土等铺装路面； （2）边坡稳定平顺无冲沟；坡度符合规定的高限值（缓），边坡有良好的防护加固措施； （3）边沟、截水沟、排水沟完善，纵坡适度，无淤塞，水流畅通，进出口良好； （4）支挡结构物布设合理、齐全，完整无损坏，泄水孔无堵塞； （5）防冲结构物布设合理、齐全，完整无损坏，基础冲刷符合设计

续上表

等　级	评定标准
可	(1)路基坚实、稳定,高度低于设计计算高程不超过0.5m,路面为半刚性基层、沥青碎石、沥青贯入式或沥青表面处治等简易铺装路面; (2)边坡稳定、平顺无冲沟,坡度不低于规定的低限值(陡),边坡有必要的防护加固措施; (3)边沟、截水沟、排水沟完善,纵坡适度,有淤塞但易于清除,进出口良好; (4)支挡结构物布设合理,易于修理,泄水孔基本畅通; (5)防冲结构物重点布设合理,基础冲空面积不超过10%,结构物无断裂、沉陷、倾斜等变形
弱	(1)路基高度低于设计计算高程0.5m及以上,高于次一技术等级的设计洪水高程,无明显沉降,路面为柔性基层、次高级路面; (2)边坡有冲沟或少量坍塌,坡度接近规定的低限值; (3)边沟、截水沟、排水沟有短缺,或淤塞量较大;进出口有缺损,影响正常排水; (4)支挡结构物短缺,或缺损严重,但无倾斜、沉陷等变形; (5)防冲结构物短缺,或基础冲空面积达10%~20%,或结构物局部断裂、沉陷,但无倾斜等变形
差	(1)路基有明显沉陷,高度低于次一技术等级的设计洪水高程;路面为柔性基层或砂石路面; (2)边坡沟洼连片,局部坍塌,坡度陡于规定的低限值; (3)未设边沟、截水沟、排水沟; (4)未设支挡结构物,或结构物断裂、倾斜、局部坍塌; (5)未设防冲结构物,或基础冲空面积在20%以上,或结构物折裂,倾斜、局部坍塌

桥涵抗洪能力评定标准　　表7-4

等　级	评定标准
强	(1)孔径大小:桥下实际过水面积满足设计排水面积,桥下净空高度、最小净跨符合规定; (2)孔、涵位置合适,水流调治构造物设置合理、齐全; (3)墩、台基础埋深足够深基础的冲刷深度线在设计冲刷线以上;浅基础已做防护,防护周边的基础深度线在设计冲刷线以上; (4)墩、台无明显冲蚀、剥落
可	(1)孔径大小:桥下实际过水面积满足设计排水面积,上部结构底高程与设计水位相同,或净跨偏小但不超过规定值10%; (2)孔、涵位置略有偏置,设置了调治构造物,其基础冲刷深度在基底最小埋深安全值的30%以内,或调治结构物有局部缺损,河床无大的不利变形; (3)深基础冲刷深度线在规定的基底最小埋深安全值的30%以内;浅基础防护周边冲刷深度线在规定的基底最小埋深安全值的30%以内,防护有局部缺损; (4)墩、台有冲蚀剥落,面积小于10%,深度小于20mm
弱	(1)孔径大小:桥下实际过水面积小于设计排水面积20%以内,上部结构底高程与设计水位相同,或净跨小于规定的10%~20%; (2)孔、涵位置偏置,水流调治构造物短缺,或调治构造物局部损坏,河床发生严重的不利变形; (3)深基础冲刷深度线在规定的基底最小埋深安全值的30%~60%以内;浅基础防护周边冲刷深度线在规定的基底最小埋深安全值的30%~60%以内,或防护体损坏明显; (4)墩、台冲蚀剥落露筋,面积超过10%,钢筋严重锈蚀
差	(1)孔径大小:桥下实际过水面积小于设计排水面积20%以上,上部结构高程低于设计水位,或净跨小于规定值的20%以上; (2)孔、涵位置偏置,无必要的水流调治构造物; (3)深基础冲刷深度线在基底最小埋深安全值的60%以上;浅基础未做防护,冲空面积在20%以上; (4)墩台冲蚀剥落严重,桩有缩颈,砌体松动脱落或变形

二、公路冰害、雪害的防治

在寒冷地区，河水冻结可对桥梁浅桩产生冻拔破坏，会使小桥涵形成冰塞，引起构造物冻裂。解冻时，大量流冰对桥梁墩台产生巨大冲击作用，严重时形成冰坝威胁桥梁安全。地下水或地面水丰富地段，水漫到地面或冰面时，逐层冻结即形成涎流冰（图7-3）。公路上的涎流冰面积小到数平方米，大到数千平方米，有的可达数万平方米，其厚度也有数厘米到数米之多。涎流冰主要分布在我国东北的大、小兴安岭和长白山地区，以及西藏、川西和西北地区海拔2500～3000m以上的山地和高原上。涎流冰可分为河谷涎流冰和山坡涎流冰，前者主要危害桥涵，后者主要危害公路路面。

图7-3　涎流冰

公路防冰、防雪应根据当地的气候条件、公路状况因地制宜实施，分析并掌握公路的抗灾能力，制定必要的预防措施和应急抢修技术方案。重要工程和冰害、雪害多发路段，应制定应急抢修预案，保障公路正常通行。

（1）公路冰害防治应根据灾害特征和以往治理经验，制定经济适用的预防和抢修措施，提高治理效果，降低工程造价，并对预防和治理措施进行全面记录。

①采取有效措施防止路面积冰，对发生河水漫路造成路面积冰的路段应加强冬季养护，重点防范。路面一旦出现积冰，应采取除冰或防滑措施。

②当路面或结构物表面被涎流冰覆盖时，应采取措施清除，并查找水源，进行疏导、拦截、排放，避免形成新的涎流冰。

③当由于气温突变河流解冻产生大量流冰，可能对桥涵墩、桩柱、台和导流坝产生冲击时，应采取措施进行防治。

（2）公路防雪工作应做到：制定防雪工作预案，备好防雪材料和设备，保持防雪设施状态良好；及时了解现有防雪设施的防护功能，增添必要的防雪减灾设施，切实防治风雪流和雪崩。

①风雪流的防治应符合下列要求：

a. 公路路基应有利于风雪越过，避免积聚。

b. 根据需要增设防风雪设施。

c. 公路受风雪流影响形成雪阻时，应及时清除，恢复交通。

d. 在冬季风雪流频繁发生的平原和微丘荒野地区，可选择沿公路另建辅道。

②在雪季前后，应对防雪崩工程如水平台阶、稳雪栅栏、导雪堤、导雪槽等及时进行检查、维修。

雪崩的防治应符合下列要求：

a. 路线（特别是盘山公路）多次通过同一雪崩地带时可选择改线。

b. 保护公路上山坡坡面树木，以阻止雪体滑移而形成雪崩。

c. 采取铺撒除雪材料、机械（炮轰）等措施破坏雪体，降低形成雪崩的可能性。

三、公路沙害的防治

多风沙地区，沙害是公路的常见病害。沙害主要表现为风蚀和沙埋，其中以沙埋为主。路基遭受沙埋有两种形式：一是在风沙流活动地区，因沙粒沉落堆积而掩埋路基；二是在流动沙丘地区，因沙丘向前移动而掩埋路基。路基遭受风蚀，将会出现削低、变窄、淘空和坍塌等现象。

防治风沙应先调查流沙的移动方式、方向，年移动距离、输沙量，沙丘形态，风向和风速等，并摸清其变化规律，绘制年风向和风速的玫瑰图。根据积累的资料，经过综合分析，制定防治风沙的最优方案。

公路防沙应坚持“以预防为主、防治结合、因地制宜、因害设防，先治标、后治本、标本兼治”的原则。

(1)应保护公路两侧一定范围内的天然植被，防止人为破坏形成新的沙漠。

(2)根据不同风沙地貌类型，顺应风沙运动规律，选择合理的路基断面形式，为沙子创造非堆积搬运条件。

(3)路基两侧的防护应按风沙通过地区的自然条件，因地制宜地采取不同的措施：

①草原地带应以植物固沙为主，工程防治为辅。

②半荒漠地带宜采取以工程防护措施为主，与植物固沙相结合，固沙植物应以灌木和半灌木为主。

③荒漠地带主要采取工程防护措施。

公路沙害的防治主要包括路基防护以及路侧防护两部分。

1. 路基防护措施

为防止沙质路基遭受风蚀，可用下列各种材料封固（以全铺为宜），对路基进行防护。

(1)柴草类防护：利用各种柴草、草皮在路基迎风面上或突出部位进行平铺、层铺或叠铺。

(2)土类防护：用黏性土或天然矿质盐盖等覆盖路基土表面。

(3)砾卵石类防护：平铺砾卵石或栽砌卵石后填砂砾。

(4)无机结合料防护：用水泥土、石灰土以及水玻璃等制成加固土等封固。

(5)有机结合料防护：用石油沥青土、煤沥青土等封固。

在砂砾卵石丰富的地段，可平铺砂砾石将边坡及路肩覆盖，厚度一般为5~10cm。当运距太远时，也可仅覆盖路肩，边坡则用“草方格”防护（图7-4）。实践证明，这种方法效果良好。

图7-4 草方格防护

2. 路侧沙害防治措施

1）工程防护措施

为防治路基沙埋，在路侧采用的工程防护措施可归纳为固沙、阻沙、输沙、导沙4种类型，几种方法可单独使用，也可以配合使用。

（1）固沙。

固沙是指增加地表粗糙度。可采用各种材料作为覆盖物，或设置各种沙障，将贴地层风速控制在起风沙的速度之下，或用不易被风吹起的物质把沙粒与风隔离。可采取平铺式沙障、高立式枝柴沙障和低立式沙障3种形式。

①平铺式沙障。平铺式沙障又分为土类压沙、砂石类压沙、铺草压沙、席或笆块压沙和喷洒盐、碱水等几种方式。

a. 土类压沙。利用黏质土全面铺压或带状铺压固沙，铺压厚度为50mm左右，带状铺压应与主导风向垂直，带宽一般为100～200mm。带与带间隔为10～15m，适用于产有黏质土地带的流沙防护，多用于路堤流沙的防护。

b. 砂石类压沙。利用粗砂、卵石全面铺压或带状铺压固沙，铺压厚度以不超出其最大粒径为度，对于强风地区不宜用粗沙覆盖，适用于产有砂石地段的流沙防护。

c. 铺草压沙。利用草类全面铺压或带状铺压固沙，铺压厚度为50mm左右，用草绳或枝条纵横固结，或者用沙压盖，以免为风所吹蚀，适用于草类地段的流沙防护，有利于植物生长，具有简单易行的优点，但材料用量较大，容易引起火灾。

d. 席或笆块压沙。用草类和枝条编制成席或笆块，全面铺压固沙，搭接处需用小桩固定，适用于路侧局部沙丘的处理。编制过程较费工，且材料用量大，不宜大面积采用。

e. 喷洒盐、碱水。在我国沙漠地区分布着许多盐池、碱湖，利用天然盐、碱溶液喷洒沙面，形成坚实的板结层或硬壳，借以达到固沙的目的。

②高立式枝柴沙障。材料以灌木枝柴为主，如沙柳等。高度在1m以上，根据当地风的状况，分为条状、带状、格状3种规格形式，均为透风结构。单一风向地区采用条、带状形式；在风向多变地区采用格状形式。

条间距离为5～10m，与主风向垂直；带间距离为10～20m，每带由3～5行构成；行间距离为2～3m，并与主风向垂直；形状包括5m×5m和5m×10m两种，适用于产有枝柴地区的流沙防护。

③低立式沙障。低立式沙障分为隐蔽式柴草沙障、半隐蔽式柴草沙障、半隐蔽式黏土沙障和半隐蔽式草皮沙障。

a. 隐蔽式柴草沙障。先在沙地上开挖宽 150 ~ 200mm 的沟，然后将柴草竖直放入沟中，踏实两边的沙，要求障顶与沙表相平或不超过 50mm。根据风的情况可采用格状或条状，适用于路旁流沙的防护。

b. 半隐蔽式柴草沙障。对于流动沙丘，在迎风坡先设主带（即与主风向垂直的沙障），后设副带（即与次要风向垂直的沙障），主带从迎风坡下部开始向上进行；在背风坡，宜先设副带，再自下而上设置主带。沙障外露高度以 150 ~ 300mm 为宜，适用于产有草类的路侧大面积流沙的防治。

c. 半隐蔽式黏土沙障。黏土沙障是用黏质土碎块堆成的小土埂，高 200 ~ 300mm，底宽 500 ~ 700mm。在单一风向地区采用条状，土埂与主风向垂直；在风向多变地区采用格状，土埂间距为 1 ~ 2m，适用于产有黏质土地区的流沙防护。

d. 半隐蔽式草皮沙障。草皮规格为长 400mm × 宽 200mm，有错缝层铺、错缝斜立铺设和平铺 3 种形式，适用于有草皮产地流沙的防治。

几种常见沙障如图 7-5 所示。

a)方格草沙障

b)黏土沙障

c)高立式沙障

图 7-5　几种常见沙障

（2）阻沙。

阻沙是指阻滞风沙流，拦截过境流沙，切断沙源。可利用各种材料，在迎风路侧的适当距离和位置上，设置若干人工障碍物，以降低近地面的风速，使沙粒沉积在一定区域内，减少和抑制沙丘前移，从而减轻或防止对公路的危害。阻沙工程可采取下列措施：

①高立式防沙栅栏。高立式防沙栅栏主要用灌木枝条、玉米、高粱或芦苇等高秆植物制作而成。一种形式是用这些植物秆，成行栽入沙内30 ~ 50cm，外露 1m 以上形成防风篱笆；另一种形式是将植物秆枝编成 1.5m × 2.0m 的篱笆块，固定于桩上，如图 7-6 所示。

图 7-6　高立式防沙栅栏

②挡沙墙（堤）。挡沙墙（堤）是直接利用就地沙土或沙砾修筑的紧密不透风的挡沙结构。其高度一般为 2 ~ 2.5m，两侧边坡为 1:1.5 ~ 1:2.0。采用就地沙土修筑时，应用土或沙砾进行表面封固。

③为提高阻沙效果，可采取栅栏与挡沙墙（堤）相结合的形式。

（3）输沙。

输沙是通过改变建筑物的几何形态，采取措施增大通过建筑物的风动沙运动和移动强度，使原来已经饱和的风沙流在通过建筑物时处于非饱和状态，从而不产生沙的停留。可采取的措施包括修筑路旁平整带、采用浅槽和风力堤、设置聚风板以及将路堤做成输沙断面等。

①修筑路旁平整带。将路基两侧 20 ~ 50m 范围内的一切突出物整平，并用固沙材料封固。有取土坑的可将坑修成弧形的浅槽(图 7-7)。

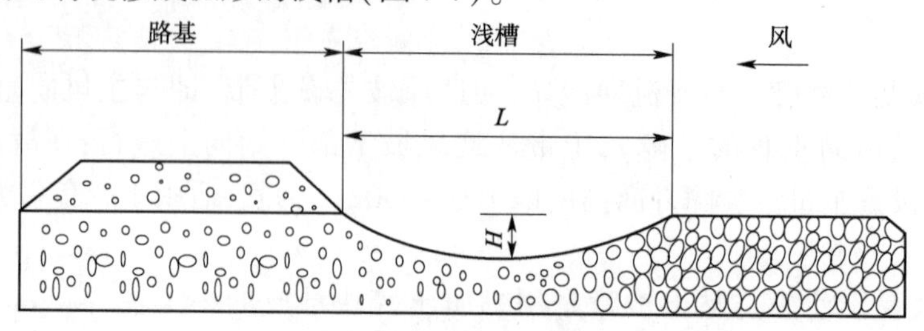

图 7-7　设有浅槽的路基输沙

②设下导风板(聚风板)。下导风板由立柱、横撑木及栅板组成。其板面高度与下口高度之比以 1:0.7 为宜，主要适用于风向单一、沙丘分布稀疏、移动快的低矮沙丘、沙垄造成的局部严重沙害。下导风板的设置长度应超过防护沙害路段的长度，以免板端的绕流作用使两端出现舌状积沙。图 7-8 所示为直立式下导风板的结构和设置部位。

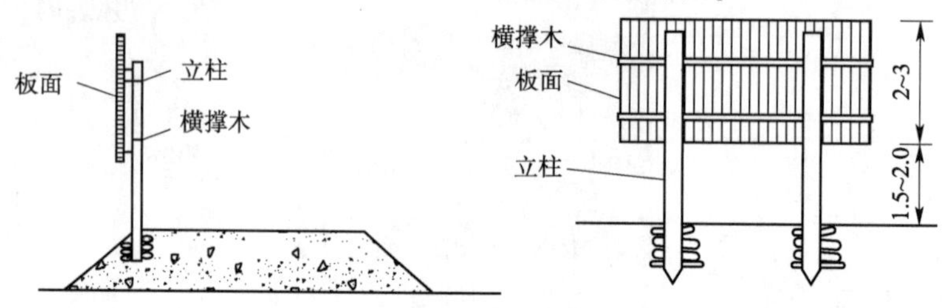

图 7-8　直立式下导风板的结构和设置部位(尺寸单位：m)

③浅槽与风力堤输沙法。在沙源较丰富的流动沙丘地区，为防治沙丘前移造成对路基的危害，在路基迎风侧设置浅槽与风力堤，借助浅槽特有的气流升力和与风力堤的综合作用，加大风速，达到公路输沙的目的，避免路侧造成积沙(图 7-9)。

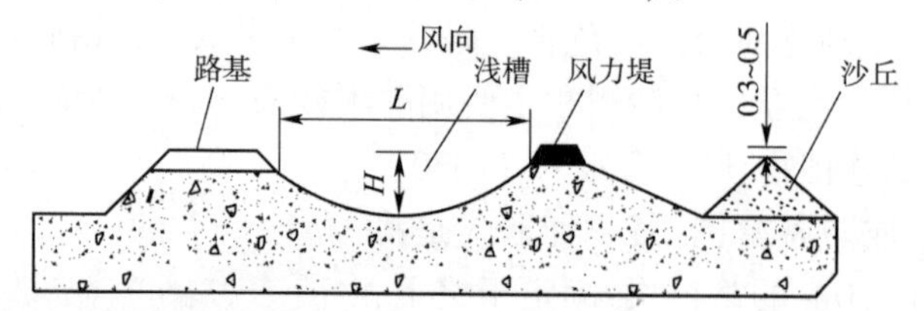

图 7-9　设有浅槽与风力堤的路基输沙(尺寸单位：m)

④输沙式路堤断面。路堤高度低于 30cm，边坡坡度采用 1:3；路堤高度大于 30cm，风向与路线成锐角相交时，边坡坡度采用 1:6。路肩边缘均应做成流线型。

在有条件的地区应优先采用植物固沙，并应贯彻草、灌、乔相结合的原则，以达到最大的防风固沙效果。对已发生沙埋的公路，需将积沙清除到路基下风侧 20m 以外的地形开阔处并整平，以免形成新的阻风积沙现象。

(4)导沙。

导沙是通过导风工程设施改变气流方向，采取各种措施引导风沙流所挟带的沙改变沉积部位，从而使建筑物本身免遭风沙危害。

2)植物固沙

采取植物固沙措施时，防沙固沙的植物品种应满足下列要求：

(1)对于沙丘迎风堤的风蚀区，由于风力撞击，沙层坚实，一般固沙植物难以生长，应选择生命力强的柠条、花棒及油蒿。

(2)对于沙丘坡脚和沙埋区，应选用黄柳、沙拐枣及水木蓼等灌木。

(3)对于靠近公路两侧的沙漠边坡地区，应选择小冠花种植。

(4)对于公路两侧的活动沙地，应种植半灌木或草类植物，与方格草治理结合进行。

(5)对于埋藏有黏、壤质土且深度较浅时，可栽植乔木；如为基岩、卵石，只能种植耐旱耐贫瘠的灌木。

(6)对于地下水为矿化度较轻或淡质水，水位深不超过1m的潮湿沙地，可种植杨、柳类喜湿树种；对于湿润沙地，可根据水位深度选择适宜树种。

第三节　公路冬季养护技术

冬季公路经常出现的病害主要包括雪害、冰害、冻胀等，此外还包括沥青路面的坑槽、剥落以及砂石路面的坑槽等。由于冬季公路所发生的病害常常影响正常行车，甚至引发交通事故，因此，冬季养护除了要及时处理高等级公路的雪害和冰害外，也应及时清除一般公路的雪阻，以确保道路畅通。此外，有必要针对各级公路冬季常发性的病害制定相应的养护对策，做到防养结合。本节主要介绍冬季路面修补技术、除雪技术以及除冰技术。

一、冬季路面修补技术

寒冷地区，每年11月至次年4月气温较低，对于松散、坑槽等病害，公路养护部门无法采用常规的修补措施进行养护。如果这些病害不及时处理，积雪融化后雪水将沿着路表面的裂缝不断渗入路基，继而导致路面翻浆等更为严重的病害。为此，许多公路养护部门研发了低温混合料，以解决冬季路面养护这一难题。

低温混合料是由沥青、级配矿料、溶剂（必要时掺加添加剂）按照一定的配合比拌和而成的混合料，其在低温下具有良好的储藏性和流动性，并且能够在低温下进行施工。这主要是因为：在沥青中加入一定数量的溶剂后，沥青的黏度暂时降低，用其拌制的混合料短时间内不致硬化，可保持良好的施工性能。施工期后随着溶剂的挥发，混合料的强度会逐渐增加。与热拌沥青混合料相比，低温混合料的初期强度低，只有随着混合料中溶剂的逐渐挥发，后期强度才能提高。

生产低温混合料的关键是溶剂的选择，对使用的溶剂通常有下列要求：

(1)对石油沥青具有较大的溶解能力。

(2)具有适当的挥发性。

(3)对周围环境及人体无害。

(4)价格便宜。

溶剂种类的选择及用量的决定是非常复杂的问题。溶剂用量多时，沥青黏度低，能获得良好的施工及储藏性能，但会影响混合料的强度；溶剂用量减少时，沥青黏度增大，混合料的稳定性提高，但硬化速度加快，施工及储藏性不好。此外，使用不同种类的溶剂，施工后挥发速度不同，混合料强度增长速度也不同。因此，选择适当的溶剂和溶剂用量对低温混合料的质量影响很大，必须通过一系列的试验来确定。目前，国内对低温混合料的各项技术指标和试验方法尚无统一规定，现根据有关试验研究资料建议采用如下指标。

1. 对沥青与溶剂混合液的技术要求

(1)黏度:60℃的运动黏度的适宜范围为 $250\times10^{-6}\sim400\times10^{-6}m^2/s$。

(2)温度:在动力黏度为0.1~0.4Pa·s所对应的温度范围内进行拌和,拌和温度一般为100~130℃。

(3)闪点:为确保安全,沥青与溶剂混合液的闪点应在130℃以上。

(4)黏附性能:混合液在矿料表面的裹覆面积应达到90%以上。

2. 马歇尔试验的主要技术指标要求

(1)作业稳定度:在60℃时制成马歇尔试件,两面各击实10次,冷却至20℃时试验,马歇尔稳定度应达到0.8kN以上,以确保低温混合料具有良好的施工性能。

(2)初期稳定度:在60℃时制成马歇尔试件,两面各击实50次,冷却至20℃时试验,马歇尔稳定度应达到2.5kN以上,以保证铺设的路面及修补坑槽使用初期后具有一定的稳定性。

(3)使用稳定度:在20℃时制成马歇尔试件,两面各击实50次,带模放入温度为110℃的干燥容器中养生24h取出后双面再各击实25次,然后冷却至室温,脱模后放入60℃的恒温水槽中,浸水30min后进行试验,马歇尔稳定度应达到3kN以上,空隙率控制在5%~7%,流值控制在10~40(0.1mm),以保证在使用过程中混合料的技术性能具有一定的可靠性。

二、冬季除雪技术

气象部门一般把降雪划分为如下4级:降雪量在2mm以下为小雪或零星小雪,降雪量为2mm以上5mm以下为中雪,降雪量在5mm以上10mm以下为大雪,降雪量在10mm以上为特大雪或暴风雪。

路面冰雪根据其性状可分为以下几类。

(1)松雪:雪颗粒飘落到地面后,未经轮胎碾压的天然状态的积雪。

(2)压实雪(雪板):松雪经过一定程度的轮胎碾压后形成板体,称为压实雪(雪板)。

(3)雪浆:松雪、压实雪在其环境温度升高至0℃以上时,其中的部分雪颗粒融化为水,形成水与雪颗粒的混合物,称之为雪浆。

(4)冰板:雪浆冻结后就形成冰板。随着环境温度的正负温度交替出现、降雪次数的增加,冰板反复融化,再降新雪混合成雪浆,雪浆再冻结,这样冰板的厚度就不断增加。

(5)冰雪板:冰板与雪板交替出现,产生层积就形成冰雪板。如果撒布防滑料后又继续降雪,所形成的冰雪板中就含有粒料。

应用最普遍的除雪方法有两种,即融解法和机械法。

(1)融解法是依靠热作用或撒布化学药剂使冰雪融化。采用的热源包括发动机排气、电红外线、天然气、蒸气等;化学药剂多用氯化物或尿素等。一般融解法成本较高,容易对道路和周围环境造成污染,而且气温过低时容易失去作用,因此使用范围受到限制。

(2)机械法是运用机械直接铲除冰雪,其应用范围比较广泛,机械数量多时除雪速度快,是快速除雪的基础性方法。

此外,日本利用地热、太阳能等资源进行路面除雪,也有利用掺有废旧轮胎加工的橡胶颗粒的沥青混合料铺筑的路面,利用橡胶颗粒的变形达到除冰的目的等新技术的研究已经取得了一定的进展,也得到了很好的应用。

1. 化学除雪剂除雪

1)化学除雪剂的类型

除雪剂可降低冰雪的冰点,从而达到除雪的目的。除雪剂按化学组分分为传统氯盐类、醋酸盐类和新型环保类3种。

(1)传统型氯盐类。通常有氯化钠、氯化钙、氯化镁、氯化钾等盐类,这类除雪剂价格比较低廉,但对路面、车辆的腐蚀作用比较严重,对土壤也具有板结的作用,影响植物的正常生长。

(2)醋酸盐类。如醋酸钾、醋酸镁、醋酸钙、醋酸钙镁等,这类除雪剂副作用较少,但价格相对比较贵,一般为氯盐类的3倍以上,而且目前国内的生产厂家很少。

(3)新型环保类。新型环保类除雪剂品种较多,多数产品仍然含有一定的氯盐,但属于无公害型的,价格比氯盐类略高。少数产品与氯盐无关,可实现真正的环保,但价格是氯盐类的2倍以上。

2)除雪剂的选择原则

选用除雪剂时应首先考虑如下原则:

(1)绿色环保无污染。

(2)冰点必须满足所在地区的温度要求。

(3)易于存放。

可根据不同地区的实际情况进行除雪剂的选择。

3)除雪剂除雪试验

进行除雪试验时,需将除雪剂与水配制成一定浓度的除雪剂溶液,然后采用机械喷洒在路面上。除雪剂的除雪效果与除雪剂的性质、用量,路面温度,交通量以及路面雪层的厚度等因素有关。

路面温度直接影响着除雪速度,在除雪剂用量相同时,路面温度越高,除雪速度越快,除雪效果越好。要想取得良好的除雪效果,首先要确保在环境温度下除雪剂溶液不会冻结成冰,也就是除雪剂溶液的冰点必须低于除雪时的环境温度。除雪剂的性质以及用量直接影响了除雪剂溶液的冰点,相同环境温度时,除雪剂用量越大,除雪速度越快,除雪效果越好。路面雪层的厚度是影响除雪效果的另一个重要因素,压实雪层越薄,除雪效果越好。此外,在行车荷载的作用下,除雪剂的除雪速度会加快。

2. 机械法除雪

机械除冰雪技术主要适用于路面积雪或结冰量较大的情况。国内外都没有给出明确的出动设备时路面积雪或结冰的最小厚度。但根据机械设备作业条件,路面积雪或结冰厚度达到cm级时,即可以进行机械除雪。

1)除雪机械的类型及特点

目前广泛使用的除雪机械的机型大致有3种,即犁板式、旋切式、扫滚式,它们能满足不同的工况,详见表7-5、表7-6。

2)除雪时机

雪的强度对机械除雪的难易程度有着很大的影响,图7-10所示为积雪抗压强度随温度和密度变化的曲线。表7-7所列为人工板结雪抗切强度随温度和密度变化的关系。由此可以看出,积雪的强度(压、切)随着密度的增大和温度的降低明显增大,为除雪作业带来困难,因此积雪未压实前、温度较高时,是除雪的最佳时机。

除雪机的分类　表 7-5

名　称	特　点	适用范围
犁板式除雪机	以雪犁或刀板为主要除雪方式，可推雪、刮雪	可装在载货汽车、推土机、平地机、拖拉机、装载机等底盘上，适应各种条件下的除雪
螺旋式除雪机	以螺旋和刮刀为主要除雪方式，侧向推移雪或冰碴	新雪、冻结雪、冰辙
转子式除雪机	以高速风扇转子的抛雪为主要除雪方式，抛雪或装车	新雪或犁板式除雪机配合使用
组合式除雪机	多种除雪方式的组合	新雪、压实雪
清扫式除雪机	以旋转扫路刷为主要除雪方式	高速公路、机场等进行无残雪式除薄雪
吹风式除雪机	以鼓风机高速气流为除雪方式	公路新降雪
化学消融剂式撒布机	以化学溶剂消雪，防结冰为主要除雪方式	撒布融雪剂或防滑材料
加热式融雪机	把雪收集起来，融化成水	特殊场合

各种机型适应的除雪厚度　表 7-6

机型	旋切式	犁板式	犁板式、扫滚式
雪厚（mm）	>300	100～300	<100

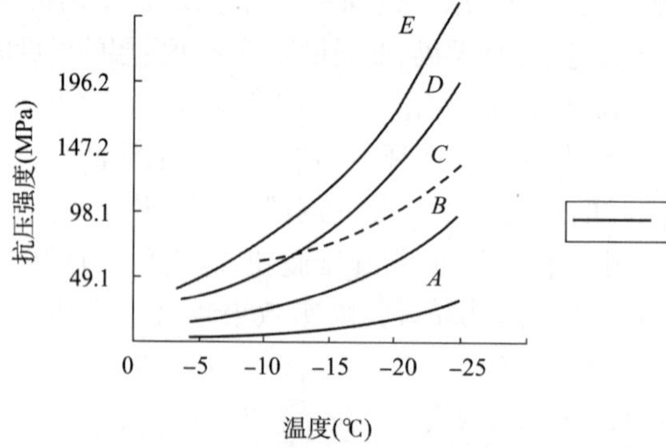

图 7-10　积雪抗压强度与密度的关系

积雪密度：A-0.2g/cm^3；B-0.3g/cm^3；C-0.4g/cm^3；D-0.5g/cm^3；E-0.6g/cm^3

人工板结雪的抗切强度系数　表 7-7

雪的类型	雪的密度（g/cm^3）	抗切强度系数（kPa）		
		雪温 -1～-3℃	雪温 -4～-22℃	雪温 -22℃以下
弱板结雪	0.30～0.40	4.9～11.8	7.8～24.5	14.7～34.3
密实雪	0.45～0.52	9.8～24.5	14.7～30.2	29.3～78.5
高密实雪	0.55～0.65	19.5～34.5	29.3～78.5	68.7～128

3）机械除雪的工作模式

机械除雪一般采用可变标志车、融雪剂撒布车、推雪车等多种车辆联合作业的工作模式，如图 7-11 所示。

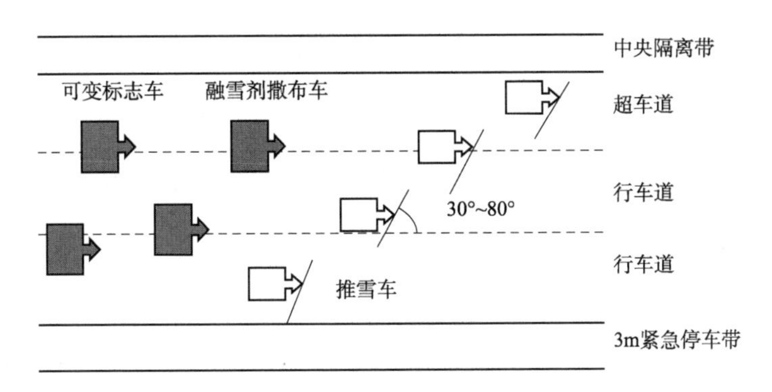

图 7-11　高速公路冬季除雪机械联合作业示意

4)除雪机械的配置

除雪机械的配置需根据除雪的速度目标要求,设定某类机械的除雪作业段长度;根据路面宽度与该机械的除雪作业面宽度之间的关系来确定横向机械台数的配置,总的机械配置数等于作业段数与横向配置台数之积。路面积雪平均厚度小于 5cm 时,应按每 100km 配置一套;断积雪平均厚度为 5 ~ 10cm 时,应按每 50km 配置一套;路面积雪平均厚度为 10 ~ 20cm 的,应按每 30km 配置一套。高速公路按二级公路的 2 倍配置。

三、冬季路面反结冰技术

雪降到路面上很容易结冰,即使采用化学除雪剂也不易将冰除掉,或者即使除掉冰,也要使用大量的化学除雪剂,这不仅加大了环境污染的危险性,也大幅增加了除雪的成本。因此,最好的办法是防止路面上的雪结冰。初降雪时或降雪前喷洒融雪剂可以防止雪与路面的黏结,由于融雪剂是在下雪之前的较早时间喷洒的,因此,反结冰技术主要应用于服务水平较高的公路上,可以实现“路面无积雪”的目标。

哈尔滨工业大学通过试验研究得出如下冬季路面反结冰的经验,仅供参考。

(1)采用液体除雪剂时喷洒量为 50 ~ 70L/m^2;采用固体除雪剂时,应先采取预湿处理,撒布量为 15 ~ 20g/m^2。

(2)反结冰措施的原理是通过液态除雪剂在路面与雪之间形成一层隔离膜,在雪量较大时,有利于人工或机械化除雪;在雪量较少时,可防止路面结冰。采用固态除雪剂时,在行车的作用下,形成底层压不实的雪与除雪剂的混合物隔离层,可防止后降雪与路面黏结。

(3)采用反结冰措施,可以大大降低除雪成本。主要表现在两个方面:一是降雪前除雪剂的喷洒量明显低于降雪后的用量,可以节约 80% ~ 90% 的用量;二是可以降低后期人工或机械除雪的强度,缩短除雪时间。

(4)反结冰措施适用于任何降雪情况,实施关键在于建立天气预报制度和拥有快速的喷洒工具。在无专用设备的情况下,可以利用洒水车加装适宜喷管的办法实现液体除雪剂的喷洒。固体除雪剂可以先将固料磨碎再进行预湿处理,然后装入撒布车自动撒布或人工撒布。

四、冬季路面防滑措施

世界各国为提高冰雪路面的摩擦系数,采取了多种抗滑养护技术,经常使用的有两种,一种是在汽车上安装防滑轮胎,另一种是在结冰的路面上撒布防滑材料,如食盐、砂子或煤渣等。选用原则一般以当地材料为主。防滑轮胎虽然有效,但对路面磨耗非常严重。防滑材料的撒布量以能提供足够的摩擦力为准,可根据道路等级、路面纵坡和路面结冰情况综合确定。它们在任何温度下都可以使用,特别是当温度很低、除冰化学制品没有很好效果时,使用这些措施效果更好。

随着科学技术的不断进步,目前,冬季路面防滑可以采用以下前沿技术。

1. 橡胶颗粒除冰雪沥青路面

抑制冻结铺装主要是通过在路面铺装材料内添加一定量的特殊材料,改变路面与轮胎的接触状态和路面的变形特性,利用添加的特殊材料变形能力较强的特性,通过路面在外荷载作用下产生的自应力,使路面冰雪破碎融化,从而有效抑制路面积雪和结冰。

橡胶颗粒路面是将废旧橡胶轮胎破碎成一定形状和粒径的颗粒,以集料的形式直接添加于沥青混合料中,用以代替部分集料而形成的新型沥青混合料铺筑而成的路面。该技术中常用的特殊材料为废旧橡胶轮胎破碎而成的橡胶颗粒。这不但可以有效增强路面的除冰雪能力,提升道路安全性能和运输效率,而且可以为废旧弹性材料的回收利用提供科学、合理的新途径,利于环境保护,节省资源。

2. 微波除冰技术

美国在20世纪80年代提出利用微波加热并结合机械除冰装置来清除道路结冰的理论。截至目前,微波除冰未能实现真正推广应用,关键在于微波除冰效率过低,难以实现快速除冰。

在微波除冰过程中,冰层基本不吸收微波,但微波可以穿过冰层加热道路材料,道路材料吸收微波后温度升高。首先融化冰与路面结合处的冰层,降低冰层与路面的结合力,再使用机械碎冰装置破碎和移除冰层,实现道路除冰。

微波除冰技术的主要优点有以下几点:

(1)厚冰清除能效高。微波可以穿透冰层加热路面,冰层不融化,避免了因为冰的溶解而消耗大量融解热。因此,冰层的厚度对微波除冰效率影响很小,从而减少能耗、降低除冰成本。

(2)对路面无损害,不污染环境。微波除冰不会像化学法那样对沥青混凝土和水泥混凝土路面造成产重剥蚀,缩短路面的使用寿命,不会对环境选成巨大的不可逆转的破坏。同时,微波加热后,冰层与路面基本分离,使用机械破碎不损坏路面,避免了一般机械破除法除冰时破碎力太大,损伤道路标线甚至破坏路面。

第四节　公路突发事件处置

当突发事件发生且达到应急预案响应启动条件时,应立即上报并启动应急预案,立即采取控制危险源、控制和疏导交通、应急救援、防止发生次生和衍生事件等应急措施。

一、基本要求

因突发事件造成公路损毁时,应及时开展应急检查和实施应急工程,并符合下列规定:

(1)应急检查后应编制应急检查报告,应急检查及报告的编制应符合相关标准的规定。

(2)应急工程应按照先抢通、后修复,先干线、后支线,先路基桥涵、后路面工程的原则,进行抢修和抢通。

(3)根据应急检查及评定结果,经应急加固可继续使用的结构物和设施,可采取应急加固

措施进行抢修。

(4)抢修和抢通工程应加强施工监测,防止发生衍生灾害和次生灾害。

(5)保通路段应加强灾害监测和交通组织工作。

二、公路突发事件应急预案

公路突发事件应急预案应与地方和上级单位相关应急预案相衔接,内容应包括突发事件应急组织体系、预防与预警、应急处置和应急保障等,并符合下列规定:

(1)公路养护管理单位应建立应急组织机构,明确相关职责。

(2)应加强基础设施监测、交通事件监控、风险管控和灾害防治等工作,适时收集国家有关部门的预报和预警信息,并应加强各类预警信息的综合管理、分析和响应工作。

(3)应急处置应符合《公路养护技术规范》(JTG H10—2009)的规定。

(4)突发事件得到控制后,应及时上报并终止应急响应。

(5)应加强应急队伍、装备物资、技术和资金等应急保障,定期检测和维护应急救援设备和设施。

(6)应定期组织应急演练和应急培训。

(7)应急预案应根据实际需要和形势变化,适时修订。

三、恢复重建

因自然灾害和事故灾难等引发突发性损毁,经抢修、抢通后,应组织灾后调查工作,进一步实施专项检查和评定,并应符合下列规定:

(1)对灾害、次生灾害和隐患,应进行全面调查。

(2)对遭受损毁及经应急加固的结构物和设施,应进行承载能力、抗灾能力和材料检测等专项检查。

(3)根据调查和检查资料,应进行灾害评估、承载能力、抗灾能力、结构安全和使用性能等专项评定。

(4)在专项检查和评定的基础上,应制定恢复重建计划,内容应包括灾后恢复重建总体计划、基础设施建设、防灾减灾和生态修复计划等。

根据恢复重建计划,应进一步制定恢复重建专项工程方案,并符合下列规定:

(1)灾后继续使用的结构物和设施,应经专项检查和评定,明确是否需加固或改造。

(2)经应急加固过的结构物和设施,应经专项检查和评定,确定重新加固或拆除重建方案。

(3)对严重损毁路段,应根据灾害评估和抗灾能力等专项评定结果,确定原址重建或改线新建方案。

(4)完全损毁且存在重大安全隐患的路段需改线新建时,应避开地震活动断层、生态脆弱区或可能发生洪灾、山体滑坡、崩塌和泥石流等灾害的区域。

(5)专项工程方案应通过决策分析后确定。

恢复重建专项工程应进行施工图设计,并应符合《公路养护技术规范》(JTG H10—2009)的有关要求。重大自然灾害后,地震动参数、设防要求和工程建设标准有修订时,应严格按修订后的设防要求和强制性标准进行设计。

恢复重建专项工程施工,应加强施工监测祁安全保通工作,并应采取防止衍生灾害和次生灾害的有效措施。

(1)对公路突发事件的处置应做到快速反应,准备充分、组织有力,处置得当,最大限度降低突发灾害损失。

(2)对各类公路突发事件应建立应急预案。其内容应包括:组织领导体系;应急抢险队伍;人、财、物及资金的保障;信息报告制度;临时交通组织方案;抢险工程措施等。

(3)应对公路重要设施建立灾害预警体系,以切实掌握公路设施在运行过程中的使用状态,尽可能减少突发事件的发生,达到公路设施隐患治早、治小、治了的目标。

(4)当公路及其沿线设施发生因自然或人为因素造成严重损坏影响交通或造成人身伤害的大型突发事件时,应积极采取应急措施,避免灾害扩大,做好灾后工程修复工作。

复习思考题

1. 简述公路防灾的主要内容。

2. 简述公路公路水毁预防的工作范围。

3. 简述沙害的防治措施。

4. 山坡涎流冰有哪些防治措施?

5. 简述微波除冰技术的主要优点。

6. 编制公路突发事件应急预案时应符合哪些规定?

第八章 公路隧道养护与维修

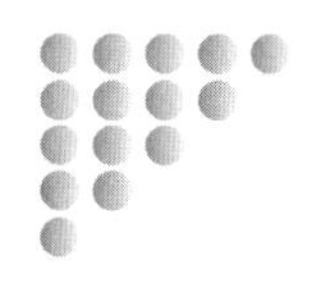

【学习目的与要求】

通过本章的学习,了解公路隧道日常巡查与清洁、经常检查、定期检查、应急检查专项检查的主要内容;掌握公路隧道技术状况评定的方法;掌握公路隧道的主要病害类型和养护维修方法;熟悉公路隧道不同部位的防排水措施;了解公路隧道机电设施的养护方法。

第一节 概　　述

公路隧道是公路穿山越岭以及江、河、湖、海等水下的重要工程构造物,既是道路工程构造物,又是地下工程结构物。如果隧道内出现严重渗漏水或设施故障等情况,就会妨碍交通,进而使整个交通线路完全处于中断状态,给公路交通造成恶劣影响。因此,要对隧道进行及时的检测、养护与维修。公路隧道养护是为保持隧道土建结构、机电设施及其他工程设施的正常使用而进行的日常巡查、清洁维护、检查评定、保养维修等工作。

一、隧道养护的基本要求

(1)隧道养护应经常保持土建结构及附属设施技术状况良好,外观整洁,排水系统排水通畅,路面无明显病害,衬砌和洞口结构无损坏、无异常变形;机电设施齐全完好、运行正常、工作可靠。

(2)隧道应加强日常养护、预防养护及机电设施的维护工作。当土建结构技术状况等级为3类及以下时,应根据病害情况和对结构安全影响程度等,及时组织专项检查和评定,及时实施修复、加固或改建等养护措施。

二、隧道的技术状况评定

1. 隧道土建结构的检查

隧道的土建结构检查包括经常检查、定期检查、应急检查和专项检查。

1)经常检查

经常检查主要对土建结构的外观状况进行一般性定性检查。按照公路隧道养护等级(一级、二级和三级),经常检查频率分别为每月1次、每2个月1次和每季度1次。如果遇有雨季、冰冻季节或极端天气，或者发现严重状况，需要提高经常检查的频率。

通常情况下，经常检查采用人工与信息化手段相结合的方式，并配以简单的工具进行。经常检查一般以定性判断为主，将破损状况判定为 3 种情况：情况正常、一般异常、严重异常。当发现隧道存在一般异常情况时，应该进行监视、观测或进一步检查；当发现隧道存在严重异常情况时，要采取措施进行处治；当对其产生的原因及详细情况不明时，还需要做定期检查或专项检查。经常检查的内容和判定标准见表 8-1。

经常检查的内容和判定标准 表 8-1

项目名称	检查内容	判定描述	
		一般异常	严重异常
洞口	边(仰)坡有无危石、积水、积雪；洞口有无挂冰；边沟有无淤塞；构造物有无开裂、倾斜、沉陷等	存在落石、积水、积雪隐患；洞口局部挂冰；构造物局部开裂、倾斜、沉陷，有妨碍交通的可能	坡顶落石、积水漫流或积雪崩塌；洞口挂冰掉落路面；构造物因开裂、倾斜或沉陷而致剥落或失稳；边沟淤塞，已妨碍交通
洞门	结构开裂、倾斜、沉陷、错台、起层、剥落；渗漏水(挂冰)	侧墙出现起层、剥落；存在渗漏水或结冰，尚未妨碍交通	拱部及其附近部位出现剥落；存在喷水或挂冰等，已妨碍交通
衬砌	结构裂缝、错台、起层；剥落	衬砌起层，且侧墙出现剥落状况，尚未妨碍交通，将来可能构成危险	衬砌起层，且拱部出现剥落状况，已妨碍交通
	渗漏水	存在渗漏水，尚未妨碍交通	大面积渗漏水，已妨碍交通
	挂冰、冰柱	存在结冰现象，尚未妨碍交通	拱部挂冰，形成冰柱，已妨碍交通
路面	落物、油污；滞水或结冰；路面拱起、坑槽、开裂、错台等	存在落物、滞水、结冰、裂缝等，尚未妨碍交通	拱部落物，存在大面积路面滞水、结冰或裂缝，已妨碍交通
检修道	结构破损；盖板缺损；栏杆变形、损坏	栏杆变形、损坏；盖板缺损；结构破损，尚未妨碍交通	栏杆局部损坏或侵入建筑限界；道路结构损坏，已妨碍交通
排水设施	缺损、堵塞、积水、结冰	存在缺损、积水或结冰，尚未妨碍交通	沟管堵塞，积水漫流，结冰，设施缺损严重，已妨碍交通
吊顶及各种预埋件	变形、缺损、漏水(挂冰)	存在缺损、漏水，尚未妨碍交通	缺损严重，或从吊顶板漏水严重，已妨碍交通
内装饰	脏污、变形、缺损	存在缺损，尚未妨碍交通	缺损严重，已妨碍交通
标志、标线、轮廓标	是否完好	存在脏污、部分缺失，可能会影响交通安全	基本缺失或严重缺失，影响行车安全

2)定期检查

定期检查是按规定周期对隧道结构的基本状况进行全面检查，检查的目的是系统掌握隧道的基本技术状况,为制订养护工作计划提供依据。定期检查以徒步的目视检查为主,配备必要的检查工具或设备。检查时,要尽量靠近结构,依次检查各个结构部位,注意发现异常情况和原有异常情况的发展变化;对有异常情况的结果,需要在适当位置做出标记。

定期检查每年1次,最长不超过3年1次。当经常检查中发现重要结构分项技术状况评定状况值为3或4时,应立即开展一次定期检查。定期检查一般安排在春季或秋季进行。对于新建隧道,在交付使用1年后应进行首次定期检查。

定期检查完成后,应提交定期检查报告以及隧道展示图和其他有关检测记录资料。具体的定期检查内容见表8-2。

定期检查内容 表8-2

检查项目	检查内容
洞口	(1)山体滑坡、岩石崩塌的征兆及发展趋势; (2)边坡、碎落台、护坡道的缺口、冲沟、潜流涌水、沉陷塌落等及其发展趋势; (3)护坡、挡土墙的裂缝、断缝、倾斜、鼓肚、滑动、下沉的位置、范围及其程度,有无表面风化、泄水孔堵塞、墙后积水、地基错台、空隙等现象及其程度
洞门	(1)墙身裂缝的位置、宽度、长度、范围或程度; (2)结构倾斜、沉陷、断裂范围变位量、发展趋势; (3)洞门与洞身连接处环向裂缝开展情况、外倾趋势; (4)混凝土起层、剥落的范围和深度,钢筋有无外漏、受到锈蚀; (5)墙背填料流失范围和程度
衬砌	(1)衬砌裂缝的位置、宽度、长度、范围或程度; (2)墙身施工缝开裂宽度、错位量; (3)衬砌表层起层、剥落的范围和深度; (4)衬砌渗漏水的位置、水量浑浊、冻结状况
路面	(1)路面拱起、沉陷、错台、开裂溜滑的范围和程度; (2)路面积水、结冰等范围和程度
检修道	(1)检修道毁坏、盖板缺损的位置和状况; (2)栏杆变形、锈蚀、缺损等的位置和状况
排水系统	(1)结构缺损程度,中央窨井盖、边沟盖板等完好程度; (2)沟管开裂渗漏水状况; (3)排水沟(管)、积水井等淤积堵塞、沉砂、滞水、结冰等状况
吊顶	(1)吊顶板变形、缺损的位置和程度; (2)吊杆等预埋件是否完好、有无锈蚀等; (3)漏水(挂冰)范围及程度
内装	(1)表面脏污、缺损的范围和程度; (2)装饰板变形、缺损的范围及程度等
交通标志、标线,轮廓标	外观缺损、表面脏污状况,连接件牢固状况、光度是否足要求等

3)应急检查

应急检查即在隧道遭遇自然灾害、发生交通事故或出现其他异常事件后,对遭受影响的结构进行详细检查。应急检查的目的是及时掌握隧道结构受损情况,当应急检查难以判明破损原因和程度时,应进行专项检查。

应通过应急检查,及时掌握隧道结构受损情况,为采取对策措施提供依据。应根据受异常事件影响的结构,决定采取的检查方法、工具和设备。应急检查的内容和方法原则上应与定期检查相同,但应针对发生异常情况或者受异常事件影响的结构或结构部位进行重点检查,以掌握其受损情况。应急检查的评定标准、检查结果的记录与定期检查相同。检查完成后,应编制应急检查报告,总结检查内容和结果,评估异常事件的影响,确定合理的对策措施。

4)专项检查

专项检查是根据经常检查、定期检查和应急检查的结果,或者通过其他途径的判断,对需要进行进一步查明缺损或病害详细情况的隧道,进行更深入的专门检测、分析工作。例如,隧道火灾后的结构损伤评价检查,检查时要邀请一些有经验的专家并辅以专门的检查设备。

通过专项检查,应完整掌握病害的详细资料,为其是否实施处治以及采取何种治理病害的措施等提供技术依据。专项检查的项目、内容及其要求,要根据经常检查、定期检查或应急检查的结果有针对性地确定,具体的检查项目见表8-3。

专项检查项目 表8-3

检查项目		检查内容
结构变形检查	公路线形、高程检查	公路中线位置、路面高度、路缘石高度以及纵、横坡度等测量
	隧道横断面检查	隧道横断面测量、周壁位移测量(与相邻或完好断面比较)
	净空变化检查	隧道内壁间距测量(自身变化比较)
裂缝检查	裂缝调查	裂缝的位置、宽度、长度、开展范围或程度等
	裂缝检测	裂缝的发展变化趋势及其速度;裂缝的方向及深度等
漏水检查	漏水调查	漏水的位置、水量、浑浊、冻结及原有防排水系统的状态等
	漏水检测	水温、pH值检查、电导度检测、水质化学分析
	防排水系统	拥堵、破坏情况
材质检查	衬砌强度检查	强度简易测定,钻孔取芯,各种强度试验等
	衬砌表面病害	起皮、剥落、蜂窝、麻面、孔洞、露筋等
	混凝土碳化深度检测	采用酚酞液检查混凝土的碳化深度
	钢筋锈蚀检测	剔凿检测法、电化学测定法、综合分析判定法
衬砌及围岩状况检查	无损检测	无损检测衬砌厚度、空洞、裂缝和渗漏水等,以及钢筋、钢拱架、衬砌配筋位置及保护层厚度、围岩状况、仰拱充填层密实程度及其下岩溶发育情况
	钻孔检查	钻孔测定衬砌厚度等,内窥镜观测衬砌及围岩内部状况
荷载状况检查	衬砌应力及拱背压力检查	衬砌不同部位的应力及其变化、拱背压力的分布及其变化
	水压力检查	地下水丰富的隧道,检查衬砌背后水压力大小、分布及变化规律

对严重不良地质路段、重大结构病害或隐患处,要开展运营期长期监测,对其结构变形、受力和地下水状态等进行长期观测。监测频率可以参照经常检查的频率,当发现监测参数快速发展变化时,可以提高观测的频率。

2. 隧道技术状况评定

对于同等级公路的隧道，由于交通量、技术状况和自然条件不同，养护需求和养护资源也不相同。因此，在实际工作中，需要细化同等级公路隧道的养护要求，来满足这种差异化养护需求。应根据公路等级、交通量、技术状况和气候条件等因素，将养护等级划分为 3 个等级，高速公路、一级公路和二级及二级以下公路隧道养护等级的分级标准分别见表 8-4 和表 8-5。

高速公路、一级公路隧道养护等级分级表　　表 8-4

单车道年平均日交通量[pcu/(d·ln)]	隧道长度 L(m)			
	$L>3000$	$3000\geq L>1000$	$1000\geq L>500$	$L\leq 500$
≥10001	一级	一级	一级	二级
5001~10000	一级	一级	二级	二级
≤5000	一级	二级	二级	三级

二级及二级以下公路隧道养护等级分级表　　表 8-5

单车道年平均日交通量[pcu/(d·ln)]	隧道长度 L(m)			
	$L>3000$	$3000\geq L>1000$	$1000\geq L>500$	$L\leq 500$
≥10001	一级	二级	二级	三级
5001~10000	二级	二级	三级	三级
≤5000	二级	三级	三级	三级

在隧道总体技术状况评定中，应采用土建结构和机电设施两者中最差的技术状况类别作为总体技术状况的类别。具体的技术状况评定流程如图 8-1 所示。

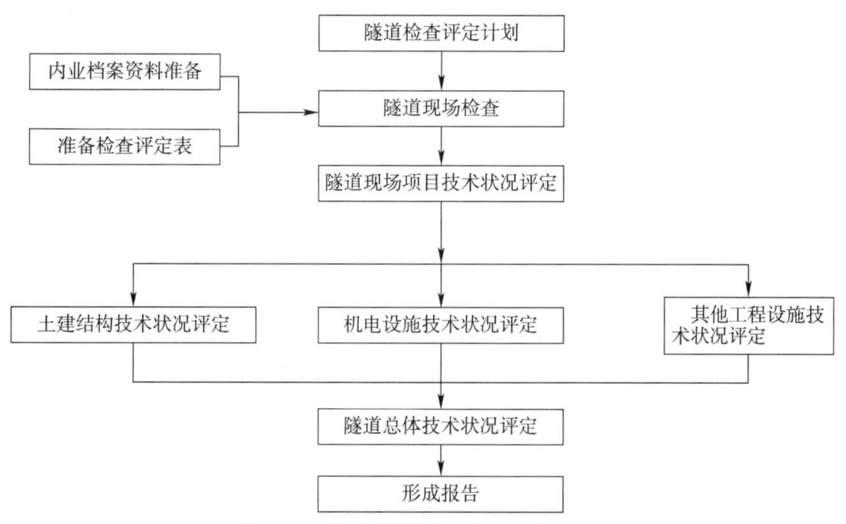

图 8-1　公路隧道技术状况评定工作流程图

进行土建结构技术状况评定时，需要根据定期检查的资料，综合考虑洞门、结构、路面和附属设施等各方面的影响，确定隧道的技术状况等级，以及每一个分项的状况值。状况值共分为 5 个等级，其状况值按照损坏程度的轻重从 0~4 变化。具体评定时，先逐洞、逐段对隧道土建结构各分项技术状况进行状况值评定，在此基础上确定各分项技术状况，再进行土建结构技术状况评定。土建结构的技术状况评定标准见表 8-6。

土建结构的技术状况评定标准 表 8-6

状况值	评定因素			
	缺损程度	发展趋势	对行人、车辆安全的影响	对隧道结构安全的影响
0	无或非常轻微	无	无影响	无影响
1	轻微	趋于稳定	目前尚无影响	目前尚无影响
2	中等	较慢	将来会影响行人、车辆安全	将来会影响隧道结构安全
3	较严重	较快	已经妨碍行人、车辆安全	已经影响隧道结构安全
4	严重	迅速	严重影响行人、车辆安全	严重影响隧道结构安全

隧道土建结构的总体技术状况评分采用百分制，并采用分项扣分的方式，计算公式如下：

$$JGCI = 100 \times \left[1 - \frac{1}{4} \sum_{i=1}^{n} \left(JGCI_i \times \frac{\omega_i}{\sum_{i=1}^{n} \omega_i} \right) \right] \tag{8-1}$$

式中：ω_i——分项权重；

JGCI——分项状况值，取值为 0 ~ 4。

各分项检查段落状况值按照式(8-2)进行计算：

$$JGCI = \max(JGCI_{ij}) \tag{8-2}$$

式中：$JGCI_{ij}$——各分项检查段落状况值；其中 j 代表检查段落号，按实际分段数量取值。

其中，土建结构各分项权重按照表 8-7 进行取值。

土建结构各分项权重表 表 8-7

分项		分项权重 ω_i	分项	分项权重 ω_i
洞口		15	检修道	2
洞门		5	排水设施	6
衬砌	结构破损	40	吊顶及预埋件	10
	渗漏水		内装饰	2
路面		15	交通标志、标线	5

根据土建结构技术状况的评分结果，可以将其分成 5 类，每类的界限值见表 8-8。之后，针对不同类别的土建结构，将采用相应的养护对策。

土建结构技术状况评定分类 表 8-8

技术状况评分	土建结构技术状况评定分类				
	1 类	2 类	3 类	4 类	5 类
JGCI	≥85	70≤JGCI<85	55≤JGCI<70	40≤JGCI<55	<40

进行土建结构技术状况评定时，若洞口、洞门、衬砌、路面和吊顶及预埋件项目的评定状况值达到 3 或 4，对应土建结构技术状况应直接评为 4 类或 5 类。当出现下列情况时，隧道土建工程的评分直接评为 5 类：

(1)隧道洞口边仰坡不稳定，出现严重的边坡滑动、落石现象。

(2)隧道洞门结构大范围开裂、砌体断裂、脱落现象严重，可能危及行车道内的通行安全。

(3)隧道拱部衬砌出现大范围开裂、结构性裂缝深度贯穿衬砌混凝土。

(4)隧道衬砌结构发生明显的永久变形,且有危及结构安全和行车安全的趋势。

(5)地下水大规模涌流、喷射,路面出现涌泥沙或大面积严重积水等威胁交通安全的现象。

(6)隧道地面发生严重隆起,路面板严重错台、断裂,严重影响行车安全。

(7)隧道洞顶各种预埋件和悬吊件严重锈蚀或断裂,各种桥架和挂件出现严重变形或脱落。

第二节　隧道土建结构的养护与维修

隧道土建结构养护范围应包括洞口、洞门、衬砌、路面、排水系统、内装饰、人行道或检修道等。

一、日常巡查与清洁

在土建结构日常养护中,应经常和定期清洁、保养结构物及各类附属设施,及时清除洞口和半山洞内的碎落石、积雪、积冰、积水及隧道内外杂物等,及时处理渗漏水,及时疏通排水系统,及时修复结构物的表观缺陷和局部轻微损坏。

隧道日常巡查主要指在日常养护工作中,采取车行或步行的方式,通过目视对影响隧道通行和结构安全的异常事件进行巡视检查。隧道日常巡查的主要目的是发现隧道结构的早期破损、显著病害或其他异常情况。日常巡查应由经过培训的专职隧道管理人员或有一定经验的工程技术人员负责。日常巡查时要对隧道洞口、衬砌、路面是否处在正常工作状态、是否妨碍交通安全等进行检查,主要包括以下内容:

(1)隧道洞口边仰坡有无边坡开裂滑动、落石等现象。

(2)隧道洞门结构是否存在大范围开裂、砌体断裂、脱落等现象。

(3)隧道衬砌是否存在大范围开裂、明显变形、衬砌掉块等现象。

(4)是否存在地下水大规模涌流、喷射,路面出现涌泥沙或大面积严重积水等威胁交通安全的现象。

(5)隧道路面是否存在散落物、严重隆起、错台、断裂等现象。

(6)随道洞顶预埋件和悬吊件是否存在断裂、变形或脱落等现象。

隧道日常巡查的深度和广度都弱于经常检查,但其频率远高于经常检查。隧道日常巡查频率为1次/日,遇恶劣天气、汛期、雨季、冰冻季节和极端天气等特殊情况时,应加强日常检查工作。日常巡查记录应每月定期整理归档,并提出评价意见。巡检过程中发现设施明显损坏,影响车辆和行人安全时,应及时采取相应的维护措施,并立即向主管部门报告。

隧道清洁主要包括扫除隧道内垃圾、清除结构物脏污、清理(疏通)排水设施,以保持结构物外观的干净、整洁。一般来说,隧道交通量越大、污染越严重、结构物越易脏污,清洁周期越短。相比其他公路结构物,隧道呈长管状,烟尘不宜散发,因此其清洁周期相对要短一些。结构物的清洁养护通常都选择在交通量较小的时候进行,以尽量减少交通干扰,降低事故风险。

应综合考虑隧道养护等级、交通组成、结构物脏污程度、清洁方式及效率和环境条件等因素确定隧道清洁方案和频率。不同养护等级隧道清洁频率应符合表8-9和表8-10的要求。

高速公路、一级公路隧道清洁频率　　表 8-9

清洁项目	养护等级		
	一级	二级	三级
路面	1 次/日	2 次/周	1 次/旬
内装饰、检修道、横通道、标志、标线、轮廓标	1 次/月	1 次/2 月	1 次/季度
排水设施	1 次/季度	1 次/半年	1 次/半年
顶板	1 次/半年	1 次/年	1 次/2 年
斜井	1 次/半年	1 次/年	1 次/2 年
侧墙、洞门	1 次/2 月	1 次/季度	1 次/半年

二级及二级以下公路隧道清洁频率　　表 8-10

清洁项目	养护等级		
	一级	二级	三级
路面	1 次/周	1 次/半月	1 次/月
内装饰、侧墙、洞门、检修道、横通道、标志、标线、轮廓标	1 次/季度	1 次/半年	1 次/年
排水设施	1 次/半年	1 次/年	1 次/年
顶板	1 次/年	1 次/2 年	1 欢/3 年
斜井	1 次/年	1 次/2 年	1 欢/3 年

(1)隧道内路面清洁。要保持干净、整洁,两侧边沟不应有残留垃圾等物品,高速公路和一级公路以机械清扫为主,清扫时应防止扬尘;路面被油类物质或其他化学品污染时,应采取措施清除。

(2)隧道顶板、内装饰、侧墙和洞门清洁。要保持干净、整洁,无污垢、污染、油污和痕迹;顶板、内装饰和侧墙的清洁主要以机械作业为主,以人工作业为辅。采用湿法清洁时,要防止路面积水和结冰,注意保护隧道内机电设施的安全,防止水渗入设施内;采用干法清洁时,要避免损伤顶板、内装饰、侧墙及隧道内机电设施,清洁时要注意采用必要的降尘措施;如果隧道内没有顶板和内装饰,需要对洞壁混凝土进行清洁。

(3)排水设施。要及时进行清理和疏通,保持无淤积、排水通畅。在汛前、汛中和汛后以及极端降水天气后,需要对排水设施进行检查和清理疏通;在冰冻季节,应增加排水沟和清理频率。对于纵坡较小的隧道或隧道洞口区段,需要增加清理和疏通频率。

二、隧道土建结构的养护与维修

1. 土建结构养护的要求

(1)土建结构预防养护应结合日常巡查和各类检查及监测工作,及时排查各类隐患,当技术状况等级为 1、2 类,但有轻微损坏或病害迹象时,应适时采取主动防护措施。

(2)土建结构修复养护和专项养护工程应符合下列规定:

①技术状况等级为 3 类,结构出现局部损坏或局部丧失功能时,应实施修复养护工程,及时修复。

②技术状况等级为4类，或结构出现结构性损坏时，应根据病害严重程度，实施修复养护或专项养护工程，及时修复或加固。

③技术状况等级为5类，或结构出现结构性较大损坏时，应实施专项养护工程，及时加固、改建或重建。

2. 隧道的主要病害类型

公路隧道病害的类型主要有水害、冻害、衬砌裂损、衬砌侵蚀等。隧道病害发生较多的地段，从地质情况看，一般是断层破碎带、风化变质岩地带、裂隙发育的岩体、岩溶地层、软弱围岩地层等；从地形情况看，多发生在斜坡、滑坡构造地带、岩堆崩坍地带等。隧道内各种病害一般不是单独存在的，而是互相影响、互相作用的。

公路隧道最常见的病害形式是水害，隧道水害不仅增加隧道内湿度，造成电路短路事故、危及运输安全，而且还会引发其他病害。隧道由于渗漏水、积水，将会造成衬砌开裂或使原有裂缝发展扩大，加重衬砌裂损。当地下水有侵蚀性时，会侵蚀衬砌混凝土，并随着漏水的不断发展，使混凝土侵蚀日益严重。在寒冷地区，水是影响隧道围岩冻胀和导致衬砌开裂的重要因素，而衬砌一旦开裂，将会为地下水打开一条外渗的通道，引起隧道严重水害，进而就会产生衬砌混凝土的侵蚀，致使冬季产生冻害。冻害循环发生，使衬砌混凝土再产生开裂变形，导致衬砌承载力下降。春、夏季衬砌产生冻害部位解冻，被冻结的冰融化成水，致使衬砌产生渗漏水。因此，隧道内各种病害并不是单独作用的，而是几种情况共同作用，最终导致衬砌结构失稳破坏。

1）隧道水害

隧道水害主要是指隧道围岩的地下水或部分地表水，以渗漏或涌出方式进入隧道内造成的危害，包括以下几种。

（1）隧道漏水和涌水。

隧道漏水和涌水会对隧道电力设备造成不同程度的损坏，对照明设备产生锈蚀，影响设备的正常运行，降低设备使用寿命，增加设备维修费用。渗漏水促使混凝土衬砌风化、剥落，造成衬砌结构破坏。渗漏水还会软化围岩，引起围岩变形；有些隧道渗水中含有对路面有侵蚀性的介质，会造成一般的混凝土碱化；在寒冷地区造成边墙结冰、拱部挂冰，侵入建筑限界。渗漏水还会造成路面翻浆，危及行车安全。严重渗漏水还会引发隧道基础的沉陷，进而引发地面和地面建筑物的不均匀沉降和破坏，使得地表水和含水层水大量流失，破坏生态环境。

（2）隧道衬砌周围积水。

运营隧道中，地表水和地下水向隧道周围渗流汇集，水压力较大时会导致衬砌破裂和和拱脚下沉，使围岩的结构面软化或泥化，造成膨胀性围岩体积膨胀。在寒冷地区还会造成冰胀和围堰冻胀。在黄土隧道衬砌周围的水还会离析土中的胶体并带出黄土，使周围的衬砌变成空洞。

（3）潜流冲刷。

潜流冲刷主要是指由于地下水渗流和流动而产生的冲刷和溶蚀作用，使得隧道衬砌基础下沉。它可使边墙开裂或者仰拱、隧道内路基下沉开裂；围岩滑移错动可导致衬砌变形开裂；对超挖回填不密实或未全部回填者，易引起围岩坍塌，导致衬砌结构破坏。

2）隧道冻害

我国冻土地区分布广泛，在冻土地区修建的公路隧道易产生冻害现象，例如新疆的天山二号隧道因渗漏水侵蚀和冻胀破坏而报废、青海的大阪山隧道成为“冰河”、甘肃的七道梁隧道因渗漏水和冰冻而被迫向隧道送暖气、辽宁的八盘岭隧道和吉林的密江隧道因渗漏水而被迫在混凝土衬砌内加复衬。

(1)拱部挂冰、边墙结冰。

渗漏的地下水通过隧道衬砌混凝土裂缝逐渐渗出,在渗水点出口处受低温影响在拱部形成挂冰,在边墙处积成冰柱,尤其在施工接缝处由于渗水点多,结冰明显。如不清理,挂冰越积越大,最终便会侵入限界危及行车安全。水沟因结冰堵塞,使地下排水困难,造成水沟(管或槽)冻裂、破损。隧道衬砌周边因水结冰而冻胀,致使隧道内各种冻害接踵而至,特别是导致路面结冰严重危及行车安全。

(2)围岩冻胀破坏。

当隧道修筑在不良地质地段的围岩处时,如果围岩层面及结构内含水多,冬季就易发生冻胀破坏,致使隧道拱部和边墙衬砌发生变形与开裂。当边墙壁后排水不畅、积水成冰、产生冻胀压力时,会造成拱脚移动,或者墙顶内移;有的虽然墙顶不动但墙中会发生内鼓现象,也可能由于墙顶内移致使断裂多段。如果隧道衬砌混凝土设计强度等级较低、抗渗性差,在地下水丰富地区,水就会渗入混凝土内部。冬季,水在混凝土结构内结冰,膨胀产生冻胀压力,经多年冻融循环使衬砌结构变酥、强度降低,最终造成结构破坏。

3)隧道衬砌裂损

(1)隧道衬砌裂损的种类。

隧道衬砌裂损的类型主要有衬砌变形、衬砌开裂、衬砌腐蚀破坏、衬砌背后空洞、拱脚下沉以及仰拱破碎等。隧道衬砌开裂根据裂缝走向,分为纵向裂缝、环向裂缝和斜向裂缝3种,如图8-2所示。环向工作裂缝一般对衬砌结构正常承载影响不大,拱部和边墙的纵向及斜向裂缝对隧道结构的整体性危害较大。

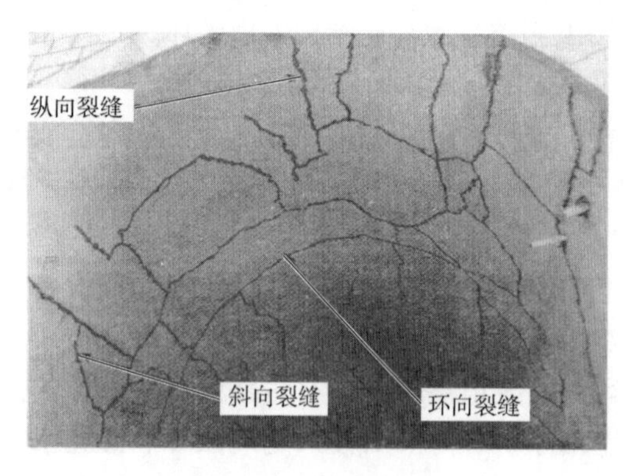

图8-2 衬砌开裂

(2)衬砌裂损的危害程度。

衬砌裂损可导致隧道结构变形、掉块甚至塌落,降低衬砌结构对围岩的承载能力,使隧道的净空变小,侵入建筑限界,影响车辆安全通过。此外,衬砌裂缝还会成为渗漏水的通道。

4)衬砌侵蚀

建在富含腐蚀性介质处的公路隧道,其衬砌背后的腐蚀性环境水,容易沿衬砌的工作缝、变形缝、毛细孔,以及其他孔洞渗流到衬砌内侧,成为隧道渗漏水,对衬砌混凝土和砌石、灰缝产生物理性或化学性的侵蚀作用,造成衬砌侵蚀。

(1)衬砌侵蚀的种类。

衬砌侵蚀的种类分为物理侵蚀和化学侵蚀2类。物理侵蚀包括冻融交替部位的冻胀性裂损和干湿交替部位的盐类结晶性胀裂损坏2种。隧道衬砌混凝土的化学侵蚀是一个很复杂的物理化学过程,可分为硫酸盐侵蚀、镁盐侵蚀、溶出性侵蚀(软水侵蚀)、碳酸盐侵蚀和一般酸性侵蚀5种。

(2)衬砌侵蚀的危害程度。

隧道内混凝土衬砌的腐蚀根据种类不同,可分为水蚀、烟蚀、冻蚀及集料溶胀等。隧道衬砌侵蚀,使衬砌出现起毛、酥松、蜂窝麻面、起鼓剥落、孔洞露石、集料分离等材质破坏,衬砌厚度变薄。此外,还会导致衬砌内的钢筋腐蚀,使得衬砌结构强度降低,隧道衬砌的承载能力下降,使用寿命缩短,危及行车安全。

3. 隧道土建结构的保养和维护

公路隧道经过一段时间的使用后,其技术状况会发生不同程度的衰减,因此,需要进行及时的养护与维修。隧道土建结构的保养维修包括经常性或预防性的保养和轻微缺损部分的维修、恢复和保持结构的正常使用状况。在使用过程中,要进行经常检查和定期检查,如果发现一般异常和技术状况值小于等于2的情况,需要进行保养、维修。

根据公路隧道技术状况评定类别不同,应采取不同的养护对策,具体的分类情况和对应的养护对策见表8-11。

公路隧道总体技术状况评定类别 表8-11

技术状况评定类别	评定类别描述		养护对策
	土建结构	机电设施	
1类	完好状态。无异常情况,或异常情况轻微,对交通安全无影响	机电设施完整率高,运行正常	正常养护
2类	轻微破损。存在轻微破损,现阶段趋于稳定,对交通安全不会有影响	机电设施完好率较高,运行基本正常,部分易耗部件或损坏部件需要更换	应对结构破损部件进行监测或检查,必要时实施保护维修;机电设施进行正常养护,应及时修复关键设备
3类	中等破损。存在破坏,发展缓慢,可能会影响行人、行车安全	机电设施尚能运行,部分设备、部件和软件需要更换或改造	应对结构破损部位进行重点监测,并对局部实施保养维修;机电设施需进行专项工程
4类	严重破损。存在较严重破坏,发展较快,已影响行人、行车安全	机电设施完好率较低,相关设施需要全面改造	应尽快实施结构病害处治措施,对机电设施应进行专项工程,并应及时实施交通管制
5类	危险状态。存在严重破坏,发展迅速,已危及行人、行车安全	—	应及时关闭隧道,实施病害处治,特殊情况需进行局部重建或改建

对于隧道的不同部位,其保养和维护措施也不相同,具体如下。

1)洞口

应及时清除洞口边仰坡上的危石、浮土,保持洞口边沟和边仰坡上截(排)水沟的完好、畅通,修复存在轻微损坏的洞口挡土墙、洞门墙、护坡、排水设施和减光设施等结构物的开裂、变形,维护洞口花草树木。冬季应清除边仰坡上的积雪和挂冰。

隧道洞口养护应保持坡面与坡体稳定,结构物满足承载能力、结构安全和抗灾能力的要求,并应符合下列规定:

(1)洞口边仰坡出现冲刷、风化剥落或碎落坍塌等浅表性病害时,应及时清理和处治;边仰坡及防护工程出现明显病害时,应及时修复或加固。

(2)明洞顶出现危石或有崩塌可能时,应及时清除或采取保护性开挖措施;出现局部堆积或原填土大量流失时，应及时采取措施调整到原地表线状态。

(3)洞门墙、支挡结构物出现明显开裂、变形或失稳迹象时，应及时进行加固。

(4)洞口排水设施和明洞防水层损坏或功能失效时，应及时修复。

2)洞身

隧道洞身养护应保持衬砌完好稳定，各类设施功能正常，并应符合下列规定：

(1)路面出现损坏或渗漏水等病害时，应及时处治。

(2)吊顶、内装饰、人行道或检修道、防护设施等出现破损或缺失时，应及时修复。金属构件应定期除锈、防腐。

(3)衬砌起层、剥离时应及时清除；出现裂缝时应及时修补并跟踪观测；衬砌出现严重病害或承载力不足时，应及时加固；无衬砌隧道洞身出现碎裂、松动岩石和危岩时，应及时加固。

(4)半山洞结构物及护栏、护墙损坏时，应及时修复或加固。

(5)隧道洞身加固措施应根据病害类型、分布和严重程度等确定，可采用注浆加固、套拱加固、换拱加固、隧底加固等单项或组合方法。

3)排水和防水设施

隧道内外排水和防水设施养护应保持设施完好、功能正常，出现损坏或功能失效时，应及时修复。水下隧道应加强渗漏水检查和检测等工作。

4)高寒地区隧道

高寒地区隧道养护应加强防冻、保温和防雪等设施的维护和保养工作。

4. 有衬砌隧道的养护

对于有衬砌隧道出现的衬砌起层、剥离，应及时清除；及时修补衬砌裂缝，并且设计观测标记进行跟踪观测；对于衬砌的漏渗水应接引水管，将水导入边沟；冬季应及时清除洞顶挂冰。

(1)衬砌变形、开裂、渗漏水(挂冰)，应根据综合分析确定其主要原因，采取针对性治理措施。对于衬砌背面存在空隙的原因，可在衬背压注水泥砂浆，使衬砌受力均匀，有效利用衬砌强度；对于衬砌厚度不足、年久、变质、腐蚀剥落严重或裂缝区域较大而影响到衬砌强度的原因，可在衬砌外露面喷射水泥混凝土，其厚度一般为 80 ~ 150mm，必要时可加配锚杆及钢筋网。已经稳定的裂缝，可采用压注环氧水泥砂浆或水泥砂浆的方法加固。

(2)衬砌表面腐蚀、剥落及灰缝脱落，可先清除表面已松动部分，分段或全面加喷一层水泥砂浆或水泥混凝土保护层，一般层厚为 30 ~ 60mm。

(3)端墙、侧墙、翼墙位移或开裂，应根据综合分析确定其主要原因，采取针对性治理措施。

(4)路面拱起、沉陷、错台、开裂，应根据综合分析确定其主要原因，采取针对性治理措施。

5. 无衬砌隧道的养护

无衬砌隧道出现的碎裂、松动岩石和危石，应本着“少清除、多稳固”的原则加以处理；围岩的渗、漏水，应开设泄水孔接引水管，将水导入边沟排出；冬季应及时清除洞顶挂冰。

(1)无衬砌隧道的围岩在长期使用过程中，由于岩石松动，或受风化、行车震动等影响，围岩发生破碎或产生危石、渗漏水等病害，应及时处治，以保证车辆和人身安全。

(2)处治围岩破碎和危石，可采取如下措施：

①发现可以清除的危石，应当及时清除。在因清除会牵动周围大片岩石时，则可喷浆或压浆稳固。

②对不宜清除的小面积破碎,可抹水泥砂浆稳固。

③碎裂范围较大时,根据病害程度及范围,可采用喷射混凝土、锚喷混凝土或挂网锚喷混凝土稳固。

④对不能清除又无法压浆稳固的个别危石,应及时用混凝土或浆砌块石垛墙作为临时支撑,以确保安全,然后根据垛墙侵占隧道净空的具体情况及隧道所在的公路性质和交通量大小,研究永久性治理措施。

(3)隧道内的孔洞、溶洞或裂缝均应封闭,封闭前将松动的岩石清除。对内小外大的孔洞,可在孔洞外石壁上埋设牵钉、挂钢筋网、喷射或浇注水泥混凝土封闭;对内大外小的孔洞,用素混凝土封闭;有水的孔洞应预埋泄水孔接引水管,将水导入边沟排出。

第三节　隧道机电设施的养护

隧道机电设施养护范围应包括通风、消防、监控、通信、供配电、照明和监测系统等。

机电设施养护应保持各类设备及系统的技术状况达到产品说明书、设计文件和有关规范的要求,应建立日常清洁及维护、预防性维护、经常性和定期维护制度,对各类设施及其设备、部件、软件和工作环境进行检测、保养和维修,并应符合下列规定:

(1)各类维护周期应根据维护内容、设备及部件类型和技术特征等确定。

(2)设备和部件出现轻微故障,或软件辅助功能失效时,应及时修复。

(3)设备和部件出现一般故障、达到使用年限,或软件局部功能失效时,应及时修复、更换部件,或局部升级软件。

(4)系统设备出现重大故障时,应及时抢修,难以修复或系统不能满足使用功能和安全需求时,应及时进行系统改造、扩容、更换设备,或全面升级系统软件。

(5)机电设施修复、更换或升级改造后,应对设施及设备性能进行测试。

(6)机电设施的检测和维修等,应由经专业培训的人员或具有专业资质的单位实施。

(7)事关安全的设备和部件应提前准备应急备件,发生重大故障时应能即时更换。

一、通风设施的养护

通风设施包括射流风机、轴流风机、离心风机及其配套设施等为隧道运营提供通风换气服务的设施。

应保持射流风机、轴流风机及其配套设施等外观整洁、无明显损坏、安装稳固、工作状态正常。隧道内出现火灾等险情时,控制设备应能及时变换送风方向。风机停机检修时,应结合剩余通风能力制定并实施相应的交通组织计划。

通风设施经常检修、定期检修的主要项目和频率见表8-12。

通风设施经常检修、定期检修的主要项目和频率　　表8-12

设施名称	检查项目	主要检查内容	经常检修	定期检修
			1次/(1~3个月)	1次/年
射流风机	总体	(1)风机运转过程中有无异响	√	
		(2)风机运转时电流值是否在额定值内	√	
		(3)分级反转是否正常	√	

续上表

设施名称	检查项目	主要检查内容	经常检修	定期检修
			1次/(1~3个月)	1次/年
射流风机	总体	(4)维护性开启频率	√(1次/15日)	
	各安装部位	(1)有无松动、腐蚀现象	√	
		(2)安全吊链的松紧程度	√	
	叶片	叶片是否清洁,有无异响		√
	电动机	(1)转动轴有无振动、异响、过热		√
		(2)润滑油的检查、更换及轴承清洗		√
		(3)电机的拆卸检查、轴承清洗与油脂更换		√
		(4)防护情况检查		√
		(5)绝缘测试		√
		(6)三相电流平衡试验		√
		(7)运行中的电动机温升是否正常		√
	其他	拆卸组装后的风速及推力测试		√
轴流风机	总体	(1)运转状态有无异响和异常振动	√	
		(2)各计量仪器、仪表读数是否正确	√	
		(3)基础螺栓及连接螺栓的状态有无异常		√
		(4)轴承温度、油温、油压有无异常		√
		(5)振动试验有无异常		√
		(6)逆转1h以上的工作状况有无异常		√
		(7)与监控测试联动试验		√
		(8)手动旋转的平衡状态		√
		(9)正、反转间隔一定时间的试验		√
		(10)叶片安装状态检查		√
		(11)维护性开启频率	√(1次/15日)	
	减速机	(1)油量是否正常	√	
		(2)有无异响,油温是否正常		√
		(3)润滑油老化试验		√
		(4)更换油脂		√
	润滑油冷却装置	(1)配管、冷却器、交换器、循环泵的状态	√	
		(2)运转中有无振动、异响、过热现象	√	
	气流调节装置	(1)动作状态有无异常	√	
		(2)内翼有无损伤、裂纹		√
		(3)密封材料状态		√
	动翼、静翼及叶轮	(1)翼面有无损伤、剥离		√
		(2)焊接部有无损伤		√
		(3)检查叶轮液压调节装置		√

续上表

设施名称	检查项目	主要检查内容	经常检修	定期检修
			1次/(1~3个月)	1次/年
轴流风机及离心风机	导流叶片及异型管	有无生锈、涂装剥离、螺母松动		√
	驱动轴	(1)接头、齿轮润滑状态有无异常	√	
		(2)传动轴的振动与轴承温度有无异常	√	
		(3)加油脂		√
	电动机	(1)运转中心有无异常、振动、过热	√	
		(2)连接部的工作状态	√	
		(3)绝缘测试		√
		(4)三相电流平衡试验		√
	消声器	(1)清扫消声器内壁灰尘		√
		(2)噪声检测		√
		(3)吸声材料检查与变质材料更换		√
	其他	(1)仪表的检查、校正与更换		√
		(2)供油装置的检验		√
		(3)必要时的金属探伤		√
		(4)组装、检查后的试运及风速、推动测试		√

通风设施检修应按照各种设备的操作规程和养护要求进行,并使主要性能指标,如风速、推力、功率、噪声及防护等级等符合产品说明书的要求。通风设施检修应配备专用电工工具和机修工具,必要时需要配备风压计、风速计、声级计等相关设备。

在进行定期检修和专项工程后,应对隧道通风设施的效率进行全面测试,通风设施经检修后其通风能力应满足设计要求。

二、照明设施的养护

照明设施主要包括灯具、洞外路灯、照明线路及配套设施等为隧道运营提供照明服务的设施。

照明设施维护应保持各类照明设施运行安全、稳定、可靠,系统照度、均匀度和控制功能等指标满足使用要求。当路面平均照度衰减至规定值的70%时,应更换光源。

照明设施经常检修、定期检修的主要项目及其检修频率见表8-13。

照明设施经常检修、定期检修的主要项目及其检修频率 表8-13

设施名称	检查项目	主要检查内容	经常检修	定期检修
			1次/(1~3个月)	1次/年
隧道灯具	总体	(1)电压是否稳定,灯的亮度是否正常	√	
		(2)灯泡的损坏与更换	√	
		(3)引入线检查,电磁接触器、配电箱柜是否积水	√	
		(4)开关装置定时的准确性与动作状态有无异常	√	

续上表

设施名称	检查项目	主要检查内容	经常检修	定期检修
			1次/(1~3个月)	1次/年
隧道灯具	总体	(5)脱漆部位补漆及灯具修理更换		√
		(6)补偿电容器、触发器、镇流器、接触器是否损坏		√
		(7)绝缘检查		√
	各安装部位	有无松动、腐蚀		√
	密封性	灯具内是否有尘埃、积水,密封条是否老化		√
	检修孔、手孔	有无积水		√
	照度测试	超过灯具寿命周期后进行照度测试	√/(1次/半年)	
洞外路灯	灯杆	(1)外观有无裂纹,焊接及连接部位状况		√
		(2)有无损伤及涂装破坏		√
		(3)接地端子有无松动		√
	基础	(1)设置状态是否稳定		√
		(2)有无开裂、损伤		√
		(3)锚具、螺栓有无生锈、松动		√
	灯体	(1)有无损伤,亮度目测是否正常	√	
		(2)防护等级检查	√	
照明线路	总体	(1)回路工作是否正常	√	
		(2)有无腐蚀及损伤		√
		(3)托架是否松动及损伤		√
		(4)对地绝缘检查		√

照明设施检修后,隧道路面亮度应满足设计要求。照明设施检修除了要配备电工工具、高空作业车、清洁卫生用具外,还需要配备照度仪、亮度仪等相关设备。

三、监控与消防设施的养护

1. 监控设施的养护

监控设施养护包括车辆检测、气象检测、闭路电视监视和可变信息标志等公路设施设备,环境检测、报警和诱导等隧道内设施设备,以及监控中心软件和硬件设备等的维护工作。监控设施维护应保持各类检测器和监视系统等数据采集准确、传输可靠,可变标志等设备发布信息准确、及时,监控中心各类设施设备工作正常,应用软件运行稳定。

2. 消防设施的养护

应经常保持火灾探测器、消防控制器、火灾报警器、消防栓、灭火器、加压设施、供水设施及

其配件等各类设施外观整洁、无明显损坏，处于正常的功能状态。消防设施标志应完好、醒目，横洞、通道应符合救援和紧急疏散要求。

消防设施经常检修、定期检修的主要项目及其检修频率见表8-14。在检修期间应有相应的防灾措施。

消防设施经常检修、定期检修的主要项目及其检修频率 表8-14

设施名称	检查项目	主要检查内容	经常检查	定期检查
			1次/(1~3个月)	1次/年
大火报警设施	点型感烟、感温探测器	(1)清洁表面	√	
		(2)各回路的报警随机抽检试验		√
	双/三波长火焰探测器	(1)清洁表面	√	
		(2)各回路的报警随机抽检试验		√
	线型感温光纤火灾探测系统	(1)清洁表面	√	
		(2)各回路的报警随机抽检试验		√
	光纤光栅感温火灾探测系统	(1)清洁表面	√	
		(2)各回路的报警随机抽检试验		√
	视频型火灾报警装置	(1)清洁表面	√	
		(2)各回路的报警随机抽检试验		√
	手动报警按钮	(1)清洁表面	√	
		(2)检查防水性能	√	
		(3)报警信号及传输测试		√
		(4)各回路的报警随机抽检试验		√
	火灾报警控制器	(1)清洁表面	√	
		(2)检查防水性能	√	
		(3)线缆连接是否正常	√	
		(4)报警试验		√
液位检测器	总体	(1)电极棒液位控制装置检查		√
		(2)浮球磁性液位控制器检查		√
		(3)超声波液位计检查		√
		(4)仪器检测精度标定		√
消火栓及灭火器	总体	(1)有无漏水、腐蚀，软管、水带有无损伤	√	
		(2)室外消火栓的放水试验及水压试验	√	
		(3)泡沫消火栓的使用与防渣检查		√
		(4)消火栓的放水试验及水压试验		√
		(5)寒冷地区消防管道的防冻检修		√
		(6)确认灭火器的数量及其有效期	√	
		(7)灭火器腐蚀情况	√	
		(8)设备箱体及标识检查	√	

续上表

设施名称	检查项目	主要检查内容	经常检查	定期检查
			1次/(1~3个月)	1次/年
阀门	总体	(1)外观检查,有无漏水、腐蚀	√	
		(2)操作试验是否正常	√	
		(3)导通试验	√	
		(4)保温装置的状况		√
水喷雾灭火设施	总体	(1)检查系统组件工作状态	√	
		(2)检查设备外表	√	
		(3)检查管路压力	√	
		(4)检查报警装置	√	
		(5)检查系统功能	√	
		(6)清洗雨淋阀本体的密封圈		√
		(7)检查阀瓣断头和锁紧销		√
		(8)清洗控制阀和密封膜		√
		(9)管网耐压试验		√
水泵接合器	总体	(1)清洁表面、内部	√	
		(2)检查密封性	√	
		(3)送水加压功能是否正常		√
水泵	总体	(1)运转时有无异响、振动、过热,压力上升时闸阀的动作是否正常	√	
		(2)外观有无污染与损伤	√	
		(3)轴承部位加油与排气检查	√	
		(4)启动试验与自动阀同时进行	√	
		(5)紧固泵体各连接螺栓	√	
		(6)清除离心泵泵内垃圾	√	
电动机	总体	(1)运转时有无异响、振动、过热	√	
		(2)外观有无污染、损伤	√	
		(3)电压电流检测	√	
		(4)启动试验	√	
		(5)各连接部状况		√
		(6)绝缘试验		√
给水管	总体	(1)有无漏水,闸阀操作是否灵活	√	
		(2)管支架是否腐蚀、松动		√
		(3)洞外及隧道内水管的防冻、防盐雾腐蚀		√
		(4)给水管过滤器清洗		√

续上表

设施名称	检查项目	主要检查内容	经常检查	定期检查
			1次/(1~3个月)	1次/年
气体灭火设施	总体	(1)与火灾报警控制器联动试验		√
		(2)检查气溶胶		√
消防车、消防摩托车	总体	(1)车辆保养	√	
		(2)检查灭火装备	√	
消防水池	总体	(1)有无渗漏水	√	
		(2)水位是否正常及液位检测器是否完好	√	
		(3)泄水孔是否通畅	√	
		(4)水池的清洁		√
		(5)寒冷地区保温防冻检查		√
电光标志	总体	(1)检查、调节LED集束像素管的发光亮度	√	
		(2)检查显示功能是否正常	√	
		(3)外观有无污染、破损、锈蚀,字迹是否清晰	√	

高速公路隧道监控软件系统维护应不少于每年1次,一级及一级以下公路隧道监控软件系统维护宜不少于每年1次。维护时应对软件系统进行修改完善,保证联动运行功能的实现和软件可靠性各项技术措施的落实,并应按使用说明或用户手册进行。

复习思考题

1. 公路隧道的主要病害类型有哪些?
2. 公路隧道土建结构检查包括哪些项目?
3. 公路隧道土建结构的保养和维修方法有哪些?
4. 试述公路隧道日常巡查的工作内容。

第九章 公路沿线设施养护

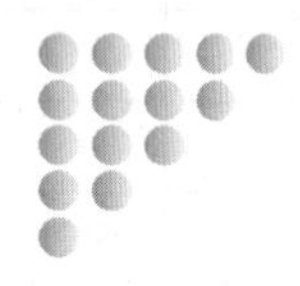

【学习目的与要求】

通过本章的学习,了解交通安全设施养护基本要求,掌握护栏、护网及其他防护设施的检查、养护与维修方法,掌握交通标志、标线的检查与维修方法,了解其他交通安全设施的检查与养护方法。

公路沿线设施是公路交通安全、管理、服务、环保设施等的总称,是公路的重要组成部分。它与行车、行人的安全和交通的畅通有着密不可分的关系,对提高公路服务性能以及保障行车安全和交通畅通具有重要意义。公路交通工程及沿线设施主要包括交通安全设施、公路机电系统(监控系统、收费系统、通信系统、供配电系统)、服务设施、管理设施等。交通安全设施主要有交通标志、交通标线、视线诱导标、隔离栅、防护网、防炫板、护栏、防撞垫、特殊交通安全设施等;服务设施主要有服务区、停车区、公共汽车停靠站等;管理设施主要有管理机构房屋等。公路沿线设施应经常处于良好的服务状态,与其他公路设施一样需要进行养护,有损坏的应及时维修或更换,缺失或需要增加的应及时按技术要求进行补充,保持完整、齐全和良好的工作状态,满足公路的各种功能要求。

交通工程及沿线设施养护的一般要求是:交通工程及沿线设施养护应遵循"保障安全、提供服务、利于管理"的原则,保持完整、齐全和良好的工作状态;加强对各种设施的养护,及时维修和更换损坏部件;设施不全或设施设置不合理的,应根据公路性质、技术等级和使用要求,有计划、有步骤地补充和完善。

第一节 公路交通标志的养护

公路交通标志是用图形符号和文字传递特定信息,用于管理交通,保证公路交通安全,协助车辆顺利通行的安全设施。公路交通标志包括警告标志、禁令标志、指示标志、指路标志等主动标志和为表示时间、车辆种类、区域或距离、警告、禁令理由等起辅助说明作用的辅助标志及其他标志。公路交通标志形状、颜色、尺寸、图案种类和设置地点均按现行《道路交通标志和标线》(GB 5768)的规定执行。

公路交通标志设置以后,应按管理责任分工认真养护,保持位置适当,表达准确、完整、醒目、美观。夜间交通量大的公路,应采用反光标志。国际公路和重要的旅游公路,一般同时标注英汉两种文字。

1. 交通标志的检查

应经常检查公路交通标志是否受到树木等物体的遮挡，以及标志牌、支柱是否受到损坏，另外一般还应进行定期检查。遇到有风暴等异常气候及洪水、地震等自然灾害或交通事故时，应进行临时检查。检查包括下列内容：

(1)标志牌、支柱的变形、损坏、污秽及腐蚀情况。

(2)油漆及反光材料的褪色、剥落情况。

(3)标志牌设置的角度及安装情况。

(4)照明设施情况。

(5)基础或底座情况。

(6)反光标识的反射性能。

(7)缺失情况。

此外，还需要根据公路条件(如新增或取消平面交叉、新建或改建桥梁、窄路拓宽、局部现行变更)或交通条件(如增加或变更交通限制等)的变化，检查公路交通的设置地点、指示内容、各标志之间的相互位置、标志的高度和尺寸是否适当等。

通过检查发现公路交通标志出现异常时，应及时恢复到正常状态。

2. 交通标志的养护内容

公路交通标志的养护主要包括以下内容：

(1)交通标志有污秽或贴有广告等时，应尽快进行清洗。清洗的方法为：先用清水喷洒标志表面，再用清洁液、软毛刷、抹布等刷洗，然后用清水冲洗干净，特别注意在使用清洁液或工具时，不可擦伤标志板面(使用清洁液应先取小面积试验后，再决定用何种材料、何种清洁剂为宜，选择的清洁剂应注意无磨损性、无强酸、强碱特性，pH 值为 6～8，不可用苯类、醇类之芳香族溶剂)。去除标志面上的沥青、油质、柴油污点或其他杂质时，可用抹布浸湿煤油、矿物精、戊烷或石油擦拭后，再用清洁剂及清水冲洗。标志面清洗完成后，就进行反光性能测试。

(2)交通标志如有树木遮蔽时，应及时修剪树枝和杂草，或在规定范围内及时变更设置位置。交通标志有污秽时，应进行清洗。

(3)定期刷新。结合当地实际情况，对立柱应周期性刷漆一次，油漆应选择防腐性、耐候性和装饰性好的油漆。

3. 交通标志的维修

(1)标志变形，支柱弯曲、倾斜应尽量修复。

(2)标志牌、支柱损伤及生锈引起油漆剥落，其范围不大时，可对剥落部分重新油漆；油漆严重剥落或褪色，应重新油漆。

(3)标志牌或支柱松动，应及时紧固。

(4)破损严重、缺失、反光膜效果不好，应及时更换或补充。反光膜有轻微损坏时，宜用选用相同材质的反光膜覆盖修补。

(5)基础或底座有损坏时，应及时修补恢复，如无法恢复，宜在原处附近重新设置基础或底座。

(6)连接紧固件如有缺失、损坏的,要及时进行更换和补充。

(7)部分路段由于路面多次维修、罩面,路面高程有所提高,致使某些标牌的净空已不能满足路上行驶车辆的要求时,应及时调整标志牌高度。具体操作如下:

①升高部件的制造采用与原标牌立柱直径相同的无缝钢管和相适应的法兰盘、筋板焊接而成,表面进行防腐处理。

②吊装原立柱:

a. 连接件加松动剂。

b. 用起重机拴住立柱,然后拧松连接螺母,吊出立柱。

c. 对原基础和地脚螺栓进行必要的处理(如除锈、防腐等)。

d. 将制作好的升高部件安装到位,拧紧地脚螺栓并调平上表面。

e. 对原立柱进行清理后吊装到位,调正立柱,拧紧连接螺栓。

4. 交通标志的更换及变更设置位置

(1)由于腐蚀(生锈)、破损而造成辨认性能下降或夜间反光反射能力降低的标志,应予以更换。

(2)缺失的应及时补充。

(3)设置的标志有类似、重复、影响交通的情况,或设置位置和指示内容不符合时,应进行必要的变更。

除上述固定位置交通标志之外,在公路养护管理、交通事故处置等作业过程中,为保证车辆、行人安全和施工正常进行,应按国家标准规定设置路栏、锥形交通标志、导向标志等告示性标志和警告性标志。应经常检查是否按照规定设置了标志,并应保持标志的良好状态。这些标志主要包括:

①在施工作业、落石、塌方等危险路段或周围设置路栏。

②在指引车辆绕过的施工、维修作业区或其他障碍物路段应设置锥形交通路标。

③在路线方面发现明显变化处,应设置指示性导向标;在施工和维修作业区两端应设置警告性导向标。

路栏、锥形交通路标和导向标,有移动性临时设置设施,也有固定的永久性设施,应分别采用不同的养护和修理方法。

(4)为预告前方公路阻断情况,指示车辆改变行车路线或提醒驾驶员提高警惕的路段两端,应设置临时性的情报告示牌。

当前方公路因路面翻浆、路基塌陷、桥梁破坏、隧道冒顶或水毁等原因发生阻断需指示车辆改变行驶路线时,宜采用“前方××,注意瞭望”“×××,车辆慢行”等标示的告示牌。设置位置在需要告示地点前100~200m处的右侧路肩处。

情报指示牌应保持牌面清洁,字体工整醒目。公路一旦修复、恢复正常行车后,应立即将情报告示牌撤除。

在公路上进行开挖沟槽等作业以及禁止车辆驶入的施工区,除按规定设置醒目的施工标志外,夜间应设置施工标志灯。施工标志灯可因地制宜选用,但必须具备夜间有足够的照明时间、亮度和不易被熄灭的功能。

(5)在高速公路和一级公路上,宜设置因交通、道路、气候等状况变化可改变显示内容的可变信息标志。

5. 交通标志的养护要求

公路交通标志的养护应符合下列要求：

(1)应保持交通标志设置合理，结构安全，版面内容整洁、清晰。

(2)标志板、支柱、连接件、基础等标志部件应完整、无缺损，且功能正常。

(3)标志应无明显歪斜、变形，钢构件无明显剥落、锈蚀。

(4)标志面应平整，无明显褪色、污损、起泡、起皱、裂纹、剥落等病害。

(5)标志的图案、字体、颜色等应符合相关标准要求。

(6)反光交通标志应保持良好的夜间视认性。

第二节　交通标线的养护

公路交通标线是管制和引导交通的安全设施。公路交通标线包括路面上的各种线条、箭头、文字、立面标记、突起路标和轮廓标等所构成的交通安全设施。它可以与标志配合使用，也可单独使用。公路交通标线的形状、颜色、尺寸和设置地点均按现行《道路交通标志和标线》(GB 5768)的规定执行。

公路交通标线设置后，应按管理责任分工并认真保养，经常保持完整、齐全、鲜明。

高速公路、一级公路、二级公路均应设置路面标线。其他道路可根据需要按标准设置标线。

一、路面标线材料的选择

路面标线应采用耐磨耗、耐腐蚀、与路面黏着力强、具有较好的辨认性、便于施工、对人畜无害的路标漆、塑胶标带、陶瓷和彩色水泥等材料制作。标线材料的选择，应从涂料性能和施工方便两方面加以考虑。

1. 涂料性能

(1)车辆行驶时，无论是白天或黑夜，都能由于光泽和色彩的反衬而使驾驶员清晰地识别和认清标线。

(2)涂料必须保持与路面之间的紧密结合，一定时期内不会因为车辆和行人来往通行而剥落。

(3)涂料必须具有优良的耐久性，能经受车轮长久的磨耗，不会产生明显的裂缝。

(4)涂料应具有很好的防滑性能，车辆驶过标线时产生较小的噪声和振动。

(5)涂敷作业要安全、无毒、无污染。

(6)反光标线涂料应确保较好的反光性能，该性能在相当长的使用期间不会显著下降。

(7)保持路面标线颜色的均匀一致，一定时期内不会因气候、路面材料等作用而变色。

2. 施工性能

(1)标线涂料应具有快干的特性，涂敷作业应尽量减少对交通的干扰。

(2)标线涂料应具有良好的施工性能，划出的标线边缘整齐、表面平整，不会产生涂料流淌，表面产生沟槽、气泡等缺陷。

(3)标线施工过程中，按规定控制标线厚度。

(4)标线施工过程中，应严格控制施工温度。常温涂料施工温度为4℃以上，加热型涂料施工温度为50～80℃，热熔涂料施工温度为180～230℃。气温低于4℃，以及雨、雪天不能施工。

二、标线材料的分类

路面标线材料中的涂料按施工温度可分为常温型(冷用)、加热型和热熔型3类。常温型和加热型(50～80℃)属于溶剂型涂料,呈液态供应。加热型涂料固体成分多一些,黏度也高。热熔型涂料呈粉末状固体,需高温加热(180～230℃)使其熔解才可涂敷于路面。欧美一些国家和地区把这种涂料称为热塑涂料。

除涂料用作标线材料外,还有各种粘贴材料。路面标线材料的分类见表9-1。

路面标线材料的分类 表9-1

序号	分类			施工条件
1	标线涂料	溶剂型	常温涂料	常温施工
			加热涂料	加热施工
		熔融型	热熔涂料	熔融施工
2	贴附材料	贴附成型标带		粘贴施工
		热熔成型标带		加热施工
		铝箔标带		粘贴施工
3	标线漆	突起路标		粘贴或埋入施工
		分离器		螺栓固定施工

三、标线涂料的适用范围

标线涂料的适用范围见表9-2。

标线涂料的适用性 表9-2

道路分类	路面状况	路面标线的划分	温暖地带		寒冷地带	
			交通量大	交通量小	交通量大	交通量小
一般道路	一般道路	纵向标线	M	M,H	M,H	H
		横向标线、文字记号	M	M	M	M
	临时道路	纵向标线	C	C	C	C
	龟裂多的路面	纵向标线	H,C	H,C	H,C	H,C
	石路面、砖路面	纵向标线	C	C	C	C
高速公路、汽车专用公路	一般道路	纵向标线、横向标线、文字记号	H,M	H	H	H
	临时道路	立面标记	C	C	C	C

注:C-常温型;H-加热型;M-热熔型。

四、交通标线的养护与维修

1.路面标线、导向箭头、文字标记

(1)路面标线污秽,影响辨认性能时,应及时进行清扫或冲洗。

(2)路面标线磨损严重或脱落,影响辨认性能时,应重新喷刷或修复,并注意避免与原标线错位。

(3)进行路面局部修理使路面标线局部缺损或被覆盖时,应在路面修理完工后予以修补或喷刷。

2. 立面标记

(1)立面标记应保持颜色鲜明、醒目,并经常清除标记表面污秽。

(2)用反光膜制作的立面标记若被破坏,应及时重新更换、贴补。

(3)用油漆涂刷制作的立面标记若已褪色或出现油漆剥落,应及时重新涂漆。

3. 突起路标

为辅助和加强标线效用,可设置固定于路面上的突起路标。突起路标是安装于路面的一种块状突起结构,一般与路面交通标线配合使用,设置在行车道的边缘外侧或车行道分界线的虚线处。

(1)突起路标主要的养护内容是保持其反射性能。应经常清扫突起部位周围的杂物,清除反光玻璃球表面污秽。

(2)突起路标主要的修理内容是保持其完好的反射角度,发现松动的应予以固定;发现损坏或丢失的,应及时修复或更换。

(3)突起路标的养护应符合下列要求:

①突起路标应无严重的缺损。

②破损的突起路标应不对车辆、人员等造成伤害。

③突起路标应无明显的褪色。

④突起路标的光度性能应保持其在夜间良好的视认性。

4. 轮廓标

轮廓标是设置于道路边缘,用于诱导视线的一种设施。轮廓标上具有逆反射体或逆反射材料,在夜间车灯的照射下,显示出道路边缘的轮廓,对行车进行安全引导。汽车专用公路和实施 GBM 工程(具有中国特色的公路标准化、美化建设工程)的公路或路段,应设置路边轮廓标,其他公路可视实际需要设置。

凡设置示警桩和护栏路段,以及路肩上已种植整齐的行列式乔木路段,可不再设置路边轮廓标。路边轮廓标与百米桩结合设置时,应在桩下部标明百米桩号。

(1)轮廓标养护与修理包括以下主要内容:

①反光矩形色块剥落,应及时贴补。

②清除表面污秽和遮蔽轮廓标的杂草、树木物体。

③油漆剥落的,应重新漆涂。

④标柱倾斜或松动的,应扶正固定。如已变形、损坏,应尽量修复或更换。

⑤丢失的应及时补充。

(2)轮廓标的养护应符合下列要求:

①轮廓标应进行表面清洗。

②轮廓标应无缺损。

③轮廓标应无明显的褪色。

④轮廓标的光度性能应保持其在夜间良好的视认性。

五、交通标线的养护要求

公路交通标线的养护应符合下列要求:

(1)具有良好的可视性,边缘整齐,线形流畅,无大面积脱落。

(2)颜色、线形等应符合相关标准要求。

(3)反光标线应保持良好的夜间视认性。

(4)重新划设的标线应与旧标线基本重合。

第三节 安全设施的养护

一、安全保障工程实施路段及判定指标

1. 安全保障工程实施路段的定义

判定公路安全保障工程实施路段,应坚持“经济可行、技术可行、方案有效”的原则,将公路技术指标与交通事故指标紧密结合,通过分析影响行车安全的主要因素,将存在隐患的路段纳入公路安全保障工程实施路段范围。

满足事故指标的路段,通过事故多发原因的分析,确定为公路本身存在影响行车安全的因素,如急弯、陡坡、连续下坡、视距不良、路侧险要等,作为公路安全保障工程实施路段;若确定为非公路本身存在影响行车安全的因素而是人、车因素如机非混行、行人横穿等,也可以考虑通过实施公路安全保障工程,在一定程度上减少其他因素对公路行车安全的影响。

2. 判定指标

1)事故指标

2km 范围内 3 年发生过 1 起死亡 3 人以上的事故或 500m 范围内 3 年发生过 3 起以上死亡事故的路段。

2)公路指标

急弯、陡坡、连续下坡、视距不良、路侧险要等路段,实施公路安全保障工程的公路指标见表 9-3。

实施公路安全保障工程的公路指标　　表 9-3

<table>
<tr><th colspan="2">路　段</th><th colspan="3">公 路 指 标</th><th>备　注</th></tr>
<tr><td rowspan="10">急弯路段</td><td rowspan="5">单个急弯</td><td>设计速度(km/h)</td><td colspan="2">平曲线半径 R(m)</td><td rowspan="4">平曲线半径(R)小于表中所列数值,且停车视距小于《公路工程技术标准》(JTG B01—2014)规定的停车视距的路段</td></tr>
<tr><td>20</td><td colspan="2"><30</td></tr>
<tr><td>30</td><td colspan="2"><60</td></tr>
<tr><td>40</td><td colspan="2"><125</td></tr>
<tr><td>≥60</td><td colspan="2">平曲线半径较小、视距受限路段</td><td>—</td></tr>
<tr><td rowspan="5">连续急弯</td><td>设计速度(km/h)</td><td>平曲线半径 R(m)</td><td>各曲线间的距离 L(m)</td><td rowspan="4">设计速度小于 60km/h,连续有 3 个或 3 个以上小于下列半径(R)的平曲线,且各曲线间的距离(L)小于表中所列长度的路段</td></tr>
<tr><td>20</td><td><30</td><td><25</td></tr>
<tr><td>30</td><td><60</td><td><35</td></tr>
<tr><td>40</td><td><125</td><td><50</td></tr>
</table>

续上表

路段	公路指标		备注
陡坡路段	设计速度(km/h)	纵坡 i(%)	纵坡 i 大于表中列数值的路段
	20	>8	
	30	>7	
	40	>6	
	60	>5	
	≥80	>4	
连续下坡路段	相对高差为200~500m时	$i>5.5$	连续里程大于3km、多个连续下坡且平均纵坡大于下列数值的越岭路段
	相对高差大于500m时	$i>5$	
视距不良路段	设计速度(km/h)	会车视距 L(m)	会车视距(L)不满足设计速度要求的路段
	20	<60	
	30	<80	
	40	<150	
	60	<220	
	≥80	<320	
路侧险要路段	陡崖、沟深、填方边坡高度或路肩挡墙高度 $h\geqslant 4$m 的路段,或距路肩边缘不足3m有湖泊、沟渠、高速公路、铁路等路侧险要的路段		—

3)其他因素

行人、自行车或环境等对行车造成安全隐患的路段,如隧道、平面交叉、过村庄路段、城乡接合部路段、公路条件变化路段等。

二、安全保障工程设置对策

公路安全保障工程实施路段,无论是处于生态环境脆弱的山区还是人口密集的平原区,都应该注意尽量减少对生态环境的影响。为减少对生态环境的影响,提高公路行车安全性,应以综合运用交通工程技术为主要处治手段。在全面分析交通安全隐患的基础上,合理确定技术方案,注重环境保护和综合处治措施。

公路安全保障工程实施路段,应重视现场勘查和科学分析,采用低成本措施解决影响交通安全的主要矛盾,从而提高公路行车安全性。如:因弯道内侧植物或边坡杂乱等阻碍行车视线时,通过修剪树木、清除杂物等低成本措施增加会车视距。

1. 安全设施管理设施的要求

根据公路安全保障工程实施路段的判定指标,公路安全保障工程提出了陡坡、急弯、连续下坡、视距不良和路侧险要路段安全设施管理设施的设计标准和实施要求,具体应满足以下要求:

(1)单个急弯路段。在进入弯道之前设置“向左(右)弯路”警示标志如图9-1a)、图9-1b)

所示。在弯道起点设置限速的标志,弯道路段根据平曲线情况设置视线诱导设施,根据路侧危险程度在弯道外侧设置护栏。

(2)连续转弯路段。在进入弯道之前设置“连续弯路”警示标志(图9-1c),在弯道起点设置限速标志,根据平曲线情况设置视线诱导设施,并设置相应防护等级的护栏。

(3)陡坡路段。上坡路段在起点前设置“上陡坡”标志(图9-1d);下坡路段在起点前设置“下陡坡”标志(图9-1e)。根据需要设置限速标志、减速设施和视线诱导设施。根据路侧危险程度设置相应防护等级的护栏。

a)向左急弯标志

b)向右急弯标志

c)连续弯路标志

d)上陡坡标志

e)下陡坡标志

图9-1 几种警示标志

(4)连续下坡路段。在起点前适当位置设置“连续下坡”标志,根据情况在标志上表明连续下坡长度(图9-2)。

图9-2 连续下坡标志

如果设置了避险车道,应在避险车道起点前设置“避险车道”标志和至少两处避险车道预告标志(图9-3),根据需要设置限速标志、禁止超车标线、减速设施和线形诱导标,并根据路侧危险程度设置护栏。

(5)视距不良路段。设置鸣喇叭标志、限速标志、禁止超车标志(图9-4),根据需要设置线形诱导标、减速设施。

图9-3 避险车道预告标志

a)鸣喇叭标志

b)限速标志

c)禁止超车标志

图9-4 视距不良路段的交通标志

(6)路侧险要路段。根据车辆驶出路外可能产生的事故严重程度设置路栏,根据路侧情况设置“傍山险路”“堤坝路”“注意落石”“注意横风”等警告标志(图9-5),并根据线形适当设置视线诱导设施。

a)傍山险路标志

b)堤坝路标志

c)注意落石标志

d)注意横风标志

图 9-5　路侧险要路段的交通标志

2. 安全保障工程实施路段的交通标志

1)安全保障工程实施路段的交通标志的设置要求

实施安全保障工程路段的交通标志应根据公路、交通和环境等条件选用，做到交通标志标准规范、经济美观，避免因警告、禁令和相关提示性标志的频繁使用，使驾驶员产生麻痹心理。

公路交通标志的设置，应以不熟悉周围路网体系的公路使用者为设计对象，在配合使用地图情况下，使其能够顺利通过一定的路径到达目的地。标志上的公路编号和命名应严格按相关国家标准进行标识。

安全保障工程实施路段，应重视事故多发路段告示牌的设置工作，结合相关警告和禁令标志等，提醒驾驶员谨慎驾驶。交通标志应与交通标线配合使用，协调一致。两块以上标志牌设置在一根立柱上时，应按警告、禁令、指示的顺序，先上后下、先左后右排列。

二级及二级以下公路上设置的大型标志板应充分利用，可以在其背面设置公益标志。

实施安全保障工程路段的交通标志设置应注意：山区公路应根据公路线形、视距条件、同时考虑交通量、交通组成、车速等交通状况，以及历史事故情况、路侧情况等，合理设置警告、禁令标志，并避免沿线标志林立的情况；平原区公路指路标志的设置应根据其在整个路网中的地位、作用以及与相连公路的关系，进行总体布局，平面交叉的标志设置应注意路权、通行优先权以及相应的指路标志的设置。此外，需要注意的是要求驾驶员根据标志信息采取相应行动的标志，如变换车道、改变行驶方向、减速或停车等标志，设置应有足够的前置距离，以保证行车安全。

2)安全保障工程路段的新增标志

安全保障工程路段在实施过程中，需要用到一些《道路交通标志和标线》(GB 5768)中没有相应规定的标志，可参考以下的标志版面设计。

(1)避险车道标志。

山区公路设有避险车道的场所，应设避险车道标志。该标志设在避险车道引道端头醒目位置。可在避险车道引道起始端前 1km 或 500m 位置，设避险车道预告标志。

(2)人文标志。

提示“请勿疲劳驾驶”“系安全带”“严禁乱扔弃物”“严禁酒后驾车”等有助于交通安全的标志，其他类似标志版面设计应采取统一风格。设置这些标志时，应注意结合事故情况、主要交通标志设置情况，不宜多设。

(3)观景台、小型停车区标志。

在沿路开辟的观景台和小型停车区处，应在入口附近设置停车场所标志。

(4)减速丘标志。

设置减速丘的地方,应设置警告标志,并应配合相应的减速丘标线,以提示驾驶员减速行驶。为了帮助驾驶员理解减速丘警告标志含义,可以在警告标志下设辅助标志。

3)安全保障工程路段的限速标志

限速标志的限速值可以取自由流状态下第85%位车速,并在一定范围内调整。实际设立限速标志时,可能还需要考虑以下的其他因素:

(1)公路等级、特征、路肩条件、线形和视距等。

(2)路侧土地使用和环境。

(3)停车需求和行人活动。

(4)一个时间段的事故记录。

设置限速标志时,可以分车型分别限速,如客车、货车;也可以分时间或天气分别限速,如专门的夜间限速标志。

对于设立了限速标志的一般公路,应对公路特征或周围土地使用情况发生重大变化的路段设置的限速标志进行再评估。

3. 安全保障工程实施路段的交通标线

实施安全保障工程路段的交通标线应根据路面宽度、交通量和视距等主要因素设置,并做到标准规范、线形流畅和合理衔接,充分发挥其引导交通流的功能。在交通标线中应重视中心实线的应用。在不满足会车视距的路段,如急弯、陡坡等视距不良路段,应施划中心实线,禁止车辆不安全超车行为,从而预防会车事故的发生。在易发生事故的路段,还可以同步设置突起路标和中央隔离设施等,以提高行车安全性。此外,应重视平面交叉的标线设置。根据平面交叉的形式和交通流的特点予以合理渠化,明确通行优先权,尽可能消除交通冲突点,引导车辆有序通过平面交叉。

(1)一级公路路段设置车道边缘线及车道分界线,线宽15cm。

(2)双向两车道施划路面中心线。

双向车道路面中心线原则上施划单线,下列情况可以考虑施划双线:

①路面宽度足够,为了规范车辆在车道内行驶而不侵入对向车道(双线的间距根据路面宽度、车道宽度确定);

②双向超车的管理规定不同,一个方向允许超车而另一方向不允许。

(3)车行道边缘线。

同方向同一断面上的机动车道与非机动车道的分界线,应视为机动车道的边缘线,应施划白色实线。在机动车需要跨越边缘线的地方可施划白色虚线。线宽15cm,受路面宽度限制时可采用10cm的线宽。

(4)立面标记。

在跨线桥、渡槽等的墩柱或侧墙端面上、隧道洞口、收费岛岛头或人行横道上的安全岛的壁面上宜施划立面标记,提醒驾驶员注意在车行道或近旁有高出路面的障碍物,以防止发生碰撞。

(5)减速标线。

①路段横向减速标线。

路段横向减速标线一般有两种形式:一种是设置在减速路段上;另一种设置在减速路

段起点前。二者标线形式不同,即标线宽度、间距、组数等有区别。无论设置哪一种,都应注意横向标线的抗滑能力至少不低于路面的抗滑能力的要求,尤其是设置在弯道上的横向标线。

路段横向减速标线设置在需要减速的路段上。标线宽度、间距、个数不变,仅起提示作用,告知驾驶员路况不良,应该减速。

路段横向减速标线,设置在减速路段的起点前,提醒前方需要减速行驶,例如设置在连续下坡路段即将进入弯道前。

②收费站减速标线。

收费站减速标线可参考现行《道路交通标志和标线》(GB 5768)施划,但应注意并不是现行《道路交通标志和标线》(GB 5768)中规定的所有减速标线都需要施划,应根据减速起点的车速及收费广场的长度、宽度确定。

(6)轮廓标。

①在视线不良、急弯、车道数或车道宽度有变化及连续急弯陡坡等路段应设置轮廓标,设计速度大于或等于60km/h的公路和国、省道干线公路宜全线设置轮廓标。

②在气候条件恶劣、线形条件差和事故多发地段应设置反光性能高的轮廓标,或采用尺寸较大的反射器。

③轮廓标一般设置在公路的土路肩上或附着在路侧护栏上。轮廓标形式可根据公路是否设置护栏以及所设护栏的形式,选用附着式或柱式轮廓标。双向行车的隧道内壁上附着的轮廓标应为双向反光。二级及二级以下等级公路,路侧轮廓标也应为双向反光。

④轮廓标在公路前进方向左、右侧对称设置。一级公路整体式设置了中央分隔带的以及一级公路分离式,按行车方向,左侧设置黄色轮廓标,右侧设置白色轮廓标;二级及二级以下等级公路,按行车方向,左右两侧的轮廓标都是白色。

(7)线形诱导标。

在受土体、树木或房屋等阻挡,及其他使驾驶员难以明了前方线形走向,易发生交通事故的小半径弯道外侧,可视具体情况设置一定数量的线形诱导标。

①线形诱导标的尺寸。

对于线形诱导标的尺寸,当设计速度大于或等于80km/h时,可选用600mm×800mm;设计速度小于80km/h时,可选用400mm×600mm,最小不得小于220mm×400mm。

②线形诱导标的设置数量、间距。

线形诱导标的设置应根据曲线半径、曲线长度、偏角大小确定。偏角较小(小于或等于7°)的曲线路段,可在曲线重点位置设一块诱导标;偏角较大(大于7°)、曲线较长的弯道,可根据需要设置若干块诱导标。应保证驾驶员在曲线范围内连续看到不少于3块诱导标。

③线形诱导标颜色。

一般情况下,使用指示性线形诱导标,为蓝底白图案;在经常发生驶出路外事故、事故严重度较高或需强烈警示驾驶员注意的曲线路段,可使用警告性线形诱导标,为红底白图案。黄底黑图案线形诱导标用于施工区。

④线形诱导标板的下缘至路面的高度应为120~150m,板面应尽可能垂直于驾驶员视线。

(8)示警桩、示警墩。

作为轮廓标的一种形式,示警桩(图9-6)、示警墩(图9-7)的设置位置同轮廓标,只是间距不同。示警桩间距4~6m,示警墩间距2m。

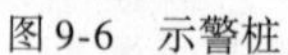
图 9-6　示警桩

图 9-7　示警墩

4. 安全保障工程实施路段的护栏

应根据路侧危险程度、事故率、行车速度和交通流组成等主要因素设置护栏，合理选择防护栏防护等级。护栏形式应与周边景观相协调。避免盲目设防、过度设防，最大限度减少工程对环境和景观的破坏。

护栏形式的选择还要考虑当地的养护条件、环境和气候因素。如在北方积雪地区宜采用波形梁或缆索护栏，以便于清除积雪。选用连续混凝土护栏的路段，还要考虑清扫、排水等因素。

护栏设计应考虑路面加铺、罩面等因素对护栏设置高度的影响。

1）护栏的设置原则

应根据交通事故率、车辆驶出路外的可能性和路侧危险程度等条件，确定是否设置护栏。车辆驶出路外的可能性与交通量、公路的曲线半径、下坡坡度有关，上坡影响不大。可综合以上因素与技术条件，在下列路段设置护栏：

（1）在发生过车辆驶出路外交通事故的地方，尤其是驶出路外的交通事故多发的路段，应设置防护等级高一些的护栏。

（2）急弯或连续急弯，特别是连续下坡路段小半径曲线的外侧，应设置护栏。

2）护栏的形式选择

（1）对于护栏形式的选择，应针对每条公路的具体情况，充分比较各种护栏的性能，分析行驶安全感、压迫感、视线诱导、瞭望的舒适性，并考虑与公路周围环境的协调，结合经济性、施工条件及养护维修等因素，在综合分析的基础上确定。

（2）波形梁护栏刚柔相兼，具有较强的吸收碰撞能量的能力，具有较好的视线诱导功能，能与公路线形相协调，外形美观，损坏处容易更换。波形梁护栏较混凝土护栏具有一定的通透性，可用于美观性要求较高的一般路段和沙漠、积雪地区（图 9-8）。

（3）混凝土护栏防止车辆越出路（桥）外的效果好。由于混凝土护栏几乎不变形，因而维修费用很低，但当车辆与护栏的碰撞角度较大时，对车辆和乘员的伤害大（图 9-9）。

混凝土护栏可用于山区急弯路段外侧，以及路侧为深沟、陡崖，车辆冲出将导致严重伤亡事故的部分路段。

5. 安全保障工程实施路段的减速设施

因车速快而导致交通事故的路段可设置减速设施。对于减速设施形式的选择，应考虑行

车的舒适性、路面排水和日常养护等因素。使用物理减速设施应注意设置相应的标志标线进行预告、警告。

图9-8　波形梁护栏

图9-9　混凝土护栏

6. 安全保障工程实施路段的视线诱导设施

应根据公路线形、路侧危险程度和其他实施的应用情况选择合理的设施形式。

对于事故概率低、严重度小、路侧危险程度不大、线形指标较好的路段，可选用示警桩、示警墩和轮廓标等视线诱导设施；对于线形指标较差的路段，可选用线形诱导标。

7. 避险车道

应根据历史事故资料，在多次发生车辆因制动失灵冲出路外且地形条件许可的长大下坡路段修建避险车道。

对于避险车道的形式，应首选上坡制动床型避险车道。当因空间位置所限不能建造上坡制动床型避险车道时，可选择建造沙堆避险车道，但应保持沙子松散、干燥。

应根据连续长大下坡路段货车失控事故情况、坡度、坡长、货车占交通量的百分比以及事故的严重程度等因素，综合考虑是否设置避险车道。

1）避险车道的设置位置

避险车道应设置在能拦住大部分失控车辆的地方，一般设置在以下位置：

（1）连续长大下坡或陡坡路段接小半径曲线前方（在车辆驶入小半径曲线前，宜沿曲线切线方向设置避险车道）。

（2）连续长大下坡路段的下半部。

此外，还应考虑设置地点的具体地形条件。

2）避险车道的组成

一条完善的避险车道由避险车道引道、避险车道、服务车道及配套交通设施组成。

（1）避险车道引道。

引道连接着主线和避险车道，为主线和制动床之间提供了一定的偏移量，避免制动床沙砾飞溅回主线影响主线交通。

在引道上，驾驶员应能看清避险车道的全貌，引道的终点应设置为方形。避险车道引道长度应能保证失控车辆驾驶员有充分的反应时间、足够的空间操纵车辆驶入避险车道。

（2）服务车道。

服务车道应紧靠制动床，以便拖车和维护车辆使用。服务车道的宽度应至少为3m，其表面应硬化,也可以用砾石铺砌。应避免失控车辆的驾驶员误把服务车道作为避险车道使用。

(3)配套交通设施。

为了拖出失控车辆,必须设置锚块固定拖车。锚块通常沿着制动床以 50 ~ 100m 的间距设置。在制动床之前 30m 也应设置一个锚块,以便于拖车拖出失控车辆。

如有条件,可提供照明,以便夜间驾驶员可以更好地识别避险车道。

如有条件,可布设一定的监控设备,以便失控车辆进入避险车道后及时得到救助,并加强对失控车辆驶入避险车道的入口速度、车辆驶入轨迹等的检测。

3)避险车道交通安全设施

在坡顶宜提供连续长大下坡路段、坡长、平面线形和避险车道位置等信息。在避险车道之前至少设置两块避险车道预告标志(前 1km、前 500m 处),在避险车道引道入口前应设置避险车道标志,引导失控车辆驶入避险车道。

4)避险车道的运营管理和养护

(1)运营管理。

加强宣传,使驾驶员了解避险车道的作用、怎样使用避险车道、使用避险车道将会发生什么、怎样从避险车道出来。

(2)养护。

在避险车道每次被使用、失控车辆被拖出避险车道制动床之后,尽快铺平制动床集料。即使没有车辆驶入避险车道,也要定期翻松集料,以免集料被压实,每次翻松至少 60cm 深。冬季注意防止制动床集料冻结。

8. 小型停车区及观景台

结合线形和沿线城镇分布情况,在车辆易出故障路段,或距离城镇比较远的路段,考虑交通量和车辆组成,间隔一定距离设置小型停车区或可供车辆短时停车休息的路侧休闲区域。在景色优美、路侧有条件的地方,可结合小型停车区的布设设置观景台。设置小型停车区和观景台时,应充分利用施工弃方。

9. 路面防滑

在易发生车辆侧滑的路段,检查路面抗滑性能,结合路面维修养护计划确定路面防滑处理措施。

10. 其他交通工程设施

其他交通设施的选用应坚持因地制宜、经济适用和符合标准规范等基本原则。

三、护栏养护与维修

护栏是一种重要的交通安全设施,通常设置于公路两侧和中央分隔带,主要用于防止失控车辆越出路外或穿越分隔带闯入对向车道,同时吸收碰撞能量,保护车辆和驾乘人员生命安全。

1. 护栏的检查

日常巡查和每季度定期检查相结合,检查的主要内容如下:

(1)各类护栏的损坏或变形情况。
(2)立柱和水平构件的紧固状况。
(3)污秽程度及油漆损坏状况。
(4)拉索的松弛程度。
(5)护栏及反光膜的缺损情况。

2. 护栏的养护与维修

护栏的养护与维修主要包括以下内容:
(1)经常清理护栏周围的杂草、杂物等。
(2)护栏表面油漆损坏,应及时修补。反光层脱落,应随时贴补。
(3)由于交通事故或自然灾害造成护栏缺损或变形,应及时修复或更换。
(4)由于公路高程调整,原护栏不符合规定时,应对护栏的高度进行调整。
(5)对侵蚀严重的金属护栏应予以更换。
(6)不能及时按原样修复,而又对交通安全威胁较大的地段,应采用应急材料临时修复。

3. 护栏的养护要求

1)波形梁钢护栏
(1)保持波形梁钢护栏的结构合理、安全可靠。
(2)护栏板、立柱、柱帽、防阻块(托架)紧固件等部件应完整、无缺损。
(3)护栏质量符合相关标准要求。
(4)护栏的防腐层应无明显脱落,护栏无锈蚀。
(5)护栏板搭接方向正确,螺栓紧固。
(6)护栏安装线形流畅,无明显变形、扭转、倾斜。
2)水泥混凝土护栏
(1)保持水泥混凝土护栏线形流畅、结构合理。
(2)水泥混凝土护栏应无明显裂缝、掉角、破损等缺陷。
(3)水泥混凝土护栏使用的水泥、砂、石、水、外加剂、钢筋等材料质量应符合相关标准、规范及设计要求。
(4)水泥混凝土护栏的几何尺寸、基础强度、埋置深度,以及各块件之间、护栏与基础之间的连接应符合设计要求。
3)缆索护栏
(1)缆索护栏(图9-10)各组成部件应无缺损。
(2)缆索护栏各组成部件应无明显变形、倾斜、松动、锈蚀等现象。
(3)缆索护栏使用的缆索、立柱、锚具等材料质量应符合相关标准、规范及设计要求。

图9-10 缆索护栏

四、安全保障设施的养护

交通安全设施对于保障交通安全至关重要,必须进行及时养护,保证其处于良好的服务状态。交通安全设施的养护内容主要包括检查、保养维护和更新改造。其中,检查包括经常性检查、定期检查、特殊检查和专项检查。此外,平时应加强日常巡查工作。

交通安全设施养护的基本要求如下:

(1)经常性检查的频率不少于1次/月;定期检查的频率不少于1次/年;遭遇自然灾害、发生交通事故或出现其他异常情况时,应及时进行附加的特殊检查;设施更新改造之后,应进行全面的专项检查。

(2)应结合设施特点,加强对交通安全设施的养护维修和更新改造。

(3)交通安全设施的养护应满足设施完整和外观质量、安装质量、技术性能等各项质量的要求。

(4)因交通事故、自然灾害或其他原因造成的设施损伤应及时进行修复。

(5)采用常青绿篱和绿色植物进行隔离和防炫时,应参照规范绿化的相关规定进行养护。

(6)对于事故多发路段和一些特殊路段,应结合公路安全保障工程的技术内容,及时改造、完善各种交通安全设施。

(7)交通安全设施的养护质量参照现行《公路技术状况评定状况标准》(JTG 5210)进行评定。

第四节　其他交通安全设施的养护

一、中央分隔带

高速公路和一级公路上设置的中央分隔带和在城镇附近混合交通量大的公路沿线主线设置的分隔行车道用的分隔带,应经常保持良好。

1. 中央分隔带的检查

(1)检查中央分隔带的排水通道是否阻塞。

(2)检查路缘石的变形、损坏情况。

2. 中央分隔带的养护与修理

(1)排水通道阻塞应及时疏通。

(2)清理中央分隔带或分隔带内的杂物,修剪高草。

(3)修复变形的路缘石,更换损坏的路缘石。

二、隔离栅和防护网

隔离栅是为防止牲畜、行人、非机动车等进入高速公路,在路基以外设置的栅栏。其他公路在穿越城镇的路段,根据实际情况也时有设置。

1. 隔离栅的检查

除日常巡回检查外,每季度还应进行一次定期检查。检查包括下列内容:

(1)隔离栅的损坏或变形情况。

(2)污秽程度。

(3)油漆损坏及金属锈蚀情况。

2. 隔离栅的养护与修理

隔离栅的养护与维修主要包括以下内容：
(1)污秽严重的应定期清理。
(2)每年定期重新涂漆一次。
(3)损坏部分应及时修复或更换。
防护网的检查、养护与修理基本和隔离栅相同。

3. 隔离栅的养护要求

隔离栅的养护应符合下列要求：
(1)应保持隔离栅完整无缺、功能正常。
(2)隔离栅金属网片、立柱、斜撑、连接件、基础等部件应无缺损。
(3)隔离栅质量应符合相关标准要求。
(4)隔离栅应无明显倾斜、变形，各部件稳固连接。
(5)隔离栅防腐涂层应无明显脱落、锈蚀现象。

三、标　　柱

标柱分为警示标柱和道口标柱两种。警示标柱是设置在漫水桥和过水路面两侧及平原地区路堤高4m以上、山岭地区路堤高6m以上路段和危险路段，以表明公路边缘及限行的示警标志。道口标志是设在公路沿线较小交叉路口两侧，表明平面交叉位置的设施。

标柱制作材料可采用金属、钢筋混凝土、水泥混凝土、木料或石料等。标柱间距6～10m，断面尺寸15cm×15cm，高出地面80cm，高出地面部分一律涂以间距为20cm、顶端为红色的红白相间油漆。

应经常检查标柱有无歪斜、变形、缺少、损坏，油漆有否剥落、褪色。养护和修理的主要内容是及时扶正标柱，修理或更换变形、损坏部分，缺少的应填补，保持标柱位置正确，颜色鲜明、醒目。

四、防　炫　板

防炫板是为使夜间行车的驾驶员免受对向来车前照灯照射干扰而设置在中央分隔带上的设施。

1. 防炫板的检查

在日常巡查中，应经常检查遮光栅有无缺损歪斜，钢质遮光栅有无油漆剥落、锈蚀，支柱有无变形。

2. 防炫板的养护与修理

(1)损坏部分应及时修复，歪斜的应扶正。
(2)定期重新涂漆。锈蚀和变形严重的应予以更换。

3. 防炫板的养护要求

防炫板的养护应符合下列要求：

(1)防炫板应保持完整、清洁,具有良好的防炫效果。

(2)防炫板应安装牢固,无缺损。

(3)防炫板应无明显变形、褪色或锈蚀。

(4)防炫板的质量应符合相关标准要求。

五、隔　音　墙

1. 隔音墙的作用

隔音墙是为了减轻高速公路行车噪声对附近居民的影响,而建造在公路旁边的墙式设施。

2. 隔音墙的检查

(1)经常检查其排水通道是否堵塞。

(2)墙体有无变形或损坏情况,特别是雨季。

3. 隔音墙的养护维修

(1)及时清理隔音墙周围的杂草、泥土、垃圾,疏通排水通道。

(2)对变形或损坏的隔音墙应及时修复。

六、震巅设施

1. 震巅设施作用

震巅设施是设在路面上并高出路面,用以警告驾驶员减速的安全设施。高速公路震巅设施主要设置在收费站,当汽车通过震巅设施时受到冲击和振动,起到警告和强行减速作用。震巅设施一般为半球状、搓板、门槛等形式。

2. 震巅设施的检查

(1)检查与路面的固定有无松动。

(2)检查设施本身有无裂缝、损坏。

3. 震巅设施的养护维修

(1)经常清扫设施上的杂物。

(2)因磨损而影响震巅性能时,应予以更换或修复。

(3)发现有松动,应立即将固定部件紧固。不易坚固时,应更换。

(4)严重缺损的震巅设施,应拆除重新设置。

七、反　光　镜

视距不足的急转弯和路线平面交叉处,可根据需要设置能使驾驶员从镜中看到对方来车的平曲线反光镜(图 9-11)。由于反光镜与交通安全密切相关,应经常对反光镜进行检查与养护维修。

图 9-11　反光镜

1. 反光镜的检查

除在日常巡回检查反光镜的反射能力外,还应进行定期检查。检查包括下列内容:

(1)反光镜的设置位置、方向和角度是否正确。

(2)支柱有无倾斜和损坏。

(3)镜面有无污秽和损坏。

在出现异常天气时,应立即进行针对上述内容的检查。

2. 反光镜的养护

(1)保持镜面清洁和反射能力。

(2)及时清除反光镜周围树枝、杂草等遮蔽物。

(3)对检查出的病害,应立即修复好。

除以上内容以外,对于公路交通安全设施的养护,还应注意以下两点:

(1)应保持里程碑、百米桩、道口标柱、公路界碑、防落网、锥形交通路标、公路防撞桶、减速垫、安全岛、平曲线反光镜、声屏障、示警标柱等交通安全设施的清洁完整和功能正常。

(2)应选择恰当和可行的方法,对里程碑、百米桩、道口标柱、公路界碑、防落网、锥形交通路标、公路防撞桶、减速垫、安全岛、平曲线反光镜、声屏障、示警标柱等交通安全设施进行养护。

第五节　机电系统养护与维修

公路机电系统包括监控系统、收费系统、通信系统、供配电系统等,其维护质量标准参照现行《公路工程质量检验评定标准　第二分册　机电工程》(JTG 2182)执行。

机电设施养护应保持各类设备及系统的技术状况达到产品说明书、设计文件和有关规范的要求。

(1)机电设施养护应建立日常清洁及维护、预防性维护、经常性和定期维护制度,对各类设施及其设备、部件、软件和工作环境进行检测、保养和维修,并应符合下列规定:

①各类维护周期应根据维护内容、设备及部件类型和技术特征等确定。

②设备和部件出现轻微故障,或软件辅助功能失效时,应及时修复。

③设备和部件出现一般故障、达到使用年限,或软件局部功能失效时,应及时修复、更换部

件，或局部升级软件。

④系统设备出现重大故障时，应及时抢修，难以修复或系统不能满足使用功能和安全需求时，应及时进行系统改造、扩容、更换设备，或全面升级系统软件。

⑤机电设施修复、更换或升级改造后，应对设施及设备性能进行测试。

⑥机电设施的检测和维修等，应由经专业培训的人员或具有专业资质的单位实施。

⑦事关安全的设备和部件应提前准备应急备件，以确保发生重大故障时应能即时更换。

(2)监控系统养护应包括车辆检测、气象检测、闭路电视监视和可变信息标志等公路设备，环境检测、报警和诱导等隧道内设备，以及监控中心软件和硬件设备等的维护工作。监控系统维护应保持各类检测器和监视系统等数据采集准确、传输可靠，可变信息标志等设备发布信息准确、及时，监控中心各类设备工作正常，应用软件运行稳定。

(3)通信系统养护包括光纤数字传输、数字程控交换、紧急电话与广播和以太网网络平台等系统，通信电源、通信管道和光电缆线路等的维护工作。通信系统维护应保持数据传输和程控交换系统安全通畅，紧急电话与广播系统功能正常，并应保证通信电源的正常供电和应急供电。进行通信系统维护时不宜中断通信传输。

(4)收费系统养护包括收费车道、收费站或收费中心设备及软件、内部有线对讲及紧急报警系统，闭路电视监视、计算机网络、车牌自动识别、电子不停车收费、计重收费及超限检测等系统的维护工作。收费系统维护应保持收费设施各类设备工作正常，应用软件运行稳定，数据传输安全可靠，报警系统处于良好工作状态。

(5)供配电系统养护应包括高压、中压和低压配电设备、配电线路、电力变压器、继电保护及信号装置、补偿电容和其他附属设备等的维护工作。供配电系统维护应保持公路机电设备供电正常，高、中、低压配电设备供电稳定，配电线路运行安全，变压器工作状态正常，电源设备电能输出稳定，电力监控系统数据检测、传输和控制保护安全可靠。

复习思考题

1. 简述公路交通标志的养护与维修内容。

2. 试述公路交通标线的养护要求。

3. 简述安全保障设施养护的基本要求。

第十章 公路绿化及其管护

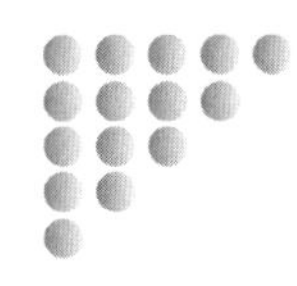

【学习目的与要求】

通过本章的学习，了解公路绿化的功能及要求，了解公路绿化的基本原则，了解公路绿化植物栽植应满足的要求，掌握公路绿化植物的管护措施。

随着经济的发展和人民生活水平的提高，人们的环保意识逐渐增强，对环境绿化的要求也越来越高。公路绿化是国土绿化的重要组成部分，也是公路建设中必不可少的内容，公路在不断延伸的同时，人们对于保护生态环境、构建美丽公路景观等方面也越来越重视。

公路绿化除了美化路容、改善环境、舒适旅行之外，还可以稳固路基、保护路面、减轻噪声、诱导行车视线，保护环境，并为国家提供一定数量的木材，也是防风、固沙、防雪及防水害的重要措施之一。

第一节 公路绿化概述

公路绿化是在公路两侧用地范围内，包括土路肩、边坡、分隔带、防护带、环岛、隧道出口两端、立体交叉的上下边坡和渡口、广场、养护用房内外环境以及服务性设施场地进行绿化。公路绿化涉及规划设计、施工栽植、抚育管理、更新、采伐、苗圃育苗以及宣传绿化政策等各个方面。

1. 公路绿化的总体要求

(1)在保证交通运输安全的前提下，通过绿化和美化，丰富公路景观，改善公路沿线环境。

(2)按“近花草，中灌木，远乔木”的顺序，由路两侧向外展开，以美化路容为主，兼顾防护功能。

(3)突出草、花及灌木，乔木为陪衬。

(4)高标准、多投入、见效快，四季有景，美观实用，引人入胜。

(5)注意与周围自然环境及生态环境相协调，尽量通过和谐的修复与绿化来恢复自然景观，使公路沿线的景观更具美学的价值。

2. 公路绿化的实施

公路绿化应贯彻“因地制宜、因路制宜、适地适树”的方针，科学规划，合理选择绿化植物品种。公路绿化规划,应根据公路等级、沿线地形、土质、气候环境和绿化植物的生物学特性,以及对绿化的功能要求,结合地方绿化规划进行编制。新、改建公路的绿化工程应与公路主体工程设计、施工、验收同步进行,由公路养护部门一并接养。

3. 公路绿化指标要求

公路绿化栽植成活率、保存率指标,不同类型地区应分别符合下列要求:

(1)平原区:成活率达90%为合格,95%(含)以上为优良;保存率达85%为合格,90%(含)以上为优良。

(2)山区:成活率达85%为合格,90%(含)以上为优良;保存率达80%为合格,85%(含)以上为优良。

(3)寒冷草原区及沙、碱、干旱区:成活率达75%为合格,80%(含)以上为优良;保存率达70%为合格,75%(含)以上为优良。

(4)公路绿化植物应定期进行修剪、整形,加强病虫害防治。

(5)公路环境保护应贯彻"预防为主、防治结合、综合治理"的方针,保护和改善、提高公路环境质量。

第二节　公路绿化的养护

一、树种、花草选择原则

(1)在不同类型地区,公路绿化的树种、花草选择应分别符合以下基本原则。

①山区。

应发展具有防护效能的绿化工程,如防护林带、灌木、草皮护坡等,以含蓄水分,滞缓地表径流,减轻水土流失,防冲刷、防坍固坡。

②平原区。

应配合农田水利建设和园林化总体规划要求,栽植单行或多行防护林带,以减轻或消除风、沙、雪、水等对公路的危害;在平面交叉、桥梁、分隔带、环岛、立体交叉的上下边坡和服务区等地,应配栽观赏矮林、灌木、花卉或多年生宿根植物,以美化公路。

③草原区。

应在线路两侧,栽植以防风、防雪为主的防护林带,以阻挡风、雪侵蚀危害公路。

④风沙危害区。

应栽植耐干旱、根系发达、固沙能力强的植物品种,以营造公路防风、固沙林带为主。

⑤盐碱区。

应选择抗盐碱、耐水湿的乔木、灌木品种,配栽成多行数的绿化带,以降低地下水位,改善土壤结构。

⑥旅游区。

通往名胜古迹、风景疗养区及重要港口、水库和机场等地的公路,应以美化为主,营造风景林带,主要栽植有观赏价值的常绿乔木、灌木、花卉以及珍贵树种和果树类。

(2)公路养护基层单位(县级公路管理机构、养护工区、站等)的庭院绿化,可结合当地实际情况,栽植具有观赏和经济价值的乔木、灌木、花、草及果木,创建常年有花、四季常青的优美舒适环境。有条件时,也可利用假山、水景、花坛、草坪等多种形式,构成立体绿化艺术群。适宜不同地区的树种见表 10-1。

适宜不同地区的树种　　表 10-1

地区	平原(包括盆地和河谷地区)		山　区		市郊	特殊条件
	一般地区	水分较多地区	土层较厚	土层浅及石质山		
华北地区和西北地区东南部、东北部	杨树(毛白杨等)、洋槐、香椿、桑、榆、槐、白蜡、臭椿、楸、泡桐	柳、箭杆杨、加拿大杨、杞柳	核桃、板栗、果树(梨、苹果、柿、枣等)、油松、洋槐、青杨	山杏、侧柏、元枣枫、油松柴穗槐	杨树(加拿大杨、毛白杨)、洋槐、白蜡、槐、侧柏、松柏、元宝枫	沙蛇、紫穗、小叶杨;碱地:柽柳、黄木崖、醋柳
东北地区	小叶杨、大青杨、水曲柳、落叶松、榆	柳、水曲柳	落叶松、红松、水曲柳、油松(南部)、黄波罗、椴	蒙石栎	杨柳(小叶杨、大青杨)、落叶松、水曲柳、复叶槭	沙地:蒙古柳、沙柳、樟子松
华中地区(包括贵州东南部)	桑、樟、麻栎、桦、泡桐、香椿、枫杨	柳、枫杨、棕乌桕、赤杨、水杉	杉木、毛竹、樟树、栓皮栎、麻栎、锥栗、楠木、油茶、洞桐、茶、核桃、板栗、棕榈、果树(柑橘、苹果)	马尾松、麻栎、枫香	法国梧桐、枫杨、梧桐桦、银杏、重杨木、七叶树、鹅掌楸、三角枫	高山:黄山松、柳杉、金钱松
四川和贵州北部地区	楠木、樟、香椿、慈竹、柏木、桉树	枫杨、柳桤木	杉木、毛竹、柏木、楠木、华山松、油桐、油茶、核桃、棕榈、果树(柑橘、苹果)	马尾松、柏木、麻栎、栓皮揉	喜树、香椿、泡桐、梧桐樟、楠木、桉树	
云南和贵州西南部地区	杨树(滇杨)、冲天柏、桉树、滇楸	滇杨、柳水冬瓜、乌桕	华山松、楠木、滇楸、柏木、咖啡(南部)、果树(梨桃)	云南松、油松	杨树、桉树、梧桐、柏木、侧柏	
华南地区	樟、桉树、红椿、栋、竹类(撑杆竹、莜竹等)、果树	木棉、水松、重杨木、乌椿	果树(柑橘、乌榄、橄榄、荔枝、龙眼等)、咖啡、樟、酸枣、大叶桐、杉木	马尾松、相思、木荷、枫香	榕树、石栗、凤凰木、白千层、桉、木棉	沙地:木麻黄、露兜树;海湾淤地:红茄东
内蒙古和西北地区西南部	榆、杨(小叶杨、胡杨等)杏	柳、怪柳	榆、怪柳	山杏	杨树(胡杨小叶杨)、柳	沙和盐碱地:梭梭柽柳、臭柏、白刺沙蒿、拐枣
西南高原和高山	杨树	柳树、榆核桃	落叶松、云杉	冷杉	杨树、柳、榆、核桃、槭树	

注:本表摘自人民交通出版社于 1998 年出版,许永明主编的《公路养护与管理》。

二、绿化植物的栽植

(1)不同等级公路和不同路段公路绿化植物的栽植应分别符合下列要求：

①高速公路、一级公路的中央分隔带宜种植灌木、花卉或草皮。服务区应结合当地环境、景观要求另行设计，单独实施。

②二级及二级以下公路，宜采用乔木与灌木相结合的方式，并充分体现当地特色。

③平面交叉在设计视距影响范围内，不得种植乔木；在不影响视线的前提下，可栽植常绿灌木、绿篱和花草。

④小半径平曲线内侧不得栽植影响视线的乔木或灌木，其外侧可栽植成行的乔木，以诱导汽车行驶，增强安全感。

⑤立体交叉分割形成的环岛，可选择栽植小乔木或灌木，实现丛林化。互通式立体交叉的匝道转弯处构成的三角区内，应满足通视要求。

⑥隧道进出口两侧 30 ~ 50m 范围内，宜栽植高大乔木，尽可能形成隧道内外光线的过渡段，以利车辆安全行驶。

⑦桥头或涵洞两端 5 ~ 10m 范围内，不宜栽植乔木，以免根系破坏桥(涵)台。

(2)公路绿化植物的栽植应符合《公路工程技术标准》(JTG B01—2014)关于公路建筑限界的规定以及《公路养护技术规范》(JTG H10—2009)的规定栽植，乔木和灌木的株行距可根据不同的树种、冠幅大小选择。具体要求如下。

①乔木的株行距，应根据不同树种、冠幅大小决定。速生乔木，株距 4 ~ 6m、行距 3 ~ 4m；冠大慢生的树种，株行距应适当加大，以株距 8 ~ 10m、行距 4 ~ 6m 为宜。

②灌木株行距应以 1m 为宜，灌木球的株距 6 ~ 8m 为宜。

③各类植物的行间，应以品字形交错种植。

④栽植绿化植物，应按照公路绿化工程设计及任务大小，合理组织和安排劳力、机具，做好整地、画线、定点、挖坑；及时选苗，随起苗随运输，在春秋或雨季适当时期进行栽植。栽植应符合下列要求：

a. 选苗。应选择适合当地环境条件、观赏价值较高、发育正常的优壮苗木，具有良好顶芽；根系发达，有较多的根须；没有病虫害和机械损伤等。

b. 用乔木、灌木绿化公路，应采用明坑种植。坑径比根幅大 10cm，坑深比根长大 20cm 以上，使根苗充分舒展。属于无性繁殖的树种，也可埋干栽植。

c. 防护林的栽植，应按因地制宜、因害设防的原则进行。用于防洪的林带应密植；防风、防雪林带的透风系数以 30% 为宜；防沙林带的透风系数不超过 20%，护林带的垂直分布应保持一定的密度。防护路基、边坡的灌木丛或经济林应密植，或与小乔木混栽。

d. 移植较大树木或珍贵树种、果树等，应带土球栽植。土球直径为苗木直径的 10 倍以上，并将土球包装整齐不松散，以保成活。

e. 栽植苗木时，在干旱季节或干燥地区，栽前应浇水洇坑，栽后立即浇透水，半个月之内再浇透水 2 ~ 3 次。

f. 乔木栽植后，应及时扶正、封土和刷白。

g. 当天栽不完的剩苗应假植好。

第三节　公路绿化的管理

一、公路绿化植物管护

公路绿化植物管护是公路绿化最重要、最经常和最细致的一项工作，公路绿化能否达到应有的效果，关键在于管护。因此，做好公路绿化植物管护工作意义重大。

1. 绿化植物成活后到郁闭前

在绿化植物成活后到郁闭(绿化植物冠副投影面积与绿化占地面积之比达到0.6以上时为郁闭)前，应加强抚育管理，并按下列规定及时检查、浇水、除草、松土、施肥、修剪和防治病虫害等。

(1)在干旱季节和干燥地区，应及时进行人工浇水。浇水量和次数根据墒情确定。

(2)除草和松土：在春夏植物生长旺盛季节，除草、松土应结合进行。松土深度随植物种类、大小而定，以5~6cm为宜，应除掉杂草根系，注意不损伤绿化植物根系。风沙较大的地区，可不松土。

(3)对土壤瘠薄、生长不良的绿化植物，尤其是果树和珍贵苗木种类，应予施肥，促进生长。

(4)各类苗木如栽后枯死，应及时填补。补植的苗木，应与原栽植苗木的种类相同，其规格应大于原植苗木规格。对于已基本成材的高大树，除株距大于20m补栽不影响生长者外，不可补植。

(5)根据各种绿化植物病虫害发生、发展和传播蔓延规律，及时进行检查。一旦出现病虫害，应采取相应防治措施，确保绿化植物正常生长。

2. 绿化植物郁闭后

绿化植物郁闭后，为了促进其生长发育健壮，形状优美，透光适度，通风良好，减少病虫害的发生，适时开花结果，应及时检修抚育。检修时期，应在秋季植物落叶后或春季萌芽前进行，并符合下列要求：

(1)修剪时，主要将乔木、灌木的枯枝、病枝、弯曲畸形枝、过密枝以及已侵入公路建筑限界、遮挡交通标志、影响视距的枝条及时剪除。修枝切口应平滑，并与树干齐平，防止损伤树干、高叉突出和树冠大小不一。

(2)交通繁忙的路段以及风景旅游区的绿化植物或风景林带，应根据不同树种及其特性进行修剪。大树应剪成伞形或椭圆形；靠近大城市或游览区，可剪成球形、塔形。在一定路段内树木冠型应相同，使其整齐美观。绿篱应剪成长方形或梯形。果树应按其特性和要求进行修剪。

(3)分蘖强的灌木丛每年割条一次，新植灌木次年应全部割掉，以利分蘖。对有特殊防护功能的灌木或乔灌木混栽林，割条时不应削弱其防护能力。

(4)要根据花卉植物的生长规律修剪，促进开花结果。

(5)草皮的修剪，随草的种类和生长环境不同而异。草高不超过15cm，以免叶茎过长，影响排水，遮挡阳光，通风不良，诱发病虫害。

靠近村镇、风景游览区和风沙较大路段的新植乔木类，应设置支撑架、护栏架、树池和包扎树干等，防止人畜破坏、风摇，以保成活率和保存率。采用各种保护方法，都应注意与环境协调。

3. 防治病虫害

防治绿化植物病虫害应以预防为主，开展生物、化学防治与营林措施相结合的综合防治方法，发现病虫害，应贯彻"治早、治小、治了"的防治方针。严格苗木检疫制度，保持绿化地面卫生，消除越冬虫卵、蛹，烧毁落叶虫婴、虫茧，及时清除衰弱、病害绿化植物。

加强公路绿化巡查，根据各类绿化植物病虫害发生、发展和传播蔓延的规律，及时采取相应防治措施，保障绿化植物正常生长。每年秋季或春季，可在树干上距地面1～1.5m高处刷上涂白剂，以防病虫侵染，增加公路美观。

绿化公路的乔木、灌木、花草及防护林、风景林等，不宜在较长路段内采用同一绿化植物品种，应分段轮换栽植不同品种，以减少病虫害的传播和蔓延。

4. 建立公路绿化档案

为了掌握公路绿化的发展变化情况和积累资料，应建立公路绿化档案。从绿化美化工程竣工验收时开始，进行调查登记，统计养护里程、已绿化里程以及绿化植物成活率、保存率。公路绿化美化工程档案，应由业务主管领导和专职技术人员审核并签字。

二、树木采伐更新

《中华人民共和国森林法》中把公路林列为防护林种，其主要作用是保护公路，改善环境条件。任何单位和个人不得擅自砍伐、破坏公路绿化。公路林的采伐必须按照《中华人民共和国森林法》的规定，按程序进行采伐审批，获取采伐许可后方能采伐。

(1)公路绿化符合下列情况之一者，方可履行报批手续，经批准后采伐或更新：

①公路路树过密且不宜移栽，须进行抚育采伐的。

②经有关部门鉴定，树木确已进入衰老期或品种严重退化的。

③公路改建或者加宽需采伐原有公路绿化的。

④公路树木发生大规模病虫害，经有关部门鉴定确需采伐或更新的。

⑤生长势弱，绿化效果差，影响路容路貌的。

(2)公路路树过密时，应进行抚育采伐；因公路改善、树林过成熟、路树发生严重病虫害或其他原因急需采伐时，应在冬春季节采伐。路树采伐应符合下列规定：

①抚育采伐。风景林、防护林在郁闭度达0.9以上时，应进行透光伐，伐除过密、生长不良的树木。其原则是间密留匀、伐劣留优、伐密留稀，促进树木生长。

②更新采伐。公路改扩建需要采伐的树木，应先审批，后采伐。对采伐后出现的空白路段应在工程竣工后的第一个绿化季节及时绿化好。成段衰老路树的更新采伐，按批准的计划进行采伐。

③路树采伐前，应首先提出更新采伐报告，经公路管理机构和相关部门审核，发放采伐许可证后方可采伐。未经批准，不得采伐。

(3)公路绿化采伐证须按有关规定程序办理。经批准采伐公路绿化，必须按采伐证规定的树种、数量、路线长度，在规定的时间内采伐，不得超量或超期采伐。公路改建需采伐的树木，如有移植价值，应尽可能移植利用。路树经采伐形成的空白路段应在其后的第一个绿化季节及时补植，并加强管护。严禁无证采伐。但在非常时期，如遇战备、救灾、水毁抢修等特殊情况，为保障公路通行，可先行砍伐，后补办有关手续。

三、环境保护

在公路建设和养护作业过程中，为避免环境污染和对生态环境的破坏，必须切实做好公路环境的保护工作。

(1)公路及沿线设施周围环境的保护应符合下列要求：

①公路环境保护应与公路建设和养护相结合，开发和利用环境。

②公路环境保护应体现经济效益、社会效益，各种环境保护设施应因地制宜，做到技术可行、经济合理。

③公路养护工程应以维护生态、降低污染、保护沿线环境为目标，对施工与运营期产生的污染应采取相应的处治措施。

④位于自然保护区、水源保护地、森林、草原、湿地和野生生物及其栖息地的公路，进行养护作业时应妥善处理施工废料、废水。废方弃置应注意保护自然水流形态，避免阻塞河道水流或造成水土流失。废水不得直接排入饮用水体和养殖水体。

⑤增强生态保护和水土保持意识，保护生态资源，少占土(耕)地，做好公路用地范围内的水土保持工作；对边坡、荒地的水土流失，应做好治理工作。

(2)公路养护环境保护工作，主要指生态环境、水环境、声环境、大气环境、社会环境的保护工作。同时，应加强已有环保设施及其他公路沿线设施的清洁工作。公路养护应注意防治下列生活环境污染：

①养护施工作业噪声对声环境的污染。

②搅拌站(场)的烟尘、施工扬尘、路面清扫扬尘对环境空气的污染。

③公路服务区等的生活污水、路面径流、施工废水和废渣等对水环境的污染。

④养护施工中的废弃物对环境的污染。

(3)公路养护环境污染防治应采取下列有效措施：

①积极实验和采用无污染或少污染环境的新工艺、新技术、新产品。在路面养护施工中，应积极推广再生、快速修补等环保工艺，减少工程废料。

②环境空气污染防治应结合景观绿化，选择有吸附或净化能力，适合当地气候、土壤条件的花草、灌木和乔木。在用地许可时，宜种植多层次的绿化林带。

③沥青混合料一般应集中场站搅拌，其设备污染物排放应符合现行标准、规范等相关规定。

④石灰、粉煤灰等路用粉状材料运输和堆放应有遮盖，有条件时其混合料应集中拌和，减轻对空气、农田的污染。

⑤养护作业应考虑对施工路段及便道适时洒水，减轻扬尘污染。

⑥公路服务区、停车区等产生的废水排放应符合现行《污水综合排放标准》(GB 8978)的有关规定。

复习思考题

1. 简述公路绿化的总体要求。

2. 简述公路树木的栽植要求。

3. 简述公路树木采伐应符合的规定。

第十一章 公路养护安全作业

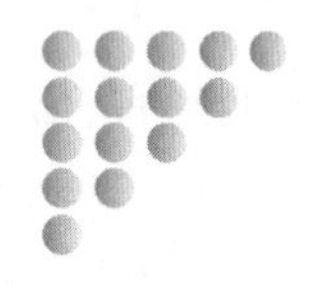

【学习目的与要求】

通过本章的学习，了解公路养护安全作业的基本要求，掌握公路养护作业控制区各部分功能及长度要求，掌握公路养护安全设施的主要类型及功能，熟悉各级公路养护作业控制区的布置要求及布置方法。

公路养护施工作业过程通常不中断交通，但施工区增加了交通冲突，容易干扰正常交通流，造成交通拥堵，诱发交通事故。近年来，施工区的交通安全状况虽然得到了很大改善，但其交通事故的发生概率仍然较高。美国 National Highway Traffic Safety Admlnlstration(NHTSA)的 Fatality Analysis Reporting System(FARS)数据表明，施工区交通事故死亡人数一直居高不下，并且经常发生养护施工区作业人员因交通事故伤亡的现象。

目前，我国缺乏公路施工区交通事故的详细统计数据，但随着高速公路养护、大中修和改扩建工程的日益繁重，施工区已成为公路交通的"瓶颈"所在，是交通拥挤及各类交通事故的易发区，其交通安全形势不容忽视。

公路养护作业不仅要保证作业本身的安全，同时，因为养护作业往往是在不中断交通的情况下进行的，所以还必须保证车辆通行的安全，确保不能因为养护作业而引发交通事故，从而保证公路养护过程中人员、设备以及交通的安全。

公路养护作业单位、公路经营单位和公路管理机构在公路养护作业过程中承担着不同的安全职责，但必须各司其职、协调一致，共同完成公路养护作业安全保障工作。

第一节 公路养护安全作业的基本要求

一、公路养护作业的分类

公路养护作业可分为长期养护作业、短期养护作业、临时养护作业和移动养护作业。

1. 长期养护作业

长期养护作业是指定点作业时间大于24h的各类养护作业。

2. 短期养护作业

短期养护作业是指定点作业时间大于4h且小于或等于24h的各类养护作业。

3. 临时养护作业

临时养护作业是指定点作业时间大于30min且小于或等于4h的各类养护作业。

4. 移动养护作业

移动养护作业是指连续移动或停留时间不超过30min的动态养护作业。移动养护作业分为机械移动养护作业和人工移动养护作业。

二、公路养护安全作业的基本要求

为保证公路养护作业人员和设备在养护作业过程中的安全生产,以及车辆的安全通行,公路养护作业必须满足下列基本要求:

(1)长期养护作业应加强交通组织,必要时修建便道,宜采用稳固式安全设施并及时检查维护,加强现场养护安全作业管理;短期养护作业应按要求布置作业控制区,可采用易于安装拆除的安全设施;临时和移动养护作业控制区布置可在长期和短期养护作业控制区基础上,根据实际情况,在保障安全的前提下进行简化。

(2)公路养护作业应在保障养护作业人员、设备和车辆运行安全的前提下,充分考虑养护作业对交通安全保通状况的影响,保障交通通行。

(3)公路养护作业应利用可变信息标志、交通广播、网络媒体、临时性交通标志等沿线设施、信息服务平台,及时发布前方公路或区域路网内的养护作业信息。

(4)公路长期养护作业应组织制定养护安全作业应急预案。当发生突发事件时,应及时启动应急预案。

(5)进行养护作业前,应了解埋设或架设在公路沿线、桥梁上和隧道内的各种设施,并与有关设施管理部门取得联系,采取必要的保护措施。当通航桥梁养护作业影响航运安全时,应在进行养护作业前向有关部门通报。

(6)公路养护作业开始前应覆盖与养护安全设施相冲突的既有公路设施,结束后应及时恢复被覆盖的既有公路设施。

(7)公路养护作业未完成前,不得擅自改变作业控制区的范围和安全设施的布设位置。

(8)养护作业人员应按有关规定穿着反光服,佩戴安全帽。交通引导人员还应符合下列规定:

①交通引导人员应面向来车方向,站在可视性良好的非行车区域内。

②进行高速公路及一级公路养护作业时,交通引导人员宜站在警告区非行车区域内。

(9)公路养护作业人员必须在作业控制区内进行养护作业。人员上下作业车辆或装卸物资必须在工作区内进行。

(10)过渡区内不得堆放材料、设备或停放车辆。摆放的作业机械、车辆和堆放的施工材料不得侵占作业控制区外的空间,也不得危及桥梁、隧道等结构物的安全。

(11)公路养护安全设施在使用期间应定期检查维护,保持设施完好并能正常使用。用于夜间养护作业的安全设施必须具有反光性或发光性。

(12)夜间进行养护作业应布设照明设施和警示频闪灯,并加强养护作业的现场管理。

(13)公路养护作业控制区安全设施的布设与移除,应按移动养护作业要求进行。安全设施布设顺序应从警告区开始,向终止区推进,确保已摆放的安全设施清晰可见;移除顺序应与布设顺序相反,但警告区标志的移除顺序应与布设顺序相同。

第二节　公路养护作业控制区及安全设施

一、公路养护作业控制区

公路养护作业需要一定的空间。养护作业控制区是指公路养护作业所设置的交通管理区域,一般分为警告区、上游过渡区、下游过渡区、缓冲区、工作区和终止区 6 个区域,如图 11-1 所示。

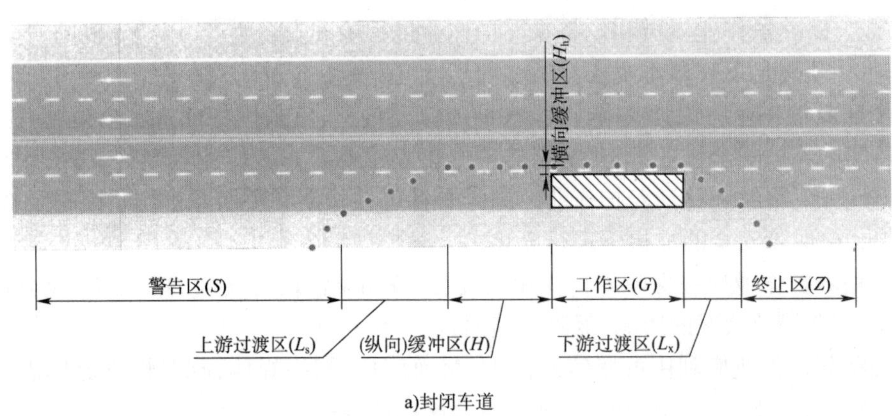

a)封闭车道

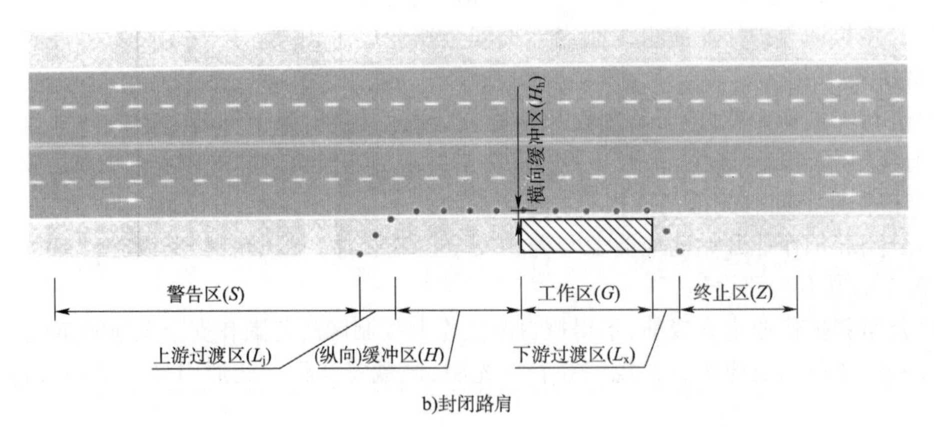

b)封闭路肩

图 11-1　养护作业控制区的构成

不同作业类型及公路技术等级条件下,养护作业控制区的组成应符合表 11-1 的规定。临时养护作业设有移动式标志车时,可不设置上游过渡区。

养护作业控制区的组成　　表 11-1

作业控制区组成部分		警告区	上游过渡区	缓冲区	工作区	下游过渡区	终止区
长、短期养护作业	三级及以上公路	√	√	√	√	√	√
	四级公路	√	√	—	√	√	—

续上表

作业控制区组成部分		警告区	上游过渡区	缓冲区	工作区	下游过渡区	终止区
临时养护作业、移动养护人工作业	高速公路、一级公路	√	√	√	√	√	√
	二级、三级公路	√	√	—	√	√	—
	四级公路	√	—	—	√	—	—
移动养护机械作业	各级公路	√	—	—	√	—	—

注:"√"为应设置路段;"—"为可不设置路段。

1. 警告区

警告区指从作业控制区起点设置的施工标志牌到上游过渡区之间的路段,用以警告车辆驾驶员已经进入养护作业路段,应按交通标志调整行车状态。

在作业控制区的6个分区中,警告区是最重要的一个分区。当遇到警告区的第一块施工标志牌时,则意味着车辆已经进入作业控制区,在以后的路段上要通过设置于警告区内的交通标志提示车辆驾驶员前方将要发生什么。车辆的行驶状态应随沿路所设置的交通标志牌的指示而改变,并且要使车辆驾驶员在到达工作区之前,能够有足够的时间改变车辆的行驶状态。

一般情况下,警告区的长度由下列因素决定:

(1)车辆在警告区内改变行驶状态所需要的时间。

(2)作业控制区附近车辆发生拥挤时的最大排队长度。

警告区的最小长度是指能保证驶入警告区的车辆从驶入时的速度减速至工作区规定的限速所需要的路段最小长度。警告区的最小长度可由下式估算:

$$S = S_1 + S_2 + S_3 \tag{11-1}$$

式中:S——警告区的最小长度,m;

S_1——从正常行驶降至最终限速值所需要的距离,m;

S_2——车辆到达警告区排队尾部时的最小安全距离,m;

S_3——因车道封闭、车道数减少、行车条件改变等因素引起的车辆排队长度,m。

警告区布设逐级限速标志时,限速区域长度 S_1 可按下式计算:

$$S_1 = \frac{v_{xq} - v_{xh}}{10} \times 100 \tag{11-2}$$

式中:v_{xq}、v_{xh}——限速前、后的车辆行驶速度,km/h。

S_2是以速度 v_{xh} 行驶的后续车辆在到达警告区下游不会与前面的改道车辆或排队车辆相撞的最小安全距离,可以按照下式计算:

$$S_2 = \frac{v_{xh}}{3.6}t + \frac{v_{xh}^2}{2g(\varphi \pm i) \times 3.6^2} \tag{11-3}$$

式中:t——驾驶员反应时间,通常取2.5s;

φ——道路纵向摩阻系数,取值为0.29~0.44;

i——道路纵坡,上坡取"+",下坡取"-";

g——重力加速度,9.8m/s^2。

不同限制车速下 S_2的计算结果见表11-2。

S_2 计 算 结 果 表 11-2

限制速度(km/h)	80	70	60	40	20
安全距离(m)	139	113	90	50	20

S_3是因为车辆拥堵而产生的排队长度,和交通流量与最终限速值有关。在确定警告区长度 S_1时,应综合考虑平均排队长度及最大排队长度。在车流量较小时,车速较快,排队长度应着重考虑最大排队长度;在流量较大时,车流发生拥挤,车速较慢,可着重考虑平均排队长度。

警告区的最小长度应符合表 11-3 和表 11-4 的规定。当交通量 Q 超出表 11-3、表 11-4 中范围时,宜采用分流措施。

高速公路及一级公路警告区最小长度 表 11-3

公 路 等 级	设计速度 (km/h)	交通量 Q [pcu/(h · ln)]	警告区最小长度 (m)
高速公路	120	$Q \leq 1400$	1600
		$1400 < Q \leq 1800$	2000
	100	$Q \leq 1400$	1500
		$1400 < Q \leq 1800$	1800
	80	$Q \leq 1400$	1200
		$1400 < Q \leq 1800$	1600
一级公路	100、80、60	$Q \leq 1400$	1000
		$1400 < Q \leq 1800$	1500

二级、三级、四级公路警告区最小长度 表 11-4

设计速度 (km/h)	平曲线半径 (m)	下坡坡度 (%)	交通量 Q [pcu/(h · ln)]	警告区最小长度(m)	
				封闭路肩双向通行	封闭车道交替通行
80、60	≤200	0 ~ 3	$Q \leq 300$	600	800
			$300 < Q \leq 700$		1000
		>3	$Q \leq 300$	800	1000
			$300 < Q \leq 700$		1200
	>200	0 ~ 3	$Q \leq 300$	400	600
			$300 < Q \leq 700$		800
		>3	$Q \leq 300$	600	800
			$300 < Q \leq 700$		1000
40、30	≤100	0 ~ 4	$Q \leq 300$	400	500
			$300 < Q \leq 700$		700
		>4	$Q \leq 300$	500	600
			$300 < Q \leq 700$		800
	>100	0 ~ 4	$Q \leq 300$	300	400
			$300 < Q \leq 700$		600
		>4	$Q \leq 300$	400	500
			$300 < Q \leq 700$		700
20	—			200	

公路养护作业情况千差万别,在警告区内设置何种交通标志、设置多少,应视具体情况而定。但是,在警告区内至少设置3种标志,即施工标志、限速标志和可变标志牌或线形诱导标志,其他标志应根据具体情况另行增加。

当工作区包含了一条或多条车道时,就需要封闭工作区所涉及的车道。为防止车流在改变车道时发生突然变道现象,造成交通事故隐患,必须为车辆改变车道设置一个变道过渡区,以使车流在变道过程中缓和平顺。

过渡区一般包括两种:上游过渡区和下游过渡区。

2. 上游过渡区

上游过渡区长度设置是否合理,可以在现场检验。若车辆在通过过渡区时经常有紧急制动或在过渡区附近拥挤较为严重,则可能是前方交通标志设置存在问题,或上游过渡区的长度不足。

如果上游过渡区处于隧道之内,由于隧道内的光线较暗,同时隧道侧墙又会使驾驶员产生压抑感,为了提高安全性,隧道内上游过渡区的长度宜增加50%。

车道封闭上游过渡区的最小长度可按表11-5选取,当在隧道内时,车道封闭上游过渡区的最小长度按表中数值的1.5倍选取。路肩封闭上游过渡区的最小长度可按表11-4中数值的1/3选取。

封闭车道上游过渡区最小长度 表11-5

最终限速值(km/h)	封闭车道宽度(m)			
	3.0	3.25	3.5	3.75
80	150	160	170	190
70	120	130	140	160
60	80	90	100	120
50	70	80	90	100
40	30	35	40	50
30	20	25	30	
20	20			

3. 下游过渡区

下游过渡区指保证车辆平稳地从工作区旁边的车道横向过渡到正常车道的路段。设置下游过渡区是为了将车流再重新引回正常车道。下游过渡区设置得当,将有利于交通流的平顺驶离。其长度只需保证车辆有足够的距离来调整行车状态即可,一般情况下的最小长度宜取30m。

4. 缓冲区

缓冲区是指过渡区和工作区之间的路段。缓冲区的设置主要是防止车辆驾驶员出现判断失误,有可能直接从过渡区闯入工作区,造成人员伤害和设备损坏。因此,设置缓冲区可以提供一个缓冲段,给失误车辆调整状态留有余地,避免发生严重事故。

缓冲区内不允许堆放物品,也不允许养护作业人员在该区域内活动或工作。为了更有效地保护养护作业人员,可以在过渡区与缓冲区之间设置防撞装置,起加强防护的作用。

缓冲区可分为纵向缓冲区和横向缓冲区。纵向缓冲区的最小长度宜符合表11-6中的规定。当工作区处于下坡路段时,纵向缓冲区的最小长度应适当增加。

纵向缓冲区最小长度　　表11-6

最终限速值(km/h)	不同下坡坡度的纵向缓冲区最小长度(m)	
	≤3%	>3%
80	120	150
70	100	120
60	80	100
50	60	80
40	50	
30、20	30	

在保障行车道宽度的前提下,工作区和纵向缓冲区与非封闭车道之间宜布置横向缓冲区,其宽度不宜大于0.5m。

5.工作区

工作区是指养护作业的施工操作区。工作区是养护作业的工作场所,也是养护作业人员工作、堆放建筑材料、停放工作设备和车辆的地方。为了保证安全,在工作区与开放交通的车道之间必须设置醒目的隔离装置。工作区的长度应根据养护作业的实际需要确定,布置时应考虑为工程车辆提供安全的进出口(工作区的布置参考下节中的有关要求)。

除借用对向车道通行的高速公路及一级公路养护作业外,工作区最大长度不宜超过4km。借用对向车道通行的高速公路及一级公路养护作业工作区的长度应根据中央分隔带开口间距和实际养护作业而定,工作区的最大长度不宜超过6km。当中央分隔带开口间距大于3km时,工作区的最大长度应为一个中央分隔带开口间距。

养护作业工作区应根据养护路段长度、作业和安全需要等设置,并应符合下列规定:

(1)中、小桥和单洞双向通行的中、短隧道,桥梁或隧道全长范围应作为工作区。

(2)桥梁拉索、悬索及下部结构养护作业影响范围内,其对应桥面应作为工作区。

(3)高速公路和一级公路工作区最大长度不宜超过6km,其余等级公路工作区最大长度不宜超过4km。

(4)在同一车道、不同断面进行养护作业时,高速公路和一级公路相邻工作区的净距不宜小于5km,二级、三级公路不宜小于3km。

(5)高速公路和一级公路在同一方向、不同车道、不同断面养护作业时,相邻工作区的净距不宜小于10km。

6.终止区

终止区设置于工作区下游调整通行车辆至正常运行状态的路段。在终止区的末端应设置解除限速或解除超车等限制性交通标志,提示驾驶员已经通过了养护作业路段,可以恢复正常的行车状态。一般情况下,终止区的最小长度不宜小于30m。

二、公路养护安全设施

公路养护安全设施是保证养护作业过程中车辆、行人安全通过养护作业控制区域，保护养护作业人员和设备安全的重要设施，主要分为临时标志、临时标线和其他安全设施3类。

(1)临时标志应包括施工标志、限速标志等，其使用应符合下列规定：

①施工标志宜布设在警告区起点。

②限速标志宜布设在警告区的不同断面处。

③解除限速标志宣布设在终止区末端。

④“重车靠右停靠区”标志应用于控制大型载重汽车在特大、大桥和特殊结构桥梁上的通行。

(2)临时标线包括渠化交通标线和导向交通标线，应用于长期养护作业的渠化交通标线或导向交通标线，宜为易清除的临时反光标线。渠化交通标线应为橙色虚实线；导向交通标线应为醒目的橙色实线。

(3)其他安全设施可包括车道渠化设施、夜间照明设施、语音提示设施、闪光设施、临时交通控制信号设施、移动式标志车、移动式护栏和车载防撞垫等。

①交通锥。

锥形交通标由橡胶等柔性材料制成，底部应有一定的摩阻性能，如图11-2所示。交通锥的形状为圆锥形或棱锥形，其颜色、尺寸和形状应符合现行《道路交通标志和标线》(GB 5768)中的规定，布设在上游过渡区、缓冲区、工作区和下游过渡区。交通锥的布设间距不宜大于10m，其中上游过渡区和工作区布设间距不宜大于4m。用于夜间作业的交通锥应有反光功能，并配施工警示灯。

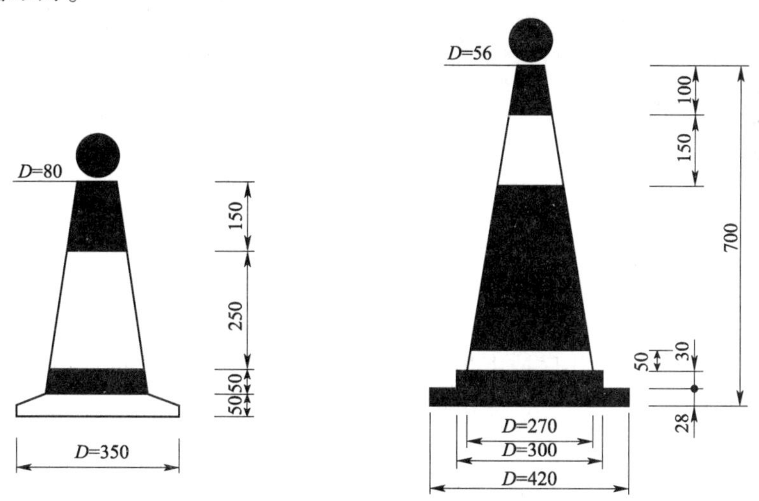

图11-2　交通锥(尺寸单位：mm)

②安全带。

安全带由布质等柔性材料组成，宽度为100～200mm，带上有红白相间色，用于夜间作业的应有反光功能。安全带宜与其他设施一起组合使用。

③施工隔离墩。

施工隔离墩一般是由线性低密度聚乙烯等高强合成材料制成的空心半刚性装置，其上有黄、黑色和反光器，使用时其内部必须放置水袋或灌水，以达到消能的作用(图11-3)。如果灌水,一般所设置的水袋或所灌的水应达到其内部容积的90%。施工隔离墩之间应由连杆相连接,并将整个工作区包围起来。

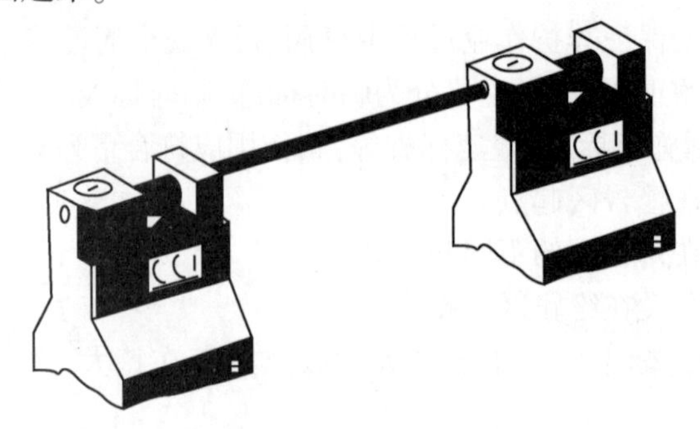

图11-3　施工隔离墩

④防撞桶(墙)。

防撞桶(墙)是由线性低密度聚乙烯等高强合成材料制成的空心半刚性装置,其上有黄黑相间色,顶部可安装黄色施工警示灯,使用时其内部应放置水袋或灌水。防撞墙两个为一组组合在一起使用,如图11-4、图11-5所示。防撞桶和施工隔离墩可用于三级及三级以上公路下坡路段养护作业,宜布设在工作区或上游过渡区与缓冲区之间,并宜组合使用。

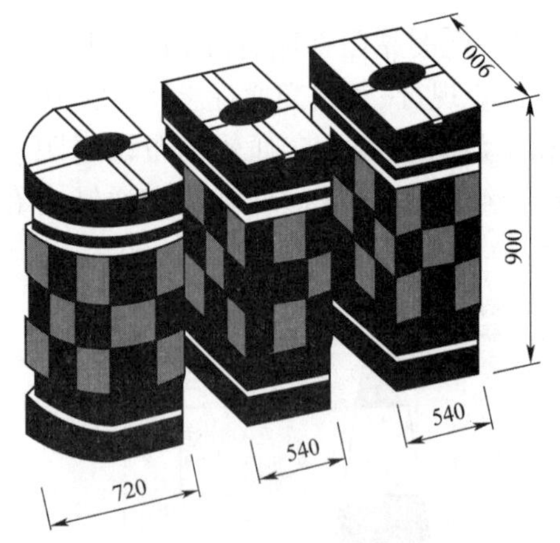

图11-4　防撞桶(尺寸单位:mm)

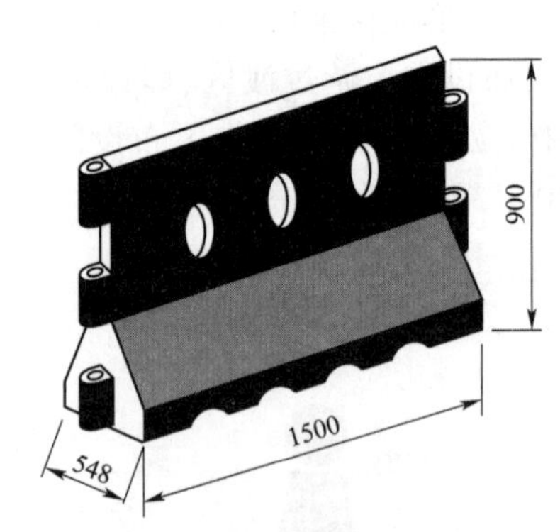

图11-5　防撞墙(尺寸单位:mm)

⑤水马。

水马(图11-6)颜色为橙色或红色,高度不得小于400mm,可用于三级及三级以上公路下坡路段养护作业,宜布设在工作区或上游过渡区与缓冲区之间。使用水马前应灌水,灌水量不应小于其内部容积的90%。在冰冻季节可采用灌沙的方法,灌沙量同样不应小于其内部容积的90%。

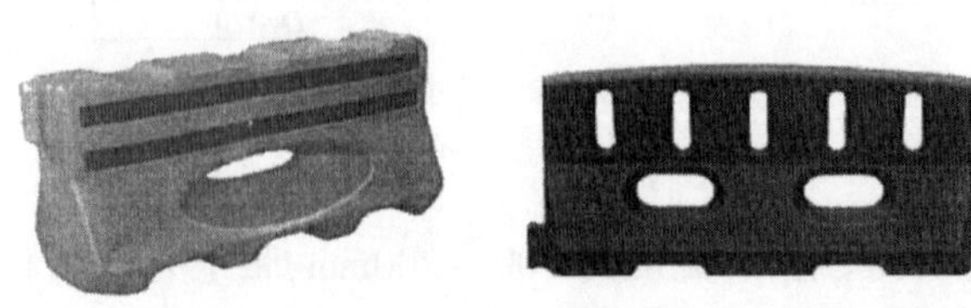

图11-6　水马

⑥移动式标志车。

移动式标志车是带有动力装置或可移动装置(拖车)的安全防护设施,颜色为醒目的黄色,装有黄色警示灯,其后部有醒目的标志牌,图案和显示形式可按实际需要改变,如图11-7所示。

移动式标志车的显示方式比普通的交通标志更醒目,可以在不同的养护作业情况下改变显示内容,具有较强的适应性。因此,移动式标志车可以为作业内容和地点经常变化的养护作业提供更为方便的安全防护。

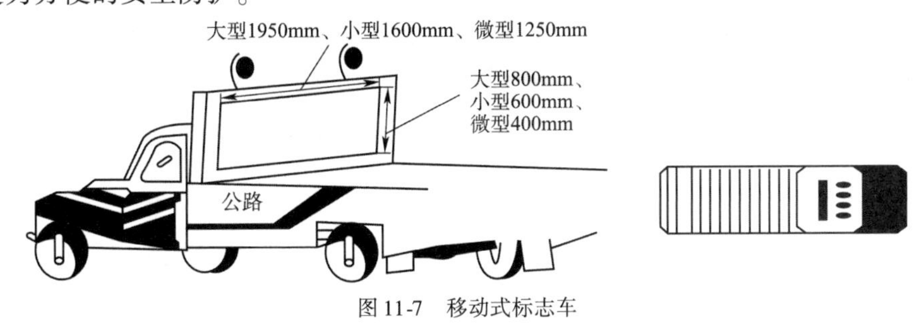

图 11-7　移动式标志车

⑦照明设施和语音提示设施。

当夜间进行养护作业时,应设置照明设施。照明必须满足作业要求,照明设施应布设在工作区侧面并覆盖整个工作区,且照明方向应背对非封闭车道。

夜间作业的作业控制区必须设置施工警示灯,所设置的交通标志必须具有反光功能。养护作业期间和结束以后,应派专人看护照明设施。

语音提示设施宜根据需要,布设在远离居民生活区的养护作业控制区。

⑧闪光设施。

闪光设施包括闪光箭头、警示频闪灯和车辆闪光灯。闪光箭头宜布设在上游过渡区,长为1200mm,宽为400mm,颜色为蓝黑底色配上黄色箭头。警示频闪灯宜布设在需加强警示的区域,通常为黄蓝相间的颜色。车辆闪光灯应为360°旋转黄闪灯,可用于养护车辆或移动式标志车。

另外还有移动式护栏、车载式防撞垫、临时交通控制信号设施等安全设施,其设置应符合现行《公路养护安全作业规程》(JTG H30)的要求。

此外,应当注意养护安全设施的设置与撤除。当进行养护作业时,应顺着交通流方向设置安全设施;养护作业完成后,应逆着交通流方向撤出所设置的交通设施,恢复正常交通。

第三节　公路养护作业控制区布置

公路养护作业控制区布置应考虑养护作业的内容与要求、时间和周期、交通量、经济效益等因素,控制区内交通标志的设置必须合理、前后协调,起到引导车流平稳运行的作用。

一、高速公路及一级公路养护作业控制区布置

1. 基本要求

高速公路及一级公路养护作业控制区的布置应当满足以下要求:

(1)养护作业控制区布置应考虑养护作业的内容与要求、时间和周期、交通量、经济效益等因素,控制区内交通标志的布设必须合理、前后协调,起到引导车流平稳变化的作用。

(2)养护作业控制区两侧应差异化布设安全设施,并应符合下列规定:

①进行车道养护作业时,在封闭车道一侧的警告区应布设施工标志和限速标志,在非封闭车道一侧的警告区应布设施工标志,并宜布设警示频闪灯。八车道及以上公路,在非封闭车道一侧的警告区还应增设限速标志。

②进行路肩养护作业时,在封闭路肩一侧的警告区应布设施工标志和限速标志,另一侧仅在警告区起点布设施工标志。

(3)同一行车方向不同断面同时进行养护作业时,相邻两个工作区净距不宜小于5km。

(4)封闭车道养护作业控制区与被借用车道上的养护作业控制区净距不宜小于10km。

(5)养护作业控制区应设置工程车辆专门的出入口,并宜设在顺行车方向的下游过渡区内。当工程车辆需经上游过渡区或工作区进入时,应布设警告标志并配备交通引导人员。

2. 养护作业控制区的布置

警告区内应设置施工标志、限制速度标志、可变标志牌、线形诱导标志等;上游过渡区起点至下游过渡区终点之间应放置交通锥;缓冲区与工作区交界处应布设路栏。控制区内其他安全设施可以视具体情况设置。

养护作业控制区的布置应按以下要求进行:

(1)四车道公路封闭车道、封闭路肩的养护作业,以设计速度100km/h为例,作业控制区布置示例分别如图11-8、图11-9所示。

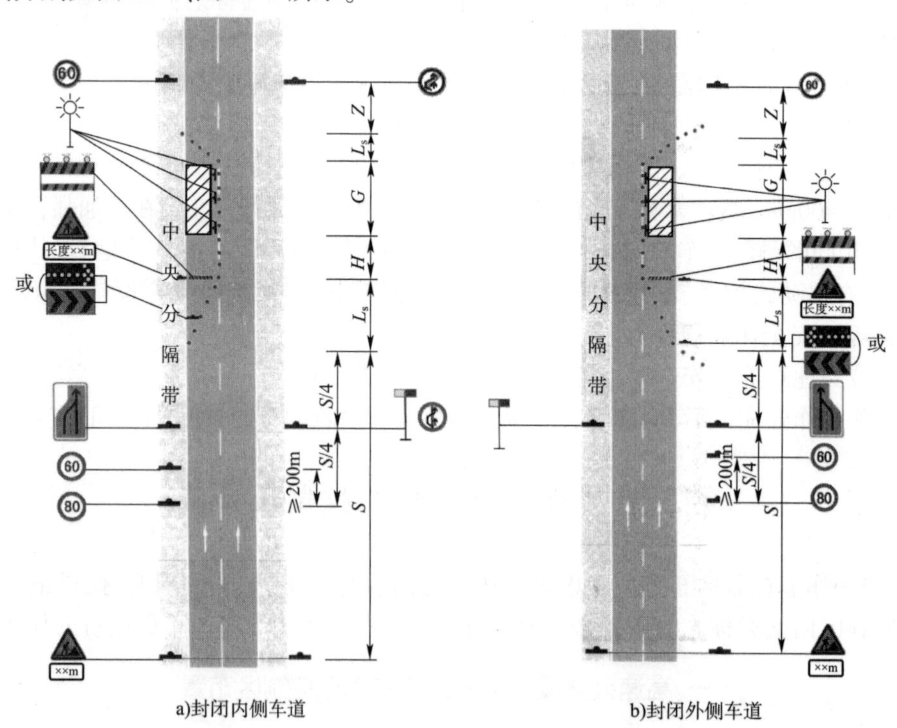

图11-8 四车道高速及一级公路封闭车道养护作业控制区布置示意图

(2)六车道及以上公路进行养护作业封闭中间车道时,宜同时封闭相邻一侧车道,并应布置两个上游过渡区,其最小间距不应小于200m。在交通量大的路段进行养护作业时,不能同时封闭相邻车道时,宜采取必要措施加强现场交通管控。六车道、八车道作业控制区布置与四车道情况相似,可查看现行《公路养护安全作业规程》(JTG H30)的相关章节。

(3)借用对向车道通行的养护作业,应结合中央分隔带的开口位置,利用靠近养护作业一侧的车道通行,双向车道都应布置作业控制区。借用车道双向通行,分隔宜采用带有连接的车道渠化设施,并应在前一出口或平面交叉口布设长大车辆绕行标志。以设计速度100km/h为例,作业控制区示例如图11-10所示。

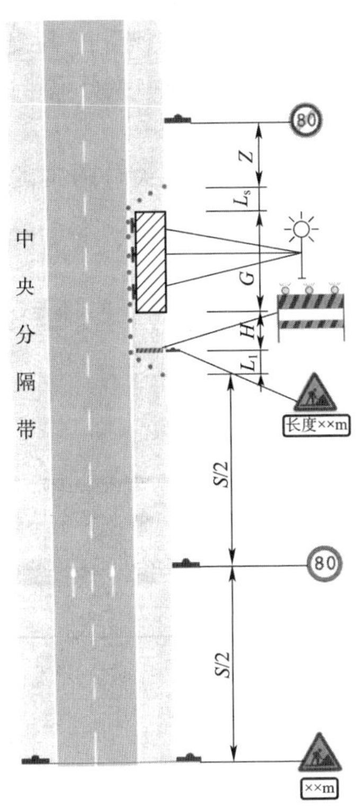

图 11-9　四车道高速公路及一级公路封闭路肩养护作业控制区布置示意图

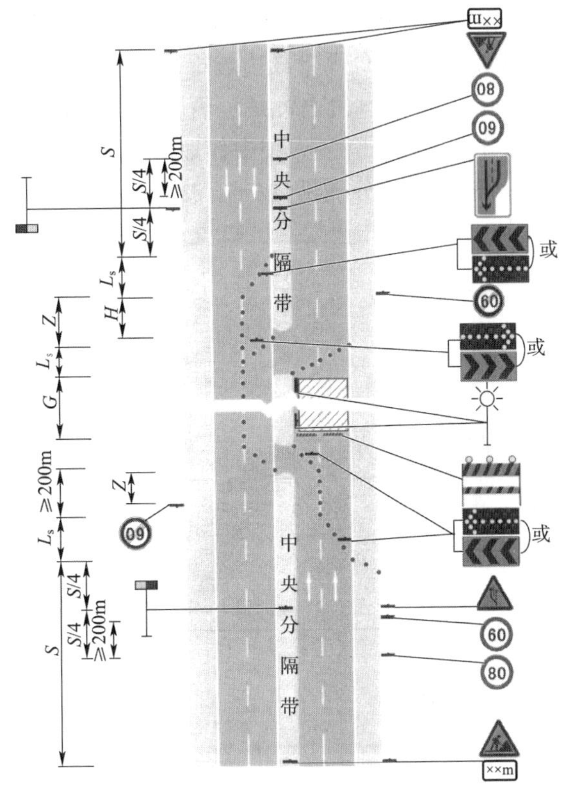

图 11-10　借用对向车道通行的养护作业控制区布置示意图

(4)立交处、入口匝道附近及匝道上的养护作业控制区布置,应根据工作区在匝道上具体位置而定。匝道养护作业警告区长度不宜小于300m。当匝道长度小于警告区最小长度时,作业控制区最前端的标志应布设在匝道入口处。立交处,入口匝道附近及匝道上的养护作业控制区布置示例如图11-11所示。

(5)临时养护作业控制区布置可采用单一限速控制,警告区长度宜取长、短期养护作业警告区长度的一半,但应配备引导人员。当布设移动式标志车时,可不布设上游过渡区。临时养护作业控制区布置示例如图11-12所示。

(6)机械移动养护作业宜布设移动式标志车;作业机械配备闪光箭头或车辆闪光灯时,可不布设移动式标志车。

(7)占用路面进行人工移动养护作业时,宜封闭一定范围的养护作业区域,并按临时养护作业的有关规定执行。对于路肩清扫等人工移动养护作业,宜布设移动式标志车或交通锥,其与人工移

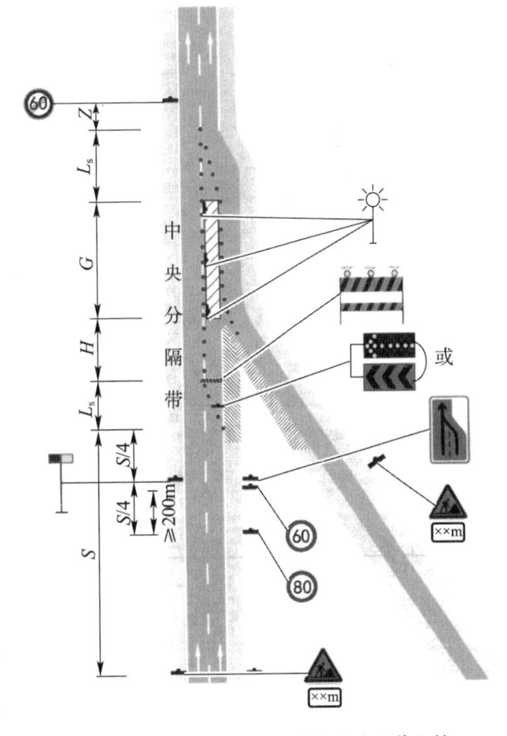

图 11-11　立交处、入口匝道附近及匝道上的养护作业控制区布置示意图

动养护作业起点的距离不宜小于50m。人工移动养护作业应避开高峰时段。

(8)进行中央分隔带或边坡绿化内的植被灌溉养护作业,应在灌溉车辆上配备醒目的闪光箭头或车辆闪光灯,也可在车辆后布设移动式标志车。作业人员不得在中央分隔带内休息,且中央分隔带内不宜多人集中作业。

(9)进行中央分隔带内的植被修剪、垃圾清理等养护工作,应封闭中央分隔带的内侧车道,并按临时养护作业控制区布置。

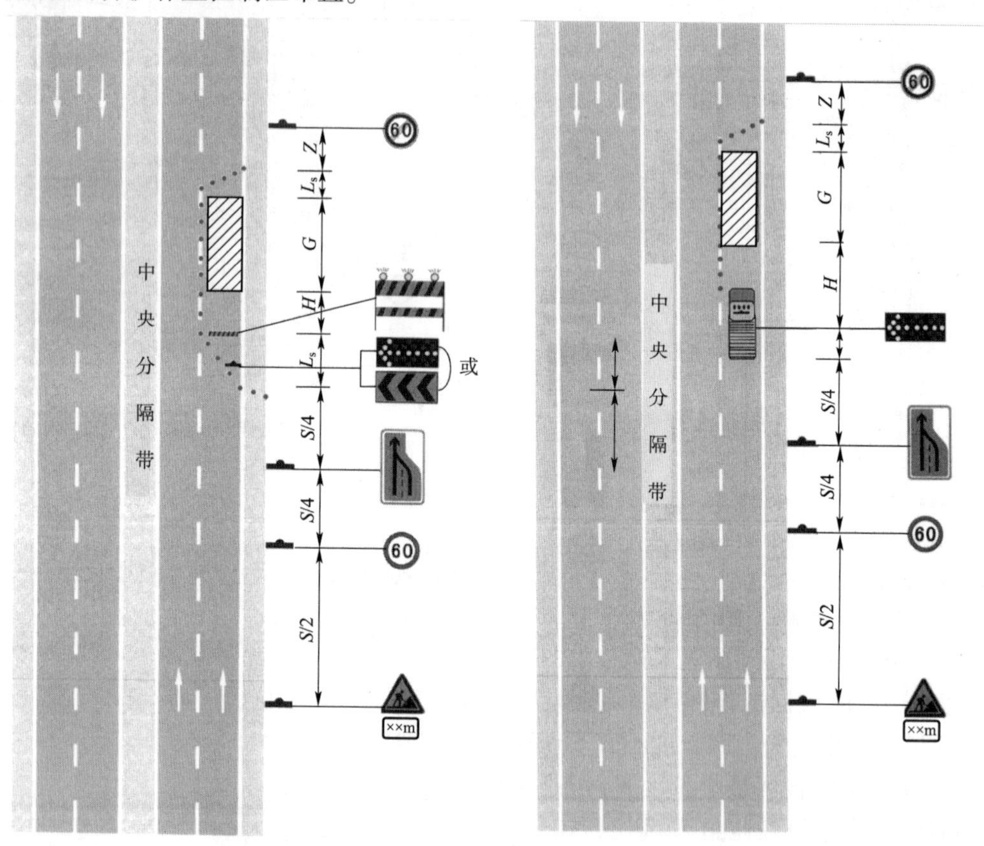

图11-12　临时养护作业控制区布置示意图

二、二级和三级公路养护作业控制区布置

二级、三级公路与高速公路和一级公路有所不同,交通的特点是无隔离设施的双向交通,平面交叉,养护作业的情况比较复杂。除应满足上一节中的相关要求外,还应兼顾养护作业控制区是否交替通行和线形特征等因素。

1. 基本要求

二级和三级公路养护作业控制区的布置应当满足以下要求:

(1)进行二级、三级公路车道养护作业时,本向应布置警告区、上游过渡区、缓冲区、工作区、下游过渡区和终止区,对向应布置警告区和终止区。

(2)警告区应布设施工标志和限速标志,进行车道封闭养护作业还应布设改道标志。上游过渡区应布设交通锥、闪光箭头、交通引导人员等;上游过渡区和缓冲区交界处应布设附设警示灯的路栏;终止区应布设解除限速标志。

(3)同一方向不同断面同时进行养护作业时,相邻两个工作区净距不宜小于3km。

(4)对于不满足超车视距的弯道或纵坡路段养护作业控制区,应提前布置警告区。

2.二级和三级公路养护作业控制区布置

(1)双向交替通行路段养护作业,除布设必要的安全设施外,还宜配备交通引导人员,也可补设临时交通控制信号设施。设计速度80km/h的作业控制区布置如图11-13所示。

(2)路肩施工保持双向通行路段的养护作业控制区,紧靠路肩的预留车道宽度应满足现行《公路养护安全作业规程》(JTG H30)中的要求;当不满足要求时,应按封闭车道养护作业控制区布置。警告区可仅布设一块限速标志,工作区作业车辆上应配备警示频闪灯或反光标志。布设移动式标志车时,可不布置上游过渡区。设计速度80km/h的作业控制区布置如图11-14所示。

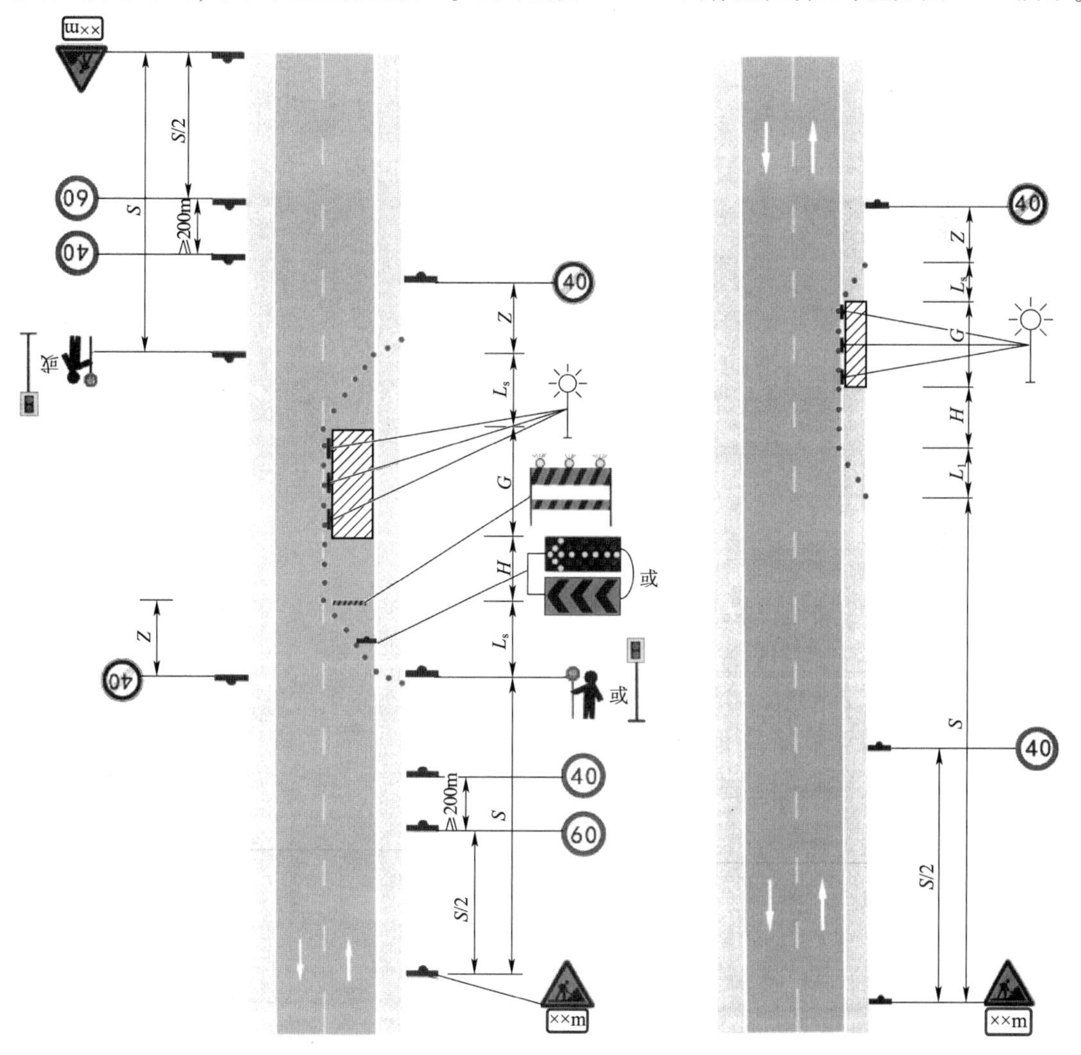

图11-13　二级和三级公路双向交替通行的养护作业控制区布置示意图

图11-14　二级和三级公路双向通行养护作业控制区布置示意图

(3)对于全封闭路段养护作业,应采取分流措施或修筑临时交通便道。修筑临时交通便道时,控制区内应布设附设警示灯的路栏;作业车辆应配备警示灯或反光标志;临时修建的交通便道宜施划临时标线,并可设置交通安全设施。

(4)弯道路段养护作业,应根据工作区与弯道的相对位置关系确定养护作业控制区的布置方法。弯道养护作业,工作区在弯道前,下游过渡区宜布置在弯道后的直线段;工作区在弯道后,上游过渡区宜布置在弯道前的直线段。连续弯道路段,警告区宜布置在弯道起点上,且警告区长度不宜超出最小长度200m。反向弯道路段,上游过渡区应布置在反向弯道中间的平直路段;当警告区起点在弯道上时,应将其提前至弯道起点。回头弯道路段,回头曲线的作业车道应作为缓冲区。

(5)纵坡路段养护作业,应在竖曲线定点配备交通引导人员;工作区在封闭车道行车方向的下坡路段时,在工作区或上游过渡区与缓冲区之间应布设防撞桶、水马、隔离墩等安全设施。

(6)临时养护作业控制区可简化为警告区、上游过渡区、工作区和下游过渡区。警告区宜取长、短期养护作业警告区长度的一半。当布设移动式标志车时,可不布置上游过渡区,移动式标志车与工作区净距宜为10~20m。对向车道可仅布置警告区。

(7)机械移动养护作业宜布设移动式标志车,弯道路段养护作业应将移动式标志车移至弯道前。人工移动养护作业,宜封闭一定范围的养护作业区域,并按临时养护作业的有关规定执行。

三、四级公路养护作业控制区布置

1. 基本要求

(1)长期和短期养护作业控制区可仅布置警告区、上游过渡区、工作区和下游过渡区,临时和移动养护作业控制区可仅布设警告区和工作区。

(2)警告区内应布设施工标志、限速标志,上游过渡区、工作区和下游过渡区应布设交通锥,上游过渡区内应配备交通引导人员。在视距不良路段进行养护作业时,应增设一名交通引导人员。

2. 四级公路养护作业控制区布置

(1)单车道四级公路通行状态的养护作业,应在工作区两端的错车台或平面交叉处各配备一名手持“停”标志的交通引导人员。

(2)进行四级公路全封闭车道养护作业时,应在作业控制区前后的交叉路口布设道路封闭或改道标志。无法改道时,车辆等候时间不宜超过2h。

(3)进行四级公路临时养护作业,应在工作区及前后两端布设标志及安全设施,可配备交通引导人员。

四、桥涵养护作业控制区布置

1. 基本要求

(1)养护作业控制区的布置除应满足相关要求外,还应兼顾养护作业控制区桥梁养护作业特点、作业位置和作业影响范围等因素。

(2)进行桥梁养护作业时,应加强车辆限速、限宽和限载的通行限制。对于经批准允许的危险品运输车辆,应引导通过。

(3)当预判桥梁养护作业会出现车辆排队时,应利用桥梁检查站、收费站、正常路段或警告区布置大型重载汽车停靠区，并布设“重车靠右停靠区”标志，间隔放行重载车辆，不得集中放行。

（4）在立交桥上进行养护作业应注意，当养护作业影响桥下净空时，应在立交桥下布设施工标志、限高及限宽标志，并不得向桥下抛投任何物品。当养护作业占用下方公路路面时，立交桥下方应布置养护作业控制区。

（5）桥梁养护作业影响桥下通航净空时，应按有关规定布设标志及安全设施。

（6）特大、大桥养护作业除应满足桥梁养护作业控制区的基本要求外，还应符合特大、大桥养护作业的特定技术要求。

2. 桥涵养护作业控制区布置

（1）桥梁养护作业控制区布置应满足相关要求。

（2）中、小桥和涵洞养护作业应封闭整条作业车道作为工作区，纵向缓冲区终点宜止于桥头。

（3）对于特大、大桥养护作业控制区布置，工作区起点距桥头小于300m时，纵向缓冲区起点应提前至桥头。工作区起点距桥头大于或等于300m时，应按相应等级的公路养护作业控制区布置，并在桥头布设施工标志。

（4）桥梁半幅封闭养护作业控制区布置，特大、大桥中央分隔带可设开口时，应按现行《公路养护安全作业规程》（JTG H30）的相关规定执行；中央分隔带不能设开口时，上游过渡区终点应止于桥头。借对向车道通行的桥梁养护作业，应全时段配备交通引导人员。

（5）机动车道与非机动车道分隔的桥梁，如进行非机动车道养护作业，非机动车借用机动车道行驶时，可将缓冲区并入工作区。

（6）桥梁伸缩缝常规检查、清理作业可按临时养护作业控制区布置。桥梁伸缩缝更换作业应半幅封闭或全幅封闭受伸缩缝施工影响的桥孔，且在全幅封闭时应做好分流信息提示，并在作业控制区的前后交叉路口布设桥梁封闭或改道标志。

（7）在桥梁拉索、悬索及桥下部结构养护作业影响范围内的，应将对应桥面封闭为工作区，并布设养护作业控制区。对影响净高或净宽的养护作业，应布设限宽或限高标志。

五、隧道养护作业控制区布置

1. 基本要求

隧道养护作业控制区布置的基本要求如下：

（1）进行隧道养护作业时，当其影响原建筑限界时，应设置限高及限宽标志。

（2）隧道养护作业控制区中的交通锥布设间距不宜大于4m，缓冲区和工作区照明应满足养护作业的照明要求。

（3）隧道养护作业人员应穿戴反光服装和安全帽，养护作业机械应配备反光炫标志，施工台架周围应布设防炫灯。

（4）隧道养护作业宜在交通量较小时进行。

（5）特长、长隧道养护作业时应全时段配备交通引导人员，轮换时间不应超过4h。对于大型载重汽车，应间隔放行。

2. 隧道养护作业控制区布置

隧道养护作业控制区按照下述方式进行布置：

(1)单洞双向隧道养护作业控制区布置应注意,当封闭一条车道双向交替通行时,隧道路口应布设临时交通控制信号设施或配备交通引导人员,上游过渡区应布置在隧道入口前。中、短隧道养护作业应封闭隧道内整条作业车道,下游过渡区宜布置在隧道出口外。

(2)单洞双向通行的隧道全幅封闭养护作业时,应做好分流信息提示,并在作业控制区前后的交叉路口布设隧道封闭或改道标志。

(3)双洞单向通行的中、短隧道养护作业应注意,上游过渡区宜布设在隧道入口前。隧道群作业,当警告区标志位于前方隧道内时,应将标志提前至前方隧道入口处。

(4)双洞单向通行的特长、长隧道养护作业控制区布置应注意,当工作区起点距隧道入口大于1km时,应按路段养护作业控制区布置,并在隧道入口处增设施工标志。隧道内警告区宜采用电子屏提示。

(5)进行临时和移动养护作业时,宜布设移动式标志车,并在隧道两端布设施工标志,必要时配备交通引导人员。

六、平面交叉口养护作业控制区布置

平面交叉口养护作业控制区布置应考虑养护作业的内容与要求、时间和周期、交通量、经济效益等因素,控制区内交通标志的设置要合理、前后协调,起到引导车流平稳通行的作用。

1.基本要求

(1)有渠化的平面交叉养护作业的范围应包括平面交叉规划及渠化范围;无渠化的平面交叉养护作业的范围距交叉入口不应超过停车视距。

(2)工作区上游存在交叉,且在养护作业控制区内时,可将警告区起点移至其出口处。

(3)平面交叉养护作业控制区的上游视距不良时,可在视距不良处增设施工标志。

(4)平面交叉入口或出口封闭车道改为双向通行时,应施划出橙色临时标线;当车道宽度无法满足双向通行时,应配备交通引导人员引导车辆交替通行。

(5)平面交叉养护作业车辆应配备闪光箭头或车辆闪光灯,可布设移动式标志车。

2.平面交叉养护作业控制区布置

(1)十字交叉出入口养护作业,应根据出入口封闭情况布置养护作业控制区。出入口封闭且需借用对向车道交替通行的养护作业,应布设临时交通信号灯;出入口封闭且需借用对向车道双向通行的养护作业,应在借用车道上布设车道渠化设施分隔双向交通;出口单车道封闭且本向车道维持通行的养护作业,对应入口车道宜封闭一定区域布置上游过渡区和缓冲区。进行十字交叉中心养护作业时,应同时在4个交叉入口布置养护作业控制区。

(2)平面交叉时,被交道为单车道四级公路的十字交叉养护作业,主线养护作业的终止区应布置在通过被交道后的位置,被交道可简化作业控制区布置。应在被交道入口配备交通引导人员。

(3)环形交叉封闭入口车道养护作业,应在入口处布置养护作业控制区。中间车道通行养护时,应封闭相邻一侧车道。环形交叉封闭出口车道养护作业,除应在出口处布设闪光箭头或导向标志和附设警示灯的路栏外,还应在另3个交叉入口处分别布设施工标志。环形交叉中心养护作业,应在交叉入口布设施工标志。

(4)T形交叉养护作业,可按十字交叉封闭入口车道养护作业控制区布置。

七、收费广场养护作业控制区布置

在收费广场进行养护作业时，应关闭受作业影响的收费车道，并对作业控制区的交通进行管理。在进行各类养护作业时不得全部封闭单向收费车道。

主线收费广场养护作业控制区可简化。工作区在收费车道入口处，可仅布置警告区、上游过渡区、缓冲区和工作区，警告区应布设施工标志，上游过渡区应布设闪光箭头或导向标志。车辆无须变道时，宜布设施工标志。工作区在收费车道出口处，可仅布置工作区和下游过渡区，并关闭对应收费车道。

匝道收费广场养护作业，应按作业位置确定作业控制区。匝道收费口前养护作业，应在匝道入口处布设施工标志，并关闭养护作业的收费车道，上游过渡区和缓冲区长度均可取10～20m。进行匝道收费口后养护作业时，应关闭对应收费车道，并应布置下游过渡区，其长度可取5～10m。

八、养护维修安全作业

本部分主要介绍保障车辆通行和作业人员及设备安全的基本规定，有关养护作业的具体操作程序和养护机具的具体安全操作，应按相应的操作规定进行。

1. 公路养护安全作业

《公路养护安全作业规程》(JTG H30—2015)对公路养护安全作业作出以下规定：

(1)凡在公路上进行养护作业的人员，必须穿着带有反光标志的橘红色工作装(套装)，管理人员必须穿着带有反光标志的橘红色背心。

(2)公路路面养护作业必须按作业控制区交通控制标准设置相关的渠化装置和标志，并指派专人负责维持交通。

(3)在高速公路和一级公路上养护作业时，应用车辆接送养护作业人员。养护作业人员不得在控制区外活动或将任何物体置于控制区以外。

(4)在山体滑坡、塌方、泥石流等路段养护作业时，应设专人观察险情。

(5)在高路堤路肩、陡边坡等路段养护作业时，应采取防滑坠落措施，并注意防备危岩、浮石滚落。

(6)坑槽修补应当天完成，若不能完成须按规程规定布置养护作业控制区。

2. 桥梁、隧道养护安全作业

桥梁、隧道养护作业有其特殊性，二者均属于公路路线上的关键节点，对交通的畅通起着至关重要的作用，养护作业安全问题格外重要。因此，《公路养护安全作业规程》(JTG H30—2015)对桥梁、隧道养护安全作业作出以下规定：

(1)公路桥梁、涵洞、隧道养护现场要专门设置养护作业时的交通标志。桥面养护应按作业控制区布置要求设置相关的渠化装置和标志，并设专人负责维持交通。

(2)进行桥梁养护作业时，应首先查明架设在桥面上下的各种管线，并应注意保护公用设施(煤气、水管、电缆、架空线等)，必要时应与有关单位联系，取得配合。

(3)在桥梁栏杆外进行作业，须设置悬挂式吊篮等防护设施，作业人员须系安全带。

(4)桥墩、桥台维修时，应在上、下游航道两端设置安全设施，夜间须设置警示灯。必要时应与有关单位取得联系，取得配合。

(5)在养护明洞和半山洞前，应及时清除山体边坡或洞顶危石。

(6)在隧道内进行登高堵漏作业或维修照明设施时，登高设施的周围应设置醒目的安全设施。

(7)对隧道衬砌局部坍塌进行养护维修作业时，应采取措施保证养护人员安全。

(8)当实测的隧道内一氧化碳浓度或烟尘浓度高于规定的允许浓度时，作业人员应及时撤离，并开启通风设备进行通风。

(9)隧道内不准存放易燃、易爆物品，严禁明火作业或取暖。

(10)隧道洞口周围100m范围内，未经隧道养护机构许可，不得挖砂、采石、取土、倾倒废弃物，不得进行爆破作业及其他危及公路隧道安全的活动。

(11)养护作业宜选择在交通量较小时段进行。在进行养护作业前，应做好以下工作：

①检测隧道内一氧化碳、烟雾等有害气体的浓度及能见度是否会影响施工安全。

②检测隧道结构状况是否会影响作业安全，如有危险，应先处理后作业。

③检查施工隧道信号灯是否准确、明显，施工标志设置是否规范。

④对养护机械、台架应进行全面的安全检查，并应在机械上设置明显的反光标志，在台架周围设置防炫灯，以反映作业现场的轮廓。

(12)在隧道内进行养护作业时，应遵守以下规定：

①养护作业控制区经划定后不得随意变更。

②作业人员不得在工作区外活动或将任何施工机具、材料置于工作区以外。

③养护施工路段内的照明应满足要求。

(13)对于电力设施等有特别维护要求的，应按有关部门的安全操作规程执行。

(14)隧道内发生交通事故时，应通知并配合交通安全管理部门到现场处理交通事故。

(15)事故发生后，应尽快清理现场，排除路障，恢复隧道正常行车，并登记相关损失，应认真分析事故原因，恢复或改善隧道的防灾能力。

3. 冬季除雪安全作业

冬季除雪是我国北方特有的公路养护工作内容之一。降雪对冬季交通及其安全影响非常大，因此，做好冬季除雪至关重要：进行除雪作业时应加强交通管制；除雪应以机械为主，在机械除雪不能操作的地方可辅之以人工除雪；除雪作业人员和除雪机械作业时除满足以上要求外，还应做好防滑措施。

4. 雨季安全作业

雨水对于公路而言，大多数情况下起不良作用，给养护工作带来不便甚至安全隐患，因此，雨季养护作业有其安全问题和其特殊性。《公路养护安全作业规程》(JTG H30—2015)对雨季安全作业作出以下规定：

(1)现场道路应加强维护，斜道板和脚手板应有防滑措施。

(2)暴雨、台风前后，应检查工地临时设施、脚手架、机电设备、临时线路，发现倾斜、变形、下沉、漏电、漏雨等现象，应及时修理加固。

(3)在雨季养护维修作业时，作业现场应及时排除积水，人行道的上下坡应挖步梯或铺砂，脚手板、斜道板、跳板上应采取防滑措施。加强对排架、脚手架和土方工程的检查，防止倾斜和坍塌。

(4)在雨季施工时,对处于洪水可能淹没地带的机械设备、材料等应做好防范措施,施工人员要提前做好安全撤离的准备工作。

(5)长时间在雨季中作业的工程,应根据条件搭设防雨棚。作业中遇有暴风雨,应停止施工。

5.雾天养护安全作业

雾天由于能见度差,养护活动对交通会有较大影响,特别是车辆驾驶员的视距有限,会影响驾驶员及时看清养护作业警示标志,容易存在交通安全隐患。因此,雾天不宜进行养护作业。雾天需要进行抢修时,宜会同有关部门,封闭交通进行作业,所有安全设施上均须设置黄色施工警示灯。

6.山区养护安全作业

山区公路曲线多、高边坡多、路线坡度大,驾驶员视距受限。因此,在视距条件较差或坡度较大的山区路段进行养护作业时,应设专人指挥交通,作业控制区应增加有关设施;控制区的施工标志应与急弯路标志、反向弯路标志或连续弯路标志等并列设置;在同一弯道不得同时设置两个或两个以上养护作业控制区。

7.清扫、绿化养护及道路检测安全作业

清扫作业和绿化养护是公路养护工作中最经常性的工作,由于作业次数多、时间长,作业安全问题必须得到足够的重视。大多数情况下,道路检测是在行车道上移动作业,且不封闭交通,因此更应注意作业安全问题。

(1)严禁在能见度差(如夜晚、大雾天)的条件下进行人工清扫。

(2)凡需占用车道进行绿化作业时,必须按作业控制区布置要求设置有关标志。

(3)遇大风、大雨、下雪、雾天等特殊天气时,必须停止绿化养护作业。

(4)高速公路、一级公路中央分隔带绿化浇水作业时,浇水车辆尾部必须安装发光可变标志牌或按移动养护作业控制区布置。

(5)道路检测车在高速公路、一级公路进行道路性能检测时,凡行进速度低于50km/h时,均应按临时定点或移动养护作业进行控制区布置,或应在检测设备尾部安装发光可变标志牌。

8.养护维修机具安全操作

养护维修机具除按相关操作规程进行作业操作外,还应注意以下要求:

(1)养护机械应按其技术性能要求正确使用,不得使用缺少安全装置或安全装置已失效的机械作业,不得操作存在故障的机械作业。

(2)操作人员必须执行有关工作前的检查制度、工作中的观察制度和工作后的检查保养制度。

(3)养护机械进入施工现场前,应查明行驶路线上的隧道、跨线桥的通行净空,必要时应验算桥梁的承载力,确保机械设备安全通行。

(4)养护机械在作业时,操作人员应熟悉作业环境与施工条件。

(5)养护机械在靠近架空输电线路作业时,必须采取安全保护措施,养护机械工作装置运动轨迹范围与架空导线的安全距离必须符合相关规定。

(6)养护机械应按时进行保养,严禁养护机械带故障运转或超负荷运转。

(7)禁止在养护机械运转中进行保养、修理作业。对各种电气设备的检查维修,应在停电后进行。

复习思考题

1. 简述公路养护作业的分类。

2. 公路养护作业控制区由哪些区域组成?

3. 简述二级公路和三级公路养护作业控制区布置的基本要求。

4. 简述公路养护安全作业应符合哪些规定。

5. 桥涵养护作业控制区布置的基本要求是什么?

第十二章 公路养护管理组织机构与工作内容

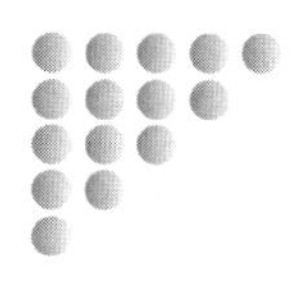

【学习目的与要求】

通过本章的学习，了解公路养护管理的组织机构模式，掌握公路养护技术管理的主要内容，熟悉公路养护生产的组织方式及公路养护计划管理的主要内容，了解路政管理的组织结构、职责及具体内容。

为了保证公路交通的安全、畅通、经济，对公路的管理十分重要。公路管理主要分为3个部分：公路基础设施养护管理、路政管理和交通管理。其中，基础设施养护管理和路政管理由公路部门负责，而交通管理则由公安交通管理部门负责。不同的管理部门担负不同的管理任务。同时，各个部门在实际管理工作中需要相互协调和配合，有时甚至需要一同工作。

第一节　公路养护管理的组织机构

为了保证公路养护工作的顺利进行，确保完成公路养护工作任务，推进技术进步，提高公路养护管理水平，我国各省（自治区、直辖市）都建立了一套公路养护管理的组织机构。目前，我国大多数省（自治区、直辖市）采用将高速公路和其他等级公路分开管理的组织模式。高速公路管理基本采用省级设高速公路管理局，一条或几条高速公路一起设高速公路管理处的组织模式。

其他等级公路基本采用省级设公路管理局［各省（自治区、直辖市）的名称略有差别］、地（市、区）设管理处（或公路分局）、县（包括县级市）设公路段三级公路养护管理机构。随着市场经济的不断发展，在不影响公路养护管理组织机构大框架的前提下，很多省（自治区、直辖市）探索了不同的公路养护管理模式，收到了很好的效果。

尽管我国公路养护管理实现了三级管理，但随着经济的发展与改革，以及我国实行的管理体制改革，目前的管理工作范畴和具体内容已有变化。例如，取消养路费（“费改税”）之后，养护资金的申请与使用要经过国家或地方财政。股份公司投资的公路的养护资金来源于投资方。因此，在养护管理工作源头——养护资金方面发生了很大的变化，这也使得组织管理机构内部要进行相应的调整。

公路养护管理的基本流程是：下一级公路管理部门进行公路技术状况检查与评定，根据公路技术状况和工程规模，向上一级公路管理部门提出计划申请，上一级派技术人员进行现场考察与评估并修改后，将计划申请再向其上一级申报。省级公路养护管理部门派技术人员对进行计划进行评估，将各地市计划申请汇总，根据省级公路网养护规划和当年申请的资金总额等情况，向省级财政申请下一年的养护资金，待批复后，财政拨款，养护计划实施（按法律法规要求进行招投标）。

我国公路养护将逐步向市场化方向发展，养护工程将逐步实现全面招投标制（包括日常维护），因此，目前的管理组织机构将来还会逐步发生变化，其主要职能将是公路技术状况管理、养护计划管理、养护维修方案审查、养护工程招投标、养护工程质量过程管理、养护工程质量验收等。

第二节　公路养护的技术管理

公路养护必须加强技术管理，严格遵守和贯彻国家有关公路技术标准、规范和相应的操作规程，以提高公路养护质量。公路养护技术管理包括公路养护信息化管理、养护工程管理、公路检查和档案管理等，具体包括：交通情况调查、公路路况登记及调查与评定、建立路况数据库、工程检查与验收和公路定期检查。技术管理应健全制度，依靠科学养护，实行规范化管理，逐步推广应用评价管理手段，巩固、改善和提高现有公路的技术状况和服务水平。

一、交通调查

1. 调查的目的及内容

公路交通调查为公路建设总体布局与规划、公路建设可行性研究、旧路技术改造、公路工程设计、制订养护计划及交通管理措施等提供重要的基础数据。同时，为交通工程学基础理论研究和其他公路科学研究提供基础资料。

公路交通基础设施是为车辆行驶服务的，其技术状态与交通量的大小及其组成密切相关。因此，应进行交通调查。

公路交通调查主要指交通量及其组成的调查和行车速度的调查或观测，以及对原始数据的计算整理和分析，并逐步开展车流密度、起讫点、轴载、通行能力、车头时距、车辆横向分布和交通事故等调查工作。

必须保证调查数据的准确性。各级公路管理机构，应采取相应措施确保调查数据准确可靠，并逐步开发应用先进的观测记录手段和数据加工处理工具。

为积累公路交通的历史资料，应长期进行调查工作，并按时逐级上报。交通调查资料应归入公路技术档案，长期保存。

2. 交通量观测

目前交通量观测主要分为下列两种。

间隙式观测：按预先确定的观测日期，对交通量进行定期统计观测。

连续式观测：全年分小时连续不断地对交通量进行统计观测。

1)交通量观测方法

用人工或仪器将通过规定观测断面的各种类型车辆分车型记录在表格或计数器具上,每小时终了,将记录结果进行整理并登记于规定的表格上。采用现代化观测仪器设备能够增加观测内容,提高观测精度,真正实现连续观测。

2)观测站(点)的设置原则

(1)凡列入管养范围的路段,原则上都应进行交通量观测。观测站(点)的设置应从全局出发,根据公路网布局和所划定的调查区间,分别由省、地(市)级公路管理机构决定。

(2)各观测站(点)应进行统一编号,并确定其代码。观测站代码结构应与交通运输部路面管理系统中路段编码一致。观测站(点)位置一经设置,不得随意变动。

(3)连续式观测站应设在主要干线和重要旅游公路交通量有代表性的适当地点,并应注意分布均匀、合理,避免集中在大城市周围。间隙式观测站应设在调查区间范围内能代表所在路段交通量的地点。每个调查区间只设一个观测站。当需要对特定地点,如交叉口、渡口及隧道出入口等进行交通量观测时,可根据使用目的,设立临时补充观测站(点),待完成观测任务后撤销。

(4)各类观测站(点)应选择在视线开阔且具备观测条件的地点,并应离开市区适当距离,以免受城市交通的影响。

(5)高速公路的交通量观测可结合收费站(点)或监控设施实施观测。

(6)观测站(点)的数量可根据公路里程、路线交通量变化情况,由各省(自治区、直辖市)自行决定,并划定调查区间。每省(自治区、直辖市)应在国道上设立若干个连续式观测站。各观测站(点)均应配备固定的观测人员:连续式观测站每站或每一个观测断面配10~20人,间隙式观测站(点)每站配4~6人,具体人数可视交通量大小确定。补充观测站人数可视观测断面的个数及交通量大小确定。

(7)连续式观测站应设立固定的观测房,配备必要的观测设备和工具。间隙式观测站(点)和补充观测站(点)可设置简易观测房(棚)或流动观测车,配备必要的观测设备和工具。

3)观测时间

观测时间应符合下列规定:

(1)连续式观测时间可从观测站建站开始,连续不断地长期进行。

(2)间隙式观测次数因地区而异,一般情况下应每月观测2~3次。每个观测日连续观测24h,观测时间一般定为观测日6时起至次日6时止。为了减少观测资料的偶然性,在确定观测日时,应尽量避开法定节假日。

(3)在间隙式观测中,观测日若遇地方性集会或一般的雨雪天气,仍应照常进行,但应在附注栏内说明。遇大雪、暴风雨等特殊天气,应改期观测。改期不应超过3日,3日内仍无法补测者,可取消本次观测。由于公路施工等原因阻断交通,短期内不能恢复通车的路段,可停止观测,直到恢复通车后再继续观测,但应在附注栏内说明。

(4)夜间交通量稀少的路段及北方严寒季节,在充分积累资料取得昼夜交通量换算系数的情况下,可观测白天12h或16h的交通量。观测时间一般为6时至18时或6时至22时,但应计入推算的夜间交通量。

4)数据处理

交通量观测站(点)对取得的原始观测资料,应及时进行整理、汇总、计算和分析,上报规定的各类报表和图表,以便资料的积累和应用。

3. 车速调查与观测

车速调查与观测的主要目的是通过调查取得通过地点的车速分布状况,掌握车速变化时态和车速发展变化趋势,研究、分析公路通阻情况、服务质量、通行能力及运营管理水平,为交通规划、交通管理、公路几何设计提供依据,为提高公路通行能力、改善公路质量、改善运营管理提供重要的基础资料。

车速调查与观测包括车辆通过公路较短区间的地点车速调查和较长公路区间(或整条路线)的区间车速调查。

地点车速观测可选用下列几种方法。

1)人工观测法

在拟观测车速公路的某地点,选定一段以车辆通过该路段为2~3s时间的距离(一般为30~50m)。当车辆进入观测路段时,启动秒表计时,并计算车速。

2)雷达测速仪法

利用仪器向行驶车辆发出微波,根据其反射的多普勒效应,从仪器上直接读取车速。观测时应选择好地势,以便能从正面接收微波,从而提高观测精度。

3)车辆检测仪法

利用观测地点两端埋设的检测器发出的信号,测定车速。

区间(路段)车速观测可选用下列几种方法。

1)跟车法

观测时由观测人员乘车跟随被测车辆,记录被测车辆在路段上的行驶时间、停车时间、停车原因及经过的路段长度,计算出行驶车速和综合(路段)车速。运用跟车法观测车速时,宜在同一路段往返重复4~6次。

2)记车号法

本方法只适用于汽车综合车速的观测。观测时,在观测路线的两端,由观测员分别记录通过观测断面的汽车车牌号和汽车通过该点的时间,计算同一车牌号的时间差和两端距离而得到综合车速。为确保资料准确,数据宜达50组以上。

对中途交叉口多或中途停车多的路段,不宜采用本方法。

3)浮动车观测法

本方法宜用于交通流稳定、岔道较少且交通量较小的路段。观测前,自备一辆观测车,选定观测路段并丈量其长度。观测时,观测车自观测路段的起点向终点行驶,观测员分别记录与观测车对向行驶的车辆数和同向超越观测车的车辆数、被观测车超越的车辆数以及观测车行驶于该路段的行程时间。到达终点后,观测车立即掉头反向行驶,仍作同样观测。应行驶6个往返,即可计算路段的车流量及路段平均车速、平均运行时间。

4. 四类公路交通量比例调查

为了掌握公路交通流量的地区分布和路线分布特征,分析和评价国道、省道、县道、乡道4类公路的使用功能,论证和探讨现有公路网的合理性,应开展4类公路交通比例调查。通过调查,为公路规划、可行性研究、技术经济分析论证、设计、改造等提供依据。

1)调查的范围、内容、时间和观测点的设置

调查的范围为辖区内的各条国、省、县、乡道。调查内容为调查区域范围内的国、省、县、乡

道交通量观测,并调查辖区范围内 4 类公路的里程和汽车、机动车保有量。

调查日宜选择在运输旺季中的某一天,一般选择间隙式交通量观测日作为调查日。调查日应避开节假日。调查时间为调查日的 6 时至次日 6 时的 24h。

按区域路网交通量调查的规定要求,每条路线划分调查区间并设一代表观测站。一般均利用路网中设置的交通量常规调查的观测站,可不再重新设站。

2)观测的内容、方法和车型分类

观测的内容、方法和车型分类与交通量常规调查的规定相同,分小时、分车型记录通过观测断面的机动车交通量。

在取得比例调查资料后,应对资料进行整理汇总。计算每个观测站日机动车交通量和日汽车交通量(均为绝对值)、每条路线的交通量和日交通量、调查区域内行政区的 4 类公路里程比例、路线交通量所占比例、日交通量及年路线总交通量。

5. 轴载调查

轴载调查是为了预测某一时期内行车对路面的破坏作用,科学地制定公路养护措施,合理分配公路养护和改造资金。

为确保轴载调查的质量,有效地利用现有交通量调查资料,轴载调查的车辆分类可在现行交通量观察分类的基础上,对每类车辆再分成若干档次。调查时,应按分类分档记录。

对每档车选取一种车型为该档车辆的代表车型。根据该代表车型的轴载和作用次数,换算成标准轴载的当量轴次。再根据每类车辆中若干档代表车型换算成标准轴载的当量轴次的总和,即可计算得各类车辆的当量轴次换算系数。然后利用现有的交通量调查资料,换算成标准轴载的当量轴次。

不同路面类型的标准轴载换算方法,按现行的《公路沥青路面设计规范》(JTG D50)和《公路水泥混凝土路面设计规范》(JTG D40)的相应规定进行数据处理。

轴载调查时宜同时进行客、货车装载情况抽样调查。如无条件,则可利用交通量调查中现有的实载率资料。

轴载调查以每年一次为宜。每次调查天数可根据每类车辆的代表当量轴载换算系数稳定性而定,每次不宜少于 3 日,调查时间应具有代表性。

随着科技的进步,目前已经有成熟的技术可以同时进行车速、轴载、车头时距、车辆横向分布等的检测与计算分析。

二、信息化管理

(1)公路养护技术管理应建立公路数据库作为基础平台,所有公路基本信息采用计算机进行储存和管理。各地公路管理机构应根据现行有关公路数据库标准的要求,逐步建立完善省(自治区、直辖市)、市、县各级公路数据库系统。

(2)公路数据库的内容应包括公路几何数据、路面结构数据、公路养护历史数据、交通量和轴载数据、桥涵及路基防护构造物数据、安全保障工程设施数据、绿化植物数据、路域环境数据等基本数据资料,以及路面结构强度、路面破损、路面平整度和路面抗滑等路面状况数据和交通事故数据。

(3)公路基本数据采集以公路竣工文件为主要依据,并结合现状调查进行。当公路大修或改建后,数据应及时进行更新。路面状况数据应现场采集,并应尽量采用高效检测仪器进行

数据采集。

(4)公路数据信息包括文字信息、数字信息和图片信息。数据的采集和整理以路段(一般为1km)为单位。路域环境信息除文字和数字信息外,宜每百米拍摄一张全景式数码相机作为图片信息存入数据库。路域环境图片也可用前方图像采集的连续录像信息代替。

(5)各地应创造条件在公路数据库的基础平台上,根据需要建立起地理信息系统(GIS)以及路面管理系统、桥梁管理系统、隧道管理系统、公共信息服务系统等应用系统。

三、养护工程管理

(1)各级公路管理机构应定期组织对公路路况进行调查,正确评价和掌握公路技术状况,并通过动态分析各种病害产生的原因、机理和变化规律,科学预测路况发展趋势,为养护工程决策提供科学依据。

(2)养护工程应引入竞争机制,推行招投标制度、工程监理制度和合同管理制度。

对于大、中修工程,应由具有相应资质的单位进行施工和监理。对于改建工程,应按照工程建设管理的规定,对设计、施工和监理实行招投标制度。

(3)各级公路管理机构应严格养护工程管理程序,完善重大工程项目的报批和审查制度;对技术难度较大的工程项目,应组织专家进行技术论证。

(4)公路大修或改建工程项目,应由具有相应资质的设计单位进行勘测设计。

(5)各级公路管理机构应加强对养护工程的中间检查。

(6)养护工程完工后,必须符合以下条件才能接养:

①经竣工验收为合格工程。

②公路编号、命名以及相应的交通工程及沿线设施系统设置规范、完善。

③各项竣工文件、档案资料齐全。

四、公路检查

(1)各级公路管理机构应坚持和完善公路检查制度,定期对公路进行检查,及时、准确掌握公路路况质量和使用品质,评价和考核公路的运营性能以及公路养护生产和管理工作成效。

(2)公路检查的内容包括:公路技术状况、日常养护情况、养护工程实施情况、养护计划和管理制度的执行情况等。

(3)公路检查应做到科学、合理,考核评定应客观、公正,检测手段应先进、准确。应对公路主要技术指标进行全面检测或抽检,客观地评价公路路况和养护水平。公路检查的评价标准按现行《公路技术状况评定标准》(JTG 5210)执行。

(4)公路因遭受洪水、台风、积雪等自然灾害毁坏或人为破坏,造成交通中断时,沿线养护道班(工区、站)应调查了解情况,并迅速向县级公路管理机构报告;受损线路为国省干线时,应立即上报到省级公路管理机构,国道应上报交通运输部。

(5)应加强对收费公路,特别是经营性收费公路的监督检查,以保障收费公路的服务水平。

(6)多雨地区或公路水毁多发地区的公路管理机构,应加强雨季公路检查。

五、档案管理

1. 公路养护档案管理要求

公路养护档案管理应符合下列规定:

(1)公路养护档案工作应遵循“统一管理、分级负责”的原则。

(2)公路养护应严格执行工程档案管理有关规定,公路工程所形成的档案应及时归档,并由档案管理部门实行集中统一管理,不得由承办部门和个人分散保存。

(3)应建立档案管理制度,由专人负责管理。

(4)公路养护工程的计划,统计、审计,机械设备、设计文件、竣工档案等信息资料,应按相应的管理规定进行管理。

(5)建设单位应对养护工程原工程档案组织设计、施工单位据实修改、补充和完善。对改变的部位,应当重新编制工程档案,并在工程验收后3个月内向相应的档案管理部门移交。

(6)应积极采用先进技术,逐步实现档案管理现代化。

(7)公路养护档案应对小修保养、中修工程、大修工程和改建工程分别立卷归档。

2. 档案整理要求

档案的整理应符合下列要求:

(1)公路养护技术档案应每年按照档案要求分类整理,装订成册,编好目录,分类归档。

(2)立卷应遵循工程文件的自然形成规律,保持卷内文件的有机联系,便于档案的保管和利用。

(3)档案资料应进行科学组卷,每单位工程为一卷,如文件材料多时可分为若干册。

(4)卷内文件排列顺序一般为封面、目录、文件材料部分。

(5)文件应字迹清楚,图样清晰,图表整洁,签字盖章手续完备。

3. 档案保存与使用要求

档案保存与使用应符合下列要求:

(1)加强档案的保存与管理,遵循“统一管理、分级负责”的原则。

(2)档案保管分别按永久、长期和短期3种期限进行系统排列。

(3)安放档案的档案室管理应贯彻“预防为主,防治结合”的方针,认真做好防盗、防火、防光、防潮、防尘、防污染、防有害生物的“七防”工作。

(4)坚持库房检查制度和库房温湿度记录制度,注意调节和控制库房的温湿度,确保档案的安全。

(5)档案管理部门应建立定期检查库存档案和设备制度,并做好检查记录。对破损和字迹模糊或变质的档案,应及时修补或复制。对库存档案发现可疑情况或者发生意外事故的,应及时进行检查。

(6)档案的使用应遵循“严守国家机密、禁止涂改抽拆、切勿私自携出,不得转借散失、妥善保护案卷、用毕及时归还”的原则。

4. 电子档案管理要求

(1)设计图纸应数字化保存。

(2)应建立动态公路设施基础数据库,做好路面管理系统、桥梁管理系统、隧道管理系统、基础数据库的软件备份及数据更新和备份。

(3)应做好文字、数据、影像记录等电子文件的保存和维护,逐步实现技术档案电子化。

(4)应保证电子文件信息安全。

(5)逐步建立档案信息化检索体系。

第三节　公路养护的生产管理

公路养护生产管理是对公路养护生产活动的计划、组织、实施、控制，以及与养护工程项目相关的管理工作的总称。公路养护生产管理的任务是公路管理部门利用在计划、组织、控制等方面的职能，将养护生产各种要素和环节有效地结合在一起，形成一个有机的生产体系，按照最佳方式完成生产任务，达到养护质量要求和最佳的经济效果。

一、公路养护生产的组织方式

随着我国基本建设越来越规范化和市场化，公路养护也将逐步向市场化方向发展。不同规模的养护工程项目实行不同的生产组织方式。

(1)公路改(扩)建、大修、中修等工程项目一般由省(自治区、直辖市)公路局组织项目立项、申请、设计等，设计和施工实行招投标制。这类养护生产过程中，公路管理部门的主要任务是对工程项目各个环节的管理进行不同生产环节的质量控制，不参与工程项目的具体设计和施工工作。

(2)小修保养工程由于具有工作路线长、点多、面广、作业分散、形不成规模等特点，一般由省(自治区、直辖市)公路局下计划，实行固定定额、各县区公路管理部门具体组织实施等管理方式，有条件的可实行分段包干等方式，由民营养护公司承担养护生产作业工作。

目前，我国有些省(自治区、直辖市)在公路养护工作中不断探索新的养护工作组织模式，向着完全市场化方向发展，精简养护管理机构，提高养护工作效率和质量，提高养护资金使用效率。实行公路养护总承包制，即对某段公路在一个大的时间段内的养护工程进行招标，公路管理部门制订养护计划、申请养护资金，在这个时间段内的养护工程全部由中标的养护公司负责工程施工，公路管理部门负责养护工程施工过程的质量检查和竣工验收质量检查，最后由公路质检部门进行验收。

二、公路养护计划管理

1.公路养护计划管理的任务与作用

公路养护工程的计划管理是指从事公路养护的各级部门，根据公路养护相关技术规范、国家财政政策、养护资金来源、养护资金使用程序、养护工程实施法律法规等，进行养护计划编制、养护资金申报、养护计划下达、养护资金使用监督等综合性管理工作。做好计划管理工作可以提高公路养护资金的使用效率，提高公路网服务水平，取得显著的经济效益。

公路养护计划管理的主要任务如下：

(1)做好养护计划编制、养护资金申报、养护计划下达、养护资金使用与管理等工作。

(2)确保完成养护计划所下达的公路小修保养、大中修、改善工程的任务，提高路网服务水平等级，不断提高公路技术标准，完善公路沿线设施。

(3)合理组织生产，包括养护技术力量协调、养护新技术应用与推广、采用先进的管理方法和手段等。

(4)依据公路技术状况和其他因素，养护计划安排应遵循先重点路线、后一般路线，先小修保养、后大中修和改善的原则，做到养护计划安排的科学化。

2. 养护计划编制的方法

公路养护计划包括制定长远规划，编制、执行、检查年度、季度、月(旬)计划。通过计划的编制，能够使各级公路养护部门明确各个时期的任务、工作量的大小、掌握工作进度，并按计划要求提前做好各项准备工作，保证养护工作的顺利进行。

不同公路养护管理部门编制计划的详尽程度有所不同，可分为长远规划、年度计划、季度计划和月度计划。

(1)长远规划。公路管理部门根据公路技术状况现状、技术状况预测、未来技术状况目标、养护资金投入预期、经济发展水平等，制订未来(一般5年)的公路养护规划。

(2)年度计划。全年养护任务计划，根据各基层养路部门的公路技术状况，结合公路网整体规划和养护资金情况，按照先重点路线、后一般路线，先小修保养、后大中修和改善的原则，由各基层养路部门在前一年年底前提出下一年度计划建议书，报上一级管理部门审核并逐级上报。省(自治区、直辖市)公路管理部门对全省的养护计划进行审核、协调、汇总，上报省(自治区、直辖市)交通主管部门审核后，上报省(自治区、直辖市)财政部门申请养护资金计划。

(3)季度计划。由公路段或公路管理处按照批复的年度计划编制季度计划，可根据实际情况在年度计划内作出适当的计划调整。季度计划应按时间要求上报，待批准后实施。大中修和改善工程等实施招授标的养护工程，由临时成立的项目管理机构负责编制，并报省(自治区、直辖市)公路管理部门批准后实施。

(4)月度计划。实施性生产计划，由承担养护工作任务的单位负责编制并实施。

由于养护资金来源和资金使用的法律法规不断向适应市场经济的方向发展，公路养护管理体制也在发生变化，使得公路养护计划管理也在发生局部变化，在工作中应当不断调整工作内容，适应公路养护工作不断向前发展的需要。

第四节　路 政 管 理

公路路政管理，是指县级以上人民政府交通主管部门或者其设置的公路管理机构，为维护公路管理者、经营者、使用者的合法权益，根据《中华人民共和国公路法》(以下简称《公路法》)及其他有关法律、法规和规章的规定，实施保护公路、公路用地及公路附属设施(以下统称“路产”)的行政管理。

公路路政管理对加强公路管理，保障公路的完好、安全和畅通具有重要意义。

一、路政管理组织机构

路政管理工作应当遵循“统一管理、分级负责、依法行政”的原则。交通运输部根据《公路法》及其他有关法律、行政法规的规定主管全国路政管理工作。

县级以上地方人民政府交通主管部门根据《公路法》及其他有关法律、法规、规章的规定，主管本行政区域内国道、省道、县道、乡道的路政管理工作。县级以上地方人民政府交通主管部门设置的公路管理机构根据《公路法》的规定，或者根据县级以上地方人民政府交通主管部门的委托，负责路政管理的具体工作。

我国各省(自治区、直辖市)路政管理机构设置不尽相同。大多数省(自治区、直辖市)将路政管理机构设置在公路管理局或高速公路管理局内,分别设有路政管理处,其下一级公路管理机构设相应的科室。

二、路政管理职责

路政管理的职责如下:

(1)宣传、贯彻执行公路管理的法律、法规和规章。

(2)保护路产。

(3)实施路政巡查。

(4)管理公路两侧建筑控制区。

(5)维持公路养护作业现场秩序。

(6)参与公路工程交工、竣工验收。

(7)依法查处各种违反路政管理法律、法规、规章的案件。

(8)法律、法规规定的其他职责。

依照《公路法》的有关规定,受让公路收费权或者由国内外经济组织投资建成的收费公路的路政管理工作,由县级以上地方人民政府交通主管部门或者其设置的公路管理机构的派出机构、人员负责。

《公路法》规定,任何单位和个人不得破坏、损坏或者非法占用路产。任何单位和个人都有爱护路产的义务,有检举破坏、损坏路产和影响公路安全行为的权利。

三、路政管理许可

1. 路政管理许可内容

(1)除公路防护、养护外,占用、利用或者挖掘公路、公路用地、公路两侧建筑控制区,以及更新、砍伐公路用地上的树木,应当根据《公路法》和相关规定,事先报经交通主管部门或者其设置的公路管理机构批准、同意。

(2)因修建铁路、机场、电站、通信设施、水利工程和进行其他建设工程需要占用、挖掘公路或者使公路改线的,跨越、穿越公路,修建桥梁、渡槽,或者架设、埋设管线等设施,以及在公路用地范围内架设、埋设管(杆)线、电缆等设施的,建设单位应当按照《公路法》的规定,事先向交通主管部门或者其设置的公路管理机构提交申请书和设计图。

申请书包括以下主要内容:

①主要理由;

②地点(公路名称、桩号及与公路边坡外缘或者公路界桩的距离);

③安全保障措施;

④施工期限;

⑤修复、改建公路的措施或者补偿数额。

(3)因抢险、防汛需要在大中型公路桥梁和渡口周围200m范围内修筑堤坝、压缩或者拓宽河床,应当按照《公路法》的规定,事先向交通主管部门提交申请书和设计图。

申请书包括以下主要内容:

①主要理由;

②地点(公路名称、桩号及与公路边坡外缘或者公路界桩的距离);

③安全保障措施；

④施工期限。

(4)铁轮车、履带车和其他可能损害公路路面的机具需要在公路上行驶的，应当按照《公路法》的规定，事先向交通主管部门或者其设置的公路管理机构提交申请书和车辆或者机具的行驶证件。

申请书包括以下主要内容：

①主要理由；

②行驶路线及时间；

③行驶采取的防护措施；

④补偿金额。

(5)超过公路、公路桥梁、公路隧道或者汽车渡船的限载、限高、限宽、限长标准的车辆，确需在公路上行驶的，按照《公路法》和交通运输部制定的《超限运输车辆行驶公路管理规定》的规定办理。

(6)在公路用地范围内设置公路标志以外的其他标志，应当按照《公路法》的规定，事先向交通主管部门或者其设置的公路管理机构提交申请书和设计图。

申请书包括以下主要内容：

①主要理由；

②标志的内容；

③标志的颜色、外廓尺寸及结构；

④标志设置地点(公路名称、桩号)；

⑤标志设置时间及保持期限。

(7)在公路上增设平面交叉道口，应当按照《公路法》的规定，事先向交通主管部门或者其设置的公路管理机构提交申请书和设计图或者平面布置图。

申请书包括以下主要内容：

①主要理由；

②地点(公路名称、桩号)；

③施工期限；

④安全保障措施。

(8)在公路两侧的建筑控制区内埋设管(杆)线、电缆等设施，应当按照《公路法》的规定，事先向交通主管部门或者其设置的公路管理机构提交申请书和设计图。

申请书包括以下主要内容：

①主要理由；

②地点(公路名称、桩号及与公路边坡外缘或公路界桩的距离)；

③安全保障措施；

④施工期限。

(9)更新砍伐公路用地上的树木，应当依照《公路法》的规定，事先向交通主管部门或者其设置的公路管理机构提交申请书。

申请书包括以下主要内容：

①主要理由；

②地点(公路名称、桩号)；

③树木的种类和数量；
④安全保障措施；
⑤时间；
⑥补种措施。

2. 路政管理许可的权限

除省级人民政府根据《公路法》就国道、省道管理、监督职责作出决定外，路政管理许可的权限如下：

(1)属于国道、省道的，由省级人民政府交通主管部门或者其设置的公路管理机构办理；

(2)属于县道的，由市(设区的市)级人民政府交通主管部门或者其设置的公路管理机构办理；

(3)属于乡道的，由县级人民政府交通主管部门或者其设置的公路管理机构办理。

路政管理许可事项涉及有关部门职责的，应当经交通主管部门或者其设置的公路管理机构批准或者同意后，依照有关法律、法规的规定，办理相关手续。

交通运输主管部门或者其设置的公路管理机构自接到申请书之日起 15 日内应当作出决定。作出批准或者同意的决定的，应当签发相应的许可证；作出不批准或者不同意的决定的，应当书面告知，并说明理由。

四、路政案件管辖

在路政管理过程中出现的路政案件应在管理权限范围内进行处理。

(1)路政案件由案件发生地的县级人民政府交通主管部门或者其设置的公路管理机构管辖。

(2)对管辖发生争议的，报请共同的上一级人民政府交通主管部门或者其设置的公路管理机构指定管辖。

下级人民政府交通主管部门或者其设置的公路管理机构对属于其管辖的案件，认为需要由上级人民政府交通主管部门或者其设置的公路管理机构处理的，可以报请上一级人民政府交通主管部门或者其设置的公路管理机构决定。

上一级人民政府交通主管部门或者其设置的公路管理机构认为必要的，可以直接处理属于下级人民政府交通主管部门或者其设置的公路管理机构管辖的案件。

(3)报请上级人民政府交通主管部门或者其设置的公路管理机构处理的案件以及上级人民政府交通主管部门或者其设置的公路管理机构决定直接处理的案件，案件发生地的县级人民政府交通主管部门或者其设置的公路管理机构应当首先制止违法行为，并做好保护现场等工作，上级人民政府交通主管部门或者其设置的公路管理机构应当及时确定管辖权。

五、行政处罚

地方人民政府交通主管部门或者其设置的公路管理机构有权对违反《公路法》的行为进行行政处罚。

(1)有下列违法行为之一的，依照《公路法》的规定，责令停止违法行为，可处 3 万元以下的罚款：

①擅自占用、挖掘公路的；

②未经同意或者未按照公路工程技术标准的要求修建跨越、穿越公路的桥梁、渡槽或者架

设、埋设管线、电缆等设施的；

③未经批准从事危及公路安全作业的；

④铁轮车、履带车和其他可能损害路面的机具擅自在公路上超限行驶的；

⑤车辆超限使用汽车渡船或者在公路上擅自超限行驶的；

⑥损坏、移动、涂改公路附属设施或者损坏、挪动建筑控制区的标桩、界桩，可能危及公路安全的。

(2)有下列违法行为之一的，依照《公路法》的规定，责令停止违法行为，可处5000元以下罚款：

①造成公路路面损坏、污染或者影响公路畅通的；

②将公路作为检验机动车辆制动性能的试车场地的。

(3)造成公路损坏，未报告的，处以1000元以下罚款。

(4)在公路用地范围内设置公路标志以外的其他标志的，责令限期拆除，可处2万元以下罚款。

(5)未经批准在公路上设置平面交叉道口的，责令恢复原状，处5万元以下罚款。

(6)在公路建筑控制区内修建建筑物、地面构筑物或者擅自埋设管线、电缆等设施的，责令限期拆除，并可处5万元以下罚款。

《公路法》及《路政管理规定》所规定的行政处罚，由县级以上地方人民政府交通主管部门或者其设置的公路管理机构依照《公路法》有关规定实施。实施路政处罚的程序，按照《交通行政处罚程序规定》办理。

六、公路赔偿和补偿

按照《公路法》的规定，公民、法人或者其他组织造成路产损坏的，应向公路管理机构缴纳路产损坏赔(补)偿费。经批准占用、利用、挖掘公路或者使公路改线的，建设单位应当按照不低于该段公路原有技术标准予以修复、改建或者给予相应的补偿。

公路赔偿和补偿应按以下规定办理：

(1)路产损坏事实清楚，证据确凿充分，赔偿数额较小，且当事人无争议的，可以当场处理。

(2)当场处理公路赔(补)偿案件，应当制作、送达《公路赔(补)偿通知书》收取公路赔(补)偿费，出具收费凭证。

(3)除规定可以当场处理的公路赔(补)偿案件外，处理公路赔(补)偿案件应当按照下列程序进行：

①立案；

②调查取证；

③听取当事人陈述和申辩或听证；

④制作并送达《公路赔(补)偿通知书》；

⑤收取公路赔(补)偿费；

⑥出具收费凭证；

⑦结案。

调查取证应当询问当事人及证人，制作调查笔录；需要进行现场勘验或者鉴定的，还应当制作现场勘验报告或者鉴定报告。

(4)对公路赔(补)偿案件处理程序的具体事项未作规定的，参照《交通行政处罚程序规

定》办理。

(5)办理公路赔(补)偿案件涉及路政处罚的,可以一并进行调查取证,分别进行处理。

(6)当事人对《公路赔(补)偿通知书》认定的事实和赔(补)偿费数额有疑义的,可以向公路管理机构申请复核。公路管理机构应当自收到公路赔(补)偿复核申请之日起15日内完成复核,并将复核结果书面通知当事人。本条规定不影响当事人依法向人民法院提起民事诉讼的法定权利。

(7)公路赔(补)偿费应当用于受损公路的修复,不得挪作他用。

七、行政强制措施

地方人民政府交通主管部门或者其设置的公路管理机构有权对违反《公路法》规定的行为采取行政强制措施。

(1)对公路造成较大损害、当场不能处理完毕的车辆,公路管理机构应当依据《公路法》的规定,签发《责令车辆停驶通知书》,责令该车辆停驶并停放于指定场所。调查、处理完毕后,应当立即放行车辆,有关费用由车辆所有人或者使用人承担。

(2)在公路用地范围内设置公路标志以外的其他标志,依法责令限期拆除,而设置者逾期不拆除的,依照《公路法》的规定强行拆除。

(3)在公路建筑控制区内修建建筑物、地面构筑物或者擅自埋设管(杆)线、电缆等设施,依法责令限期拆除,而建筑者、构筑者逾期不拆除的,依照《公路法》的规定强行拆除。

(4)依法实施强行拆除所发生的有关费用,由设置者、建筑者、构筑者负担。

(5)依法实施路政强行措施,应当遵守下列程序:

①制作并送达路政强制措施告诫书,告知当事人作出拆除非法标志或者设施决定的事实、理由及依据,拆除非法标志或者设施的期限,不拆除非法标志或者设施的法律后果,并告知当事人依法享有的权利;

②听取当事人陈述和申辩;

③复核当事人提出的事实、理由和依据;

④经督促告诫,当事人逾期不拆除非法标志或者设施的,制作并送达路政强制措施决定书;

⑤实施路政强制措施;

⑥制作路政强制措施笔录。

实施强行拆除涉及路政处罚的,可以一并进行调查取证,分别进行处理。

(6)有下列情形之一的,可依法申请人民法院强制执行:

①当事人拒不履行公路行政处罚决定;

②依法强行拆除受到阻挠。

《公路法》及《路政管理规定》所规定的行政强制措施,由县级以上地方人民政府交通主管部门或者其设置的公路管理机构依照《公路法》有关规定实施。

八、监督检查

交通主管部门、公路管理机构应当依法对有关公路管理的法律、法规、规章执行情况进行监督检查。

(1)交通主管部门、公路管理机构应当加强路政巡查,认真查处各种侵占、损坏路产及其他违反公路管理法律、法规和规定的行为。

(2)路政管理人员依法在公路、建筑控制区、车辆停放场所、车辆所属单位等进行监督检查时,任何单位和个人不得阻挠。

(3)公路养护人员发现破坏、损坏或者非法占用路产和影响公路安全的行为应当予以制止,并及时向公路管理机构报告,协助路政管理人员实施日常路政管理。

(4)公路经营者、使用者和其他有关单位、个人,应当接受路政管理人员依法实施的监督检查,并为其提供方便。

(5)对公路造成较大损害的车辆,必须立即停车,保护现场,并向公路管理机构报告。

(6)交通主管部门、公路管理机构应当对路政管理人员的执法行为加强监督检查,对其违法行为应当及时纠正,依法处理。

第五节　公路养护工程质量检验评定

为加强公路养护工程质量管理,必须对公路养护工程质量进行检验和评定,以保证工程质量。

一、基本要求

(1)应在施工准备阶段按《公路养护工程质量检验评定标准》附录A将养护工程划分为若干个养护工程质量检验评定单元。

(2)养护工程质量检验评定应按养护单元、养护工程逐级进行。

(3)养护工程质量检验评定应符合下列要求:

①养护单元完工后,应根据本标准进行检验,对工程质量进行评定。隐蔽工程在隐蔽前应检查合格。

②养护工程完工后,应汇总评定所属养护单元质量资料,检查外观质量,对工程质量进行评定。

二、养护工程质量检验

(1)养护单元应按基本要求、实测项目、外观质量和质量保证资料等检验项目分别检查。

(2)养护单元质量应在所使用的原材料、半成品、成品及施工控制要点等符合基本要求的规定,无外观质量限制缺陷且质量保证资料真实齐全时,方可进行检验评定。

(3)基本要求检查应符合下列规定:

①应对养护单元所列基本要求逐项检查,经检查不符合规定时,不得进行工程质量的检验评定。

②养护单元所用的各种原材料的品种、规格、质量及混合料配合比和半成品、成品等应符合有关技术标准规定并满足设计要求。

(4)实测项目检验应符合下列规定:

①应对检查项目按规定的检查方法和频率进行随机抽样检验并计算合格率,采用其他高效检测方法时应经提前比对确认。

②应按下式计算检查项目合格率:

$$\text{检查项目合格率} = \frac{\text{合格的点(组)数}}{\text{该检查项目的全部检查点(组)数}} \times 100\%$$

(5)实测项目中检查项目合格判定应符合下列规定：

①关键项目(在检查项目项次后以“△”标识)的合格率不得低于95%，属于工厂加工制造的桥梁金属构件的合格率应为100%，不符合要求时该检查项目应为不合格。

②一般项目的合格率应不低于80%，不符合要求时该检查项目应为不合格。

③有规定极值的检查项目，任一单个检测值都不得突破规定极值，不符合要求时该检查项目应为不合格。

④采用《公路养护工程质量检验评定标准　第一册　土建工程》(JTG 5220—2020)附录B～J、L～N所列方法进行检验评定的检查项目，不符合要求时该检查项目应为不合格。

(6)应对外观质量进行全面检查，并满足规定要求。对于明显的外观缺陷，养护工程施工单位应进行整修或返工处理直至合格。

(7)养护工程应有真实、准确、齐全、完整的施工原始记录、试验检测数据、质量检查结果等质量保证资料。有监理的养护工程，工程监理单位应提交齐全、真实和系统的监理资料。其中，养护工程质量检验评定表应符合《公路养护工程质量检验评定标准　第一册　土建工程》(JTG 5220—2020)附录K.1的规定；养护工程的质量保证资料应符合《公路养护工程质量检验评定标准　第一册　土建工程》(JTG 5220—2020)附录K.2的规定，当个别质量保证资料缺失时，应有检测机构出具的实体质量合格检测报告。

(8)要求有竣工资料的养护工程，可按《公路养护工程质量检验评定标准　第一册　土建工程》(JTG 5220—2020)附录K.3编制竣工资料。

三、养护工程质量评定

(1)养护工程质量等级应分为合格与不合格。

(2)养护单元工程质量评定为合格，应同时符合下列规定：

①检验记录应完整；

②质量保证资料应符合规定；

③所含实测项目的质量均应合格；

④外观质量应满足要求。

(3)养护工程质量评定为合格应同时符合下列规定：

①评定资料应完整；

②所含各养护单元的质量均应合格；

③外观质量应满足要求。

(4)评定为不合格的养护单元，必须进行返工、加固、补强或调测，满足设计要求后，可重新进行检验评定。

复习思考题

1. 公路养护技术管理的主要内容是什么？

2. 交通调查的目的及内容是什么？

3. 简述公路养护档案整理的基本要求。

第十三章 高速公路改扩建技术与管理

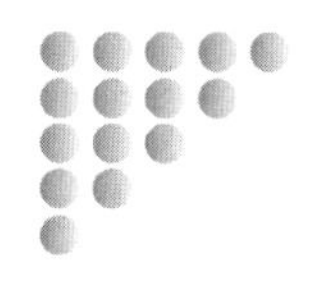

【学习目的与要求】

通过本章的学习，了解高速公路改扩建概况，掌握高速公路拓宽路基差异沉降控制技术，熟悉高速公路改扩建工程工期管理的主要内容，了解高速公路改扩建安全管理内容。

第一节 高速公路改扩建概况

一、国内高速公路改扩建工程概况

20世纪80年代以来，随着国民经济的飞速发展，我国的公路建设发展迅猛，高速公路在国民经济发展中的作用越来越突出。同时，我国高速公路的交通流量日益增加，原有高速公路的设计通行能力已远不能满足日益增长的交通需求，造成时间的浪费和运输成本的提高，一定程度上影响了区域经济的发展。为了满足急剧增长的交通要求和提高道路服务水平，更好地为经济建设服务，急需对原高速公路进行改扩建。

近年来，我国已投入使用的高速公路很多出现了道路通行能力和服务水平不能满足日益增长的交通需求的状况，其中，济青高速公路、沪宁高速公路、广佛高速公路等20余条高速公路改扩建工程已完成。目前还有不少高速公路（如京台高速公路山东段）改扩建工程正在进行当中。

改扩建工程必须在原有老路存在的基础之上建设，多采取两侧拼接方式进行改扩建。考虑到高速公路在交通运输中的重要地位、经济效益和社会效益，多数高速公路改扩建工程实行边通行边改建的施工方案，且工期要求紧。因此，改扩建工程建设管理难度远远高于新建高速公路，需考虑老路与新路的衔接、质量控制、交通施工安全以及工期控制等问题。总体而言，高速公路改扩建工程建设管理还存在诸多问题，如：①纵向体制关系不清晰，多种管理体制并存；横向体制关系混乱，管理机构重复设置，管理效率低下；②工期控制理论模糊，控制方法过于保守，工期与质量控制协调性差；③建设管理多注重施工区的交通组织、施工区的通行能力及延误以及仿真技术应用，不曾从施工、交通和凌空面等多方面考虑；④质量问题突出；⑤工期造价控制难度大；⑥改扩建工程的施工信息管理重视不够；⑦环保、和谐问题重视程度不够等问题，导致决策过程的主观随意性大，质量、进度和费用的管理相互脱节。

在具体实践当中,高速公路改扩建受到上述诸多内外因素的影响,对这些因素进行全面的调查、研究和分析,并结合合理的理论系统,将相关理论有效地应用在工程建设当中,可以很好地指导工程的实施,保证改扩建工程的质量。本章主要对目前国内高速公路改扩建方案及改扩建过程中的关键技术进行介绍。

二、高速公路改扩建方案选择

随着高速公路改扩建问题日渐凸现,各种改扩建方案也相应在改扩建中得到运用,但由于改扩建方案选择不当造成的一系列问题也相当突出,比如城市路网的不合理、占地面积过大以及工程造价太高等。由于存在着上述诸多问题,在进行高速公路改扩建工程总体方案的选择时要遵循以下几项基本原则:

(1)一般改扩建道路都位于全国主要经济干线走廊带内,交通运输繁忙,应合理选择改扩建方案,以减少对现有道路交通的影响是改扩建方案的重点。

(2)我国大部分高速公路两侧是耕地,土地资源稀缺可贵,节约土地、减少征地拆迁数量是方案选择的前提条件之一。

(3)在积极建设路网时,既要考虑交通量发展的需要,也要结合路网规划的实际情况合理确定改扩建工程规模,方便工程实施,利于项目的可持续发展。

(4)改扩建方案要充分考虑道路养护、交通事故处理时交通组织的需要,要有利于道路的维护和交通管理。

(5)改扩建方案应充分利用现有工程,降低工程造价。

国内外高速公路改扩建主要有新建分流道路和利用原路扩建两种,即扩容与扩建两种方式。所谓扩容就是增加路网密度,通过新建道路提高路网通行能力;所谓扩建就是在拟改建高速公路走廊内通过增加拟改扩建高速公路的车道数提高道路的通行能力。

扩容往往与路网结构调整同步进行,是一项综合性工程;扩建对路网结构不产生本质影响,但对路网内部出行产生影响。扩容方式与扩建方式的比较见表13-1。

扩容方式与扩建方式比较 表13-1

比较内容	扩容方式	扩建方式
与路网规划的关系	对路网起了明显的加密作用,不利于远期路网的再发展	对路网布局无影响,但会导致沿线交通流的重分布
与地方路网的协调性	会对地方路网产生不同程度的影响,甚至重新规划	对地方路网的布局无影响,但会对地方路网建设的时间安排产生一些影响
与地方经济发展的协调性	新建路线将或多或少地对社会经济发展规划产生影响,有些路段影响严重	对经济发展规划不但无影响,还可起到进一步的促进作用
道路功能特点	可以起到分流交通量的作用,但不利于原有道路功能的发挥	完全满足道路功能要求
走廊带资源利用情况	沿线可供道路建设的走廊带资源匮乏	充分利用现有走廊带资源
土地资源	至少需增加45~50m宽的用地,拆迁工作量大	8车道扩建需增加15~16m宽的用地,10车道扩建需增加26~40m宽的用地,均小于新建,且基本不需拆迁

续上表

比较内容	扩容方式	扩建方式
工程规模	需独立建设管理设施、服务设施、互通式立交、分离式立交等工程，总体工程量明显加大	充分利用现有管理设施、服务设施。总体工程量明显小于新建道路
施工组织难度	施工组织难度低，但不能实现老路性能提升	利用路网交通组织和项目交通组织，可以顺利实施

由表13-1可知，与通过扩容新建一条高速公路相比，在老路基边坡上扩建，除了桥梁路基拼接、施工组织等可以克服的问题外，拼宽工程存在着诸多优点。首先扩建工程的基本原则是最大限度地利用既有资源，与新建复线相比，它能节约土地一半以上。老路扩建工程规模相对较小、占地少，有利于后期交通管理和养护。此外，从理论上讲，一条8车道高速公路的通行能力，大于两条4车道高速公路的容量和。从经济角度来说，影响改扩建方案的选择主要有两方面，一是路网规划和布局；二是经济局部和交通的适应性。老路的存在已经对沿线经济发展等各方面产生了深远影响，选择在老路拼接的扩建方式更加符合现实需求。所以，现阶段我国高速公路的改扩建工程总体方案大多采用在原有道路上的拼接。

三、高速公路扩建方案及其实现形式

高速公路的扩建在局部范围的横向分布上有两种基本拼接方式分别为直接拼接方式和分离扩建方式。

1. 直接拼接方式

直接拼接方式是新路基在老路基的一侧或两侧直接拼接，最终在两个行车方向中的任何一个行车方向形成一个整体式断面的方式。两侧直接拼接的横断面布置如图13-1所示。

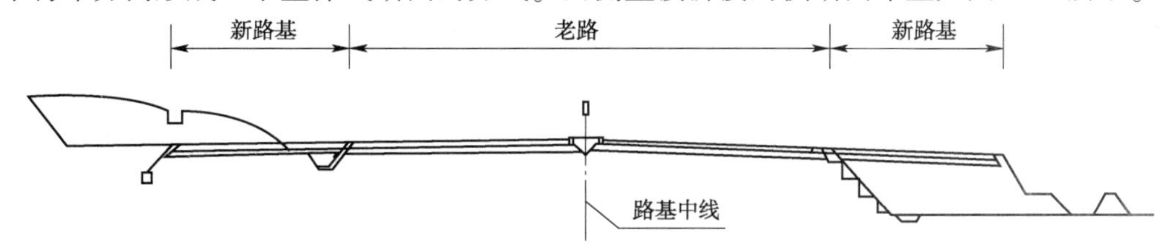

图13-1　路基两侧直接拼接方式示意图

1）两侧拼接

两侧拼接是在原高速公路的路基两侧直接拼接，基本保持原有公路的几何线形，原有的中心线可留作加宽后公路的中心线。

两侧加宽主要有以下优点：

（1）为改扩建方案的实施提供了有利的条件，即使在两侧建筑物密集区，两侧加宽也可使路线按原有平面、纵面线形顺利通过，采用两侧加宽方案将大大减少征地和拆迁费用。

（2）中央分隔带及内部的排水、通信管道、防撞护栏等设施可充分利用。

（3）新老路幅横断面能有效组合，路拱规则，可继续顺用，路面排水简单。

（4）部分上跨桥梁净空（净空和净宽）影响不大，主线桥拼宽难度较小，施工也较方便。

(5)沿线互通式立交大多为单喇叭型和叶型,大部分立交均可通过调整匝道半径,达到匝道拟合来完成改建,改动量较小。

两侧加宽主要有以下缺点:

(1)新老路基之间的差异沉降难以控制。

(2)施工对公路上的交通影响较大,必须做好施工期间的交通组织和安全工作。

(3)路基两侧的防护、防撞护栏等设施不能利用,须拆除重建。

(4)施工工作面小,不利于大型机械开展工作。

2)单侧拼接

单侧拼接是指在老路的一侧新建路基直接拼接出最终所需宽度的半幅路基作为一个行车方向,然后将老路由原来的双向行驶变为单向行驶从而成为最终扩建后的半幅,最后共同形成一个新的高速公路断面,使两个行车方向中的任何一个行车方向都能形成一个整体式断面。

单侧拼接主要有以下优点:

(1)路基不加宽侧的防护、排水沟、防撞护栏等设施可继续使用。

(2)施工对公路上的交通影响较小,原有的公路可继续维持交通。

(3)施工工作面大,有利于大型机械开展工作。

单侧拼接主要有以下缺点:

(1)路基中心线因发生偏移,平面线形需重新拟合。

(2)原有的中央分隔带用作行车道,其内部原有的排水、通信管道、防撞护栏等设施须拆除,新中央分隔带内的这些设施须重建,如路基加宽侧的防护、防撞护栏。

(3)上跨桥梁因主线平面线位向一侧偏移,导致桥梁净空(净宽和净高)不足,须拆除重建,原主线桥梁分两幅设置,合并为一幅技术难度大、施工困难,且对旧路造成交通干扰,加宽侧互通匝道线形调整较大。

由于单侧直接拼接对老路利用比起两侧直接拼接对老路的利用要困难,特别是为了利用老路,扩建后的路基总宽度必须大致是老路的2倍,而对有大量互通式立交的高速公路来说,原有互通式立交利用率不高,因此除一些特殊情况外一般不采用。

2. 分离扩建方式

分离扩建方式是在现有高速公路的两侧或一侧适当位置新建两条单向或一条双向公路,与原路一起组成多车道的高速公路。即在新老路基之间设置分隔带或将新老路基拉开一定的距离,使平面和纵面同时分离,以便跨越全部的互通和主要立交道路。两侧分离扩建的横断面布置如图13-2所示。

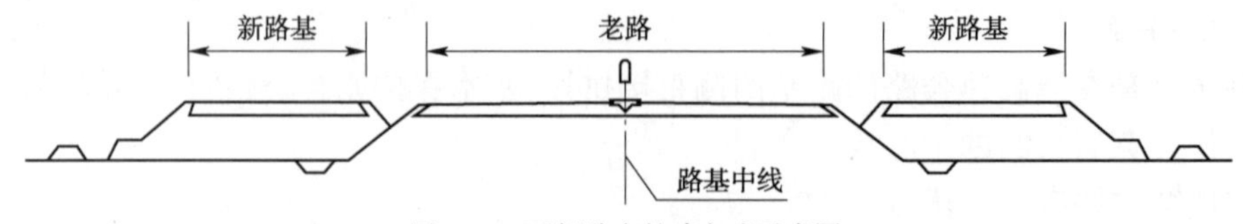

图13-2 两侧分离扩建方式示意图

分离扩建方式除用于集散道路等功能性路段处,还可用于处理不能直接拼接的特殊路段。分离方案结合运营交通组织和“集散加快速”的思路还可以分出多个细节的方案:

(1)内侧老路作为“集散”道路,满足短途交通的需求,外侧新建车道作为直达车道(只与部分互通连接),满足快速通行的需求。

(2)内外侧车道都与互通相接,内侧行驶小汽车、外侧行驶其他车辆,为小汽车提供快速服务。

(3)外侧车道与互通相接,封闭老路上部分现有互通的出口,实现内侧车道的直达通行,将外侧车道作为“集散”道路使用。

分离扩建方式主要有以下优点:

①施工期对现有交通干扰小,可基本维持现有高速公路的功能。

②施工质量相对易于控制和保证,技术风险小。

③新路部分可采用以桥代路,适应性较强。

④支线上跨桥梁可最大限度地得到利用,减少废弃工程量。

⑤能较好解决直接拼接所引起的主线桥桥下净高不足问题。

⑥有利于形成快速 + 集散的交通组织方式,提高整条道路的通行能力。

分离扩建方式主要有以下缺点:

①用地较多,工程直接投资相对较高。

②快速车道与集散车道之间车辆转换的灵活性受到一定的限制。

③总车道数不超过 8 车道时,分离方式总的断面通行能力不如直接拼接方式的总断面通行能力强。

总体比较,单纯从降低工程拼接难度、降低交通组织难度的需要考虑,采用分离改扩建方案不具优势。进行方案设计时,直接拼接方式和分离扩建方式并不完全孤立,可根据不同路段的具体情况联合使用。

3. 路段扩建方案分析

全国部分改扩建工程方案见表 13-2。

我国主要高速公路改扩建工程概况 表 13-2

项目名称	全长(km)	改扩建日期	拼接方式	原设计方案	扩建方案
广佛高速公路	6.9	1997.8—1999.10	两侧拼接	双向 4 车道	部分双向 8 车道,部分双向 6 车道
沈大高速公路	348	2002.5—2004.9	两侧拼接	双向 4 车道	双向 8 车道
沪杭甬高速公路	248	2002.12—2007.12	两侧拼接	双向 4 车道	分部拓宽成双向 8 车道
沪宁高速公路	249.5	2003.5—2006.6	两侧拼接为主,局部分离为铺	双向 4 车道	双向 8 车道

由表 13-2 可知,在上述改扩建高速公路中,除广佛高速公路部分路段加宽为 6 车道,其他均为 4 车道扩建为 8 车道,拓宽方式以双侧拼接为主。

根据现有道路情况,一条高速公路的扩建可以采用前述两种基本扩建方式的一种或其组合,主要包括以下几种:

(1)全部直接拼接方案。

一条高速公路所有主线部分,包括主线各类桥梁等全部采用直接拼接方式,这种方案为全部直接拼接方案。该方案的主线在所有路段都是整体式断面,如果原来有互通式立交、服务区、特殊桥梁等构造物,则进行拆除重建或局部改建。全部直接拼接方案整体视觉好,一般适用于扩建范围地质条件较好、基本上没有难以直接拼接的大型构造物,如枢纽性的互通式立交、特大型桥梁和隧道等。

(2)全部分离方案。

一条高速公路所有主线部分全部采用分离方式,称为全部分离的扩建方案。该方案的主线在所有路段新老路都是分离式断面,包括互通式立交、服务区、特殊桥梁等构造物范围。全部分离的扩建方案一般适用于高速公路扩建,其范围基本上都是在技术上难以直接拼接的大型构造物或即使能够采用直接拼接,但经济上极不合理的地方,如城镇拆迁量较大处等。

(3)以直接拼接为主,局部采用分离方案。

一条高速公路的扩建,在一般路段采用直接拼接方式,对于特殊地段因无法直接拼或实施难度大时,则采用局部分离扩建方式,这样的扩建称为以直接拼接为主、局部采用分离的扩建方案。这种方案一般适用于将双向4车道高速公路扩建为双向6车道或8车道,且地质条件较好、大型构造物少的情形。

(4)以分离为主,局部采用直接拼接方案。

局部路段采用直接拼接方式,其他大部分地段采用分离扩建方式的扩建方案称为以分离为主、局部采用直接拼接的扩建方案。

上述4种改扩建方案的比较见表13-3。

4种方案比较表 表13-3

方案	优点	缺点
(1)、(2)	(1)对现有道路通行干扰相对较小; (2)互通式立交(含枢纽)改造量小,节省改造或重建费用,工程废弃少,最大限度地利用了现有工程; (3)在集散道路上可以根据需要增设互通式立交,有利于最大限度吸引交通流量	(1)占地相对较多; (2)交通组织及施工质量保证难度大; (3)直接工程费用较高
(3)	(1)占地较少; (2)直接工程费用较低	(1)原有高速公路周围限制条件的适应性差; (2)对现有道路通行干扰较大; (3)交通组织及施工质量保证难度大; (4)增设互通式立交难度较大
(4)	(1)根据具体情况在一侧或两侧进行扩建,灵活性更大; (2)对现有道路通行干扰相对较小; (3)互通式立交(含枢纽)改造量小,节省改造或重建费用,工程废弃少,最大限度地利用了现有工程; (4)在集散道路上可以根据需要增设互通式立交,有利于最大限度吸引交通流量	(1)占地相对较多; (2)原有高速公路周围限制条件的适应性差; (3)交通组织及施工质量保证难度小; (4)增设互通式立交难度较大; (5)直接工程费用较高

四、高速公路改扩建关键技术

1.高速公路拓宽路基差异沉降控制技术

拓宽路基的工后不均匀沉降是导致高速公路改扩建工程相关病害的主要原因之一。

产生这种现象是由于经过多年运营,沉降已基本完成,新路基则由于固结等原因产生较大的沉降,导致新老路基存在差异沉降,通常在拓宽路面开放交通后的一段时间内,在与旧路面接合部形成大量纵向裂缝。如果新老路基差异沉降过大或施工过快,易在接合部产生滑动剪切面,导致路基整体失稳。在改扩建过程中选择合理的地基处理方案可以保证新老路基的整体性和接合性,有效地减少拓宽路基施工后差异沉降的产生,从而避免相应病害的产生。

2. 高速公路桥梁、立交等大型工程拼接技术

高速公路改扩建时,在对旧桥的改造过程中,重建桥梁不但费用高,还会引起交通中断等一系列问题,因此,若原有桥梁能够满足拓宽改建后的荷载标准,通常都会保留原有桥梁,而在其两侧或一侧拼接新梁来达到拓宽的要求。在改扩建过程中,高速公路桥梁拼接涉及的因素较多,存在技术复杂、施工难度高、对实际交通影响大的特点,是高速公路改扩建工程中的关键技术之一。此外,加宽桥梁下部结构的连接形式直接关系桥梁结构安全性和可靠性,并影响施工的难度和后期的维护费用。因此,高速公路桥梁拼接技术需根据不同的地质情况,建设条件、技术条件等通过研究论证确定。

3. 高速公路改扩建工程施工及交通安全管理

高速公路改扩建工程对交通安全会产生很大的影响。它不同于新建高速公路,存在的施工场地狭小、行驶车道数的减少、施工临界面的开挖等问题使原有道路行车环境变差,如不进行系统的交通安全保障措施研究,必然会引发更多的交通安全事故,从而影响高速公路改建工程正常进行。此外,高速公路改扩建工程工期限制严格,施工作业面发生安全事故的概率高于新建高速公路,因此施工及交通安全管理十分重要。

4. 高速公路改扩建工程工期控制

许多公路工程项目,工期要求十分紧迫,施工方的工程进度压力非常大,尤其是高速公路的改扩建工程,基于旧路实施,受多方面条件限制。在工期控制方面,存在行车、征地拆迁及地方干扰等诸多制约因素。此外,半开放交通模式的改扩建工程规模和复杂度非常高,确保其施工质量及工期是一项非常艰巨的任务。在公路改扩建施工中,施工进度按最佳工期安排,可以在合理的时间内使施工企业产生更大的经济效益,使建设工程投资按计划工期交付使用,在预定的期限内尽早地收回投资,并取得最佳的社会效益。因此,对于高速公路改扩建,应合理地进行工期控制,以期达到按期完成工程、保证工程质量的目的。

5. 高速公路路面材料再生技术

沥青路面在使用一定时间后,其整体性能将不能满足路用要求,但作为路用材料仍有很高的利用价值。路面再生作为一种新技术,应用于道路维修改造,可以使上述路面重新满足路用性能要求,具有其他筑路技术不可替代的优势,不仅可以有效解决大量沥青路面废料的堆放、资源的有效利用、环保等问题,尤其是在一些资源紧张地区,大量的旧路面材料再生利用,对于减少污染、保持水土、以较少的投资修筑更多的公路,具有重要意义。

高速公路改扩建工程应以合理利用资源、保持生态环保、节约成本为目的,综合利用各种路面再生技术。

第二节　高速公路拓宽路基差异沉降控制技术

一、高速公路拓宽路基常见病害及原因

1. 拓宽公路主要病害现象

在公路拓宽工程中，新老路基相互作用是一个长期作用的问题，在不同的阶段相互作用的结果会不同，也就会产生不同的病害现象。

老路基削坡过程中，如果坡度过陡，容易引起老路基局部或整体的坍塌；在河塘、水田地段抽水平淤过程中，抽水过快或降水面积过大，会引起老路基的附加沉降；采用振动打桩的机械进行地基处理会引起老路基的回弹；填筑速率过快会引起老路基的开裂等。

拓宽完成后，由于老路基的沉降已基本完成，新老路基之间会产生较大的差异沉降，这种情况会引起老路路面和新老路面交界处产生纵向裂缝，并且有可能导致拓宽工程沿新老路基接合面滑移和新填路基的整体失稳。路基的差异变形又通过路面结构反映到路表上，导致路面结构的损坏。老路基开裂现象如图13-3、图13-4所示。

图13-3　国内某高速公路拼接工程施工扰动引起的老路基开裂

图13-4　国内某绕城高速公路扩建工程施工扰动引起的老路基开裂

2. 病害原因分析

病害的发生往往不是由单个因素决定的，而是多种因素共同作用的结果。对病害发生原因进行分析，主要有以下几个方面。

1）设计方面

由于高速公路改扩建工程近几年在我国才开始出现，目前尚无规范可循，在设计上难免会出现一些不合理之处，如台阶开挖尺寸和老路边坡削坡坡度的确定、排水设施的布置以及新老路基接合部土工合成材料的选择等，都是根据经验而定。

2）施工方面

新老路基接合部位工艺较复杂、施工难度较大，往往在此产生人为的质量不合格因素，如接合部基底处理不彻底、存在薄弱的接合面，边坡开挖过大，路基填土压实度不足等。

3）工程地质方面

由于土基地质差，导致新老路基底部土基因荷载的增加发生沉降。原路基下的地基涵在改造时已基本固结沉降到位，并且所增加的荷载远小于新拓宽部分。

4)路基填料方面

新老路基改扩建处理后,接合部位路基材质和路面结构层厚度、强度不一,在接合部位产生一个界面,为道路纵向开裂留下隐患。

5)其他方面

老路基由于长期承受大量行车荷载的作用,路基土的压实度应该已接近或达到最大密实度,路基自身固结充分、沉降也趋于稳定。而工程管理不严格、工期短导致新路基的固结下沉未到位,此外机械的选择与使用也会在一定程度上影响路基的沉降,从而在新老路基接合处产生差异。

综上所述,处理过程主要解决的问题是:处理好新老路基接合部位的地基,加强新老路基的接合强度,控制路基填料质量,严格控制施工质量。

二、高速公路拓宽路基差异沉降处治措施

合理的路基差异沉降控制措施是保证高速公路改扩建工程质量的关键。目前国内外高速公路改扩建工程中针对不同级别差异沉降,采用的拓宽路基沉降处治措施如下。

1. 浅层换填法处治路基差异沉降

对于含水率较大的饱和黏性土地基,采用冲击压实或强夯处理,压实效果较差,还可能会出现"弹簧土"现象,影响路基沉降处治效果。当软弱地基层厚度较小时,可以采取地基砂石垫层换填的方式进行处理,提高地基承载力。所谓换填砂垫层法就是将一定厚度的软弱土层挖除,然后以中砂、粗砂、砾石、碎石或卵石、灰土以及其他性能稳定、无侵蚀性的材料填实,垫层应分层夯实,每层夯实后的密度应达到设计标准。

2. 冲击压实处治路基差异沉降方案

当差异沉降级别为"轻"时,如果路面结构受路基差异沉降影响作用较小,可不采取特殊处理措施;路面结构受差异沉降影响较大时,为了提高路基承载能力,减小差异沉降,可以对地基及填方路堤采用冲击压实方法进行处理。国内外工程实践证明,路基冲击压实技术对提高高速公路路基填筑质量、减少通车后路面病害的发生有着积极作用。

3. 强夯法处治路基差异沉降

对于砂性土、碎石土等土体含水量较小的地基,当预估差异沉降级别为"轻"时,可以采用强夯法对地基或填方路基进行处理。强夯加固地基后使得其压缩性降低,承载能力提高,工后沉降量减小,可有效降低路基差异沉降。所谓强夯法即采用履带式吊机对路基进行强夯处理,使路基的压实度在0~200cm深度达到94%以上,200~500cm深度达到93%以上,借此控制新老路基的差异沉降。

4. 水泥土单向搅拌桩+钢塑格栅处治路基差异沉降

此种方案是针对附加填土荷载高度1.8~2.3m的路段。为控制工后沉降,加宽段路基除采用水泥土单向搅拌桩进行路基深层处理外,还在桩顶铺设40cm厚级配碎石垫层,并在碎石层中间铺设一层凸结点钢塑格栅。

所谓水泥土单向搅拌桩,是经深层搅拌机系统按一定水泥掺和比与基础软土充分拌和后,

发生水解和水化反应,生成不溶于水的稳定的结晶化合物,形成大的水泥土颗粒、水泥土土团,同时改变软土中自由水的存在形式,从而提高基础的复合承载力,使其达到设计承载强度要求。格栅铺设及上部填土分别如图 13-5、图 13-6 所示。

图 13-5　格栅铺设

图 13-6　格栅上部填土

5. 强夯置换法处治路基差异沉降

普通强夯法对于淤泥和淤泥质土等饱和度较高的黏性土处理效果不佳,如果饱和黏性土厚度较大,采用换填砂垫层的方式对其进行处理时,换填工程量较大,方案经济性较差。强夯置换法是在夯坑内回填块石、碎石、砂或其他粗颗粒材料,从而在地基中形成有较高强度的块(碎)石墩,与周围软土构成复合地基,其承载力和变形模量有较大提高,而且块(碎)石墩中空隙为软土的孔隙水排出提供了良好的通道,缩短了排水固结时间,减小了路基工后沉降量。对于处理湿软地基上高填方路基差异沉降,强夯置换法能起到良好的工程效果。

6. 土工格栅 + 换填砂垫层处治路基差异沉降

当地基土为饱和黏性土、湿陷性黄土等软弱地基时,为了提高地基承载力,可采取换填砂垫层的方法对其进行处理,同时对上部填方路堤进行土工格栅加筋处理,减小路堤及地基沉降量,将最终差异沉降控制在较小范围内。

土工格栅具有特有的网孔结构,其格栅网孔与填料具有互锁力和嵌固力。在垂直荷载的作用下,土工格栅在产生拉伸应力的同时,对土体产生了一种类似侧向约束压力的作用,使复合土体具有较高的抗剪强度和变形模量,从而控制沉降量的发展。

7. 土工格栅 + PTC 桩处治路基差异沉降

针对附加填土荷载高度 2.3m 以上的路段,为控制工后沉降,加宽段路基采用戴桩帽的预应力混凝土薄壁管桩(PTC 桩)进行路基深层处理,采用正方形布置,并在桩顶铺设 40cm 厚级配碎石垫层,在碎石层铺设两层凸结点钢塑格栅(每隔 15cm 铺设一层格栅,上层格栅上的碎石层厚 10cm)。

PTC 桩,是采用 ϕ400mm 的先张法预应力混凝土薄壁管桩,一般采用静压法施工,若受场地限制可采用锤击法施工。压桩至设计深度后,采用人工开挖清除桩顶及周边扰动土,并按设计桩帽尺寸开挖正方形土模,按设计要求焊接桩顶连接钢筋、绑扎桩帽钢筋网后采用现场浇筑桩帽,桩帽混凝土采用 C30 混凝土。在桩帽顶满铺加筋碎石垫层,形成复合地基。PTC 桩的施工流程如图 13-7 所示。

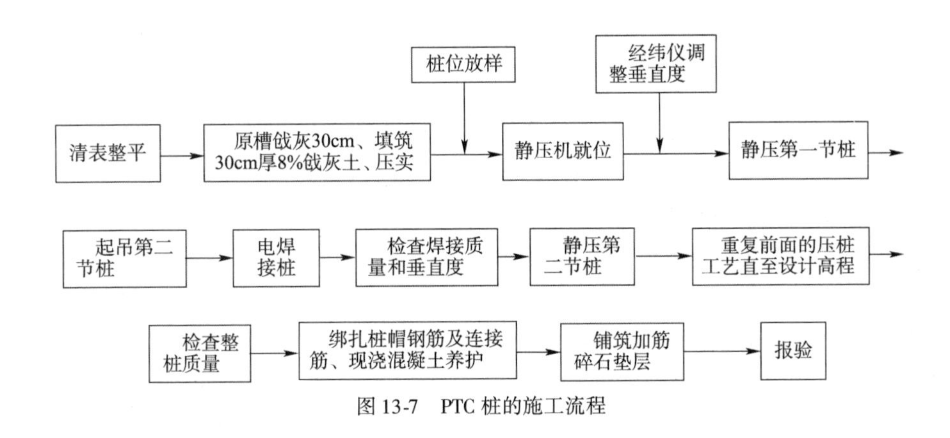

图 13-7　PTC 桩的施工流程

8. EPS + 冲击压实处治路基差异沉降

EPS(聚苯乙烯泡沫)是一种性能优良的路基轻质填料,能较好地解决软弱地基的过度沉降和差异沉降以及桥台和道路相接处的差异沉降,减少桥台的侧向压力和位移等问题。目前很多土工工程都采用 EPS 作为填料。

对于填挖交界路基,如果在台阶开挖后对路基强夯施工机械的工作面造成影响,可以采用冲击压实的方法对填方段地基进行处理。为了减小高填方路堤对地基造成较大的地基附加应力,填方段填料可采用 EPS 轻质填料,以减小因路基填筑高度较大造成的差异沉降。

9. 强夯置换 + 土工格栅处治路基差异沉降

对于湿软地基处的路基"高"级别差异沉降的控制,需要对地基及上部路堤均采取有效措施,将沉降控制在预定目标范围内。当地基表层湿软土体厚度较大时,可采取强夯置换的方式对其进行处理,提高地基承载能力与渗透性;对于上部填挖结合路基,可采取铺设土工格栅的方式进行沉降控制。

三、新旧道路拼接纵向裂缝防治技术

纵向裂缝作为公路拓宽改造中的质量通病,其防治应遵循"预防为主,及时处治"的原则,在设计和施工过程中通过合理设计、提高施工工艺和施工质量等方法进行有效预防,努力减小路基的差异沉降,最大限度减少和延缓裂缝的发展,恢复路面功能,延长路面的使用寿命。

随着高速公路交通量和汽车载质量的急剧增加,人们对路面的要求也越来越高,因此急需采取措施对纵向裂缝进行防治。

1. 拼接段纵向裂缝产生机理

由于新老路基的不均匀沉降,新老路基交接处有 20 ~ 30cm 宽的填土,大型压路机压不到,受新施工的水泥稳定材料的收缩作用以及老路上大量车辆振动影响等因素综合作用,新老路面交接处不可避免地出现纵向裂缝。在原高速公路的两侧进行对称拼接拓宽,在新拼接荷载的作用下,新老路基间将产生差异沉降,从而导致原路基路面拉应力的产生,该拉应力是产生纵向裂缝的根源所在。

1)不均匀沉降导致纵向裂缝

新老路基沉降差异的根源在于新拓宽部分路基与老路基沉降历史与受荷状态存在差异,

其外部受荷条件——交通荷载是一致的,而内在受荷历史与状态不同,具体地讲,主要表现在以下两方面:

(1)新拓宽部分路基的新填土厚度与老路基部分新填土厚度不同,前者大于后者。而新填土在其自重和交通荷载作用下,必然存在一个固结过程,会产生一定沉降。因此,新老路基填土厚度的差异也就意味着沉降的差异。

(2)地基沉降历史和当前受荷载状态差异带来新老路基沉降差异。老路基下地基在公路改扩建之前已受到老路基和交通荷载的长期作用,沉降已基本稳定,而新拓宽部分路基下的地基则刚开始受到路基路面和交通荷载的作用,其后沉降相对大得多。就当前受荷状态而言,老路基自重荷载及交通荷载本已作用在其地基上,几乎没有增加,或增加很少(新填土少),而新路基下地基原来仅受其自重作用,当前则受新增新填路基荷载及交通荷载的作用。

上述新老路基沉降差异都将在路基表面上表现出来,从而在新旧道路拼接段产生纵向裂缝。

2)机械原因导致纵向裂缝

在铺筑新建路面基层时,不直顺平滑的立面会影响压路机碾压基层的边缘。即使立面很平滑,由于压路机钢轮外侧有钢臂,在新老路基交接处有20~30cm宽大型压路机压不到的填土。因此,在此位置的基层混合料会以半松散的状态存在,即使采用小型压实机具进行压实,也很难达到大型压路机的压实效果。所以,个别段落的新旧路接合部基层强度很低。由于强度不足,会造成路面在此部位断裂,从而形成纵向裂缝。

3)新建基层的收缩导致纵向裂缝

新施工的半刚性基层,在受到温度升降影响时其自身都会产生一定的伸缩。当温度下降时,新建的半刚性基层都会向自身的中心点方向收缩,因此在它们的接合部位就会产生收缩裂缝;当温度升高时,收缩裂缝又会自动闭合。这样反复的作用,极容易致使基层开裂,产生纵向裂缝。

4)老路车辆振动导致纵向裂缝

施工前后老路车辆运行当中,在拼接处产生振动,导致纵向裂缝加大。这也是形成纵向裂缝的因素之一。

2. 拼接段纵向裂缝解决方案

目前,解决纵向裂缝的处理措施主要有如下几点。

1)选取合适的地基处理方法并保证处理质量

地基处理方法有很多,对于不同的地质条件和工程时间,需要选用不同的压实机具以及不同的处理方法。采用合适的处理方法可以有效提高土基强度,减少不均匀沉降,从而有效防止纵向裂缝的产生。

2)边坡削坡和台阶开挖

原路边坡削坡和台阶开挖增加新老路接合部接触面积,增强接合部摩阻力和抗剪能力,保证新老路基之间的有效结合和整体性,出现裂缝的可能性随之减小。

3)土工合成材料的采用

使用土工合成材料可以有效加强新填路基与既有路基的整体性,降低由于路堤自重引起的水平应力,从而减少水平位移,有效防止路面开裂。

4)路堤的压实度控制

为了保证新老路基紧密衔接,提高路基的强度和整体性,增强其抗变形能力,减小路基本身的

工后压缩变形及不均匀沉降，防止路面开裂，扩建工程中要严格控制甚至提高新路基的压实度。

5）路基填料的控制

在填料控制上，目前国内高速公路扩建工程一般基于两个方面考虑：一是采用透水性填料，降低路面渗水对路基的软化作用；二是采用轻质填料，通过减小新路基质量的方法降低新路基沉降量。如国内某些高速公路扩建工程中采用了 EPS 轻质路堤，实践表明其具有很好的使用效果，极大地减小了路基的差异沉降。

第三节　高速公路改扩建工程工期管理

改扩建工程施工工期优化是改扩建工程施工过程的重要环节。为了有效地控制高速公路改扩建工程施工工期，高速公路改扩建施工工期优化越来越受到重视。本节主要介绍项目工期计划的编制、施工工期网络计划的编制、工期计划管理体系等内容。

一、公路改扩建工期特点及关键影响因素

高速公路改扩建工程建设项目规模大、工期长、结构复杂，在实施过程中必然存在许多不确定因素。高速公路改扩建工期控制的关键影响因素，一般包括人为因素、技术因素、材料和设备因素、机具因素、资金因素、气候因素、环境因素等，具体分析如下。

1. 施工三方的协调度影响因素

业主、施工单位、监理单位、地方政府等多个单位参加工程建设的工作不协调性，是影响工期的最重要因素。

2. 技术因素

高速公路改扩建工程施工干扰因素多，技术复杂，导致工期控制难度大。应做好施工准备工作，保证技术措施得力，以免因此影响工程进度。

3. 施工设备、材料、机具因素

相比新建公路，施工设备、材料、机具供应紧张对工期的影响更大。因此，需要对施工设备、材料作合理规划。

4. 资金因素

施工前必须做好投资预估算和资金筹措准备工作，确保工程的顺利进行，避免出现因资金不足而停工的情况，耽误工期。

5. 交通组织因素

采取合理的交通组织方案，可以保证交通安全，从而保障施工的正常进行。

6. 自然、环境因素

1）天气、季节对工程进度的影响

工程施工一般都在露天进行，工程进度容易受自然的因素（如气温、降水等）的影响。

(1)冬天,由于天气寒冷温度较低(尤其是北方更为严重),混凝土和砂浆硬化很慢,要达到设计强度所需时间很长,使工程停工现象严重。

(2)雨季,阴雨绵绵,室外作业如砌筑工程、基础工程、脚手架工程等无法进行施工作业。尤其是深基础工程,长时间下雨易造成基础积水和土方滑坡,导致重复开挖基础,大量增加基础挡土模板、排水系统等。

上述情况不仅增加工程量及工程造价,而且延长了工期,使建设方和施工方均受到严重的经济损失。

2)恶劣环境条件

环境条件的变化,如不利的施工条件不仅对工程实施过程造成干扰,有时还直接要求调整原来已确定的计划。

3)自然灾害

发生不可抗力事件,如地震、台风、动乱、战争等。

7. 其他因素

社会风俗、征地拆迁及地方干扰等因素都会对工期产生影响。

二、高速公路改扩建施工工期优化指标体系

评价指标体系的建立是系统综合评价方法的应用基础,也是综合评价关键的工作之一。指标体系的选择关系综合评价的结论,因此建立一个能客观、全面地描述系统特征的综合评价指标体系是进行科学评价的前提。

1. 指标体系的建立原则

项目评价指标是评价项目的尺度,不同类型的评价项目需要用不同的评价指标来评价。

同类项目评价目的不同,所用评价指标也不尽相同,为了分析研究高速公路改扩建工期的影响因素以达到科学性、规范性和可参照性,其指标的建立应该遵循以下原则。

1)整体性原则

扩建工程项目工期决策过程中包含着一系列相互依存的影响因素,这些因素中的大部分都具有较强的不确定性,每一个因素都会对项目工期产生一定的影响。因此对扩建工程,项目工期决策必须较为全面地将这些影响因素考虑进去,综合考虑。

2)一致性原则

指标是评价目标的具体化,它必须能够充分地反映评价目标,指标与目标的一致性还蕴含着评价指标体系内各种具体指标的一致性。

3)简明性原则

指标体系的设置应在坚持科学性的基础上,尽可能简练。如果指标体系过大. 指标层次多、指标过多、过细,则往往会将评价者的注意力吸引到细小的问题上;而指标体系过小,指标层次过少、指标过粗,又不能充分反映项目工期管理过程中各相关因素的真实影响程度。因此,评价指标体系的设计必须与具体项目相适应,并且要简单明了,具有明确的评价指向性。

4)独立性原则

评价的指标体系是由一组相互间有着紧密联系的指标结合而成的。体系内的各条指标必须是相互独立的,就是说在同一层次的各条指标必须不存在任何包含与被包含的关系,相互不

重叠，不存在因果关系，不能从一条导出另一条。

5）可比性原则

指标的可比性即指标必须反映被评价对象共同的属性。这种属性的一致性是可比性的前提，也是可比性的基础。

6）实际性原则

实际性原则具有两层含义：其一是符合实际，从实际出发提出评价指标，即应充分考虑到不同项目的实际情况和统计数据的现状；其二是强调指标体系的可操作性。

2. 评价指标体系的建立

评价指标体系的建立是系统综合评价方法的应用基础，也是综合评价关键的工作之一。指标体系的选择关系综合评价的结论，因此建立一个能客观、全面地描述系统特征的综合评价指标体系是科学评价的前提。改扩建工程中工程如果能够提前完工将会带来很大的效益。根据指标体系的建立方法和原则，高速公路改扩建工程影响因素的指标体系构成如图13-8所示。

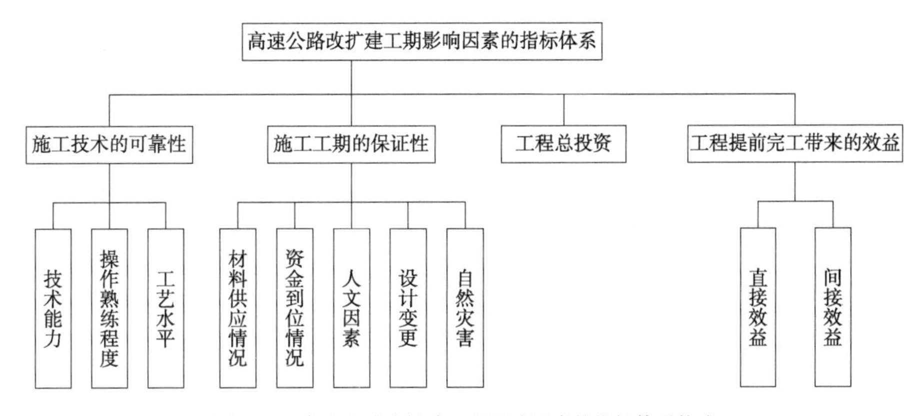

图13-8　高速公路改扩建工程影响因素的指标体系构成

1）施工技术的可靠性

施工技术的可靠性是指采取某种施工技术，使工程能够在规定的条件和规定的时间内，完成预定功能的能力。施工技术是否具有可靠性将直接影响改扩建工程施工工期的优化。要想使改扩建项目按照工期顺利完成，施工技术必须具有可靠性，因此应从施工操作人员技术能力、工艺水平和操作熟练程度3个方面进行衡量。施工操作人员技术能力强，工艺水平先进，操作熟练程度高，则说明施工技术具有良好的可靠性。

2）施工工期的保证性

施工工期是指工程从开工起到完成承包合同规定的全部内容，达到竣工验收标准所经历的时间，以天数表示。施工工期是施工企业重要的核算指标之一。施工工期的保证性是指为了保障施工按规定工期完成而采取有效的保证。材料供应情况、设计变更、自然灾害以及人为因素是影响施工工期的主要因素。要想工期能够按预定时间完成，必须充分考虑上述4种因素的影响，从而使施工工期具有保证性。

3）工程提前完成带来的效益

对于改扩建项目来说，如果工程能够提前完工将会带来很大的效益，不仅会给企业带来直接的经济效益而且还会收获社会的好评，间接带来效益，因此对改扩建工程施工工期进行优化时必须充分考虑工程提前完成所带来的效益。

4)工程总投资

工程总投资是指投资主体为获取预期收益,在选定的工程项目上所需投入的全部资金。例如缩短施工工期可以降低施工企业经常性的实际支出,从而降低企业的投资;然而工期也并非越短越好,它应在满足计划或合同规定的前提下,以最大限度地降低工程费用为标准。因此在进行改扩建工程施工工期的优化时,必须考虑工程的总投资。

三、高速公路改扩建工程工期管理措施

1.项目工期计划

合理的工程项目工期计划是施工工期管理的基础。完整且合理的项目计划,可以使得整个项目始终处于可控制状态。可根据工程项目的类型、规模及工程范围,按照工程项目的具体特点、项目组织实施程序要求,提出具有综合效益的合理工期作为合同工期,据此制定工程项目的总工期表和相应的工程项目总体工期控制网络计划图,具体如下所述。

1)项目工期计划的编制

项目施工计划可依据如下几点进行编制:

(1)本项目的工程承包合同。合同中工期的规定是确定工期计划值的基本依据,合同规定的工程开工、竣工日期,必须通过工期计划落实。

(2)本项目的施工组织设计。明确施工能力部署与施工组织方法,体现了项目的施工特点,因而成为确定施工过程中各个阶段目标计划的基础。

(3)项目设计工期计划。图纸资料是施工依据,施工工期计划必须与设计工期计划相衔接,应根据每部分图纸资料交付日期来安排相应部位的施工时间。

(4)材料和设备供应计划。如果已经有关于材料和设备及周转材料供应计划,项目施工工期计划必须与之相协调。

(5)要进行调查研究,收集有关现场施工条件的资料,主要包括施工现场的水文、地质、气候环境资料,以及交通运输条件、能源供应情况、辅助生产能力等。此外,还要在编制项目施工工期计划之前,对已建成的同类或相似项目的实际施工进度进行收集,并认真进行分析、整理,列出控制的约束条件,明确影响工期达到强制时限,为编制项目进度做好充分准备。

2)施工工期网络计划的编制

项目工期计划,要通过项目施工工期网络计划的来指导施工。网络图具有明显的逻辑性,它不但能清楚地表示项目控制工期计划中的各项工作内容及时间安排,而且能够明确地表达工作之间的内在联系和相互制约的关系,能够运用数字方法来分析计划和进行优化。“网络计划技术”在施工企业用来控制工程工期上得到越来越广泛的应用。

在项目施工任务过程中,各工序之间的先后顺序及其相互制约的关系称之为工序之间的逻辑关系。这些逻辑关系可以分成以下两类:

(1)由施工工艺决定的称为工艺逻辑。

(2)由施工组织的方法决定的称为组织逻辑。这类逻辑关系常常可以随着施工条件和施工组织方法的改变而改变。

在项目施工准备阶段,进行施工组织设计时,往往只能根据既定的施工部署和施工方案,确定各施工工序之间的工艺逻辑关系,画出工艺网络。由于工艺网络一般只考虑工艺要求,是在假定资源无限的条件下,凡是工艺上允许同时施工的工作,都按平等作业安排,因而工期一

般都较短。但是实际上，资源总是有限的，如何提高资源的效率，降低施工成本，是编制计划时必须重点考虑的实际问题，在项目施工中用来指导施工。

2. 工期计划管理体系

高速公路改扩建工程多为大型工程，工期紧、参加单位多，安排合理则相互促进，反之则相互制约。为了做到有序运作，应建立工期计划管理体系图，其目的是使总体进度计划与年度进度计划、月进度计划相结合，以总体进度计划为战略依据，年度进度计划、月进度计划为施工控制标准，投资方、业主、监理、施工单位共同管理施工工期。

1）项目前期的工期管理

项目前期的工期管理包括可行性研究的工期控制、设计阶段的工期控制、征地拆迁工期控制。

2）施工阶段的工期控制

施工进度计划的控制是一种周期性的循环，编制进度计划、执行进度计划、检查计划执行的情况、采取措施纠正和调整偏差，这是管理活动中的四阶段循环。

3. 工期管理因素

影响工期的因素，一般包括人为因素、技术因素、材料和设备因素、机具因素、地基因素等。针对以上影响因素采取的主要控制措施包括组织措施、奖惩制度和检查制度。

第四节　高速公路改扩建工程施工及交通安全管理

不同于新建高速公路，高速公路改扩建工程施工场地较小，限制了施工作业的开展；机械、材料进出场地困难，并且工期限制严格，施工作业面发生安全事故的概率较新建高速公路大、救援难度大，因此，保障施工安全十分重要。

一、高速公路改扩建工程施工交通组织概况

施工交通组织包括施工组织和交通组织，两者相互关联、相互制约、密不可分。改扩建工程施工组织不同于新建公路施工组织，它是在不中断交通或部分中断交通的条件下，与改扩建期间的交通组织一并考虑；改扩建工程交通组织不仅包括高速公路既有车辆的交通组织，还包括施工车辆的交通组织。

1. 施工组织

改扩建工程一般需要对交通实施管制，施工组织方案必须结合交通组织方案制定。总结以往养护工程和改扩建工程的施工组织方案，主要包括以下 6 种方式。

1）全封闭式施工

全封闭式施工是将高速公路施工路段原有交通全部分流到其他道路之后，组织实施改扩建工程。

2）半幅封闭式施工

半幅封闭式施工一般是封闭高速公路半幅，施工主要在该幅进行。该方式分为半幅分流施工和半幅双向行驶施工两种情况。半幅分流方案适用于有平行道路、施工路段较长的工程项目，采用此形式时，可提前将平行道路的行车道重新划分，以适应车辆行驶方向不平衡的交

通要求;半幅双向行驶施工适用于施工路段较短或交通量较小的情况,养护工程多数运用该方式施工。半幅封闭式施工的优点是施工现场干扰小,施工安全易于保证;缺点是会对平行公路产生较大的交通压力,同时降低了高速公路的服务水平,存在安全隐患。

3)全幅区分车型分流施工

全幅区分车型分流施工是限制部分车型驶入高速公路,将部分车辆分流至其他道路之后组织施工。全幅区分车型分流施工的优点是能够兼顾高速公路和分流道路的通行能力,可实施双侧施工,工作面大,工期稍短;缺点是安全性较差,一般要求车辆限速通行,需要配备必要的交通协管人员进行交通管制。

4)半幅区分车型分流施工

半幅区分车型分流施工是限制部分车型驶入半幅高速公路,将单向部分车辆分流至其他道路之后组织施工。半幅车型分流道路可以是平行道路或其他道路,也可以是对向半幅高速公路的部分断面。此方案的主要优点是减轻了分流道路和扩建半幅的交通压力;缺点是对半幅路面施工有交通影响,工期稍长,施工期间交通组织复杂。

5)开放式施工

开放式施工是在不实施交通管制的情况下组织施工。开放式施工一般适用于交通量较小的路段,多数适用于路基施工。开放式施工的优点是不影响既有交通的出行路线和出行习惯,缺点是施工干扰和交通干扰较大,尤其是路面施工期间存在安全隐患。

6)组合式施工

组合式施工是在工程实施过程中采用上述施工方案中的两种及两种以上方式组织施工。

2. 交通组织

交通组织是针对改扩建工程而言的。制定交通组织方案必须遵循保障安全和影响最小两个原则。安全保障主要包括交通安全和施工安全两个方面;影响最小体现在影响程度最小、影响时间最短,主要包括交通、施工、质量、环境、时间等方面的影响最小。要在施工期为老路提供尽可能大的通行能力,减少连续影响的路段长度和影响时间。

交通组织研究内容主要包括交通分流和交通行为管制两大类,一般应结合运用。

1)交通分流

(1)路网分流。路网分流是为了减小施工干扰、交通干扰,保证交通安全和施工安全,把整个公路网作为一个有机整体,牺牲最短运输路径、经济运输路径,以减小车辆在途时间,保证施工期间的路网服务水平不致大幅度降低,使远途车辆提前转移至交通量较小的其他道路上。无论施工组织如何,均应在各级分流点设立临时标志,发布通告,告知施工路段的位置和施工工期限等事项。拟订分流方案,可按以下 4 步进行:

①根据项目实施计划,确定出分流时段和路段。分流时段的划分要同施工组织计划相协调,不同的施工阶段对应不同的分流方案;路段划分主要考虑工程特性和可能的分流道路。

②根据分车型交通量预测数据,确定出分流车型,一般都将大、中型货车作为分流对象,也可按车牌号码的单双进行分流。

③根据原有高速公路的交通流特性和路网条件,为分流车型选择分流路径,一般区分为外部交通和内部交通两大部分。

④确定分流点设置。分流点一般分三级设置,分别为诱导点、分流点和管制点。

(2)交通便道分流。交通便道分流也称平行道路分流,应理解为路网分流的特例,即把高速公路上部分车辆转移到平行道路上。平行道路应为既有国道或省道，一般应提前实施改造，提高分流道路的通行能力，增加安全保证措施；平行道路也可以为新建道路。该方式不易造成交通误行，车辆绕行距离较短，对出行影响较小，但多数情况下需要强制执行。

(3)施工便道分流。改扩建工程的施工车辆最便利的就是利用既有路幅进出施工场地。施工车辆和高速公路上其他车辆的交通行力存在明显的差异，按交通组织原则，除根据施工要求必须修筑施工便道外，可增加施工便道，以分离两种不同特性的交通流。若有条件，施工便道宜与农村公路建设相结合，不仅不致造成浪费，还有助于构建和谐交通环境。

2)交通行为管制

(1)限速通行。通过设立限速标志和路面标记等临时设施，告知驾驶员以适宜的运行速度通过施工路段。

(2)限时通行。限时通行就是在限定时段内，允许部分或所有车辆通行。

(3)分道行驶。为了提高施工路段的通行能力，将原有路面或施工完成半幅路面的车道临时划分后，使不同车型各行其道，一般与禁止超车、禁止停车同时运用。

确定施工交通组织方案，首先必须了解改扩建工程的背景和特点，如交通组成、交通特性、加宽方式、工程规模、实施计划、资金筹措等；然后对项目周边及沿线路网进行调查，包括路网交通量、主要交通源、旧路现状、路网事故多发路段、经济、人口、环境敏感点、收费站点、相关建设项目等；再通过分析以上调查内容，制定出可能的交通分流方案，结合改扩建工程实际情况，确定出合理的交通组织方案，包括各分项工程的交通组织方案、施工路段组织方案、施工交通组织计划、施工期临时交通组织、施工期安全措施等；最后对交通组织方案进行效果评价，包括服务水平分析及经济效益分析，最终确定施工组织方案。

二、高速公路改扩建工程交通安全隐患及预控措施

目前所存在的各种施工交通组织形式都有其优缺点，在进行施工的时候存在一定的安全隐患，主要有：①施工安全隐患；②施工影响范围的交通安全隐患(即工作区段交通安全隐患)。施工安全隐患主要有：①日常施工安全隐患；②不利条件下的施工安全隐患；③重点工程如桥梁施工、互通立交改建、路基拼接等存在的安全隐患。

1. 高速公路改扩建常见交通安全隐患

受高速公路改扩建施工作业的影响，作业区路段车道数减少，通行能力下降，存在着如变换车道、分合流等复杂等车辆运行状态，而且施工人员、施工机械和作业区来往的车辆构成了一个危险的环境，给作业区带来极大的安全隐患，容易引发交通事故。例如：①经过施工路段的车辆超速行驶、跟车过近、强行超车等交通违法行为，存在着很大的安全隐患；②施工单位不按照国家标准规范设置标志标牌，如告示牌、警示牌设置过少、过近等，都会引发交通事故或交通堵塞。2005 年哈大公路施工作业区交通事故、2006 年哈同公路施工作业区的重大交通事故，均造成了非常大的负面影响。

高速公路改扩建存在的安全隐患表现在以下几个方面：

(1)持续时间长；

(2)安全规程不够健全；

(3)行车速度高；

(4)作业区挤占车道；

(5)作业环境复杂；

(6)夜间作业频率高。

2. 高速公路改扩建交通安全预控措施

为保障受施工影响范围的道路安全,应明确所采取的交通管制对策和疏导方式。其中,交通管制对策可分为本路开放、利用其他道路疏导、建立临时通道;疏导方式可分为单车道运营、双车道双向运营、施工路段禁止通行,并利用其他道路绕行。取用何种交通管制对策与疏导方式,都应对工程项目的规模、工程实施的持续时间、项目所在的道路交通流量,路基路面的施工深度、对策与方式的取用对本工程施工的影响、施工造成对运营车辆的延误等因素作综合分析,权衡利弊,择优选用。

通常,高速公路改扩建工程通过在施工作业区合理布置交通安全设施来达到保障不封闭交通条件下的车辆顺利通过作业区的安全。作业区的交通标志主要设于作业区或作业区前方,起提示和管理交通的作用。作业区段分为警告区、上游过渡区、缓冲区、工作区、下游过渡区和终止区 6 个区域。这些区域需要设置的交通标志一般包括道路施工安全标志、警告标志、禁令标志和指示标志等。通常,作业区段的安全设施设置如下。

(1)施工预告段即警告区,提示前方道路施工,使驾驶员注意交通变化情况,以便及时采取措施。

①“道路施工”标志设于作业区标志的最前方,告知驾驶员前方施工,与前后相邻标志距离可根据公式计算,重复设置两次。

②“道路封闭”“道路改道”标志设于“道路施工”标志之后,前置距离可根据公式计算。

③导向标常设于警告区尾部,用于指示道路封闭或改道后车辆的行驶方向。

④“车辆慢行”标志设于作业区端部及作业区路段。

⑤车距确认标志设置于作业区预告标志后 300m 处,重复设置两组。

⑥施工道口合流标志设在警告区尾部,指示驾驶员前方存在施工道口。

(2)上游过渡段起导流作用,引导车辆改变行驶方向,使车辆变换车道由行车道汇合于超车道,也可称为汇流渐变段。通常,这个区段的安全标志设置如下。

①限速标志在上游过渡区开始限制车辆运行速度,确保交通安全,可根据公式计算,重复设置两组。

②“右侧(左侧)变窄”标志主要针对因交通流汇合而发生瓶颈的问题,常设置于车道数减少前,警告驾驶员由于道路施工导致路面宽度变化或车道数减少,造成通行条件恶化,小心驾驶。

③“禁止超车”标志设置在施工路段的前方,表示车辆在该标志至前方解除超车标志路段内,禁止车辆超车,可根据公式计算,重复设置两组。

④“前方施工”标志主要通告高速公路施工及位置信息,可在上游过渡段多次设置,以提示驾驶员。

⑤“道路封闭”标志再次设置于作业区前方 500m,具体样式(有“左道封闭”“右道封闭”“中间道封闭”)依据作业区车道封闭的位置而定。

⑥锥形交通标志常于自渐变段开始一直设置到施工终止区为止,用于导流,且应粘贴反光标带,以便在夜间为驾驶员提供足够的可视距离。

(3)上游缓冲段为行车者和施工人员提供缓冲保护,缓冲路段内不准停放器具、车辆、材料,禁止工作人员停留,以避免由于车辆失控出现事故。通常,这个区段的标志设置如下。

①施工路栏设置于作业区前,面向车流方向,阻挡车辆前进或指示施工。

②隔离装置通常用锥形路标围挡作业区,用于分隔车流,引导交通,保护施工现场设施和人员。

③“禁止驶入”标志设置在施工作业段的起始处,禁止车辆驶入施工作业路段。

(4)施工作业段是施工人员活动和工作的地段,车道与作业路段之间必须设置隔离装置,作业路段还应为工程车辆提供安全的进出口,施工作业段全程用带有方向指示的路拦或锥形交通标志,以便与通行车道进行隔离。

(5)下游缓冲段为行车者和施工人员提供缓冲保护。

(6)下游过渡段是解除断面压缩、恢复正常行驶的过渡路段,起导流作用,引导车辆改变行驶方向,变换车道,进入正常的行驶车道。通常,“解除禁止超车”标志设置在施工路段末端后、下游过渡区的终点,与“禁止超车”标志成对使用,表示超车路段结束。

(7)施工终止段表示施工路段的结束和施工限速的解除,位于施工路段的末端,交通流量逐渐恢复正常运行状态。通常,“解除限速”标志表示限制速度路段结束,与“限制速度”标志成对使用。

三、高速公路改扩建施工作业安全隐患及预控措施

根据高速公路改扩建工程性质与施工特点,结合作业区保通工作需要,将改扩建工程建设进度计划划分为4个施工阶段:路基施工初期、路基施工末期、路面施工期、主体工程后期。项目实施中各工作内容需要交叉进行,无法截然区分,如互通立交改扩建、上跨桥的拆除需要贯穿1~3阶段,主体为第2阶段。高速公路改扩建工程各个阶段的施工内容见表13-4。

高速公路改扩建工程各个阶段的施工内容　　表13-4

阶　段	施工内容		
	路基、桥梁等	互通立交	上跨桥
路基施工初期	路基、涵洞、通道及桥梁下部结构	半幅施工、半幅通车或封闭施工但间隔施工	跨线桥(含人行天桥)的拆除改造
路基施工末期	(1)路基上部搭接; (2)桥梁上部结构拼接		
路面施工期	(1)主线路面铺装; (2)旧涵洞、通道改造和桥面铺装		
主体工程后期	交通工程及沿线设施、景观绿化、服务区建设等	—	—

1.高速公路改扩建常见施工安全隐患

1)路基施工初期

该阶段道路加宽工程主要在原路基范围以外进行,因施工接近路侧使驾驶员本能地向内侧车道避让,从而降低通行能力;路旁施工影响了驾驶员的视野,分散驾驶员注意力,容易诱发事故和堵塞;施工直接增加了事故发生的频率和概率。

2)路基施工末期

该阶段路基工程渐渐完成,新老路基拼接,互通匝道改建,上跨桥施工。此施工阶段对交

通安全的影响比较大,主要体现在:①路侧交通标志拆除,驾驶员获取信息变得困难;②部分路段硬路肩被占,道路通行能力受到影响。

3)路面施工期

此阶段对行车安全的影响最大,主要因为该阶段道路存在以下特点:①硬路肩被占,侧向净空不足,停车困难;②靠近中央分隔带的车辆无法紧急停车;③半幅施工采用对向双车道,对向4车道运行的路段过多,行驶于半个路幅时,对向行车无分隔带,无法满足车辆高速行驶的安全需要,通行能力下降;④该阶段需拆除原路侧护栏,路面施工工序比较复杂,对行车安全的影响最大。

以上道路施工条件导致高速公路改扩建路面施工阶段交通事故率较高,对行车安全影响最大。

4)主体工程后期

路面工程完成后期,道路通行能力提高,交通畅通,施工主要集中在交通工程沿线设施及环保景观工程等项目上,施工和行车之间的相互干扰小。

路基处理和拼接、路面施工期、桥梁施工以及互通立交改建都是高速公路改扩建工程中的重点工程,往往也是事故多发点,对这些地方需要重点预控。

2. 高速公路改扩建施工安全预控措施

为保证高速公路改扩建工程中一般道路交通、施工人员及施工机械的安全,一般采取以下措施和方案。

1)施工人员管理

施工人员例如技术人员、施工队、安全管理人员、施工机械操作人员,其安全观念、自我保护意识和防护用品的正确使用和佩戴情况都关乎施工的安全。

(1)技术人员。在施工前期准备时,对上述人员进行安全生产培训,并在施工过程中进行定期检查。

(2)施工队。各施工队中的施工人员大多数受教育程度低、安全意识差,这极易导致安全事故的发生。所以,应对施工人员进行安全生产培训,严格执行操作规范,并在施工过程中进行定期检查。

(3)安全管理人员。安全管理人员肩负着施工单位的安全生产工作,他们对于安全生产工作和自身的安全都非常重视。项目部应不断提高全员的安全意识,并保证每个人明确自己的责任。

(4)施工机械操作人员。各驾驶员的操作合格证、员工的上岗证是否进行了检查、统计,所需的防护用品是否配备齐全,在进行施工前都需进行确认。

2)施工机械管理

(1)施工机械管理方法。

目前施工单位使用的机械大都不是新购买的设备,而改扩建工程时间紧、任务重,施工期间有些机械可能24h不停运转,且一般高速公路改扩建工程大干施工期通常在夏季,易造成机械疲劳程度加大;桥梁施工大都属高空作业,如果设备出现问题,后果将不堪设想,故机械设备本身的好坏存在一定安全隐患。在施工前,需对所有机械设备进行一次大检修维护,防止施工中设备出现安全事故而影响工期。施工期间施工单位一定要做好机械安全教育和制定机械安全制度。

(2)施工机械管理具体方案。

①随时观察设备动态,及时排除各种隐患,杜绝因油、水等问题影响正常运转。

②运输车辆应覆盖严密,不得抛、撒、滴、漏。

③服从项目安排,结合本机情况进行作业。

④机械的易损坏件应做好储备,避免因购件周期过长影响公路工程施工。

⑤严格执行机械保养制度,避免过时保养,使机械保持良好的状态。对利用率高、易损坏、易出事故的设备做好跟踪诊断。

⑥做好机械设备更新、报废工作。

⑦在施工机械上设置明显的反光标志。

3)易燃、易爆材料管理

通常施工项目容易发生火灾的地点有油库、易燃物品仓库、沥青拌和厂、职工宿舍、办公室。容易发生意外爆炸的地点有炸药库、雷管库、燃油库、气体库、爆破施工现场、煤气瓶使用场所和气焊、气割用气场所。这些地点都存在一定的安全隐患,因此必须严格按相关规定进行管理。

另外,要严格执行安全管理制度、施工人员规章、施工机械规程及施工组织要求,不能盲目追求利润、压工期、抢进度、不按设计要求和施工安全要求操作。只有这样,才能保障施工的安全。

第五节 高速公路改扩建设计概述

一、基本要求

(1)应按统筹规划、适度超前的原则,进行区域路网交通适应性分析,确定高速公路通道规模。

(2)应对利用既有公路改扩建、另建新线进行论证,确定高速公路通道建设方案。

(3)应综合考虑交通量发展趋势、改扩建技术难度、施工及运营安全、区域交通影响等因素,确定高速公路改扩建建设时机和实施方式。高速公路改扩建宜在服务水平下降至三级服务水平下限之前实施。

建设时机不同,改扩建受交通量、路网等因素影响的程度也不同,建设时机的选择对工程技术方案与交通组织方案的协调起着十分关键的作用。实施方式一般分“边通车边施工”“完全封闭施工”“局部(局部路段、局部时段)封闭施工”等几种,也因工程技术方案与交通组织方案协调的结果而定。不同的工程技术方案可能需要不同的交通组织方案与之协调,反过来,交通组织的需求也有可能决定着工程技术方案。故对建设时机和实施方式,需综合各影响因素分析确定。

根据已实施工程的经验,当既有高速公路的服务水平下降至三级服务水平下限时,改扩建施工与运营的矛盾普遍非常突出,既容易严重降低本路服务水平,又会对周边路网产生过大的交通压力,同时也会给工程建设增加难度和安全风险,故对实施时宜满足的服务水平作了规定。

(4)应在既有高速公路设计速度基础上,综合考虑改扩建公路功能、建设条件、运行速度、土地利用等因素,论证确定改扩建项目的设计速度。

高速公路改扩建一般采用原设计速度,但由于规划调整引起公路功能的变化、既有公路实际运行状况与原设计预期变化较大、遇特殊困难路段等因素,不排除在改扩建时对设计速度进行调整,对此需根据实际情况分析论证。

(5)改扩建工程的设计小时交通量不应小于年第30位小时交通量。

《公路工程技术标准》(JTG B01—2014)对设计小时交通量,规定宜采用年第30位小时交通量,也可根据项目实际取年第20~40位最经济合理时位的小时交通量。对改扩建工程,为适应交通量发展需要和体现适度超前,要求不应小于年第30位小时交通量。

(6)应根据改扩建后的高速公路功能,合理选用设计服务水平,且应不低于三级。

(7)既有公路为整体式断面,单侧拼宽或单侧分离增建后,双向行驶改为单向行驶,既有中央分隔带保留的路段设置同向车道分隔带,改造为路面的路段设置车道转换带,其建筑限界应符合相关规范的规定。

(8)拼宽桥涵的新建部分与既有桥涵结构连接时,应进行整体验算和评价。既有桥涵极限承载能力应满足或采取加固措施后满足现行《公路工程技术标准》(JTG B01)的要求;正常使用极限状态应满足原设计标准的要求,并应在设计中提出有针对性的运营管理和维护措施。

(9)桥涵荷载等级的选用应符合下列规定:

①对既有桥涵的检测评价应采用原设计荷载等级。

②对拼宽部分与既有部分结构连接进行整体验算,评价正常使用极限状态时应采用原设计荷载等级,评价承载能力极限状态时应采用现行荷载等级。

③分离增建桥涵、拼宽桥涵的新建部分设计,应采用现行荷载等级。

④分离增建时,既有桥涵可维持原设计荷载等级。

目前,国内已实施的改扩建项目普遍采用了"老桥老标准、新桥新标准"的原则进行设计。

在国内几条高速公路改扩建实践中,对拼宽桥梁整体验算的结果表明,采用现行《公路工程技术标准》(JTG B01)规定的荷载等级时,大多数既有桥梁的极限承载能力能够满足。

(10)新建桥梁桥下净空应满足现行《公路工程技术标准》(JTG B01)的规定,拼宽桥梁桥下净空应不小于原设计时的净空要求。

(11)应对既有公路技术状况与运营安全状况进行调查、评价,确定既有工程的直接利用、维修加固后利用或重建等方案。

(12)应考虑施工及运营安全、区域交通影响等因素,结合工程技术方案进行交通组织设计。维持通车的施工路段,其服务水平可较正常路段降低一级。

高速公路改扩建边通车边施工对运营影响较大,服务水平有较大下降,易产生不利的社会影响,故交通组织设计要求服务水平维持在一定的水平上。

(13)施工阶段应重点对隐蔽工程的实际状况进行跟踪、检验、监测,印证设计方案,根据需要进行动态调整设计。

改扩建工程设计阶段对既有公路的调查评价不可能深入既有公路的全部细节内容,施工过程中既有公路一旦打开,各种始料不及的新问题会随之出现,故应在施工过程中进行跟踪、检验、监测,动态调整设计,这是改扩建工程设计的重要措施。

(14)利用或再生利用既有资源、防治污染、处治废弃物时,应满足环境协调与生态保护要求。

(15)高速公路改扩建分期修建时,应采用纵向分段分期的方式,前期工程应为后期工程的修建创造有利条件。

二、既有公路调查与评价

1. 一般规定

(1)既有公路调查与评价应针对改扩建设计需求,结合专业特点和内容进行。

既有公路调查与评价分运营安全性、技术状况两部分,其目的在于全面了解既有公路自身状况,评价利用价值,为确定既有工程的利用方案奠定基础。

(2)既有公路调查应采用资料搜集、现场调查、测量、试验检测等手段。需要搜集的资料宜包括建设期和运营期的设计、施工、养护、运营管理等相关资料。

(3)应运用经验判断、指标对照、统计分析、结构计算等方法,从行车安全性、承载能力、稳定性、规范符合性、功能适应性等方面,对既有公路作出定性或定量评价。

2. 路线调查与评价

(1)路线调查应符合下列规定:

①应根据现行标准对运营阶段评价的规定收集资料。

②收集运营期间的交通量和交通事故资料。

③应对既有公路平面线形、纵面线形和横断面进行测量。

(2)采用现场实测的方法进行测量时,应符合下列规定:

①进行平面线形测量时,应在左、右幅中央分隔带边缘和右侧硬路肩外边缘四条线上布设测点,左、右幅的测点宜基本位于同一断面上。

②测点纵向间距应不大于25m,半径较小的圆曲线路段和特殊路基路段应适当加密;桥梁、桥式通道、主线上跨的分离式立体交叉桥梁等明式构造物两端100m范围内,测点纵向间距应不大于10m。

③纵面线形测量时,应与平面线形布设的测点一一对应。

④横断面调查应包括断面布置、边沟形式、边坡坡度和视距及超高设置等。

(3)应根据现行标准对运营阶段评价的要求,进行既有公路的设计符合性、运行速度协调性和设计速度协调性等方面的安全性评价。

运营安全性评价一般作为一个专题进行。根据现行公路项目安全性评价标准的规定,其包括公路路况评价、事故调查、事故分析3部分,其中公路路况评价又包括设计符合性、运行速度协调性、设计速度协调性3个子项。

改扩建项目设计符合性评价,主要采用现场调查结果与现行技术标准对照的方法,并评价确定是否需要调整线形。

3. 路基调查与评价

(1)路基调查应符合下列规定:

①应调查既有路基主体的使用情况。

②应调查既有路基支挡物、防护工程、排水系统的实际状况。

③软土地区应调查既有路基工后沉降情况。

(2)应根据现行标准分析路基病害成因,评价既有路基承载能力、稳定性和技术状况,对既有路基的可利用程度进行评价,提出病害处治建议。

4. 路面调查与评价

(1)路面调查与检测应符合下列规定:

①应现场调查路面的结构形式、使用状况、破损形式、排水状况等。

②应检测沥青路面的结构层厚度、弯沉、破损率、平整度、车辙、抗滑性能等。

③应检测水泥路面的结构层厚度、断板率、破损率、错台量、接缝传荷系数、抗滑性能等。

④应根据需要进行路面混合料强度、模量等力学试验。

(2)应根据现行标准综合分析路面病害成因,评价既有路面承载力和技术状况,对既有路面的可利用程度进行评价,提出病害处治建议。

高速公路路面结构性损坏和破坏隐患是改扩建设计时需要重点关注的问题。过去几年,高速公路改扩建多依据《公路技术状况评定标准》(JTG 5210—2018)的相关要求进行检测评价,由于该标准所规定的检测与评价指标主要以养护为目的,故并不完全适用于改扩建。

根据对全国各省(自治区、直辖市)高速公路改扩建项目的调研结果,在进行路面加铺设计前,应对既有路面结构进行检测的项目主要有路面残余强度、路面破损率、基层破损情况以及路面表面功能性等。

5. 桥涵调查与评价

(1)桥涵调查与检测应符合下列规定:

①应现场调查桥涵的结构形式、使用状态、缺损状况和适应性等。

②应检测桥涵的材质状况、变形变位情况、耐久性相关参数等。

③应根据需要进行桥梁承载能力试验鉴定。

(2)桥涵评价应符合下列规定:

①应按现行《公路桥梁技术状况评定标准》(JTG/T H21)评定桥梁技术状况。

②应按现行《公路桥梁承载能力检测评定规程》(JTG/T J21)鉴定桥梁承载能力。

③应按现行《公路桥涵养护规范》(JTG H11)评价桥涵适应性,并提出改进建议。

④涵洞评价应符合《高速公路改扩建设计细则》(JTG/T L11—2014)附录 A 的规定。

⑤应分析桥涵病害成因,对既有桥涵的可利用性作出评价,提出维修加固建议。

改扩建工程桥涵的调查,主要为了判定桥涵的技术状况,确定桥涵能否利用,同时为拟定桥涵设计方案提供必要的基础资料,凡涉及以上方面的内容均需进行调查。桥梁总体技术状况等级是桥梁整体能否利用的主要依据,主要部件技术状况评定等级是部件利用的主要依据。根据调查资料了解缺损状况,有利于设计人员对利用与否作出明确的判定,并在必要时确定维修方案。

6. 隧道调查与评价

(1)隧道调查与检测应符合下列规定:

①应调查隧道的结构形式、使用状态、缺损状况、渗漏水情况、瓦斯及其他有害气体渗入情况、路面病害、冻害状况和适应性等。

②应检测隧道的材质状况、变形变位情况、衬砌背后空洞、耐久性相关参数、路面抗滑性能等。

③应排查隧道机电及交通工程等附属设施的缺陷。

(2)隧道评价应符合下列规定：

①应按现行标准对既有隧道的结构承载能力和结构安全性进行评价。

②应分析评价增建隧道或扩挖隧道对邻近既有隧道安全性的影响。

③应评价既有隧道的交通运营安全性，分析事故成因，提出隧道及相关设施缺陷的改进建议。

隧道改扩建设计前应对既有隧道的设计、施工及运营安全等情况进行详细的调查，为隧道改扩建方案确定、既有隧道维修加固、施工期间应急预案制定等提供基础资料。既有隧道技术状况的调查主要进行隧道竣工图、设计与施工阶段相关地质资料、设计与施工变更情况、施工记录等原始资料的收集整理，并对隧道运营后隧道结构与附属设施的病害与处治情况、通风照明及其他机电设施的运营状况、交通事故情况等进行全面调查、统计分析。利用既有隧道时，还应对隧道结构的技术状况及病害情况进行专项检查及必要的监测。

在对既有隧道全面调查（含专项检测）的基础上，进行评价工作。评价重点是针对衬砌裂缝、衬砌厚度不足、衬砌背后空洞等病害或施工缺陷对隧道衬砌结构承载能力的影响，以及渗漏水等其他影响运营安全性、结构耐久性的因素进行分析和评价，判定分类等级，提出技术措施建议。按照现行《公路隧道养护技术规范》（JTG H12）的相关规定评定等级分类，根据隧道结构的理论分析，参照《公路隧道设计规范　第二册　交通工程与附属设施》（JTG D70/2—2014）相关规定对结构承载能力进行定量化判定。

增建或扩挖隧道距离既有隧道较近时，还应分析对既有隧道结构安全的影响，提出建议措施。

7. 路线交叉调查与评价

(1)路线交叉调查应符合下列规定：

①应调查交叉范围内的建筑限界情况。

②应调查相邻互通式立体交叉、服务区、停车区、大桥、隧道等的间距。

③应调查交叉范围内的实际运营状况、交通事故、历史交通量等。

④应调查收费站车道数、设备配置情况，以及收费广场、匝道、被交线交叉口等的运营情况。

(2)路线交叉评价应符合下列规定：

①应核查路线交叉范围内技术指标的规范符合性。

②应对路线交叉范围内事故多发的路段或工点，评价其视距、车道宽度、平纵线形、超高加宽、过渡段长度等技术指标的合理性。

③应评价相邻互通式立体交叉、服务区、停车区、大桥、隧道等间距的合理性。

④应评价路线交叉对施工期各时段实施交通转换的影响。

⑤应评价互通式立体交叉、分离式立体交叉、通道、天桥、收费站、平面交叉的运行状况和交通量适应性，提出利用和改建措施。

进行既有公路路线交叉调查时，须做好与主线的衔接，做好与桥梁、路基、路面、交通安全设施等其他专业的配合。在测量的基础上，收集既有工程的原始资料，调查路线交叉范围内的路况、建筑限界、运营状况、事故状况及与其他结构物或设施的间距等信息，了解交通需求变化、既有工程的规模和设施的适应性等内容。

路线交叉评价的目的是为改扩建方案拟定提供基础资料和数据支撑，依据现行标准中的有关要求，对路线交叉范围内的既有工程的规范符合性、道路运行状况、设计速度协调性、运行速度协调性等方面作出评价，提出既有工程及设施的可利用条件和可利用程度等。

8.交通组织调查与评价

(1)交通组织调查应包括下列内容：

①影响区的地理位置、行政区划、城镇分布、人口、产业、资源和自然条件等情况。

②影响区内可供分流的公路网结构、技术状况、交通特性等。

③施工期供分流路段的维修加固、交通管制等情况。

④对交通组织有影响的既有公路构造物分布情况。

(2)交通组织评价应符合下列规定：

①应分析既有公路的通行能力和服务水平，评价既有公路交通流的运行状况。

②应分析预测施工期路段和区域路网的交通量，分析既有公路构造物分布、主体工程改扩建方案对交通组织的影响。

③应分析提出路网分流的可行路径，当分流公路需进行维护改造时，应提出相应的技术要求和措施。

三、总 体 设 计

1.一般规定

(1)应在工程可行性研究报告确定的改扩建形式、技术标准与规模、建设时机、实施方式等基础上进行总体设计。

(2)应综合考虑建设条件、既有工程利用、施工期对区域路网的影响、建设与运营管理、经济性等因素，通过多方案比选，确定总体设计方案。总体设计方案应包括工程技术方案和施工期交通组织方案。

一般情况下，改扩建的路线线形、结构物形式与跨径、交叉形式与位置等与既有公路相同或相适应，但受改扩建需求、交叉关系、拼宽条件、施工环境以及运营等因素的影响，需要通过更周密、细致的方案比选方能确定。

(3)高速公路改扩建宜采用两侧加宽，条件受限制时可采用单侧加宽。采用单侧加宽时，应加强原路侧车道转换带、交通工程等设计。

目前，已实施的改扩建工程大多采用两侧加宽。两侧加宽在土地节约、资源集约利用、运营影响等方面优势明显，是值得优先选择的。但特殊情况下，如施工期维持交通要求特别高，或受大型构造物、地形等限制时，单侧加宽也是可以选择的。

既有公路为整体式断面，采用在一侧拼宽，同时对既有中央分隔带进行改移，建成后与两侧拼宽断面布置相同，此种方式兼合了两侧加宽和单侧加宽的优点，有时也是一种不错的选择。对此类情况，《高速公路改扩建设细则》(JTG/T L11—2014)视其为两侧拼宽的一种特例，在此特作说明。

单侧加宽，既有公路双向行驶改为单向行驶，受互通式立体交叉出入等影响，车辆运行状况较为复杂。为确保行车安全，《高速公路改扩建设细则》(JTG/T L11—2014)对车道转换带位置与长度、交通工程设施等的设计提出了更高的要求。

(4)改扩建加宽的基本形式宜为拼宽。对于高边坡、隧道、复杂结构桥梁等局部困难路段，可根据其特点合理地采用分离增建的形式。

拼宽相对于分离增建，一般土地占用少，对沿线土地利用规划影响小，并减少了主线分岔或合流现象，工程规模相对也小。实践经验表明，一般情况下是值得优先选择的。

（5）应分析施工与运营相互干扰的程度，工程技术方案与交通组织方案应相互协调。

（6）交通工程及沿线设施改扩建的技术标准与规模应与主体工程相协调，并同步实施。

（7）不同加宽形式之间的衔接过渡，应满足车道平衡、平纵面顺适、断面过渡合理等要求。

（8）改扩建工程的总体设计除应考虑与新建工程共性的因素外，还应考虑下列因素：

①既有公路技术状况及运营安全性评价结果。

②桥梁、隧道、路基、路面等构筑物的利用与改造。

③互通式立体交叉、大型管理设施、服务设施等的增设、改移与改造需求。

④整体式断面单侧加宽后，双向行驶改为单向行驶的行车安全性。

⑤车道数增加、行驶方向改变等引起的爬坡车道、避险车道调整。

⑥路基拼宽或路面加铺后对限界、净空的影响。

⑦施工期交通组织对运行安全、施工方案和工期等的影响。

⑧既有公路运营及改扩建施工对沿线周边环境、居民生产生活的影响。

2. 总体设计要点

（1）改扩建工程起、终点确定应符合改扩建规划要求，并宜选择在互通式立体交叉处。

（2）改扩建工程经论证可分段采用不同的设计速度；设计速度分段长度不宜小于15km，特殊困难路段可经论证确定；相邻段设计速度差不宜大于20km/h，其变化点宜设置在地形、地物明显变化处或互通式立体交叉等节点处，并做好前后路段的线形衔接。

受既有公路建设时的技术经济水平等因素限制，原设计速度可能偏低，交通适应性不足；增设互通式立体交叉时，可能引起互通区主线线形指标不能满足现行规范要求，若适当降低设计速度则可避免大规模的改造。因此，改扩建时需要根据变化的情况重新论证设计速度和分段长度。

（3）车道数的确定应符合下列规定：

①应根据预测交通量、设计速度、服务水平论证确定基本车道数。

②分离增建时，各分幅应不少于2条车道。

③同向分离的其中一幅交通量特别大时，应根据该幅的预测交通量确定车道数。

为满足安全运行、救援、超车等需求，规定分离增建时各分幅至少2条车道。

同向分离的互通式立体交叉前后路段，可能因交通组织方式引起断面交通量不平衡，诸类情况导致其中一幅交通量特别大，产生增加车道数需求。

（4）加宽改扩建设计同一幅内不宜采用桥梁与路基拼接的形式。

路基与桥梁拼接因刚度与变形难以协调，一般情况下同一幅内均不采用；特殊情况下，如受地形限制拼宽部分桥台与既有桥桥台错位等，不得不采用时，要尽量减少其路段长度，并采取必要的措施，减少和延缓病害的发生。

（5）一般路基宜采用拼宽的形式加宽；对于高填、陡坡、深挖路段，地质条件复杂路段，以及加筋土、锚定板、桩板式挡墙等特殊挡墙路段，可采用分离增建的形式加宽。

复杂路段，拼宽施工加载或卸载，或拆除支挡结构物后有可能造成路基不稳定，或处治难度与代价特别高时，分离增建的形式更适用。

(6)拱桥、悬索桥、斜拉桥、大跨度连续梁桥等桥梁宜采用分离增建的形式加宽。其他桥梁宜服从路段加宽形式采用拼宽或分离增建。

(7)隧道路段宜采用分离增建的形式加宽。受条件限制时,中、短隧道可采用原位扩挖隧道方案。分离增建的长、特长隧道,不宜采用单洞4车道方案。

隧道设计优先考虑对既有隧道予以充分利用。从已有工程实践来看,原位扩挖隧道对既有交通影响较大,施工工序复杂,不确定施工风险多,故提出推荐采用分离增建的方案。当条件受限制时,中、短隧道可采用原位扩挖。

相比两个双车道隧道,长、特长的单洞4车道隧道,造价高、施工风险大,故提出了不宜采用单洞4车道隧道的增建方案。

(8)互通式立体交叉范围的主线宜采用两侧拼宽。

高速公路互通式立体交叉范围的主线采用两侧拼宽的形式进行加宽时,其改造难度、改造工程量和改造影响范围相对最小,一般只需要考虑跨桥的桥下净空问题和匝道与主线的衔接问题。如采用其他方式,还存在中央分隔带改移、同向分岔等可能带来的不同程度的安全隐患问题。

(9)当施工对高速公路安全运营产生不可控危险时,应采用局部封闭施工方式。

特殊高边坡路段爆破后的土石清理与运输,受地形、地质等条件限制需要利用既有公路,此时施工将危及运营安全,诸如此类的特殊情况,需要局部封闭交通。

(10)编制交通组织方案时,除应采取交通组织的各项措施外,还可采取有效的工程措施,满足或提高施工路段的通行能力与通行安全。

有效的工程措施一般包括以下几种:

①设置运营便道,利用便道通行。

②加大桥梁拼宽宽度,以利用拼宽部分通车。

③桥梁顶升或通道下挖,以抬高净高,减小拆除重建。

④采用夹具固定新老梁板,或采用混凝土速凝剂等,减少湿接缝施工对通行的影响。

⑤加强边坡防护,减少边坡开挖。

⑥采用静态爆破或机械开挖,减少爆破影响等。

(11)上跨主线的分离式立体交叉桥梁及天桥不能中断交通时应移位改建,短期允许中断交通时可在原位改建。

(12)不同加宽形式过渡段宜设置在平纵面指标较好的一般路基段,并考虑与主线出入口、桥隧构筑物的距离等因素。

(13)单侧拼宽,既有公路双向行驶改单向行驶时,主线出入口附近应设置车道转换带,其位置选择要考虑线形、桥隧结构物、与互通式立体交叉间距等因素,与主线出入口间的最小净距不宜小于2km;车道转换带长度不应小于2km;当互通式立体交叉间距较小,不满足设置条件时,可论证确定。

车道转换带长度的规定主要考虑了转换交通量、车道数、设计速度、标志标牌设置、驾驶心理与习惯等因素。

(14)应结合交通组织,分析关键工点施工工序,编制施工方案,合理确定工期。

受运营影响,改扩建项目相比新建工程,施工工效更低、工序转换更复杂,特别是一些施工与运营干扰特别大的关键工点,有可能制约工期。

(15)环境保护与资源利用应符合下列规定:

①应分析土石方调运利用、大型结构物拆除及整个改扩建工程对环境的影响,制定相应

对策。

②对原路各分项工程挖除或拆除的材料,宜结合本工程及沿线地方道路规划建设等,进行统一调配利用。

复习思考题

1. 试述高速公路改扩建方案选择应遵循的原则。
2. 简要介绍高速公路改扩建关键技术。
3. 简述高速公路拓宽路基常见病害及产生原因。
4. 高速公路改扩建施工工期控制的关键因素有哪些?
5. 高速公路改扩建存在安全隐患的特点是什么?
6. 简述高速公路改扩建交通安全预控措施。
7. 简述高速公路改扩建施工安全预控措施。

第十四章 公路管理系统简介

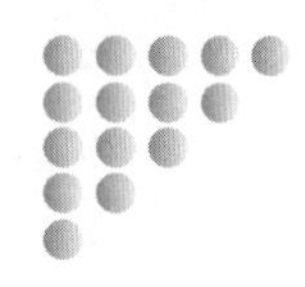

【学习目的与要求】

通过本章的学习,掌握公路路面管理系统的概念、基本模型、养护对策表的制订方法;了解公路路面养护规划及年度计划的制订方法;了解桥梁管理系统的构成及基本模型;了解高速公路绿化管理系统的构成、数据采集内容及编码系统;掌握公路资产管理系统的概念,熟悉公路资产管理系统的构成,了解公路资产价值评估及风险评估的方法。

纵观世界各发达国家的公路发展过程,公路交通的发展一般都经历了以建为主、建养并重、以养为主的3个阶段。虽然路网的发展极大地促进了各国经济的持续繁荣,但发达国家几乎无一例外地存在着路网养护资金不足的问题。如何科学有效地优化分配有限的养护资金,一直是公路管理系统需要解决的根本性问题。

截至2019年底,我国公路网总量已达到501.25万km。受金融危机的影响,我国公路网的建设又迎来了一个高峰期,因而也严重地挤占了公路养护资金,造成养护资金严重不足。公路管理系统首先是为解决养护资金分配问题而产生的,近几年来在内容上得到了较大的扩展。它的根本任务是实现公路信息的数字化管理,其主要目的不仅是将检测到的各种技术数据通过中心数据库存档,同时还要回答两个最根本性的问题,即求解满足一定养护投资条件下的最优路况水平和测算维持一定路况水平目标的最优养护投资水平。

公路管理系统包括公路养护与管理的全部内容,由路面管理系统、桥梁管理系统、路基管理系统、交通安全设施管理系统、绿化管理系统、养护人员管理系统、养护设备管理系统、养护生产组织管理系统等组成。本章重点介绍目前应用较厂的路面管理系统、桥梁管理系统和绿化管理系统3个分项系统。

第一节 路面管理系统

一、路面管理系统的构成

所谓路面管理系统(Pavement Management System,简称PMS),就是采用现代技术手段,根据路面现状和未来的使用需求,以一系列评价与分析模型为基础的投资决策过程。路面管理系统一般由数据采集、数据管理、统计评价、对策设定、优化决策、报表输出等各个子系统构成。

1. 数据采集

数据采集包括公路几何信息、路面破损、平整度、弯沉、摩擦系数、交通量、车速、轴重、轴载谱等内容。公路几何信息来源于设计文件,路面破损、平整度、弯沉、摩擦系数等数据由道路自动化检测设备提供,交通量、车速、轴重、轴载谱等数据则通过交通量连续观测站、车速采集装置和收费站称重装置获取。

2. 数据管理

数据管理按几何属性、路面状况、交通信息、养护历史分为 4 大类,其功能有数据编辑、打印、检索、查询等。作为数据管理的最终结果之一,它还必须为网级路面管理系统提供决策数据、为项目级路面管理系统提供工程分析数据。

3. 统计评价

统计评价包括评价标准设定、多指标权重管理,路面损坏状况指数(PCI)、国际平整度指数(IRI)、横向力系数(SRI)、车辙深度指数(RDI)、路面跳车指数(PBI)、路面磨耗指数(PWI)、路面结构强度系数(SSI)等指标的计算以及根据评价标准的统计分析等内容。

4. 对策设定

对策设定包括被选对策、对策使用性能模型、费用模型、各评价指标分级的实施对策、各种病害的养护对策等内容的管理。

5. 优化决策

采用各种优化方法,求得满足目标函数和约束条件要求的资金优化方案,以及满足一定养护目标的最小资金量。

6. 报表输出

对原始数据、各种统计结果、优化决策结果等进行规范化报表输出,报表格式满足相应的规范要求。

路面管理系统按其适用范围又分为网级路面管理系统和项目级路面管理系统,其基本流程分别如图 14-1、图 14-2 所示。二者既有区别又有联系。二者的区别在于网级路面管理系统主要完成路网的路况分析、路网规划、计划安排、预算编制、资源分配等任务,侧重于财政规划;而项目级路面管理系统重点在于提供满足对策目标、费用目标和使用性能目标的养护方案,侧重于技术方案的比选与优化。二者的联系在于项目级路面管理系统所确定的最优养护对策构成网级路面管理系统进行决策分析的前提条件。

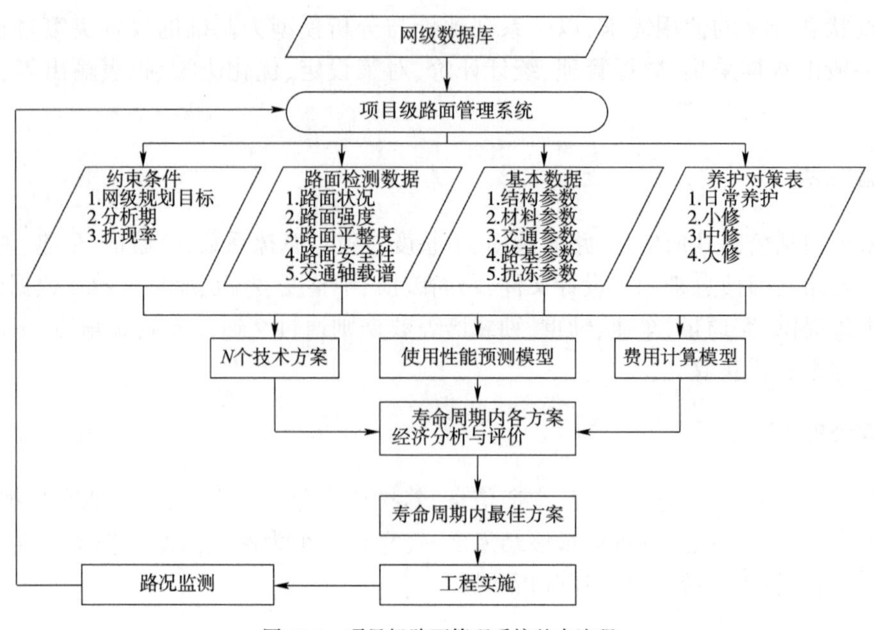

图 14-1　项目级路面管理系统基本流程

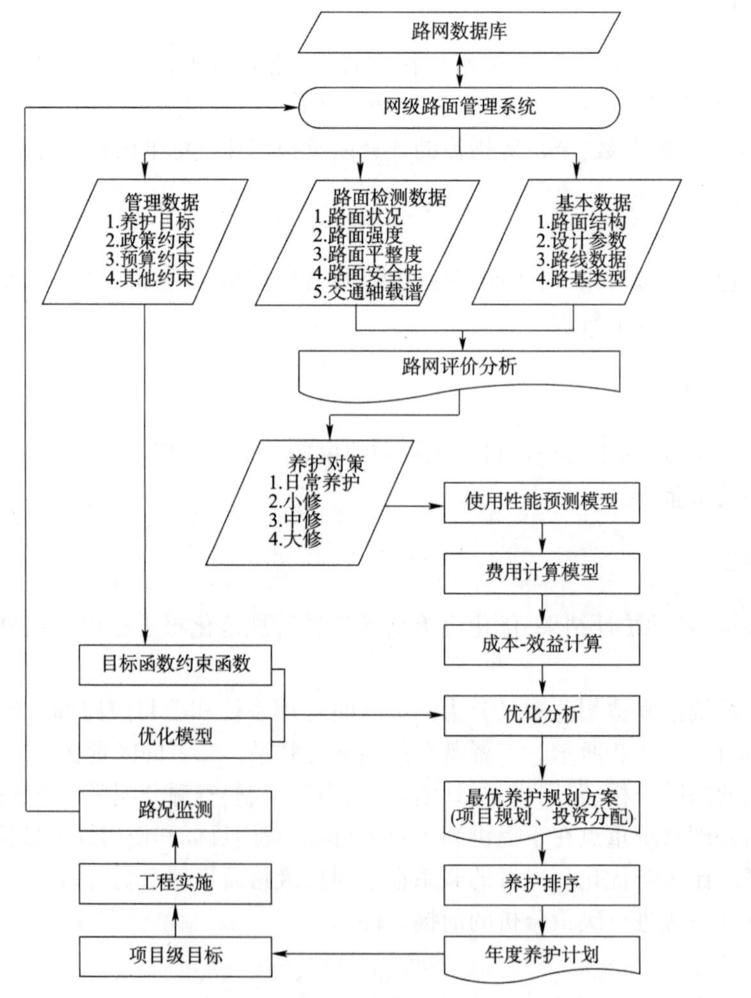

图 14-2　网级路面管理系统基本流程

二、数　据　库

数据库由各种基本数据表、中间结果生成表、最终结果数据表等不同功能的数据表组成。基本数据表是存放各种原始数据或基础数据的，如路线、路面结构、交通量、平整度、路面病害、摩擦系数或构造深度、养护历史、养护对策、评价标准等基本数据；中间结果生成表主要是存放评价、统计、优化计算过程中的最基本单元的分类统计量或中间计算量，是进一步统计、优化分析的基础数据，从而可以省去很多对原始数据库的重复统计、分析计算，提高了最终结果的计算速度；最终结果数据表主要是按照相应规程对统计报表的规范性要求，或优化决策的结果输出格式要求，与最终报表输出内容完全一致的结果数据表。三类数据表之间是有密切关联的，如果表与表之间的关联性不清晰，就会严重影响数据库的整体效率。

三、基 本 模 型

基本模型分为评价模型、预测模型、费用模型、经济分析模型和优化模型等。

1. 评价模型

评价模型可完全遵照相应规范的技术要求进行设定，如公路技术状况评定标准、养护规范等，有技术能力的单位也可以根据本地区的实际情况独立建立。

国外比较有影响的评价模型有以下几个。

1）PSI（Present Service Index，现时服务能力指数）

PSI 是美国 AASHTO 协会于 20 世纪 60 年代根据其著名的大型环道试验路的评价试验结果建立的路面使用性能状况与各主要破损指标间数量关系式。PSI 采用 5 分制，考虑了路面平整度、裂缝、修补、车辙等对路面使用性能的综合影响，是一个综合评价指标。当 PSI < 2.5 时，认为路面的服务能力不能满足交通需求，需采取不同程度的维修措施进行养护维修。

$$\mathrm{PSI}=5.03-1.911\lg(1+sv)-0.01\sqrt{c+p}-1.38\mathrm{RD}^2 \quad \text{（沥青路面，美国）} \tag{14-1}$$

$$\mathrm{PSI}=5.41-1.80\lg(1+sv)-0.5\sqrt{c+3.3p} \quad \text{（水泥路面，美国）} \tag{14-2}$$

式中：sv——轮迹处纵向平整离散度；

c——裂缝度，$\mathrm{m}^2/1000\mathrm{m}^2$；

p——修补度，$\mathrm{m}^2/1000\mathrm{m}^2$；

RD——平均车辙深度，cm。

$$\mathrm{PSI}=4.53-0.518\lg\sigma-0.371\sqrt{c}-0.174D^2 \quad \text{（沥青路面，日本）} \tag{14-3}$$

式中：σ——纵向平整度标准偏差，mm；

c——裂缝率，%；

D——平均车辙深度，cm。

2）PCI（Pavement Condition Index，路面损坏状况指数）

PCI 由美国空军工兵部队于 20 世纪 70 年代创立，主要用于评价机场路面使用状况。由于其物理概念明确，后来被多个国家的交通部门所采纳。该方法采用百分制，认为刚刚竣工投入使用前的路面 PCI 为 100 分。当进行路面评价时，将路面已发生的损坏分为若干类，每一类又分为若干种严重程度,根据专家咨询的结果,确定每一类损坏每一种严重程度的单位损坏密度的扣分值,并绘制成图,以便于使用者查阅。

$$PCI = 100 - \sum_{i=1}^{n}\sum_{j=1}^{m(i)} a(T_i, S_j, D_{ij}) F(t, q) \tag{14-4}$$

式中:$a(T_i, S_j, D_{ij})$——损坏类型 T_i、严重程度 S_j、损坏密度 D_{ij} 时的扣分值;

i——损坏类型下标;

j——严重程度下标;

n——总损坏类型数;

$m(i)$——第 Z 种损坏的严重程度数;

$F(t,q)$——重复损坏修正系数,是累计扣分数 t 和扣分次数 q 的函数。

3) MCI(Maintenance Condition Index,养护状况指数,日本)

日本建设省土木研究所研究员在参考美国和日本 PSI 基础上,研究开发了养护管理(控制)指数 MCI。与美国 PSI 不同,饭岛等采用的专家组是由道路管理人员组成的,现场评价的目的也仅考虑道路平整度、路面裂缝率和路面车辙对道路养护管理和养护需求的影响。

$$MCI = 10 - 1.48c^{0.3} - 0.26D^{0.7} - 0.41\sigma^{0.2} \tag{14-5}$$

$$MCI_0 = 10 - 1.48c^{0.3} - 1.51D^{0.7} \tag{14-6}$$

$$MCI_1 = 10 - 2.23c^{0.3} \tag{14-7}$$

$$MCI_2 = 10 - 0.54D^{0.7} \tag{14-8}$$

式中:σ——纵向平整度标准偏差,mm;

c——裂缝率,%;

D——平均车辙深度,cm。

在日本 MCI 的模型中,道路平整度占很小比重,其影响效果与日本道路养护技术规范的 PSI 基本相似。日本 MCI 考虑了多种关系模型以求准确处理不同的路面状况,式(14-6)中 MCI_0 考虑了裂缝率和平均车辙深度两个因素,式(14-7)中 MCI_1 只考虑了裂缝率一个因素,式(14-8)中 MCI_2 只考虑了平均车辙深度一个因素。

2. 预测模型

预测模型一般需要结合本地区长期的观测数据积累,建立某一类路面结构在某一养护对策下的路面使用性能(PCI、SSI、IRI、SCR)与使用年限或累计标准轴次之间的关系。预测模型一般有两种基本形式,即确定型和概率型。所谓确定型的预测模型是指给定一个自变量,一定会给出一个与之对应的因变量;而概率型的预测模型则是给定一个自变量,一定会给出一个因变量的概率分布来与之对应。前者反映了路面使用性能的总体变化规律,而后者则能更好地反映出路面使用性能变化的随机性。目前,使用确定型的预测模型的案例较多,而概率型的预测模型还仅限于对 PCI 和路面残余寿命的预测上。

1)路面使用性能的衰变

路面使用性能在车辆荷载和环境荷载的反复作用下,随着路龄的增长而发生衰变。根据国内的研究成果,在使用期内不采取养护维修措施的情况下,路面使用性能的衰变曲线可以概括为图 14-3 所示的 4 种衰变形式。在使用期内采取养护维修措施的情况下,其衰变曲线不能简单地概括为图 14-4 的 4 种衰变形式,其衰变形式可能十分复杂,需要进行路面长期使用性能观测才能建立起真实的衰变曲线。

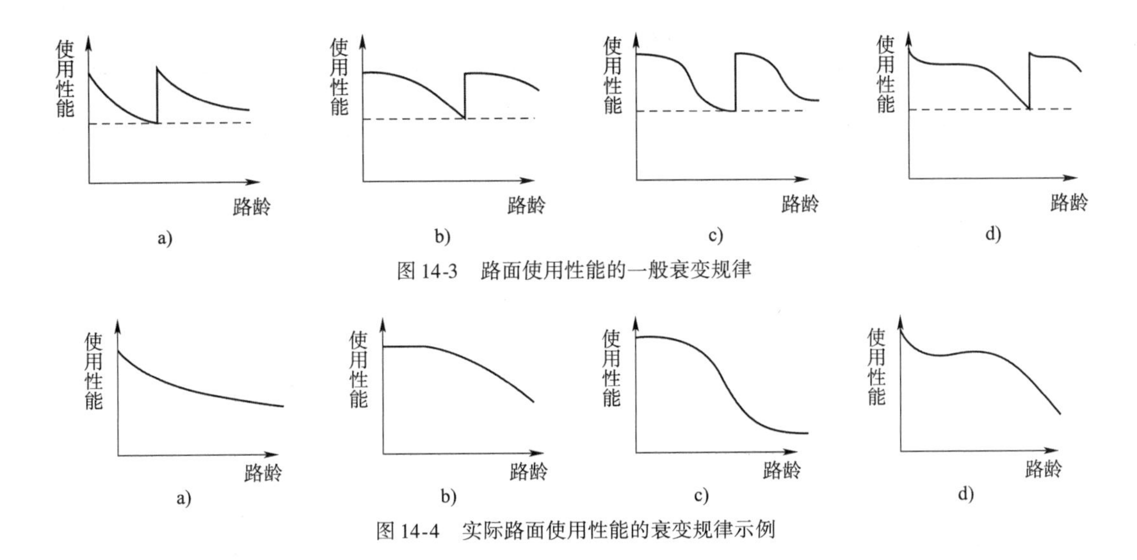

图 14-3　路面使用性能的一般衰变规律

图 14-4　实际路面使用性能的衰变规律示例

2）确定型预测模型

确定型预测模型包括基本反应模型（如弯沉、应力、应变随时间的变化等）、结构性能模型（如路面单一损坏或综合损坏状况的预测）、功能性能模型（如路面行驶质量指数 RQI 或抗滑系数 SFC）、使用寿命模型（如预测路面达到某一损坏状况或服务水平时的使用寿命）等几类预测模型。

该类预测模型可采取典型路段调查的方式，综合考虑各主要影响因素后，通过回归分析建立起路面使用性能与路龄或累计标准轴次的定量关系式。同济大学孙立军教授经过多年研究，建立了路面使用性能的标准衰变方程，如式(14-9)所示：

$$PPI = PPI_0\left[1 - e^{-(\alpha/y)^{\beta}}\right] \tag{14-9}$$

式中：PPI——路面使用性能指数（PCI、RQI，或者二者综合）；

PPI_0——路面使用性能初值；

y——路龄，年；

α、β——回归系数，α 称为规模参数，一般取 3～15，代表路面使用寿命；β 称为形状参数，一般取 0.2～1.8，表示达到使用寿命的过程；当 $y = \alpha$ 时，$PPI/PPI_0 = 0.632$，故 α 为 PPI 衰变到初值的 63.2% 时的路龄。

美国华盛顿州建立了不同养护措施情况下的综合路面使用性能预测模型，如式(14-10)～式(14-12)所示。该类公式反映了不同养护水平下路面使用性能衰变的差异。因此，建立不同路面结构类型在不同养护水平下、不同交通荷载和环境荷载条件下的路面使用性能衰变规律，对路面管理系统的决策分析十分重要。

$$R = 99.85 - 0.21112y^{2.25} \quad \text{（日常养护）} \tag{14-10}$$

$$R = 100 - 1.4088y^{2.00} \quad \text{（2.5cm 厚加铺层）} \tag{14-11}$$

$$R = 100 - 0.13637y^{2.5} \quad \text{（4.5cm 厚加铺层）} \tag{14-12}$$

式中：y——最后一次养护到当前的服役年限。

显然，能建立起标准衰变模型固然是我们所希望的。但由于我国幅员辽阔，各地区地理条件、水文地质条件、气候条件、交通组成、轴载谱分布、典型路面结构、施工工艺水平等都存在较大的差距，因此，各地区路面使用性能的衰变模型存在较大差别。

例如，20 世纪 90 年代建立起来的部分地区的路面使用性能的预测模型就表现出较大的差异性，见表 14-1。

路面使用性能预测模型示例 表 14-1

预测模型类别	公示形式	参数说明
路面损坏	$PCI=100e^{-ay^b}$(北京)	y——路面建成后或新近一次改建后的年数; a、b——回归系数
	$PCI=100e^{-bN}$(天津)	N——路面建成后或新近一次改建后的累计标准轴次; b——回归系数
行驶质量	$RQI=ce^{-dy}$(北京) $RQI=5.0e^{-cy^d}$(广东)	y——路面建成后或新近一次改建后的年数; c、d——回归系数
弯沉	$l=l_0e^{UVBy}$(黑龙江)	U——土基潮湿类型影响系数; V——面层透水影响系数; B——衰变指数; y——路面建成后或最近一次改建后的年数; l_0——初始弯沉
抗滑系数	$SFC=ae^{-by}$	y——路面建成后或新近一次改建后的年数; a、b——回归系数

3)概率型预测模型

概率型预测模型包括马尔可夫(Markov)随机过程、半马尔可夫随机过程、残存曲线等几类预测模型,主要用于网级路面管理系统。较为常用的是马尔可夫(Markov)过程,它有3个基本假设:

(1)路面使用性能指标存在着有限个状态。

(2)路面使用性能从某一状态转移到另一状态的概率只与当前的状态有关,而与以前的状态无关,即无后效性。

(3)转移过程是静态的,即转移概率不随时间变化。

4)建模过程

(1)明确建模目标,定义路况状态,选择路面使用性能变量。

(2)分析影响建模的主要影响因素,确定数据收集范围。

(3)选择典型路段,收集所需数据。所需数据一般包括路面结构的设计数据、竣工验收数据、路基路面养护与改建数据、历年路面使用性能检测数据、交通组成及轴载谱分布数据、环境因素(温度、降水量、路基湿度、冻深、陈融、太阳辐射)等。

(4)初步分析数据,包括路面使用性能的计算、累计轴次计算、数据分类、单因素分析等,构建模型所需要的基本数据。

(5)选择模型结构形式,一般一元线性、指数、幂函数、对数、抛物线、多元线性等几种形式较为常用。

(6)建立模型,确定模型参数,明确模型的物理意义。

(7)扩大试验路段范围,对模型进行检验和标定。

(8)对试验路段进行长期跟踪观测,不断完善模型。

3. 费用模型

费用模型主要用来计算各种养护对策的费用,包括管理费和用户费。管理费一般包括设计费、初期修建费、各类养护费用、管理人员工资等,因其有各种定额作为依据,所以比较容易地建立起计算模型。用户费包括车辆运营费、延误费、行程时间费、事故费、环境污染治理费用等,涉及道路线形、路况、气候环境、车辆类型、车龄、驾乘人员等众多复杂的影响因素,建立模型的过程非常繁杂。有条件时,建立符合本地区实际的模型当然最好,但也可以采用世界银行的模型,比较省事,只需要对其中的某些参数进行标定即可。

4. 经济分析模型

经济分析方法主要包括等额年费用法(AC)、净现值法(NPV)、收益率法(IRR)、效益费用比法(BCR)4 种常用的方法。这些方法与道路工程经济中的国民经济评价方法一致。

除此之外,寿命周期成本分析法也是项目级路面管理系统中常用的方案比选分析方法。寿命周期成本是指在一定的分析期内(一般 5 ~ 10 年)、一定的折现率(国家发展和改革委员会公布的数据)情况下的各对策方案现值总费用。该现值总费用应该包括管理费用和用户费用在内,计算起来相当复杂。有时,为了简化计算,从管理者的角度仅计算管理费用,但是分析结果可能与考虑用户费用在内的结果之间存在本质的不同。

5. 优化模型

优化模型主要有线性规划、动态规划、近似优化等。线性规划法用起来比较简单,基本条件比较容易满足,得到的结果是静态环境下的最优结果。动态规划法虽然能很好地反映出路况变化的动态性和随机性,但进行动态规划的基本条件不容易满足,对预测模型的要求更高,因此更难以实现。近似规划法虽然得不到最优结果,但可以得到次优结果,也能够满足工程需要,实现起来相对简单。

线性规划方法是比较常用的优化方法。一般采用多目标优化模型,目标函数以社会效益最大、路况最好、日常养护工作量最小或它们组合的数学表达为主,以修复资金投入额度、需修复的路面面积、规划期内重复维修的次数等作为约束条件。

四、养护对策表

现行的公路养护规范根据路面技术状况各指标的评定结果给出了基本养护对策,这是原则性的养护对策。而各地区在长期的养护实践中,形成了具有区域特色的、经过时间检验过的、切实有效的养护对策,包括各种病害的处理、罩面、加铺层、大修路面结构等。在路面管理系统中,都要将当地成功的养护对策作为备选对策列入养护对策表中。以养护对策表为基础,根据路面技术状况评定结果,进行路面养护对策决策。

五、路面养护规划与年度计划

路面养护规划是在科学决策的基础上制定的,是满足一定约束条件下的最优结果。首先,需要确定决策优化的目标函数,一般是以社会总效益最大为主要的目标函数;其次,是明确各种约束条件,如年投入费用限额、路况水平限值、养护面积限值、规划期限等;第三,选择参与优化决策的目标对象;第四,给出不同工况条件下的优化结果;第五,绘制不同工况的比较曲线;

第六，确定最合适的规划结果，明确规划方案。在每个规划方案中，都会给出每一年的养护费用额度、参与养护的某一类路段单元清单及其所需费用。

养护决策规划的结果将在宏观上对制订每年的养护计划起到指导作用。但要制订可供实施的年度养护计划，还必须经过排序和还原。排序是为了确定某一类路段单元各具体养护单元的先后顺序，将优化结果具体化到各个实际的路段单元上，以便按年度实施具体的养护活动。排序可按某一评价指标进行排序（如PCI、SSI、RQI等），也可采用按重要性（如道路等级、交通量、政治影响等）排序，或者按经济性指标（如社会效益、收益率等）的大小进行排序。

六、路面养护管理系统的发展

路面管理系统起源于美国，于20世纪70年代起步，逐渐由最初的路面设计系统发展成为项目级路面管理系统。20世纪80年代初期，又进一步发展为网级路面管理系统，并得到了迅速的推广应用。这一阶段国际上比较有代表性的路面管理系统有：美国加利福尼亚州路面管理系统（1978年）、华盛顿州路面管理系统（1980年）、亚利桑那州路面管理系统（1980年）、陆军工兵团PAUER系统（1983年）、空军机场道面管理系统（1980年）等；加拿大的阿尔伯特省路面信息与需求分析（PIAS，1983年）、改建信息与优化系统（RIPPS，1984年）、城市路面管理系统（MPMS，1987年）等；英国的公路养护与评价系统（CHART，1980年）等。

我国于1984年引进英国的BMS路面管理系统，在辽宁省营口市进行了成功的移植，积累了宝贵的应用经验。“七五”期间，国家重点攻关项目《干线公路路面养护系统成套技术（CPMS）》的顺利完成，标志着我国路面管理系统已经具备了推广应用条件。1991年，路面管理系统开始在全国14个省（自治区、直辖市）推广应用，包括安徽、山东、北京、天津、云南、河北、广东、江西、新疆等，后来又开展了第二批10个省（自治区、直辖市）的推广应用，包括吉林、黑龙江等。

目前，我国路面管理系统已发展成为一个集GIS、GPS、路况自动采集、多媒体合成技术于一体的综合性的信息管理系统。而我国近几年路面自动检测车技术的发展，特别是交通运输部公路科学研究院、哈尔滨工业大学交通科学与工程学院、武汉大学、南京理工大学等在道路多功能检测车技术方面所取得的成功，为路面管理系统的推广应用提供了真实可信的数据支持。可以断言，我国路面管理系统发挥作用的时期已经到来。

第二节　桥梁养护管理系统

一、桥梁管理系统构成

所谓桥梁管理系统（Bridge Management System，简称BMS），是指对既有桥梁进行技术状况检测、评价分析、养护决策和状态预测的综合性管理系统，它涉及桥梁结构工程、桥梁基础工程、病害机理诊断、桥梁状况检测技术和数据管理等多方面技术，一般由数据采集、数据管理、统计查询、评价决策、状态预测和维修计划等几个子系统组成。

1.数据采集

数据采集包括对桥梁基础、承台、桥墩、盖梁、支座、梁、桥面、栏杆等方面基本数据、设计参数、各部位病害类型、病害几何尺寸与严重程度、病害图片、历年交通量及轴载谱、历年维修信息、管养单位信息等数据的采集。

2. 数据管理

数据管理包括对桥梁数据库实施录入、删除、插入、更新、批量修改、查询修改、数据校验、数据汇总、数据备份、输出、导入导出、图片存档、用户管理、系统参数设置等的管理。

3. 统计查询

完成日常管理工作中所需要的各项统计、查询工作,包括桥梁的基本信息、病害信息、养护信息等的报表分类处理、统计结果输出和高级查询输出等。

4. 评价决策

完成对桥梁各部位及各构件的评价、评分、性能排序以及技术状况指数(BCI)分析等,采用层次分析法、模糊理论评判法、人工智能决策理论等决策模型,确定不同层次的养护维修对策,并完成费用分析,为不同层次的管理者服务。

5. 状态预测

根据桥梁各时期的动态反应数据和动态参数,针对不同桥型,采用不同的力学模型和退化模型,对桥梁状况发展趋势进行预测,对加固方案进行性能与利弊分析,为桥梁养护决策提供技术支持。

6. 维修计划

根据每座桥梁养护决策的结果及其重要性,确定桥梁维修顺序和桥梁检查计划,完成年度养护维修计划和预算报告。

桥梁管理系统按其适用的行政范围不同,可分为国家级、省级、县级3个级别。县级桥梁管理系统是省级桥梁管理系统的基础,而省级桥梁管理系统又是国家级桥梁管理系统的基础。

同路面管理系统一样,桥梁管理系统也分为网络级和项目级两类。网络级管理系统主要针对特定区域的桥梁群体的管理,需要综合考虑结构退化、维修措施、交通量、道路等级、政治因素等对路网服务水平的要求,其主要目的是评估每座桥梁的工作状态,在满足一定服务水平的情况下,合理分配养护维修资金。项目级管理系统的对象是某个独立的桥梁或桥梁的组成部分,主要考虑桥梁本身的病害与性能退变规律、维修效果、维护时机和相关费用,其主要目的是确定科学合理的养护维修计划。项目级管理系统可作为网级管理系统的组成部分。

二、数　据　库

桥梁管理系统数据库包括桥梁识别标志、桥梁结构、经济指标、桥梁档案、桥梁病害、桥梁水毁、交通量及轴载谱、重车过桥、桥面交通事故、气候环境、评价准则、桥梁评价、桥梁计算参数、桥梁计算模型、桥梁健康监测、桥梁维修对策、桥梁养护历史及桥梁病害图片库等多个数据表。在数据库设计过程中,一定要注意表与表之间数据的关联性设计,以减少数据的冗余。

三、基本模型

基本模型分为评价模型、预测模型、费用模型、经济分析模型和优化模型等。

1. 评价模型

桥梁状态评价包括安全性、适用性和耐久性评价 3 个方面。安全性评价主要指对桥梁承载力的评价,是状态评价的主要内容,可采用动静载试验来完成。适用性评价是对结构运营状态的评估,确定其是否适应现实交通量和轴载分布的要求。耐久性评价则侧重于结构损伤及材料物理特性的变化,确定其能否达到设计要求。可完全采用公路桥梁技术状况评定标准、桥涵养护技术规范等规定的评价内容、评价方法和评价标准,也可根据本地区的实际情况建立自己的评估标准。评价结果是给出每座桥梁的状态评级。

2. 预测模型

预测模型根据桥梁结构形式、气候环境条件、交通荷载等内外部条件的不同而不同,因此模型的建立过程是极其复杂的。例如水泥混凝土模量与强度、钢筋的有效截面积、发生损伤后结构承载力、构件的剩余寿命等的变化规律预测,都是复杂因素(施工质量、荷载、徐变、预应力损失、冻融循环、疲劳损伤等)共同作用的结果,需要长期的观测数据积累才能建立起预测模型。可以通过回归分析建立一个少因素的预测模型,也可以通过可靠度理论、马尔可夫链法、人工智能系统、灰色系统模型以及组合预测法等建立多因素复杂预测模型,主要是依赖于所掌握的数据积累情况。

3. 费用模型

费用模型主要是用来计算各种养护维修措施对策的费用组成及资金数量,其主要依据是国家或行业的概预算规程。

4. 经济分析模型

路面管理系统中的经济分析方法也同样适用于桥梁养护维修对策的经济分析。

5. 优化模型

常用的优化方法有动态规划、线性和非线性规划、人工神经网络及遗传算法等。优化的目标函数一般是寿命周期内的费用最小化或结构等级(包括承载力和耐久性)最大化,其约束条件包括结构失效概率临界值、可接受的结构状态等级、承载力水平、结构剩余寿命等。

四、桥梁管理系统的发展

一般认为,桥梁管理系统经历了 3 个发展阶段。第一阶段,建立一个简单的数据库,建立桥梁的电子档案;第二阶段,在桥梁数据库的基础上,增加了桥梁及其构件的检测及维修信息;第三阶段,增加了桥梁病害维修决策和优化功能,并引进了寿命周期成本分析、预防性养护、可靠度方法与优化技术等新技术,进一步将建立以提高桥梁无破损检测、评价技术和管理水平为目的的桥梁资产管理系统。

美国开发的桥梁管理系统,是目前世界上最先进的桥梁管理系统,它被美国的州和其他许多国家或地区所采用,已成为桥梁管理系统的典范。20 世纪 70 年代,受多起桥突然倒塌事故的触动,美国率先开始制定桥梁检查标准,强化桥梁的养护管理,建立桥梁档案数据库,形成桥梁管理系统的雏形。1987 年起,由美国联邦公路管理局投资,并与各州的交通局协作,逐步开发完成了具有现代意义的桥梁管理系统 PONTIS 系统。该系统运用动态整体规划法、概率条件状态劣化模型等手段对桥梁数据进行处理,以预测桥梁未来的维修管理和改建需要等。该系统目前在美国约有 80% 以上的州的公路桥梁管理中得到推广应用。

在欧洲,典型的桥梁管理系统有丹麦目前使用的系统 DANBRO、法国的 EDOUARD、英国的 NATS、挪威的 BRUTUS、芬兰的国家公路署管理系统等。在亚洲,较为典型的管理系统有日本的道路公用桥梁管理系统、韩国的 SHBMS 等。日本建设省 1995 年完成的此系统的优点之一为可逐年更新桥梁的实际检测资料。建设省土木研究所于 1998 年结合营建信息运筹管理与产品资料交换标准技术,进一步开发了桥梁维护管理信息系统。2006 年,韩国开发了一种基于 ISO10303 的钢桥产品模型的集成框架。

我国桥梁管理系统起步较晚,虽然在 1980—1990 年,也开发了一些各具特色的桥梁管理系统,如四川省桥梁数据库管理系统、广东省桥梁管理系统、北京市公路桥梁管理系统、河南省桥梁管理系统等,但影响最大、使用最广的还是中国公路桥梁管理系统(China Bridge Management System,简称 CBMS)。它于 20 世纪 90 年代初,由交通部公路科学研究所首先开发,后经多次升级,已经发展成集数据管理、统计查询、评价决策、投资分析、状态预测、GIS、多媒体应用等于一体综合性的桥梁管理系统(CBMS3000),适用于各级公路的桥梁养护管理。

第三节　高速公路绿化管理系统概述

一、系统构成

高速公路绿化管理系统由文档管理、影像管理、数据管理、统计查询、对策、评价、打印输出、编码管理等各个子系统构成。

1. 文档管理

文档管理主要是对各种关于绿化的文字文件进行存档、编辑、查询、备份等。这些文件包括政策文件、设计文件、设计图纸、招标文件、合同文件、验收文件、会议纪要、课题报告、论文资料等。

2. 影像管理

影像管理主要是对公路路线、沿线景点、苗木基地、管护单位、施工单位等录像资料、图片资料进行存档、配文编辑、查询、播放、备份等管理。

3. 数据管理

数据管理包括对线路、景点、苗木基地、管护单位、施工单位等数据进行录入、个别修改、批量修改、数据导入导出等功能。由于各部分的数据类型差别较大,因此,要形成统一的管理模式比较困难。

4. 统计查询

统计查询包括对线路、景点、苗木基地、管护单位、施工单位等数据进行按固定条件或按任意条件进行统计查询等功能。所谓固定条件是指系统的使用单位常用的统计分析模式,而任意条件是在数据库所涵盖的字段内,可以自由组合统计查询条件。统计查询完成后直接显示结果数据。

5. 对策

对策包括本地区植被种类与特性、植物病害与防治、常用药物性能及使用方法等方面,是绿化预案和绿化管理知识的储备库。

6. 评价

评价主要是对主线绿化和景点绿化的植被保存率、覆盖率和郁闭度进行评价。同时,也可以对环境评价中的自然景观、人文景观、公路影响、综合评价等进行分析,并输出分析结果。

7. 打印输出

打印原始数据表、各种统计报表与统计图,具有自主确定输出内容的选择功能。

8. 编码管理

对植被种类、路线、景点、苗木基地、施工单位、对策措施等均实行编码管理,以方便数据管理、统计查询等有序进行。

二、数据采集

数据采集包含了路线横断面宽度数据、路线绿化数据、景点绿化数据、苗木基地数据、绿化施工单位数据等。

1. 路线横断面宽度数据

采集内容包括路线编码、路段起点桩号、路段终点桩号、路段长度、横断面类型、地势、土质、养护水源、村屯、左隔离栅外侧宽度、左隔离栅内侧宽度、左挡土墙宽度、左碎落台(挖)宽度、左排水沟宽度、左护坡道(填)宽度、左边坡宽度、左路肩宽度、左路面宽度、左中央分隔带宽度、中央排水沟宽度、右中央分隔带宽度、右路面宽度、右路肩宽度、右边坡宽度、右护坡道(填)宽度、右排水沟宽度、右碎落台(挖)宽度、右挡土墙宽度、右隔离栅内侧宽度、右隔离栅外侧宽度等。

2. 路线绿化数据

采集内容包括路段数据和绿化数据两部分内容。

路段数据包括路线编码、路段起点桩号、路段终点桩号、路段长度、横断面类型编码、管护单位编码。

绿化数据包括植被编码、计量单位、植被位置编码、植被数量、规格、行距、株距、主要作用编码、管护时间、管护单价、管护措施编码、管护费、建设时间、建设单价、建设费。

3. 景点绿化数据

景点绿地指主线路侧景点、互通立交绿地、管理处庭院绿地、服务场区绿地、收费站绿地等。采集内容包括基本数据和绿化数据两部分。

基本数据包括路线编码、景点编码、管护单位编码、景点位置、景点面积。

绿化数据包括植被编码、计量单位、植被数量、规格、行距、株距、主要作用编码、管护时间、管护单价、管护措施编码、管护费、建设时间、建设单价、建设费。

4. 苗木基地数据

采集内容包括基本数据和植被数据两部分内容。

苗木基地基本数据包括苗木基地编码、所在地、联系人、联系电话。

苗木基地植被数据包括植被编码、计量单位、苗龄、规格、数量、单价。

5. 绿化施工单位数据

采集内容包括基本数据和工程数据两部分内容。

基本数据包括单位编码、所在地、法人代表、联系电话。

工程数据包括技术力量、施工设备、工程履历、工程位置、工程内容、工程数量、工作量、信誉度、苗源状况。

6. 影像数据采集

采用数码摄像机或数码照相机进行录像或拍照。录像方式采用全程录像或典型路段录像均可,照相则是针对典型的路段或有代表性的绿化措施进行数据采集。为了数据与图像对应显示的方便,一条路的录像文件可以划分为若干段,分别存储。

三、编 码 系 统

编码系统设置具有简单灵活的特点,用户可根据自己使用上的方便,按一定的规则确定。

1. 编码标识

为了使用户能够根据自己的实际情况设置编码系统,特别设置了编码标识表。请注意,编码标识是编码系统的基础,以下任何编码的变动,都必须与编码标识保持一致。为了防止引起编码系统的混乱,任何与编码标识不一致的编码变动,系统都会自动禁止。

2. 路线编码

编码格式:采用6位编码(编码标识+编号),可以根据用户要求自行确定。例如:JLGS01~JLGS99,JLGS为吉林高速的拼音缩写。

3. 管护单位编码

编码格式:采用6位编码(编码标识+编号),可以根据用户要求自行确定。例如:GHDW01~GHDW99,GHDW为管护单位的拼音缩写。

4. 桩号组成

采用公路里程桩以0.000~9999.999的形式表示,整数部分表示km,小数部分表示m。

5. 典型横断面类型编码

编码格式:采用6位编码(编码标识+编号),可以根据用户要求自行确定。例如:DX-

HD01 ~ DXHD99。DXHD 为典型横断的拼音缩写。

6. 横断面各部位编码

编码格式:采用 6 位编码(编码标识 + 编号),可以根据用户要求自行确定。例如:HDBW01 ~ HDBW99,HDBW 为横断部位的拼音缩写。

7. 植被种类编码

编码格式:采用 6 位编码(编码标识 + 编号),可以根据用户要求自行确定。例如:草本类为 ZBCB01 ~ ZBCB99,ZBCB 为植被草本的拼音缩写;灌木类为 ZBGM01 ~ ZBGM99,ZBGM 为植被灌木的拼音缩写;乔木针叶类为 ZBQZ01 ~ ZBQZ99,ZBQZ 为植被乔针的拼音缩写;乔木阔叶类为 ZBQK01 ~ ZBQK99,ZBQK 为植被乔阔的拼音缩写;藤本类为 ZBTB01 ~ ZBTB99,ZBTB 为植被藤本的拼音缩写;宿根花卉类为 ZBSG01 ~ ZBSG99,ZBSG 为植被宿根的拼音缩写。

8. 主要作用编码

编码格式:采用 6 位编码(编码标识 + 编号),可以根据用户要求自行确定。例如:ZYZY01 ~ ZYZY99,ZYZY 为主要作用的拼音缩写。

9. 管护措施编码

编码格式:采用 6 位编码(编码标识 + 编号),可以根据用户要求自行确定。例如:GHCS01 ~ GHCS99,GHCS 为管护措施的拼音缩写。

10. 景点编码

编码格式:采用 8 位编码(编码标识 + 编号),可以根据用户要求自行确定。例如:JD&&0101 ~ JD&&9999,JD 为景点的拼音缩写,&& 表示部位。

11. 苗木基地编码

编码格式:采用 7 位编码(编码标识 + 编号),可以根据用户要求自行确定。例如:MMJD001 ~ MMJD999,MMJD 为苗木基地的拼音缩写。

12. 施工单位编码

编码格式:采用 6 位编码(编码标识 + 编号),可以根据用户要求自行确定。例如:SGDW01 ~ SGDW99,SGDW 为施工单位的拼音缩写。

复习思考题

1. 路面管理系统的构成要素有哪些?

2. 网级路面管理系统与项目级路面管理系统的区别有哪些?

3. 简述路面管理系统的基本模型。

4. 桥梁管理系统的基本构成要素有哪些?

参考文献

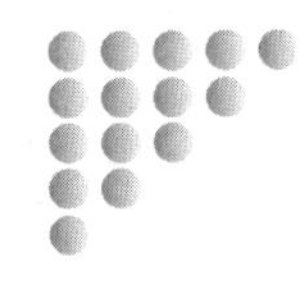

[1] 中华人民共和国交通运输部. 公路养护技术规范:JTG H10—2009[S]. 北京:人民交通出版社,2009.

[2] 中华人民共和国交通部. 公路水泥混凝土路面养护技术规范:JTJ 073.1—2001[S]. 北京:人民交通出版社,2001.

[3] 中华人民共和国交通运输部. 公路沥青路面再生技术规范:JTG/T 5521—2019[S]. 北京:人民交通出版社股份有限公司,2019.

[4] 中华人民共和国交通部. 公路路面基层施工技术细则:JTG/T F20—2015[S]. 北京:人民交通出版社股份有限公司,2015.

[5] 中华人民共和国交通部. 公路沥青路面养护技术规范:JTG 5142—2019[S]. 北京:人民交通出版社股份有限公司,2019.

[6] 中华人民共和国交通运输部. 公路养护安全作业规程:JTG H30—2015[S]. 北京:人民交通出版社股份有限公司,2015.

[7] 中华人民共和国交通运输部. 公路沥青路面设计规范:JTG D50—2017[S]. 北京:人民交通出版社股份有限公司,2017.

[8] 中华人民共和国交通运输部. 公路水泥混凝土路面设计规范:JTG D40—2011[S]. 北京:人民交通出版社,2011.

[9] 中华人民共和国交通部. 公路沥青路面施工技术规范:JTG F40—2004[S]. 北京:人民交通出版社,2004.

[10] 中华人民共和国交通运输部. 公路技术状况评定标准:JTG 5210—2018[S]. 北京:人民交通出版社股份有限公司,2018.

[11] 中华人民共和国交通部. 公路交通安全设施施工技术规范:JTG F71—2006[S]. 北京:人民交通出版社,2006.

[12] 中华人民共和国交通部. 公路桥涵养护规范:JTG H11—2004[S],北京:人民交通出版社,2004.

[13] 中华人民共和国交通部. 高速公路交通工程及沿线设施设计通用规范:JTG D80—2006[S]. 北京:人民交通出版社,2006.

[14] 中华人民共和国交通运输部. 公路交通安全设施设计规范:JTG D81—2017[S]. 北京:人

民交通出版社股份有限公司,2017.
[15] 中华人民共和国交通运输部.公路路基养护技术规范:JTG 5150—2020[S].北京:人民交通出版社股份有限公司,2020.
[16] 中华人民共和国交通运输部.公路水泥混凝土路面施工技术细则:JTG/T F30—2014[S].北京:人民交通出版社股份有限公司,2014.
[17] 中华人民共和国行业标准.公路桥梁技术状况评定标准:JTG/T H21—2011[S].北京:人民交通出版社,2011.
[18] 交通部公路科学研究院.微表处和稀浆封层技术指南[M].北京:人民交通出版社,2005.
[19] 中华人民共和国交通运输部.公路工程沥青及沥青混合料试验规程:JTG E20—2011[S].北京:人民交通出版社,2011.
[20] 中华人民共和国交通运输部.公路路面技术状况自动化检测规程:JTG/T E61—2014[S].北京:人民交通出版社股份有限公司,2014.
[21] 高速公路养护管理编委会.高速公路养护管理[M].北京:人民交通出版社,2008.
[22] 中华人民共和国交通部.公路工程名词术语:JTJ 002—1987[S].北京:人民交通出版社,1987.
[23] 中华人民共和国交通部.道路工程术语标准:GBJ 124—1988[S].北京:中国计划出版社,1988.
[24] 徐剑,黄颂昌.沥青路面预防性养护理念与实践[M].北京:人民交通出版社,2011.
[25] 虎增福.乳化沥青及稀浆封层技术[M].北京:人民交通出版社,2001.
[26] 姜云焕,饮兰成,王立志.改性稀浆封层施工技术[M].北京:石油工业出版社,2001.
[27] 交通部阳离子乳化沥青课题协作组.阳离子乳化沥青路面[M].北京:人民交通出版社,1990.
[28] 吕伟民,严家汲.沥青路面再生技术[M].北京:人民交通出版社,1989.
[29] 徐剑,黄颂昌,邹桂莲.高等级公路沥青路路面再生技术[M],北京:人民交通出版社,2011.
[30] 黄晓明,赵永利.沥青路面再生利用理论与实践[M].北京:科学出版社,2014.
[31] 常魁和,高群.公路沥青路面养护新技术[M].北京:人民交通出版社,2001.
[32] 郭忠印.李立寒.沥青路面施工与养护技术[M].北京:人民交通出版社,2003.
[33] 徐培华.高等级公路路基路面养护技术[M].北京:人民交通出版社,2003.
[34] 李万莉,朱福民.高等级公路快速养护方法及设备[M].北京:人民交通出版社,2005.
[35] 王玉顺,朱敏清.高速公路沥青路面预防性养护技术与应用[M].北京:中国建材工业出版社,2008.
[36] 许永明.公路养护与管理[M].北京:人民交通出版社,2003.
[37] 刘自明.桥梁工程养护与维修手册[M].北京:人民交通出版社,2004.
[38] 黄平明,等.桥梁养护与加固[M].北京:人民交通出版社,2009.
[39] 侯相琛,曹丽萍.公路养护与管理[M].北京:人民交通出版社股份有限公司,2017.
[40] 美国沥青再生协会.美国沥青再生指南[M].深圳海川工程科技有限公司,译.北京:人民交通出版社,2006.
[41] 郭贵平.高等级公路养护技术与养护机械[M].北京:人民交通出版社,2001.
[42] 黎明亮.公路养护工程[M].北京:人民交通出版社,2000.

[43] 王红霞. 公路养护与管理技术[M]. 北京:人民交通出版社,2006.
[44] 赵卫平. 路基路面检测技术[M]. 北京:人民交通出版社,2006.
[45] 资建民. 路面管理和管理系统[M]. 广州:华南理工大学出版社,2003.
[46] 姚祖康. 路面管理系统[M]. 北京:人民交通出版社,1993.
[47] 潘玉利. 路面管理系统原理[M]. 北京:人民交通出版社,1998.
[48] 中华人民共和国交通运输部. 高速公路改扩建设计细则:JTG/T L11—2014[S]. 北京:人民交通出版社股份有限公司,2015.
[49]《高速公路养护管理手册》编委会. 高速公路养护管理手册[M]. 北京:人民交通出版社,2002.
[50] 潘玉利. 路面管理系统基础教程[M]. 北京:人民交通出版社,2002.
[51] 李华,缪昌文,金志强. 水泥混凝土路面修补技术[M]. 北京:人民交通出版社,1997.
[52] 李世华,张建捍. 道路桥梁养护手册[M]. 北京:中国建筑工业出版社,2002.
[53] 周洪文,余正武,周本涛. 公路绿化与施工质量管理[M]. 北京:人民交通出版社,2008.
[54] 郭普金,王亚忠. 高速公路绿化养护手册[M]. 北京:人民交通出版社,2011.
[55] 李中秋. 公路养护与管理[M]. 北京:中国水利水电出版社,2012.
[56] 全国交通工程设施(公路)标准化技术委员会. 道路交通标志和标线　第1部分:总则:GB 5768.1—2009[S]. 北京:中国标准出版社,2009.
[57] 中华人民共和国交通运输部. 公路工程技术标准:JTG B01—2014[S]. 北京:人民交通出版社股份有限公司,2014.
[58] 中华人民共和国交通运输部. 公路养护工程质量检查评定标准:JTG 5220—2020[S]. 北京:人民交通出版社股份有限公司,2020.